AF747852

www.ingramcontent.com/pod-product-compliance
Lightning Source LLC
LaVergne TN
LVHW050627051026
849532LV00002B/296

9788196077730

برطانیہ میں اردو اور حبیب حیدرآبادی

(تحقیق و تنقید)

ڈاکٹر محمد اسلم فاروقی

پرنسپل، گورنمنٹ ڈگری کالج ظہیر آباد (تلنگانہ)

Bartaniya me Urdu aur Habeeb Hyderabadi
by: Dr. Mohammed Aslam Faroqui
Edition: December '2022
Publisher & Printer:
Taemeer Publications, Hyderabad.

ISBN 978-81-960777-3-0

کتاب	:	**برطانیہ میں اردو اور حبیب حیدرآبادی** (تحقیق و تنقید)
مصنف	:	**ڈاکٹر محمد اسلم فاروقی**
صنف	:	تحقیق و تنقید
ناشر	:	تعمیر پبلی کیشنز (حیدرآباد، انڈیا)
زیر اہتمام	:	تعمیر ویب ڈیولپمنٹ، حیدرآباد
سالِ اشاعت	:	۲۰۲۲ء
تعداد	:	(پرنٹ آن ڈیمانڈ)
طابع	:	تعمیر پبلی کیشنز، حیدرآباد – ۲۴
صفحات	:	۳۴۴
کمپوزنگ و سرورق	:	عامر جابری، جینیس گرافکس، نظام آباد
ملنے کے پتے	:	ڈاکٹر محمد اسلم فاروقی، فون: 09247191548
		ہدیٰ بک ڈپو، چھتہ بازار، حیدرآباد
		نیشنل بک ڈپو، احمدی بازار، نظام آباد

انتساب!

اُردو کی عالمی بستیوں کے ادیبوں، قلمکاروں

اور

اداروں کے نام!

جن کی کوشش سے اُردو کو عالمی سطح پر نئی زندگی مل رہی ہے۔

فہرست ابواب

پیش لفظ

مجھے یہ جان کر مسرت ہوئی کہ حیدرآباد دکن کے ایک جواں سال ادیب اور اسکالر ڈاکٹر محمد اسلم فاروقی صدر شعبہ اردو گری راج کالج نظام آباد کی تصنیف ''برطانیہ میں اُردو اور حبیبؔ حیدرآبادی'' منظر عام پر آ رہی ہے۔ میں مصنف کتاب کو سوشیل میڈیا فیس بک سے جانتی ہوں۔ 2005ء میں انہوں نے ذریعے فون مجھ سے رابطہ کیا تھا کہ وہ میرے شوہر عبدالقادر حبیبؔ حیدرآبادی کے فن اور شخصیت پر تحقیقی کام کر رہے ہیں۔ میں اپنے بھائی مغنی تبسم مرحوم کی شکر گذار ہوں کہ انہوں نے اپنے بہنوائی حبیبؔ صاحب کی اردو خدمات کے تحفظ کے لیے تحقیقی کام کروایا۔ ڈاکٹر محمد اسلم فاروقی سوشیل میڈیا پر فعال ہیں اور وہ اردو کو انفارمیشن ٹیکنالوجی سے جوڑنے اور اردو زبان و ادب کے فروغ کے لیے کام کرتے رہتے ہیں۔ ان کے علمی، ادبی و معلوماتی مضامین کے مطالعے سے اندازہ ہوتا ہے کہ ان میں اپنے عہد کو سمجھنے اور اس کی تعمیر کا جذبہ ہے۔ حیدرآباد اور ہندوستان کی ادبی خبریں مجھے ان کے فیس بک پوسٹ سے ملتی رہتی ہیں اور اکثر میں ان کا جواب بھی دیتی ہوں۔ انہوں نے بڑی عرق ریزی سے میرے شوہر حبیبؔ صاحب سے متعلق معلومات اکھٹا کیں اور ان کی تصانیف کا تعارفی اور تنقیدی انداز میں جائزہ لیا۔ اس کتاب سے قارئین کو برطانیہ میں اردو کے فروغ کی دو صدیوں کی تاریخ ملے گی۔ اس کے ساتھ ساتھ حبیبؔ صاحب اور ان کے دوست احباب کی جانب سے یہاں دیارِ غیر میں اردو کی شمع کو روشن کرنے والی ادبی سرگرمیوں کی تفصیلات سے آگہی ہوگی۔ ڈاکٹر محمد اسلم فاروقی کی یہ تحقیقی تصنیف برطانیہ میں اردو کی تاریخ اور حبیبؔ صاحب کی فکر و فن کی عکاس ہے اور اس کتاب سے حبیبؔ صاحب کے علاوہ برطانیہ کی ادبی انجمنوں کی خدمات کا احاطہ بھی ہوتا ہے۔ ڈاکٹر محمد اسلم فاروقی کا اسلوب نگارش رواں، سادہ اور دلفریب ہے۔ تحقیقی کتاب ہونے کے باوجود اس کتاب میں قارئین کی دلچسپی برقرار رہے گی۔ اور یہ کتاب اردو کی بین الاقوامی مقبولیت کی ترجمان ثابت ہوگی۔

جہاں تک حبیبؔ صاحب کے بارے میں اپنے خیالات کی بات ہے میں اتنا کہنا چاہوں گی کہ ہنس مکھ چہرہ' کشادہ پیشانی' ہاتھ میں پائپ لئے ہوئے' چہرے پر اس بلا کا اطمینان جیسے اس مشینی زندگی سے ان کا سروکار ہی نہیں یہ تھے میرے شوہر عبدالقادر حبیب ۔ جو اردو کے ادبی حلقوں میں حبیبؔ حیدر آبادی کے نام سے مشہور ہوئے۔

۲۹/ اپریل ۱۹۲۹ء کو حیدر آباد دکن کے ایک متوسط اور شریف گھرانے میں پیدا ہوئے ۔اردو فارسی' عربی اور دینیات کی تعلیم اپنے والد محترم سے حاصل کی ۔اور بعد میں نظام کالج حیدر آباد دکن سے بی کام کی ڈگری لی ۔اپریل ۱۹۵۲ء میں ہماری شادی ہوئی۔

۱۹۵۵ء میں ہم لوگ کراچی چلے آئے ۔کراچی میں دو سال رہ کر انگلستان کا رخ کیا۔ اور آتے ہی حبیب نے اکاؤنٹنسی کی مزید تعلیم حاصل کی ۔ بعد میں یہیں سکونت اختیار کر لی ۔اور لندن کی ایک فرم میں ڈائرکٹر اور چیف اکاؤنٹنٹ کی حیثیت سے کام کیا۔انگلستان کے ابتدائی قیام کے زمانے میں انہیں کافی جدو جہد کرنی پڑی ۔ابتداء ہی سے یہ محنت کے عادی رہے۔طالب علمی کے زمانے میں بھی کالج سے فارغ ہو کر اپنے والد کی دکان پر ان کا ہاتھ بٹایا کرتے تھے ۔ان کی طبیعت میں خلوص اور محبت کوٹ کوٹ کر بھری تھی ہر کسی سے پیار و محبت سے ملتے۔جس سے ایک بار دوستی کی اس کو ہمیشہ نبھانے کی کوشش کرتے ۔دوستوں پر اپنے خلوص اور محبت کے پھول نچھاور کرنے کے لئے ہمیشہ تیار رہتے احباب کی ترقی اور خوشی سے اس قدر خوش ہوتے جیسے یہ ان کی ہی خوشی ہو۔بارہ سال کی عمر سے اپنا روزنامچہ لکھنے لگے۔

حبیبؔ بچپن ہی سے ادبی سرگرمیوں میں بڑھ چڑھ کر حصہ لیتے رہے۔نظام کالج کے میگزین ''نظام ادب'' کے حصہ اردو کے مدیر رہے۔ ۱۹۴۸ء میں حیدر آباد میں اپنی نوعیت کی منفرد بچوں کی کانفرنس منعقد کی ۔جس کو ہندوستان اور حیدر آباد کے اکابرین کی سرپرستی حاصل رہی ۔حیدر آباد میں کئی آل انڈیا مشاعروں کے کنوینر رہے۔

ڈاکٹر محی الدین قادری زورؔ مرحوم بانی ادارۂ ادبیات اردو حیدر آباد کی ایک عظیم علمی و ادبی شخصیت تھے۔حبیبؔ کے استاد بھی رہے ہیں ۔اپنے استاد سے حبیبؔ کو گہرا لگاؤ رہا۔اور زور صاحب بھی ان کو بہت چاہتے تھے ۔اسی زمانے میں ادارہ ادبیات اردو کے زیر اہتمام ''بچوں کا

سب رس'' نامی رسالہ شائع ہوتا تھا۔جس کے یہ مدیر بھی رہے ہیں۔

حضرت خواجہ حسن نظامی دہلوی مرحوم اکثر حیدرآباد آتے رہتے تھے۔خواجہ صاحب کی حبیبؔ پر نظر خاص تھی۔خواجہ صاحب ان سے ہمیشہ بہت ہی شفقت اور محبت سے پیش آتے اور اکثر و بیشتر اپنے رسالہ ''منادی'' میں حبیبؔ کا ذکر کرتے حقیقت تو یہ ہے کہ حبیب نے حسن نظامی صاحب سے بہت کچھ سیکھا ہے۔اوران کی زندگی پر خواجہ صاحب کی طرز فکر زندگی کے رکھ رکھاؤ کا گہرا اثر پڑا ہے۔خواجہ صاحب کے کئی خطوط ان کے پاس محفوظ ہیں۔حیدرآباد سے دور ہونے کے بعد برطانیہ میں قیام کے دوران حبیبؔ کا ہندوستان و پاکستان کے ادیبوں اور شاعروں سے ذہنی ربط رہا ہے۔ ۱۹۶۷ء میں جب یہ حیدرآباد گئے تھے۔تب مخدوم محی الدین، سلیمان اریب ڈاکٹر وحید اختر، شاذ تمکنت، عوض سعید، مغنی تبسم اور زبیر رضوی نے انتہائی تپاک سے حبیبؔ کو خوش آمد کہا۔انگلستان میں آمد کے بعد حبیبؔ کے ابتدائی چند سال تو غم روزگار کی نذر ہو گئے۔جب زندگی کچھ ہموار راستے پر گامزن ہوئی تو ادبی اور سماجی سرگرمیوں کی طرف رجوع ہوئے ناٹنگھم میں اپنی نوعیت کی پہلی اردو لائبریری قائم کی۔ ۱۹۶۶ء میں ناٹنگھم میں پہلا آل انگلینڈ اردو مشاعرہ کیا جو بہت کامیاب رہا۔اس کے بعد ناٹنگھم کے دوران قیام میں ہر سال ایک مشاعرہ منعقد کرتے جس میں انگلستان کے مختلف حصوں سے شعرا شرکت کرتے۔اور اب بھی ان مشاعروں کی یاد لوگوں کے دلوں میں تازہ ہے۔ڈارٹ فورڈ میں اکیڈمی آف اردو اسٹڈیز قائم کی۔جہاں اردو کے''O''اور''A''لیول کے امتحانات کے لئے طلباء کی رہنمائی کی جاتی تھی۔اور سال میں دو مرتبہ اکیڈمی کی جانب سے تحریری مقابلے منعقد ہوتے اس طرح برطانیہ میں اردو جاننے والے بچوں کی حوصلہ افزائی کی جاتی۔

حبیب دھن کے پکے تھے۔جو کام شروع کرتے تندہی سے اس میں لگ جاتے۔کام کے دوران انہیں اپنے آرام وچین کا بھی خیال نہیں رہتا۔۔جہاں تک گھریلو زندگی کا سوال تھا حبیب بہت ہی منکسر المزاج تھے۔حیدرآبادی رکھ رکھاؤ اور مشرقی روایات کے پیرو تھے۔گھریلو کاموں میں تنظیم کا خاص خیال رکھتے تھے۔پرانے خطوط اور تصاویر انتہائی حفاظت سے رکھتے تھے۔طبیعت میں مزاح کوٹ کوٹ کر بھرا ہوا تھا۔دوستوں کی محفلوں میں ہمیشہ ہنستے ہنساتے رہتے

تھے۔ اچھے کھانوں کے بہت شوقین تھے۔ ہر کھانے کو آخری کھانا سمجھ کر کھاتے تھے۔ اپنے حلقہ احباب میں بسیار خوری کے لئے مشہور تھے۔ کہتے تھے کہ میں دل کو ہمیشہ زندہ رکھتا ہوں۔ اگر یہ مر جائے تو پھر زندگی میں کچھ بھی باقی نہ رہے گا۔ حساس طبیعت کے مالک تھے۔ خوشی اور غم کا اثر بہت جلد قبول کر لیتے تھے۔ قدیم روایتوں کے دلدادہ تھے۔ اسی لئے نئی اور بدلتی قدروں کو مقبول کرنے میں بہت ہی احتیاط اور تامل سے کام لیتے۔ اپنے ان خیالات کا اظہار شعر کی صورت میں یوں کیا ہے۔

روشن حقیقتوں کو بھی جھٹلا رہا ہوں میں ۔۔۔ کچھ اس خیال سے کہ زمانہ نیا ہے

حبیبؔ اپنے بزرگوں اور اساتذہ کی بہت عزت کرتے۔ اپنے بچوں رافع، واسع اور سلمٰی سے نہائت شفقت سے پیش آتے۔ عموماً رات کے کھانے کے بعد بچوں سے مختلف موضوعات پر تبادلہ خیال کرتے۔ حبیبؔ کے دوست احباب کا حلقہ کافی وسیع تھا۔ نامور شعرا اور ادیب فیض، مشتاق احمد یوسفی، افتخار عارف، رضا علی عابدی، یشب تمنا اور دیگر کے ہمراہ گھر پر محفلیں رہتیں۔ میں خود شاعرہ ہوں اور ایک شاعرہ کے شوہر ہونے کے باجود حبیبؔ نے زندگی مثبت قدروں کے ساتھ گذاری۔ حبیبؔ کو ہم سے بچھڑے 25 سال سے ذائد کا عرصہ ہو گیا۔ حبیبؔ نے اردو ادب کی جو خدمت کی تھی اسی کا سلسلہ ان کے بیٹے رافع اس انداز میں جاری رکھے ہوئے ہیں کہ وہ انگریزی کے اچھے نقاد ہیں اور انہوں نے اردو تحقیق و تنقید کے اہم گوشوں کو انگریزی میں متعارف کروایا۔ حبیبؔ صاحب کی یادوں کو پیش کرتی ڈاکٹر محمد اسلم فاروقی کی یہ کتاب ہمارے لیے بھی ایک سرمایہ ہے کہ اس میں ایک محبّ اردو کی داستان حیات اور اس کے علمی و ادبی کارنامے محفوظ ہو گئے ہیں۔ میں اس کتاب کی اشاعت پر ڈاکٹر محمد اسلم فاروقی کو مبارک باد پیش کرتی ہوں اور امید کرتی ہوں کہ ان کی یہ تصنیف برطانیہ اور دنیا کے دیگر مما لک میں مقبول ہو گی۔

صدیقہ شبنم

لندن۔ برطانیہ

حرف آغاز

اردو دلوں کو جوڑنے والی زبان ہے۔ اور اس زبان نے اپنی مٹھاس کے سبب عالمی سطح پر مقبولیت حاصل کی ہے۔ آج اردو بولنے اور اردو کو چاہنے والے دنیا بھر میں موجود ہیں۔ برصغیر سے پروان چڑھنے والی یہ زبان اب اردو کی عالمی بستیوں امریکہ یورپ افریقہ اور آسٹریلیا ہر جگہ مقبول ہوتی جارہی ہے۔ اردو کی جونئی عالمی بستیاں آباد ہوئیں ان میں برطانیہ بھی ہے۔ قصہ یوں ہے کہ ایک زمانے میں تاج برطانیہ کی حکومت مشرق سے مغرب تک بیشتر ممالک میں تھی۔ برطانیہ کے زیر نگیں ممالک نو آبادیات کہلائے جاتے تھے۔ ہندوستان بھی برطانیہ کی ایک نو آبادیات تھا۔ اور ہندوستان پر حکومت کے زمانے میں جہاں انگریز ہندوستان پر قابض رہے وہیں ہندوستان سے کچھ تعلیم یافتہ لوگ اعلی تعلیم کے لئے برطانیہ جاتے رہے تھے۔ آزادی سے قبل لوگ اکثر کہا کرتے تھے کہ فلاں شخص ولایت جاکر آیا۔ ہندوستان کی آزادی کے بعد مسلمانوں کے بشمول ہندوستانیوں کا ایک بڑا طبقہ معاشی فراخی کی تلاش میں ترک وطن پر مجبور ہوا۔ ان میں سے کچھ لوگ برطانیہ بھی پہونچے۔ اور وہیں بود و باش اختیار کی۔ جاتے جاتے وہ اپنے ساتھ اپنی پیاری اردو زبان بھی لے گئے۔ اردو کے ساتھ ان کی مشرقی اور ہندوستانی تہذیب بھی ساتھ گئی اور دیار غیر میں اردو اور ہندوستانی تہذیب کا بیج بویا گیا جو گزشتہ دو صدیوں میں پروان چڑھتے ہوئے ایک تناور درخت بن گیا۔ حیدرآباد سے برطانیہ منتقل ہونے والوں میں ایک اہم نام محمد عبدالقادر حبیبؔ حیدرآبادی کا ہے جنہوں نے اپنے قیام برطانیہ کے دوران نہ صرف وہاں اردو زبان اور اردو ذریعہ تعلیم کو فروغ دیا بلکہ اپنی تصانیف کے ذریعے برطانیہ میں اردو کی ترقی اور وہاں کی تہذیب و تمدن کو بھی محفوظ کیا۔ عبدالقادر صاحب حبیبؔ حیدرآبادی کے نام سے مشہور ہوئے اور ان کا مقبول عام تعارف یہ ہے کہ وہ اردو کے نامور محقق، نقاد و شاعر پروفیسر مغنی تبسم کے بہنوائی رہے۔ ان کی اہلیہ صدیقہ شبنم ایک اچھی شاعرہ ہیں اور نامور افسانہ نگار عوض سعید ان کے ہم زلف رہے ہیں۔ حبیبؔ حیدرآبادی ۱۹۶۰ء کی دہائی میں حصول معاش کے

لئے برطانیہ منتقل ہوئے۔ اور اپنی حیات کے باقی ایام میں انہوں نے وہاں فروغ اردو کے بے شمار کام انجام دئے۔ اردو امتحانات کا انصرام، اردو کی شعری و ادبی مجلسوں کا انعقاد اور اردو کتابوں کی تصنیف و تالیف ان کی خدمات ہیں۔ انہوں نے اپنی مقبول عام کتاب ''انگلستان میں'' لکھی۔ جس میں ان کے مضامین، انشائیے اور شاعری کا انتخاب شامل ہے۔ ان کے انشائیوں کا مجموعہ ''رہ و رسم آشنائی'' کے نام سے مقبول ہوا۔ اسی طرح انہوں نے'' برطانیہ کی سیاسی جماعتیں اور پارلیمنٹ'' کے عنوان سے برطانوی اقتدار کے بارے میں اہم معلوماتی کتاب لکھی۔ انہوں نے'' محمد الرسول اللہ'' نامی کتاب ترجمہ کی۔ ان کی تحریروں میں مزاح کی چاشنی بھی پائی جاتی ہے۔

حبیبؔ حیدرآبادی کی فکر و فن اور برطانیہ میں اردو کی ترقی سے متعلق یہ کتاب راقم کی تحقیقی کاوش ہے۔ امید ہے کہ اس کتاب سے اردو کی اہم عالمی بستی برطانیہ کے بارے میں ادبی و علمی معلومات فراہم ہونگی۔ اس کتاب کے پہلے باب میں تفصیلی طور پر گزشتہ ڈیڑھ سو سال میں برطانیہ ہوئی اردو کی ترقی کو پیش کیا گیا ہے۔ اس کے بعد حبیبؔ حیدرآبادی کی تصانیف کی روشنی میں انہیں بہ حیثیت مضمون نگار، انشائیہ نگار، نقاد، خاکہ نگار، مزاح نگار، مترجم، شاعر، سیاسی تجزیہ نگار کے طور پر پیش کیا گیا ہے۔ آخر میں حبیبؔ حیدرآبادی کے بارے میں مشاہیر ادب کی رائے بھی پیش کی گئی ہے۔ مجموعی طور پر یہ کتاب برطانیہ میں اردو کی ترقی اور حبیبؔ حیدرآبادی کی دیارِ غیر میں پیش کردہ اردو خدمات کا احاطہ کرتی ہے۔ اس کتاب کے لیے حبیبؔ صاحب کی اہلیہ محترمہ صدیقہ شبنم صاحبہ نے لندن سے اپنا پیش لفظ تحریر کر کے روانہ کیا جس کے لیے میں ان کا شکر گذار ہوں۔ اس کی ساتھ ہی کتاب کی اشاعت کے لیے تعاون کرنے والے سبھی احباب کی دل کی گہرائیوں سے شکریہ ادا کرتا ہوں اور امید کرتا ہوں کہ ادبی حلقوں میں اس کتاب کی پذیرائی ہوگی۔

ڈاکٹر محمد اسلم فاروقی

برطانیہ میں اردو کی ترقی

اردو ایک عالمی زبان ہے۔اس زبان کا آغاز ہندوستان سے ہوا۔لیکن بہت کم عرصے میں یہ اپنے بولنے والوں کے ساتھ ایشیاء،افریقہ،یورپ امریکہ اور آسٹریلیا تک پھیل گئی۔اپنی وسیع القلبی، دوسری زبانوں کے الفاظ کو اپنے اندر سمیٹنے کی کشادہ دلی،اس کے شعروادب کی آفاقیت نے دوسری زبانیں بولنے والوں کو بھی اس کی جانب متوجہ کیا۔آج جاپان،انگلستان،امریکہ روس، چین جرمنی وغیرہ کے طالب علم ہندوستان کی جامعات میں اردو سیکھنے آتے ہیں۔اوران ممالک سے اردو میں ریڈیو کی نشریات جاری ہیں جو برصغیر کے سامعین کو مستفید کرتی ہیں۔برصغیر کے علاوہ دنیا میں اردو بولنے والوں کی ایک بڑی تعداد برطانیہ میں مقیم ہے۔برطانیہ میں اردو بولنے والوں کی کثیر تعداد،وہاں سے نکلنے والے اردو اخبار،ادبی انجمنیں، مشاعرے اور دیگر اردو سرگرمیوں کو دیکھتے ہوئے یہ خیال آتا ہے کہ کہیں اردو برطانیہ کی دوسری سرکاری زبان تو نہیں۔اردو کے جائے پیدائش ہندوستان اور برطانیہ کا ماضی میں حاکم اور محکوم قوموں کی بناء گہرا تعلق رہا ہے۔مملکت برطانیہ کا دیگر ممالک کی طرح ہندوستان پر دوسوسال سے زائد اقتدار تاریخ کا ایک ایسا باب ہے جس کے سیاہ وسفید دونوں پہلو سب پر عیاں ہیں۔اردو برطانیہ میں کس طرح پہنچی اس کی بھی اپنی ایک تاریخ ہے۔

برطانیہ میں اردو بولنے والوں کی آمد:- دوسری جنگ عظیم سے قبل برطانیہ دنیا کی ایک طاقتور مملکت تھا جس کی وسعت کے بارے میں یہ جملہ مشہور ہو چکا تھا کہ ’’ مملکت برطانیہ میں سورج کبھی غروب نہیں ہوتا‘‘ کیوں کہ مشرق میں آسٹریلیاء سے لے کر مغرب میں آفریقہ اور امریکہ تک اس کی نوآبادیات قائم تھیں۔اس کے زیر نگیں ممالک میں ہندوستان ایک بڑا ملک تھا ۔ہندوستان میں بیسویں صدی کے آغاز تک گاندھی جی کے زیر قیادت انگریزوں کے خلاف جدوجہد آزادی زور پکڑ چکی تھی۔برطانیہ نے وعدہ کیا تھا کہ اگر ہندوستانی سپاہی دوسری جنگ عظیم

میں اس کی طرف سے لڑیں تو وہ ہندوستان کو جلد آزادی دے گا۔ چنانچہ کثیر تعداد میں ہندوستانی فوجیوں نے برطانیہ کی طرف سے لڑتے ہوئے جان دی۔ دوسری جنگ عظیم میں جرمنی کی طرف سے برطانیہ کو شدید نقصان اُٹھانا پڑا۔ انیسویں صدی میں برطانیہ میں آئے صنعتی انقلاب کی بدولت ملک میں صنعتوں کا ایک جال پھیل چکا تھا۔ اس طرح صنعتیں انگلستان کی معشیت میں اضافہ کرتے ہوئے صنعتی مما لک کی فہرست میں اسے آگے لیجانے کا باعث بنیں۔ برطانیہ کی اقتصادی ترقی اور معاشی خوشحالی کا دارومدار صنعتی پیداوار اور برآمدات پر تھا۔ دوسری جنگ عظیم میں نازی جرمنی کے لیڈر ہٹلر نے برطانیہ کی طاقت کو کمزور کرنے کے لئے اس کی صنعتوں کو نشانہ بنایا۔ شدید بمباری سے لاکھوں انگریز لقمہ اجل بنے۔ برطانیہ کے سفر کے دوران برطانیہ کی عظمت کو بیان کرتے ہوئے مزاحیہ انداز میں مجتبیٰ حسین لکھتے ہیں کہ:

''اب کی بار مغرب میں اس ملک کو جارہے ہیں جس کی سلطنت پر کبھی سورج غروب نہیں ہوتا تھا اس زمانہ میں سورج کتنا تھک جاتا ہوگا اس کا اندازہ آپ لگا سکتے ہیں''۔ [1]

جرمنی کی بمباری سے مملکت برطانیہ میں کبھی نہ ڈوبنے والے سورج کا کیا حال ہوا اسے مزاحیہ انداز میں نظام آباد سے تعلق رکھنے والے ادیب و شاعر محمد ایوب فاروقی نے اپنے ایک مزاحیہ مضمون ''داخلہ پالیسی'' میں یوں بیان کیا:

''دوسری جنگ عظیم بڑے زور شور سے لڑی جارہی تھی۔ ایک طرف ہٹلر اور دوسری طرف جاپانی اپنی خارجہ پالیسیوں کو استحکام بخشنے میں بری طرح مصروف تھے برطانیہ عظمی جس کی مملکت اقتدار میں سورج کبھی نہیں ڈوبتا تھا۔ آسمانوں پر بمبار طیاروں کی مسلسل پروازوں کی وجہ سورج کو طلوع ہوتے دیکھنے کے لئے ترس رہا تھا''۔ [2]

بہرحال ہٹلر کی فوجوں کی بمباری سے برطانیہ کے کئی آباد شہر برباد ہو گئے۔ برطانوی معشیت کی ریڑھ کی ہڈی سمجھی جانے والی صنعتوں کو نشانہ بنانے کے لئے جرمنی فضائیہ نے برطانیہ کے ان شہروں کا انتخاب کیا جہاں اس طرح کی صنعتیں قائم تھیں۔ چنانچہ جرمن بمباری سے برطانیہ کے شہر برمنگھم، کولنٹری، ڈربی، لندن، لیڈز شیفیلڈ اور مانچسٹر وغیرہ شدید متاثر ہوئے۔ اور کوئلے کے ڈھیر میں تبدیل ہو گئے۔ دوسری جنگ عظیم میں انگریزوں کو اپنی آزادی کی قیمت چکانی پڑی۔

جنگ میں بھاری تعداد میں لوگ مارے گئے۔ملک میں یکا یک افرادی قوت کی کمی محسوس کی گئی۔ جس سے ایک بحران کی صورتحال پیدا ہوگئی۔

جنگ کے بعد کچھ امن کی صورتحال پیدا ہوئی۔حالات قابو میں آئے اور زندگی معمول پر آنے لگی تو جنگ سے تباہ حال انفراسٹرکچر کی مرمت اور از سرِ نو تعمیر کے لئے بڑے پیمانے پر ماہرین اور کام کرنے والے مزدوروں کی ضرورت محسوس کی گئی۔انگریزوں کی نظر افریقہ اور ایشاء کے ان ممالک پر گئی جہاں کے لوگ جفاکش ہوتے تھے۔اور جہاں اس وقت بھی انگریزوں کا تسلط قائم تھا۔شکست خوردہ برطانیہ کی تعمیر نو کے لئے محکوم قوموں کا مزید استحصال انگریز اپنا حق سمجھتے تھے۔ سرمائے کی فراہمی انگریزوں کے لئے مسئلہ نہیں تھا کیوں کہ ہندوستان جیسے محکوم علاقے اس کے لئے سونے کی چڑیا بنے ہوتے تھے جہاں سے خام مال لے جانا اور اس کے ذریعہ اشیاء بنا کر دولت کمانا انگریزوں کا معمول بن چکا تھا۔ چنانچہ اپنے ملک کی خستہ حال سڑکوں، ریل کی پٹریوں کی مرمت، رہائشی مکانوں، کارخانوں اور فیکٹریوں کی تعمیر نو کے لئے برطانیہ نے نو آبادیات سے آنے والے محنت کشوں کے لئے اپنے دروازے کھول دیے۔

انگریزوں نے برطانیہ میں لوگوں کو لانے کے لئے ابتداء میں جزائر غرب الہند کا رُخ کیا۔ ہندوستان سے افراد لانے کا خیال اس لئے ترک کیا گیا کہ برطانیہ جنگ عظیم میں ہندوستانیوں کی شرکت کے بدلے انہیں جلد سے جلد آزادی دینے کے اپنے وعدے سے پھر گیا تھا۔اس لئے لوگوں میں تاج برطانیہ کے خلاف نفرت کا جذبہ بھر گیا تھا۔چنانچہ برطانیہ نے اپنے ملک کی تعمیر نو کے لئے غرب الہند سے کارکن لائے۔مردوں کو بسوں اور زیر زمین ٹیوب ٹرینوں سے لایا گیا عورتوں کو بطور نرس ہسپتالوں میں کام کے لئے رکھا گیا۔اگرچہ غرب الہند کے جزائر سے بے شمار مزدوروں کو انگلستان لایا گیا۔ تاہم وہاں کی صنعتوں کے لئے مزید ہنرمند افراد کی ضرورت محسوس کی گئی۔ جسے تقسیم ہند کے بعد ہندوستان اور پاکستان کے ہنرمندوں نے پورا کیا۔ اگر یہ کہا جائے کہ برطانوی صنعت کی تعمیر اور معاشرتی ترقی اور خوشحالی میں ایشیائی تارکین وطن کا سب سے زیادہ حصہ ہے تو مبالغہ نہ ہوگا۔

انگریزوں کے ہندوستان پر قبضے کے بعد عام آدمی کی زندگی مشکلات سے دوچار ہوگئی

تھی ۔ زمینداری اور سرمایہ داری ختم ہو چکی تھی ۔ زراعت بھی لگان کے سبب بڑے زمینداروں تک محدود ہو گئی تھی ۔ یہ جہاز آسٹریلیا' برطانیہ جنوبی افریقہ وغیرہ ملک ملک پھرا کرتے تھے ۔ برطانیہ میں لنگر انداز جہازوں سے کچھ مزدور فرار ہونے میں کامیاب ہو گئے ۔ مقامی لوگ ایسے مفرور لوگوں کو کارخانوں اور فیکٹریوں میں زیادہ اُجرت پر کام کی ترغیب دے کر لے جانے لگے ۔ اور اس طرح کے جہاز سے مفرور مزدوروں کو برطانیہ میں قدم جمانے کا موقع ہاتھ لگا ۔ اس وقت چونکہ مزدوروں کی اشد ضرورت تھی اس لئے انگریزی نہ جاننے والوں کو بھی ملازمتیں ملنے لگیں ۔ اور لوگ وطن سے دور اپنے ساتھیوں کو برطانیہ میں ملنے والے ملازمت کے ان مواقع کا تذکرہ کرنے لگے ۔ تین چار سال بعد جب یہ لوگ اپنے وطن واپس پہونچے اور اونچ نیچ کے ساتھ برطانیہ میں زیادہ دولت کمانے کے سازگار حالات بیان کرنے لگے تو ہندوستان و پاکستان کے لوگ بڑی تعداد میں برطانیہ کا رخ کرنے لگے ۔ ۱۹۵۵ء سے لے کر ۱۹۶۰ء تک برطانیہ میں برصغیر سے آنے والے لوگوں کی تعداد لاکھوں تک پہنچ گئی تھی ۔ اپنے ملک میں بیرونی ممالک سے آئے لوگوں کے سیلاب کو روکنے کے لئے برطانوی حکومت نے ۱۹۶۳ء میں امیگریشن قانون نافذ کیا ۔ جس کی رو سے دولت مشترکہ کے ممالک کے لوگوں کے لئے (انٹری پرمٹ) داخلہ اجازت نامہ کے بغیر برطانیہ میں داخلہ ممنوع قرار دیا گیا ۔ تاہم پہلے سے مقیم تارکین وطن کو اپنی بیویوں اور سولہ سال کی عمر تک کے بچوں کو اپنے پاس بلانے کا حق دیا گیا ۔ اس سے بھی تارکین وطن کی ایک بڑی تعداد وہاں جمع ہو گئی ۔ لاکھوں کی تعداد میں جمع ان ایشیائی تارکین وطن کی زبان اردو تھی ۔ اور یہ تارکین وطن برطانیہ کے طول و عرض میں پھیلے ہوئے تھے ۔ اس لئے دفاتر بازار' بسوں' ٹرینوں' ہوٹلوں جہاں بھی یہ لوگ آپس میں ملتے اردو میں بات کرتے ۔ اس طرح اردو زبان بول چال کی حد تک برطانیہ میں اجنبیت کی حدوں کو پار کر گئی ۔ تارکین وطن نے اپنی تہذیبی اقدار کی حفاظت اور ان کے بچوں میں ان قدروں کی منتقلی کے لئے محسوس کیا کہ انگریزی زبان میں تعلیم کے ساتھ اردو اور مذہبی تعلیم کا بھی انتظام ہو ۔ اس ضمن میں ہونے والی سرگرمیوں کو بیان کرتے ہوئے حبیبؔ حیدر آبادی لکھتے ہیں :

''ماں باپ کی یہ خواہش ہوتی ہے کہ ان کے بچے ان کے اپنے نقش قدم پر چلیں اور

ایشیائی اقدار کو اپنائے رہیں اپنے مذہب کو تھامے رہیں۔اپنی مادری اور قومی زبان سیکھیں۔اپنے ملک کی تاریخ اور معاشرے کے پس منظر سے واقف رہیں جہاں جہاں ایشیائی زیادہ تعداد میں ہیں مقامی طور پر گردواروں میں پنجابی اور ہندی اور مساجد میں عربی دینیات اور اردو کی تعلیم کا انتظام ہماری اپنی انجمنوں نے اپنے ذمہ لے رکھا ہے۔۔۔سرکاری مدارس میں ہفتہ یا اتوار کو یا پھر عام دنوں میں شام کو مادری زبان سکھانے کے لئے کلاسیس کی اجازت بھی دی جاتی ہے"۔ [۳۳]

برطانیہ میں اردو کے ابتدائی نقوش:- برطانیہ میں اردو زبان کے نقوش ویسے بھی کافی قدیم ہیں۔ ۷رفروری ۱۸۶۱ء کے ایک خط میں گارساں دتاسی نے لکھا تھا کہ انگلستان میں اردو زبان کا چرچا دن بہ دن بڑھتا جارہا ہے۔اس لئے کہ اس زبان کی اہمیت کا احساس لوگوں کو ہوتا جارہا ہے۔جارج ہیڈلے G. Hadely نے ۱۷۷۰ء میں لندن سے اردو کی پہلی A grammar and vocabulary of Moors Language نامی کتاب شائع کی۔ [۳۴]

اس وقت لفظ Moors مسلمانوں کیلئے استعمال کیا جاتا تھا۔ بعد میں یہی Moors Language "ہندوستانی" اور پھر "اردو" کہلائی۔ جارج ہیڈلے کے بعد ۱۷۷۳ء میں فرگوسن نے اردو کی ایک لغت لکھی۔ بعد میں Fallon اور Platts کی لغات بھی مشہور ہوئیں ۔ ان دنوں تجارتی منفعت کی خاطر لغات لکھنے کی طرف زیادہ توجہ دی گئی۔ ۱۸۰۰ء میں فورٹ ولیم کالج کلکتہ میں قائم ہوا جس کا مقصد ہندوستان میں کام کررہے انگریز ملازمین کو اردو سکھانا تھا ۔اسی سلسلے کی کڑی کے طور پر ۱۸۱۶ء میں ایسٹ انڈیا کمپنی نے لندن میں اپنے ملازمین کو اردو سکھانے کے لئے اورینٹل انسٹی ٹیوٹ قائم کیا۔اور اس کے لئے گلکریسٹ کی خدمات حاصل کی گئیں۔ ۱۹۱۶ء میں لندن یونیورسٹی میں اسکول آف اورینٹل اسٹڈیز کا آغاز ہوا۔ ۱۹۳۰ء میں اس اسکول میں اردو زبان کا ایک باقاعدہ شعبہ بنایا گیا۔اس سے قبل ہارورڈ اور کیمبرج یونیورسٹی، لندن کالج، کنگز کالج اور اڈنبرا یونیورسٹی میں اردو تعلیم کا نظم تھا۔اور اکثر ہندوستان سے آئے دولت مند طبقہ کے طلباء اس میں داخلہ لیتے تھے۔ بڑی تعداد میں ایشیائیوں کی برطانیہ میں آمد سے قبل بھی وہاں طالب علموں اور سیاست دانوں کے ذریعہ اردو پھلتی پھولتی رہی۔ یوسف خاں کمبل

پوش، نواب کریم خاں وغیرہ ۱۸۴۰ء کے آس پاس برطانیہ میں قیام کے دوران اپنی یادداشتیں اردو میں لکھا کرتے تھے۔ان کے علاوہ ہندوستان کے راجا مہاراجہ نواب جاگیردار اور سیاست داں جیسے مولانا محمد علی جوہر، چودھری رحمت علی سر عبدالقادر، محمد علی جناح، پنڈت جواہر لال نہرو، اقبال وغیرہ نے برطانیہ میں قیام کے دوران اپنے آس پاس اردو ماحول برقرار رکھا۔ترقی پسند مصنفین کے ادیبوں اور شعراء کی ملاقاتیں جیرالڈاسٹریٹ کے شفیع رسٹورنٹ میں ہوتی تھیں۔

ہندوستان سے آئے ادیب وشعراء محمد دین تاثیر۔ڈاکٹر گھوش، ملک راج آنند سجاد ظہیر وغیرہ نے ترقی پسند تحریک کی داغ بیل برطانیہ میں ڈالی ۔ دوسری جنگ عظیم کے بعد بڑی تعداد میں مزدوروں اور ہنرمندوں کے قافلے برطانیہ میں سکونت پذیر ہوئے۔اور جب انہیں یہ احساس ہوا کہ برطانیہ میں ان کا قیام عارضی نہیں بلکہ مستقل ہے تو انہوں نے اپنے مشرقی اقدار اور زبان کی حفاظت پر توجہ دی۔اور رضا کارانہ طور پر یہ کام ہونے لگا۔اس کی بدولت اردو کے فروغ کا تذکرہ کرتے ہوئے حبیب حیدر آبادی لکھتے ہیں:

''جب صاحب بصیرت لوگوں نے محسوس کیا کہ اب انگلستان میں ہم سب کا قیام ایک مستقل نوعیت اختیار کرتا جارہا ہے تو وہ مشرقی اقدار کی حفاظت کی تدابیر کرنے لگے۔پردیس میں چونکہ خدا ذرا زیادہ یاد آتا ہے۔اس لئے مختلف مذہب کے ماننے والے سب سے پہلے اپنے اپنے عبادت خانوں کی تعمیر وتشکیل میں مصروف ہوگئے۔مندروں، گردواروں، مسجدوں کی اور اماماباڑوں کی تعداد میں آئے دن اضافہ ہونے لگا۔کوشش اس بات کی ہوتی رہی کہ یہ عبادت خانے ہماری تہذیبی، ثقافتی اور مادری زبان کی اشاعت وتعلیم کے مراکز بنیں۔مذہبی تعلیم کی طرف بھی توجہ دی جانے لگی۔۔۔چوں کہ مذہبی تعلیم کا بہت سارا لٹریچر اردو میں ہے۔اس لئے مساجد میں مذہبی تعلیم کی زبان بھی اردو بن گئی۔۔۔مقامی اداروں، کونسلوں اور محکمہ تعلیم نے جب دیکھا کہ رضا کارانہ طور پر اردو پڑھائی جارہی ہے یہ کام یا تو انہوں نے خود اپنے ہاتھ میں لے لیا۔یا پھر اردو کے کام کرنے والے افراد یا اداروں کی سرپرستی کرنی شروع کردی''۔ ۵

برطانیہ میں اردو اور ہندوستانی تہذیب کا کس قدر بول بالا ہے اس بارے میں مزاحیہ انداز میں مجتبیٰ حسین لکھتے ہیں:

''پچھلے دنوں برطانیہ کے ایک صاحب دہلی کی جامع مسجد کے سامنے کہنے لگے'' میاں! دہلی میں اب صرف جامع مسجد رہ گئی ہے۔اس کی سیڑھیاں تو اب لندن میں پائی جاتی ہیں۔ یہاں کی نہاری اب بریڈفورڈ' میں ملتی ہے۔ یہاں کی کرخنداری اب برمنگھم میں سنائی دیتی ہے۔ برطانیہ میں مقیم ایک حیدرآبادی دوست نے کچھ عرصہ پہلے لکھا تھا۔''میاں! حیدرآبادی بریانی کی تلاش میں پتھرگٹی اور مچھلی کمان کے چکر کیوں لگاتے ہو۔مچھلی کمان تو اب لندن میں آ گئی ہے''۔[٦] مجتبیٰ حسین نے اپنے مضمون میں آگے یہ بھی لکھا کہ برطانیہ کے آٹھ ہزار اسکولوں میں اردو پڑھائی جاتی ہے۔اس سے اندازہ ہوتا ہے کہ برطانیہ میں ایشیائی کتنی تعداد میں تھے اور کس طرح انہوں نے اپنے بچوں کی اردو تعلیم کا نظم کیا۔

برطانیہ میں اردو کتب خانے :- اردو تعلیم کے لئے ضروری ہے کہ اردو میں کتابوں کا بھی ایک بڑا ذخیرہ موجود ہو۔اور کتابوں کے بڑے ذخائر عموماً کتب خانے ہوتے ہیں۔ برطانیہ میں اردو کتابیں جمع کرنے کے لئے بھی شعوری کوشش شروع ہوئی۔ ١٩٦٧ء میں نوٹنگھم میں برطانیہ کی پہلی اردو لائبریری قائم ہوئی۔ ہندوستان اور پاکستان کے سفیروں کی موجودگی میں شیرف آف نوٹنگھم نے لائبریری کا افتتاح کیا۔نوٹنگھم کارپوریشن نے لائبریری کے لئے شہر کے وسط میں عمارت فراہم کی۔ جہاں بچوں کی اردو تعلیم کا بھی نظم تھا۔لوکل گونمنٹ ایکٹ کے تحت یہ طے کیا گیا کہ برطانیہ کی لائبریریوں سے تارکین وطن کو ان کی اپنی مادری زبان میں کتابیں فراہم کی جائیں۔ اس قانون سے تمام بڑے کتب خانوں سے اردو کتابیں تارکین وطن ایشیائیوں کے لئے فراہم کی جانے لگیں۔حبیبؔ حیدرآبادی نے لکھا کہ ان کی کتاب ''انگلستان میں'' کی اشاعت کے بعد برطانیہ کی لائبریریوں میں یہ کتاب چھ سو کی تعداد میں لی گئی۔اس سے اندازہ ہوتا ہے کہ برطانیہ میں اردو کتابیں رکھنے والے کتب خانوں کی تعداد کتنی تھی۔

برطانیہ میں اردو تعلیم کا نظم :- برطانیہ میں کثیر النسل لوگ موجود ہیں اور ایک اندازے کے مطابق ڈیڑھ سو سے زیادہ مادری زبانیں بولنے والے لوگ صرف لندن میں مقیم ہیں۔ان تمام کے لئے ان کی مادری تعلیم ایک مسئلہ بن جاتی ہے۔اس کے باوجود اردو تعلیم کے

ضمن میں حکومت برطانیہ کا رویہ مثبت رہا۔ ۱۹۸۵ء میں لندن کے مختلف اسکولوں میں قریباً چار ہزار بچے اردو تعلیم پا رہے تھے۔ کئی اسکول ایسے ہیں جہاں اسکول کے اوقات میں اردو پڑھائی جاتی ہے۔ بعض اسکولوں میں دوپہر کے کھانے کے وقفے یا اسکول کے مقررہ اوقات کے بعد اردو تعلیم کا نظم کیا گیا۔ اردو تعلیم کے لئے حکومت نے گرانٹ بھی مختص کی۔ اسکولوں کے علاوہ تعلیم بالغان کے اداروں اور مختلف کالجوں میں شام کے وقت اردو تعلیم کا نظم کیا گیا ہے۔ انگریزوں کو بھی تعلیم بالغان کے اداروں میں اردو سکھائی جا رہی ہے۔ لندن یا آکسفورڈ یونیورسٹی میں O لیول کے اور لندن یونیورسٹی میں A لیول کے اردو امتحانات کا آغاز کیا گیا۔ لندن یونیورسٹی کے اسکول آف اورینٹل اینڈ افریکن اسٹڈیز میں اردو کے بی اے (آنرز) کی تعلیم دی جاتی ہے۔ اس کے بعد ایم۔ اے یا پھر پی ایچ ڈی کی ڈگری حاصل کی جاسکتی ہے۔ جہاں اردو کو ابتداء سے سیکھنے کے لئے پرائمری اسکول اور تعلیم بالغان کے ادارے موجود ہیں۔ وہیں بعض یونیورسٹیوں میں پی۔ ایچ ڈی کی سطح تک اردو کی اعلی تعلیم کا نظام کیا گیا ہے۔ ان باتوں سے اندازہ ہوتا ہے کہ برطانیہ میں آہستہ آہستہ اردو تعلیم کا نظام پھیلتا گیا۔ اور اب وہاں ابتدائی جماعت سے ڈاکٹریٹ تک اردو کی تعلیم کا باقاعدہ نظم ہے۔

برطانیہ میں اردو صحافت :- انسان ایک سماجی جانور ہے۔ سماج کے بغیر وہ چین سے نہیں رہ سکتا۔ اور سماج کے بارے میں وہ جانکاری بھی رکھنا چاہتا ہے۔ ہم جس سماج جس معاشرے میں رہتے ہیں اس میں وقوع پذیر ہونے والے واقعات اور احوال جاننے کی خواہش ایک فطری امر ہے۔ برطانیہ میں تارکین وطن ہندوستانیوں اور پاکستانیوں کی ایک کثیر تعداد ۱۹۶۰ء تک جمع ہو چکی تھی۔ یہ لوگ وطن سے دور تھے۔ اور وطن کی خبریں جاننے کے لئے بے چین رہا کرتے تھے۔ تارکین وطن کی ان ہی خواہشات کے تحت برطانیہ میں اردو صحافت کا آغاز ہوا۔

برطانیہ میں اردو صحافت کے ابتدائی نقوش کھوجتے ہوئے سید عاشور کاظمی لکھتے ہیں :

''مغربی ممالک میں اردو صحافت اور اخبارات کی تاریخ انگلستان سے شروع ہوتی ہے

۔کہنے کو تو انیسویں صدی کی آٹھویں دہائی میں چھپنے والے جوزف سالٹر کے کتابچے ''یورپ میں ایشیائی'' کو بھی کسی نے اردو صحافت کے خانے میں درج کرنے کی کوشش کی۔ جسے نہ صحافت کہا جاسکتا ہے اور نہ ہی یہ کتابچہ اخبار ورسائل کے زمرے میں آتا ہے۔اس کتابچے کو اردو کی پہلی کتاب بھی نہیں کہا جاسکتا۔۔۔۔۔ برطانیہ میں اس سلسلے کی پہلی کڑی اخبار ''ہند'' تھا جو ہندوستانی طلباء نے ۱۹۲۰ء میں شروع کیا تھا اسی اخبار ''ہند'' کا نام بعد میں یونائیٹڈ انڈیا (United India) کردیا گیا''۔ ے

حبیب حیدر آبادی نے اپنی تحقیق کے مطابق اپنے مضمون انگلستان میں اردو میں لکھا کہ پہلی جنگ عظیم کے دوران ۱۹۱۸ء میں لندن سے فوجی اخبار کے نام سے ایک اخبار اردو میں شائع ہوتا تھا۔ سید عاشور کاظمی نے اپنی کتاب ''بیسویں صدی کے اردو اخبارات ورسائل مغربی دنیا میں'' میں برطانیہ سے جاری ہونے والے جن اردو اخبارات اور رسائل کا تعارف پیش کیا ہے۔ان کے نام اور مقام اشاعت ذیل میں دیئے جاتے ہیں ہفت روزہ نوائے وقت اوورسیز ایڈیشن ہفت روزہ مشرق۔لندن ہفت روزہ ایشیا۔ برمنگھم' روزنامہ جنگ۔لندن۔روزنامہ ملت لندن۔ روزنامہ اردو ٹائمز گلاسگو'ہفت روزہ ملت برمنگھم'ہفت روزہ وطن۔لندن'ہفت روزہ عوام۔لندن' ہفت روزہ آزاد لندن' ہفت روزہ دی نیشن۔لندن'ہفت روزہ ملاپ۔لندن'ہفت روزہ پرتاپ لندن' ماہنامہ آفاق نوٹنگھم' ماہنامہ تصویر لندن' ماہنامہ گھرانہ برمنگھم' ماہنامہ شفق لندن' ماہنامہ مجلّہ جنبش نو لندن' روزنامہ آواز لندن' ماہنامہ آدرش لندن' ماہنامہ صدا لندن' کمیونٹی اخبار سالٹلے نیوز برمنگھم' پندرہ روزہ جمہور آکسفورڈ' ماہنامہ سجاد مانچسٹر' سہ ماہی سفیر مانچسٹر' پندرہ روزہ خبریں مانچسٹر' پندرہ روزہ آئینہ مانچسٹر' سہ ماہی سیپ اولڈہم' ماہنامہ عقاب۔ بریڈفورڈ' ماہنامہ خوشبو بریڈفورڈ' ماہنامہ پاکستان پوسٹ۔لندن۔ ۸

ان اخبارات ورسائل میں بیشتر پاکستانیوں کی جانب سے جاری کردہ تھے۔ کیوں کہ برطانیہ میں اردو صحافت و کتابوں کی اشاعت میں پاکستانی آگے آگے رہے۔ بعد میں ہندوستانیوں کی جانب سے بھی اردو اخبارات ورسائل جاری ہونے لگے۔

۱۹۶۰ء کے بعد برطانیہ سے جاری ہونے والا پہلا اردو اخبار ہفتہ وار ''مشرق'' تھا۔ جو

یکم اپریل ۱۹۶۱ء کو لندن سے محمود ہاشمی کی ادرت میں شائع ہوا۔ یکم مئی ۱۹۶۳ء کو برمنگھم سے ہفتہ وار ایشیاء کا اجراء ہوا۔ نومبر ۱۹۶۴ء کو استاد ٹھٹنگی نے ماہنامہ ''آفاق'' نوٹنگھم سے نکالا۔

۱۴ جولائی ۱۹۱۹ء کو عبدالرزاق نے لندن سے ہفتہ وار ''وطن'' جاری کیا۔ جو انگلستان میں کافی مقبول رہا۔ ۱۵ مارچ ۱۹۷۱ء کو میر خلیل الرحمٰن نے لندن سے اخبار ''جنگ'' شروع کیا۔ ۱۹۷۶ء میں مقصود الٰہی شیخ اور فریدہ شیخ نے بریڈفورڈ سے ہفتہ وار ''راوی'' جاری کیا۔ اس ہفتہ وار میں انگلستان کے ادیبوں کی تخلیقات بھی شائع ہوتی رہیں۔ ۱۹۶۵ء میں رمیش سونی نے لندن سے ہفتہ وار ''ملاپ'' شروع کیا۔ اسی عنوان سے ہندوستان میں دہلی جالندھر اور حیدر آباد سے اخبار نکلتا ہے۔ ''ملاپ'' کے مالکین کو جب یہ علم ہوا کہ ان کے اخبار کے نام سے لندن میں اخبار جاری کیا گیا ہے تو وہ پریشان ہو اٹھے اور کسی طرح رمیش سونی کو نام بدلنے پر آمادہ کرتے رہے۔ لیکن ہندوستان کا قانون لندن والوں پر لاگو نہیں ہوتا اور میش سونی نے بھی رجسٹریشن کے بعد ہی اخبار جاری کیا تھا۔ ''ملاپ'' ہندوستان کے مالکین اور رمیش سونی کے درمیان جاری تنازعہ کے بارے میں سلطان محمود اپنی تصنیف ''برطانیہ میں اردو صحافت'' میں لکھتے ہیں:

''روزنامہ ''ملاپ'' دہلی کے ارباب حل وعقد نے رمیش سونی کو اس امر پر آمادہ کرنے کی بے حد کوشش کی کہ وہ ''ملاپ'' کا نام نہ برتیں۔ لیکن ''مرض بڑھتا گیا جوں جوں دوا کی'' کے مصداق رمیش سونی ان کی مشکلات میں اضافہ کرتے چلے گئے۔ ''تنگ آمد بجنگ آمد'' روزنامہ ''ملاپ'' دہلی والوں کو بھی لندن سے اخبار نکالنا پڑا۔ چنانچہ انہوں نے لندن سے ۱۴ جولائی ۱۹۷۲ سے روزنامہ ''ملاپ'' کا ہفت روزہ ایڈیشن (انٹرنیشنل) لندن'' کے نام سے اشاعت کا آغاز کیا۔ تب سے یہ اخبار یعنی اصلی ''ملاپ'' بھی بڑی باقاعدگی سے شائع ہو رہا ہے''۔ 9

''ملاپ'' کے اس جھگڑے سے اندازہ ہوتا ہے کہ صحافت کی دنیا میں نام کی کتنی اہمیت ہے۔ ۱۹۷۰ء میں گرنام سنگھ سانی نے ہفتہ وار ''پرتاپ'' شروع کیا۔ یہ برطانیہ میں دوسرا ہندوستانی اردو اخبار تھا۔ برطانیہ میں اردو اخباروں کے اجراء میں رسہ کشی کو بیان کرتے ہوئے سلطان محمود لکھتے ہیں:

''برطانیہ میں اردو کے کسی اخبار کی شہ رگ کاٹنے کا مخالف عناصر نے جو آسان ترین

اور موثر نسخہ ایجاد کر رکھا ہے۔ وہ یہ ہے کہ متعلقہ اخبار کے کاتبوں کو بغاوت پر اُکسایا جائے۔ چنانچہ مارچ ۱۹۷۵ء میں ''پرتاپ ویکلی کا اکلوتا کاتب بے مروّتی'' پر اُتر آیا۔ اُسے کسی اور جگہ سے زیادہ تنخواہ کی پیش کش ہوئی تو وہ ''پرتاپ ویکلی'' کو خیر باد کہہ گیا۔ اس صدمے کی تاب نہ لا کر ۲۸ مارچ ۱۹۷۵ء کو ''پرتاپ ویکلی'' بند ہو گیا''۔۱۰

''ملاپ'' اور ''پرتاپ'' کے بعد بھی برطانیہ سے اردو اخبارات و رسائل کے اجراء کا سلسلہ جاری رہا۔ ۱۹۷۲ء میں شمیم چشتی نے ماہنامہ ''گھرانہ'' جاری کیا۔ ۱۹۷۴ء میں انعام عزیز کی ادارت میں روز نامہ ''ملت'' کا اجراءعمل میں آیا۔ ۱۹۷۶ء میں حبیب الرحمٰن نے ہفت وار ''آزاد'' جاری کیا۔ اسی سال نصر اللہ خاں کی ادارت میں ہفتہ روزہ ''عوام'' جاری ہوا۔ برطانیہ سے جاری ہونے والے ماہنامہ جرائد میں شفق، سکون، سفیر، روحانی ڈائجسٹ، سویرا، معنی، دعوۃ الحق اور صراط المستقیم وغیرہ ہیں۔ برطانیہ سے جاری ہونے والے اردو اخبارات کے بارے میں تبصرہ کرتے ہوئے مجتبیٰ حسین لکھتے ہیں:

''یوں تو انگلستان سے کئی اردو ہفت وار اور ماہنامے نکلتے ہیں لیکن لندن سے دو اردو روز نامے ''جنگ اور وطن'' بھی نکلتے ہیں۔ ہمیں افتخار عارف کے ساتھ روز نامہ ''جنگ'' کے دفتر جانے کا موقع ملا۔ ''جنگ'' لندن کے ایڈیٹر اشرف قاضی نہ صرف بہت تپاک سے ملے بلکہ نیوز ایڈیٹر قیصر امام اسٹنٹ ایڈیٹر زیڈ۔ یو۔ خان اور چیف رپورٹر ظہور نیازی سے ہمارا تعارف بھی کرایا۔ ہم نے ان کا پریس بھی دیکھا۔۔۔۔ ''جنگ'' میں چھپے بعض اشتہارات کو دیکھ کر ہمیں احساس ہوا کہ اردو کا اخبار چاہے لندن سے نکلے یا مالیگاؤں سے وہ اپنے مزاج اور کردار کو برقرار رکھتا ہے۔ کچھ عرصہ پہلے تک ''ملاپ'' بھی لندن سے نکلتا تھا۔ مگر اب نہیں نکلتا۔ ساؤتھال میں ہندوستان اور پاکستان کے سارے ادبی، نیم ادبی اور غیر ادبی رسالے مل جاتے ہیں''۔۱۱

لندن میں اخبارات و ادبی رسائل کے علاوہ فلمی رسالے بھی مقبول رہے۔ دراصل تارکین وطن کے لئے اپنے ملک میں بنی ہندی فلمیں تفریح کا ایک بڑا ذریعہ تھیں۔ ہندوستانی فلمیں بہت مقبول تھیں اور ہندوستانیوں سے زیادہ پاکستانی ان فلموں کے دلدادہ تھے۔ سلطان محمود نے بریڈ فورڈ کے ایک عالم کے حوالے سے لکھا کہ:

''پاکستانیوں نے دیارِ فرنگ کے دیسی سینما گھروں میں جتنا وقت گزارا ہے اگر وہ اتنا ہی وقت عبادت گزاری اور حمد و ثنا میں صرف کرتے تو دوزخ اپنے لئے حرام کر لیتے''۔ اقتصادی نقطۂ نظر سے میں یہ دعویٰ کرنے کی اجازت چاہوں گا کہ میرے ہم وطن ہر ہفتے جتنی رقم برطانیہ میں فلم بینی پر اُڑاتے ہیں اتنی رقم سے پاکستان میں بڑی آسانی سے ہر ہفتے ایک کارخانہ اور جدید ترین قسم کا ہسپتال تیار ہو سکتا ہے''۔12

دیسی فلموں کی تارکین وطن میں مقبولیت صرف فلموں تک محدود نہیں رہی بلکہ اردو فلمی جرائد بھی عوام میں مقبول رہے ہے۔ اس ضمن میں ہندوستان کے مشہور اردو فلمی جرائد'' شمع''اور''روبی'' کے برطانیہ میں ہزاروں خریدار تھے۔ اردو فلمی جرائد میں تارکین وطن کی دلچسپی کو دیکھتے ہوئے برطانیہ میں فلموں کے ڈسٹری بیوٹر جسونت سنگھ سدھو نے ۱۹۷۰ء میں برمنگھم سے ماہنامہ''تصویر'' شائع کیا ۔اس فلمی رسالہ کے بارے میں سلطان محمود لکھتے ہیں:

''ماہنامہ''''تصویر'' برمنگھم' برطانوی تاریخ میں اردو کا پہلا فلمی جریدہ اور برطانیہ میں بھارتی صحافت کا سب سے زیادہ حسین اور معیاری شاہکار تھا جو کتابت' طباعت علم و ادب اور نفاست کے اعتبار سے پاکستانی اخبارات سے کسی طرح بھی کم تر نہ تھا بلکہ خوب صورتی کے لحاظ سے پاکستانی اخبارات سے بازی لے گیا تھا۔ یہ پہلا بھارتی جریدہ تھا جسے قبول عام حاصل ہوا''۔13

برطانیہ میں اردو صحافت کے اس جائزے سے اندازہ ہوتا ہےکہ اردو کس حد تک برطانیہ میں قبول عام کا درجہ حاصل کر چکی ہے۔ ان میں سے بہت سے اخبارات اب بند ہو چکے ہیں۔ لیکن جس ابتدائی زمانے میں برطانیہ میں فروغ اردو کے لئے انہوں نے کام کیا وہ لائق تحسین ہے۔ ایک ایسے زمانے میں جبکہ ہاتھ کی کتابت کا رواج تھا برطانیہ سے اتنی زیادہ مقدار میں نکلنے والے اردو کے اخبار' رسائل و جرائد اس امر کی غمازی کرتے ہیں کہ وہاں صحافت کے ذریعہ اردو کو کافی فروغ ملا۔

صحافت کے علاوہ ریڈیو اور ٹیلی ویژن سے بھی برطانیہ میں اردو کو فروغ حاصل ہوتا رہا ۱۹۴۲ء سے ہی بی بی سی لندن ریڈیو نے اردو میں اپنے پروگرام شروع کرئے تھے۔ جو برصغیر میں سنے جاتے تھے۔ لیکن ۱۹۶۰ء کے بعد سے انگلستان کے مختلف شہروں میں بھی اردو نشریات کا

آغاز ہوا۔ بی بی سی اردو سروس کی ایک جانی پہچانی آواز رضا علی عابدی کی ہے۔ جنہوں نے ہندوستان اور پاکستان سے متعلق کئی دلچسپ پروگرام پیش کئے۔ آج بھی بی بی سی ریڈیو برصغیر میں اسی دلچسپی سے سنا جاتا ہے۔ بی بی سی اردو کی یہ نشریات انٹرنیٹ پر بھی براہ راست سنی اور پڑھی جاسکتی ہیں۔ بی بی سی اردو سروس ان دنوں سوشیل میڈیا کی مقبولیت کو دیکھتے ہوئے اپنی ریڈیو نشریات کو فیس بک لائیو کے ذریعے براہ راست بھی پیش کررہا ہے۔ بی بی سی اردو سروس کے عہدیداروں میں موجود اردو دانی کی ستائیش کرتے ہوئے مجتبیٰ حسین اپنے تجربات کو یوں بیان کرتے ہیں:

''ایک دن ہم بی بی سی میں اپنا انٹرویو ریکارڈ کرانے گئے تو ہمارے دوست اور بی بی سی کے پروڈیوسر مجیب صدیقی نے ہمارا تعارف بی بی سی کے ایک انگریز عہدیدار سے کرایا۔ ہم نے سوچا یہ انگریزی بولنے کا بہترین موقع ہے۔ لہذا ہم نے آؤ دیکھا نہ تاؤ اُن پر اپنی انگریزی کا حملہ کردیا اور لگے طرح طرح کے سوالات پوچھنے۔۔۔۔ ہم نے سوچا تھا کہ ہماری اتنی ساری انگریزی کے جواب میں بی بی سی کے انگریز عہدیدار موصوف ضرور اپنے مخصوص لہجہ میں انگریزی بولیں گے اور اس کے جواب میں ہم پھر انگریزی بولیں گے۔ اور یوں ہمارا کلیجہ ٹھنڈا ہو جائے گا۔ لیکن ان انگریز عہدیدار نے اچانک نہائت فصیح اردو میں ہم سے کہا ''حضور والا! آپ کھڑے کیوں ہیں؟ تشریف رکھئے۔ یہ باتیں تو بیٹھ کر بھی کی جاسکتی ہیں۔ یہ انگریز عہدیدار تھے ڈیوڈ پیج جو بی بی سی کے اردو شعبہ کے سربراہ ہیں''۔[14]

مجتبیٰ حسین کے تاثرات سے اندازہ ہوتا ہے کہ بی بی سی اردو سروس کے عہدیداروں میں اردو کا معیار کس قدر اونچا تھا۔ ریڈیو کے علاوہ بی بی سی ٹیلی ویژن سے بھی اردو نشریات شروع ہوئیں۔ اکٹوبر ۱۹۶۵ء میں اردو اور ہندی پر مشتمل پروگراموں کی ابتداء کی۔ اس پروگرام کو سب سے پہلے آل حسن مرحوم نے پیش کیا۔ اتوار کی صبح آدھا گھنٹے کا پروگرام ''نئی زندگی نیا جیون'' کے نام سے ہوا کرتا تھا۔ پروگرام پیش کرنے والوں میں سلیم شاہد اور مہندر کول بھی شامل تھے۔ ۱۹۸۷ء میں یہ پروگرام بند ہوا۔ ریڈیو اور ٹی وی سے برطانیہ میں اردو زبان کو کافی مقبولیت ملی۔

برطانیہ کی اردو انجمنیں اور ادارے: -اردو بولنے والے اور اردو انجمنیں دونوں لازم

ولازم وملزوم ہیں۔ اسی طرح برطانیہ اردو کی انجمنوں اور اداروں کا ملک بھی ہے۔ اردو انجمنوں کی بہتات کے بارے میں مزاحیہ انداز اختیار کرتے ہوئے مجتبیٰ حسین لکھتے ہیں:

''ایک صاحب نے بتایا کہ برطانیہ میں ایک اندازے کے مطابق دس لاکھ اردو بولنے والے موجود ہیں۔ اور کم از کم پانچ سو اردو تنظیمیں ہیں ہم نے کہا دس لاکھ اردو بولنے والوں کی کم از کم بیس لاکھ اردو تنظیمیں تو ہونی ہی چاہئیں۔ ہماری ہی مثال لیجئے۔ کہ اوّل تو ہم خود اپنی ذات سے ایک انجمن ہیں۔ اس کے علاوہ ایک انجمن کے جنرل سکریٹری ہیں۔ دوسری انجمن میں ہم نائب صدر کے عہدے پر فائز ہیں۔ تیسری انجمن سرپرست کی حیثیت سے ہماری پیش بہا خدمات سے استفادہ کرتی ہے چوتھی انجمن میں ہم صدر کی حیثت سے جلوہ گر ہیں۔ پانچویں انجمن کے ہم مشیر ہیں۔ ان کے علاوہ اور بھی کئی انجمنیں ہیں۔ جو ہم سے رہنمائی سرپرستی اور روشنی وغیرہ حاصل کرتی رہتی ہیں۔ غرض انجمن سازی اور خانہ بربادی اردو کلچر کی بنیادی خصوصیات ہیں''۔ ۱۵

مجتبیٰ حسین کے اس مزاح سے اندازہ ہوتا ہے کہ برطانیہ میں کئی ادبی سیاسی' سماجی و مذہبی انجمنیں و تنظیمیں قائم ہیں۔ ۱۹۴۷ء میں چودھری اکبر خان نے لندن میں بزم تفریح کی بنیاد رکھی۔ جس میں ادیبوں اور شاعروں کو مدعو کیا جاتا تھا۔ عبدالعلیم صدیقی اس کے سرپرست تھے۔ ڈاکٹر ایوب مرزا نے ۱۹۵۹ء میں انجمن شمع فیض تشکیل دی۔ نوٹنگھم میں مشاعرہ منعقدہ کیا جس میں فیض کو مدعو کیا گیا تھا۔ راجہ محمود صاحب کی صدارت میں ۱۹۷۳ء میں انجمن ترقی اردو کی بناء پڑی۔ سید معین الدین شاہ کچھ عرصہ تک اس انجمن کے معتمد رہے۔ اور شعری محفلیں منعقد کرتے رہے۔ اسی انجمن کے تحت لندن میں غالبؔ کی صد سالہ برسی منائی گئی۔ اپریل ۱۹۷۸ء میں لندن میں اردو مجلس کا قیام عمل میں آیا عباس زیدی انجمن کے معتمد ہیں۔ بزم کے لئے بیرسٹر غلام یزدانی' نقی تنویر اور ابراہیم رضوی اپنا تعاون پیش کرتے ہیں ۱۹۸۱ء میں لندن میں اردو مرکز کا قیام عمل میں آیا۔ افتخار عارف اس مرکز کے معتمد اعزازی ہیں اس مرکز نے ہندو پاک' امریکہ کناڈا اور یورپ کے شعراء اور ادیبوں کو مدعو کرتے ہوئے شعر و ادب کی محفلیں منعقد کیں اردو مرکز کے زیر اہتمام کتابوں کی اشاعت بھی عمل میں آئی۔ برطانیہ کی ایک اور سرکردہ اردو تنظیم اردو مجلس یو کے ہے۔ اس انجمن کا پہلا اجلاس ۸/اپریل ۱۹۷۸ء کو لندن کے الائنیس ہال میں

منعقد ہوا۔اردو مجلس کے بانیوں میں محمد عبدالباسط‘ بیرسٹر غلام یزدانی‘ بیرسٹر انور حسین‘ سید مسعود علی‘ نقی تنویر اور نصیر اختر وغیرہ شامل ہیں۔ بیرسٹر انور حسین اس انجمن کے پہلے صدر تھے۔ بیرسٹر غلام یزدانی نے بھی اس کی صدارت کی۔ اردو مجلس کے زیر اہتمام ۱۹۸۰ء میں آل انگلینڈ اردو کانفرس منعقد کی گئی۔ اردو مجلس نے اپنا ایک ترجمان ’’حیاتِ نو‘‘ بھی جاری کیا۔ برطانیہ میں بھی انجمن ترقی پسند مصنفین کا قیام ۱۹۸۴ء میں لایا گیا۔ ۱۹۸۵ء میں انجمن کی پچاسویں سالگرہ بین الاقوامی سطح پر منائی گئی۔ سید عاشور کاظمی‘ بخشی لائلپوری‘ قمر رئیس‘ حکیم جاوید قریشی اور فارغ بخاری نے اس کے لئے اپنی خدمات پیش کیں۔ ۱۹۸۴ء میں مجاہد ترمذی نے فیض اکیڈمی قائم کی ۔اور فیض پر سمینار منعقد کیا۔ جس میں فیض کے علاوہ گوپی چند نارنگ نے بھی شرکت کی۔ برطانیہ کی دیگر اردو مجلسوں میں مجلس اقبال‘ حلقہ فکر اقبال‘ عرفان اردو‘ حلقہ ادب‘ اکیڈمی آف اردو اسٹڈیز علمی مجلس‘ کل برطانیہ انجمن ترقی اردو‘ حلقہ ارباب ذوق‘ سمن زار‘ برگ گل‘ حیدرآباد دکن اسیوسی ایشن‘ افروایشن لٹریری سوسائٹی‘ لٹریری فورم اور اسلامک مشن وغیرہ شامل ہیں۔ جن میں شعری اور ادبی محفلیں منعقد ہوتی رہتی ہیں۔ ان مجلسوں کے تحت برصغیر کے نامور شعراء اور ادیبوں کو برطانیہ مدعو کیا جاتا رہا۔ اور ان کی مہمان نوازی کے ساتھ ساتھ یہاں ادبی محفلیں منعقد ہوتی رہیں۔ اور برطانیہ ہندوپاک کے شعراء اور ادیبوں کے لئے ایک مرکزی مقام بنتا گیا۔ برصغیر سے جن شعراء اور ادیبوں کو برطانیہ مدعو کیا جاتا رہا ان میں سجاد ظہیر‘ فیض احمد فیض‘ حفیظ جالندھری قدرت اللہ شہاب‘ سبط حسن‘ ابن انشاء ملک راج آنند‘ کشور ناہید عصمت چغتائی‘ علی سردار جعفری‘ اختر الایمان‘ کنور مہندر سنگھ بیدی سحرؔ‘ کرشن چندر‘ قرۃ العین حیدر‘ گیان چند جین‘ پروین شاکر‘ احمد ندیم قاسمی‘ حسن رضوی‘ منیب الرحمٰن‘ گوپی چند نارنگ‘ قتیل شفائی صہبا لکھنوی‘ ضیا جالندھری‘ مغنی تبسم‘ شہریار‘ خلیق انجم مجتبیٰ حسین وغیرہ شامل ہیں۔ برصغیر کے نامور شعراء اور ادیبوں کی مہمان نوازی کرتے ہوئے برطانیہ کی ادبی مجلسوں نے اپنے ملک میں سرحدوں کے فرق کو مٹا دیا اور غیر منقسم ہندوستان کا ماحول پیدا کردیا۔ یہ برطانیہ کی اردو تنظیموں کا اہم کارنامہ ہے۔ برطانیہ میں اردو تنظیموں کے علاوہ بعض مذہبی تنظیموں نے بھی فروغ اردو میں اپنی خدمات انجام دیں۔ ان تنظیموں میں اسلامک مشن اور اسلامک کلچرل سنٹر اور مسلم انسٹی ٹیوٹ شامل ہیں۔

برطانیہ کے شاعر اور ادیب :- برطانیہ میں اردو کے تیزی سے فروغ اور ادبی ماحول کی مقبولیت میں اضافہ کرنے والوں میں وہ شعراء اور ادیب شامل ہیں جنہوں نے برطانیہ میں مستقل سکونت اختیار کرتے ہوئے وہاں کے ادبی ماحول کو رونق بخشی ۔لندن میں ابتداء ہی سے اردو کے نامور شعراء اور ادیب مستقل یا عارضی طور پر سکونت پذیر رہے ہیں ۔ چنانچہ لندن میں رالف رسل، مشتاق احمد یوسفی، زہرہ نگاہ عبداللہ حسین، اور افتخار عارف نے قیام کیا۔احمد فراز، فارغ بخاری اور شہرت بخاری نے اپنی عارضی جلاوطنی کے لئے لندن کا انتخاب کیا۔ن ۔م راشد اور ابن انشاء نے اپنی زندگی کے آخری ایام لندن میں گذارے لندن، برمنگھم اور انگلستان کے دیگر شہروں میں منعقد ہونے والی چھوٹی بڑی شعری محفلوں میں کثیر تعداد میں شعراء اور ادیب شریک ہوتے رہے۔ان میں سحاب قزلباش، اکبر حیدر آبادی، عقیل دانش، اطہر راز، میر شبیر، اظہر لکھنوی، راج کھیتی، سوہن راہی، صدیقہ شبنم، محسنہ جیلانی، فیروزہ جعفر، موج فرازی، طلعت سلیم، حضرت شاہ مجیب ایمان، عبدالرحمٰن بزمی، عطا جالندھری، جوہر زاہری، سلطان الحسن فاروقی، باقر نقوی، سعید اختر درانی، صفی حسن، ساقی فاروقی، بخش لائکپوری، عاشور کاظمی، خالد یوسف، سجاد شمسی، حسن اجمل مسرت، حکیم غلام نبی، غلام علی بلبل، سلطان غوری محمود دیوان، عامر موسوی، شاہین صدیقی، وقار لطیف، نجمہ عثمان ،حمیدہ معین رضوی، اعجاز احمد اعجاز، بے تاب سوری، پروین مرزا چمن لال چمن، رحمت قرنی، خواجہ محمود الحسن، منیر دہلوی، عبدالحلیم شرار اور زہرہ نسیم وغیرہ شامل ہیں۔مجتبیٰ حسین اپنے دورۂ برطانیہ کی یادوں کو تازہ کرتے ہوئے وہاں ملنے والے شعراء اور ادیبوں کا ذکر یوں کرتے ہیں:

''اردو مرکز اور اس کے سکریٹری افتخار عارف کا ذکر پھر کبھی تفصیل سے کریں گے ۔ یہاں اتنا بتا دینا ضروری سمجھتے ہیں کہ پکاڈلی سرکس جب بھی جاتے تھے تو اردو مرکز میں وہ ضرور ٹھہرتے تھے ۔ کیوں کہ یہاں احمد فراز، شہرت بخاری، فارغ بخاری اور کئی ادیبوں کے علاوہ اردو کے کئی رسالوں اور اخبارات کے مدیروں سے ملاقات ہو جاتی تھی ۔ان کے علاوہ لندن میں جن ادبی شخصیتوں سے ملاقاتیں ہوئیں ان میں پروفیسر ڈیوڈ میتھیوز، سحاب قزلباش، اکبر حیدر آبادی، یاور عباس، رضا علی عابدی وقار لطیف، حسن عسکری، حبیب حیدر آبادی، صدیقہ شبنم عامر موسوی، دھرم پال جی، سوہن راہی، راج کھیتی، عدیل صدیقی، ایوب اولیاء، باقر نقوی، معین الدین شاہ، چاند

کرن شمس الدین آغا، فردوس، عزیز الدین احمد، مصطفیٰ شہاب مریم کاظمی اور کرشن گولڈ قابل ذکر ہیں۔ان احباب کی عنایتوں اور محبتوں سے ہمیں یہ احساس ہوا کہ ہم اپنے گھر میں نہیں ہیں۔اسی لئے زیادہ خوش وخرم اور آرام سے ہیں'' ۔۱۶؎

لندن میں مقیم اردو شعراء اور ادیبوں کی اس طویل فہرست سے اندازہ لگایا جاسکتا ہے کہ دیار غیر میں اردو والوں نے کس قدر اردو کو اپنے گلے سے لگا رکھا ہے۔آج اردو اپنے ہی گھروں سے نکالی جارہی ہے۔اور اردو والے اردو سے سوتیلا سلوک کر رہے ہیں۔اردو کے نام پر اردو کی روٹی کھانے والے اپنے بچوں کو انگریزی میڈیم میں پڑھا رہے ہیں۔اور فروغ اردو کے جلسوں میں زور وشور سے اردو بچانے کی تجاویز پیش کر رہے ہیں۔ ایسے دورخی ماحول میں برطانیہ کے یہ اردو شعراء اور ادیب قابل ستائش ہیں کہ انہوں نے انگریزوں کے ملک میں انگریزی زبان کے مدمقابل چراغ اردو کی لو کو بلند رکھا۔ برطانیہ کے مختلف شہروں میں ہفتہ کے اواخر میں اور خاص مواقع پر شعری محفلیں جمتی رہتی ہیں۔حبیب حیدر آبادی لندن میں ہونے والے مشاعروں کے ضمن میں لکھتے ہیں کہ:

''لندن میں ہر ہفتے کہیں نہ کہیں کوئی نہ کوئی مشاعرہ ہوتا ہی رہتا ہے۔لندن تو فیض احمد فیضؔ کا سسرال ہے۔ان کی بیگم کا تعلق یہیں سے ہے۔فیضؔ اکثر لندن آتے رہتے ہیں کبھی کبھار یہاں کے مشاعروں میں بھی شریک ہوجاتے ہیں زہرہ نگاہ پاکستان کی مشہور گلوکار شاعرہ بھی لندن ہی میں رہتی ہیں اور ایک دو بار ''انہیں مشاعروں میں غزل سرائی کرتے ہوئے میں نے دیکھا ہے۔ ہندو پاک کی ایک اور مشہور شاعرہ سحاب قزلباش بھی لندن میں رہتی ہیں۔۔۔ کبھی کبھار یہ بھی یہاں کے مشاعروں میں حصہ لیتی ہیں'' ۔ ۱۷؎

لندن کے شاعروں اور مشاعروں کا احوال مزاحیہ انداز میں پیش کرتے ہوئے مجتبیٰ حسین لکھتے ہیں:

''سنا ہے کہ لندن میں اب آل انگلینڈ مشاعرے بھی منعقد ہوتے ہیں۔ مقامی شاعروں اور بیرونی شاعروں کا چکر بھی وہاں چلتا ہے۔اب انگلستان کے شاعروں کا موازنہ انیسؔ ودبیرؔ اور ''معرکہ انشاءؔ ومصحفیؔ'' بھی ہونے لگا ہے۔ یہ بڑی خوش آئند باتیں ہیں۔اردو ادب میں پنپنے کی یہی تو باتیں ہیں۔پچھلے دنوں دہلی میں میں ہماری ملاقات برطانیہ کے ایک اردو شاعر ریاض برمنگھوی سے ہوئی تھی۔دو گھنٹوں تک اپنا کلام ولایت نظام ہمارے گوش گذار کرنے

کے بعد اپنے دو برطانوی شاعر دوستوں فیض بریڈفورڈوی اور آتش لیک ڈسٹرکٹوی کے مجموعہ ہائے کلام کے اعزازی نسخے بھی ہمیں سونپے اور خواہش کی ہے کہ ہم اپنی زرین رائے سے انہیں مطلع فرمائیں''۔۱۸

لندن کے شاعروں اور مشاعروں کے احوال سے پتہ چلتا ہے کہ وہاں شعروشاعری کی فضاء برصغیر سے کہیں زیادہ سازگار ہے۔ برطانیہ کے کئی شاعروں نے اپنے مجموعہ کلام خود شائع کروائے۔ کیوں کہ وہاں انہیں اپنے کلام کی اشاعت کے لئے کسی ادارہ یا اکیڈمی سے تعاون نہیں ملتا تھا۔ برطانیہ میں شاعروں کے علاوہ اردو کی دیگر نثری اصناف میں لکھنے والوں کی بھی اچھی تعداد موجود ہے برطانیہ سے تعلق رکھنے والے اردو کے اہم افسانہ نگاروں میں مقصود الٰہی شیخ' جتندر سنگھ بلّو' چاند کرن' محسن شمسی' محسنہ جیلانی' فیروزہ جعفر' صفیہ صدیقی' قیصر تمکین' ابوالخطیب اور حمیدہ معین رضوی قابل ذکر ہیں۔ اردو کے ایک نامور محقق ضیاء الدین شکیب ان دنوں لندن میں مقیم ہیں۔ اردو شعروادب پر ان کے محققانہ اور عالمانہ مضامین برطانیہ کے علاوہ برصغیر کے اہم ادبی رسائل کی زینت بنتے ہیں۔ انگلستان کے شعروادب اور وہاں کے ادبی ماحول کے تذکروں پر مبنی چند ایک کتابیں مشہور ہیں۔ جن میں شریف بقاء کی'' برطانیہ میں اردو' حبیب حیدر آبادی کی'' انگلستان میں' جوہر زاہری کی'' شعرائے لندن'' ہیں۔ رضا علی عابدی نے ایک کتاب'' کتب خانہ'' لکھی جس میں ہندو پاک کے اہم کتب خانوں کا تعارف پیش کیا ہے۔ رالف رسل کی اردو سیکھنے کی کتابیں' محمود ہاشمی کے اردو قاعدے برطانیہ سے شائع ہونے والی دیگر اہم کتابیں ہیں۔ برطانیہ سے تعلق رکھنے والے دیگر محققین میں انڈیا آفس لائبریری کے سلیم قریشی' برٹش میوزیم لائبریری کے قاضی محمود الحق' ڈاکٹر خالد حسن قادری' ڈاکٹر فاخر حسین اور ڈاکٹر زوار حسین زیدی مشہور ہیں۔ برطانیہ میں اردو کی ترقی سے انگریزی ادب بھی متاثر ہوا۔ اردو ادب کو انگریزی میں متعارف کروایا گیا۔ رالف رسل' ڈیوڈ میتھیوز' کرسٹوفر شیاکل' وکٹر کیرین محمود جمال اور رافع حبیب نے اردو کے شعراء کو انگریزی میں متعارف کرایا۔ محمود جمال نے'' ماڈرن اردو پوئٹری'' کے نام سے اپنی تصنیف میں اردو شعراء کو انگریزی میں متعارف کروایا۔ رافع حبیب نے ن۔م راشد کی نظموں کا انگریزی میں ترجمہ کیا۔

برطانیہ کے بعض ریلوے اسٹیشنوں کے نام انگریزی کے ساتھ اردو میں بھی تحریر کردہ ہیں۔ بریڈفورڈ اور ساؤتھال میں دکانوں کے سائین بورڈوں پر اردو دکھائی دیتی ہے اس طرح مجموعی طور پر برطانیہ میں اردو ترقی پذیر ہے۔ اور اس کے مستقبل کے بارے میں کسی قسم کی مایوسی دکھائی نہیں دیتی۔ حبیبؔ حیدر آبادی برطانیہ میں اردو کی صورتحال پر طائرانہ نظر ڈالتے ہوئے لکھتے ہیں:

''اسکول آف اورینٹل اینڈ آفریکن اسٹڈیز' انڈیا آفس لائبریری اور برٹش میوزیم لائبریری کی ساٹھ ہزار اردو کتابیں اور بے شمار نادر مخطوطات و قلمی نسخے' اردو مرکز کے علاوہ سینکڑوں ادبی انجمنیں' آئے دن منعقد ہونے والے ادبی اور شعری اجتماعات' نامور شاعروں اور ادیبوں کی لندن میں موجودگی' مقامی ادیبوں اور شاعروں کی تخلیقات میں روز افزوں اضافہ' اردو بولنے والوں کی اپنی زبان سے دلچسپی' بے لوث اور مخلص اردو کے خدمت گذاروں کی انگلستان کے اکثر شہروں میں موجودگی' اسکولوں کالجوں اور یونیورسٹیوں میں اردو تعلیم کا انتظام' ریڈیو اور ٹیلی ویژن پر اردو کے پروگرام' روزناموں' ہفتہ وار اور ماہناموں کا اجراء' ہندوپاک' امریکہ اور کینیڈا سے اردو کے ممتاز ادیبوں اور شاعروں کی آمد و رفت' مرکزی یا مقامی محکموں سے اردو کی انجمنوں کی مالی امداد اور انگلستان سے اردو کا تاریخی گہرا رشتہ لندن کو اردو کا تیسرا مرکز بنائے ہوئے ہے۔ اور بقول بابائے اردو مولوی عبدالحق ''ہم انگلستان کے رہنے والے اردو کے گاڈ فادر بنے ہوئے ہیں''۔ 19

حبیبؔ حیدر آبادی نے مختلف عنوانات کے تحت برطانیہ میں ہورہی اردو کی ترقی کا تذکرہ کرتے ہوئے مولوی عبدالحق کے جس قول پر اپنی بات ختم کی ہے۔ اس سے اندازہ ہوتا ہے کہ برصغیر کے بعد اردو کا اہم مرکز برطانیہ بن گیا ہے۔ جہاں ہندوپاک کے ادیب اپنی سرحدوں کی قید سے آزاد مل بیٹھتے ہیں۔ اور شمع اردو کی روشنی کو بلند کرتے ہیں۔ آج برطانیہ' امریکہ' کناڈا اور یورپ کے کئی شہر اردو کی نئی بستیاں بن گئے ہیں۔ اور اردو ایک عالمی زبان بن گئی ہے۔

حبیبؔ حیدر آبادی برطانیہ کے ایسے ہی اردو ماحول کی پیداوار ہیں ہندوستان سے برطانیہ میں مستقل سکونت اختیار کرنے کے بعد انہوں نے اپنی تحریروں اور شاعری سے برطانیہ کے شعر و ادب میں قابل لحاظ اضافہ کیا۔ زیر نظر کتاب کے آئندہ ابواب میں حبیبؔ حیدر آبادی کا بہ حیثیت مضمون نگار' انشائیہ نگار' خاکہ نگار' مزاح نگار' نقاد و شاعر کے طور پر جائزہ پیش کیا جارہا ہے۔

حوالے

۱۔ مجتبیٰ حسین۔ مجتبیٰ حسین کے سفرنامے مرتبہ حسن چشتی۔ دہلی ۲۰۰۳ء۔ ص ۱۲۷
۲۔ محمد ایوب فاروقی۔ مضمون ٫داخلہ پالیسی٬٬ روزنامہ منصف۔ قدیم
۳۔ حبیب حیدرآبادی۔ انگلستان میں۔ حیدرآباد 1981 ص ۲۵
۴۔ حبیب حیدرآبادی۔ رہ ورسم آشنائی دہلی ۱۹۸۸ء ص ۸۱
۵۔ حبیب حیدرآبادی۔ رہ ورسم آشنائی۔ ص ۸۳
۶۔ مجتبیٰ حسین۔ مجتبیٰ حسین کے سفرنامے۔ ص ۱۳۰
۷۔ سید عاشور کاظمی۔ بیسویں صدی کے اردو اخبارات ورسائل مغربی دنیا میں۔ دہلی۔ ۲۰۰۲ء۔ ص ۱۶
۸۔ بحوالہ۔ بیسویں صدی کے اردو اخبارات ورسائل مغربی دنیا میں۔ ص ۷۔ ص ۸
۹۔ سلطان محمود۔ برطانیہ میں اردو صحافت۔ لاہور ۱۹۷۸ء ص ۱۲۲
۱۰۔ سلطان محمود۔ برطانیہ میں اردو صحافت۔ ص ۱۲۴
۱۱۔ مجتبیٰ حسین۔ مجتبیٰ حسین کے سفرنامے۔ ص ۱۶۰
۱۲۔ سلطان محمود۔ برطانیہ میں اردو صحافت۔ ص ۱۲۵
۱۳۔ سلطان محمود۔ برطانیہ میں اردو صحافت۔ ص ۱۲۶
۱۴۔ مجتبیٰ حسین۔ مجتبیٰ حسین کے سفرنامے۔ ص ۱۵۸
۱۵۔ مجتبیٰ حسین۔ مجتبیٰ حسین کے سفرنامے۔ ص ۱۵۸
۱۶۔ مجتبیٰ حسین۔ مجتبیٰ حسین کے سفرنامے۔ ص ۱۵۹
۱۷۔ حبیبؔ حیدرآبادی۔ انگلستان میں۔ ص ۲۲۱
۱۸۔ مجتبیٰ حسین۔ مجتبیٰ حسین کے سفرنامے۔ ص ۱۳۰
۱۹۔ حبیبؔ حیدرآبادی۔ رہ ورسم آشنائی ص ۱۳۳

حبیبؔ حیدرآبادی حالات زندگی فن اور شخصیت

حیدرآباد ایک تہذیبی شہر ہے۔ اپنی گنگا جمنی تہذیب‘ اردو زبان چارمینار و مکہ مسجد جیسی تاریخی عمارتوں‘ مادر علمیہ جامعہ عثمانیہ اور یہاں کے لوگوں کی مخصوص معاشرت کے سبب ساری دنیا میں جانا پہچانا جاتا ہے۔ یہ شہر کئی تہذیبوں کو پروان چڑھانے کے بعد اپنی تاسیس کے چار سو سال مکمل کر چکا ہے۔ بانی حیدرآباد محمد قلی قطب شاہ نے جب اس شہر کی بنیاد رکھی تو خلوص دل کے ساتھ خدا کے حضور یہ دعا مانگی کہ

میرا شہر لوگاں سوں معمور کر
رکھیا جوں توں دریا میں من یا سمیع

یعنی اے خدا تو میرے بسائے ہوئے اس شہر کو لوگوں سے ایسا آباد رکھ جیسے دریا میں مچھلیاں ہوتی ہیں۔ شائد وہ گھڑی قبولیت دعا کی ہوگی کہ محمد قلی قطب شاہ کا بسایا ہوا شہر ایسا آباد ہوا کہ آج اس شہر کی تہذیب دنیا بھر میں اپنے اثرات چھوڑ رہی ہے۔ قطب شاہی فرماں رواؤں نے اس شہر میں جو لسانی اور تہذیبی روایتیں چھوڑی تھیں اُنہیں آصف جاہی سلاطین نے آگے بڑھایا۔ اور آصف سابع میر عثمان علی خان کے آنے تک ان بادشاہوں نے جامعہ عثمانیہ‘ عثمانیہ دواخانہ‘ سالار جنگ میوزیم‘ ہائی کورٹ‘ عثمان ساگر‘ حمایت ساگر‘ اور دیگر کئی یادگاریں چھوڑیں جن سے زمانہ آج بھی فیض اُٹھا رہا ہے۔ آج یہ سلاطین نہیں رہے لیکن اُن کے فیض کا دریا آج بھی جاری و ساری ہے۔ آزادی کے بعد ریاست حیدرآباد کا ہندیونین میں انضمام عمل میں آیا۔ بدلتے زمانے کے ساتھ حیدرآبادی تہذیب نے بھی ترقی کی سمت قدم بڑھایا۔ اور آج زندگی کے ہر شعبے میں حیدرآبادی آگے ہیں۔

۱۸۵۷ء کی جنگ آزادی کے بعد ہندوستان میں مغلیہ سلطنت کا خاتمہ ہوگیا۔ انگریز ہندوستان پر قابض ہوگئے۔ حیدرآباد میں ۱۹۴۸ء تک اگرچیکہ نظام کی حکومت قائم تھی لیکن سرسید

اور دیگر مصلحین قوم نے لوگوں کے لئے نوشتہ دیوار پڑھ کر سُنا دیا تھا کہ اب جاگیردارانہ دور ختم ہو چکا ہے۔ اور ہندوستان والوں کو زیورِ علم سے آراستہ ہو کر تلوار کے بجائے قلم کو اپنا ہتھیار بنانا ہوگا۔ حیدرآبادی نظام میر عثمان علی خاں آصف سابع نے اپنی فراست اور دانش مندی کا ثبوت دیتے ہوئے بیسویں صدی کی دوسری دہائی میں حیدرآباد میں جامعہ عثمانیہ کا قیام عمل میں لایا۔ اور لوگوں کے لئے اعلیٰ تعلیم کے مواقع فراہم کئے۔

جامعہ عثمانیہ سے فارغ ہونے والے لائق سپوتوں نے نہ صرف اُس وقت کی ریاست حیدرآباد کے لئے عظیم خدمات انجام دیں بلکہ آزادی کے بعد ملک و بیرون ملک اپنی علمی و ادبی خدمات سے نہ صرف اپنا اور مسلمانوں کا نام روشن کیا بلکہ اپنے تہذیبی شہر حیدرآباد کو بھی سرخ رو کیا۔ عظیم مادرِ علمیہ جامعہ عثمانیہ سے فارغ ہونے والے حیدرآباد دکن کے ایک لائق سپوت محمد عبدالقادر حبیب حیدرآبادی ہیں۔ جنہوں نے اس جامعہ سے فراغت کے بعد ترکِ وطن کیا۔ اور برطانیہ میں مستقل سکونت اختیار کی۔ اور اپنی علمی و ادبی خدمات سے وہاں فروغِ اردو کے لئے نمایاں خدمات انجام دیں۔ حبیبؔ حیدرآبادی جیسے فارغین جامعہ عثمانیہ جب دنیا کے دیگر مقامات پہونچے تو اُنہوں نے اردو کو فروغ دیا۔ اور اردو کی نئی بستیاں آباد ہونے لگیں۔ حیدرآباد سے تعلق رکھنے والے ایک مایہ ناز سپوت اور حبیبؔ حیدرآبادی کے عزیز ڈاکٹر اوصاف سعید قونصل جنرل ہند شکاگو امریکہ نے ۱۵ ر ستمبر ۲۰۰۵ء کو جدہ میں منعقدہ گولڈن جوبلی مشاعرے سے خطاب کرتے ہوئے اردو کی بین الاقوامی مقبولیت کے بارے میں کہا کہ :

''اردو اب کسی خاص علاقے کی زبان نہیں۔ یہ ہر اعتبار سے بین الاقوامی زبان بن چکی ہے۔ اور چہار دانگ عالم میں اس کی شہرت کے ڈنکے بج رہے ہیں۔ امریکہ، برطانیہ، فرانس، اور کینیڈا سمیت متعدد یورپی اور مغربی ممالک میں اُردو کی شمع پوری آب و تاب کے ساتھ چمکتی نظر آرہی ہے۔

مغربی یونیورسٹیوں اور اکیڈمیوں میں اُردو کی تعلیم کا باقاعدہ بندوبست ہے۔۔۔ اردو کی ہر دل عزیزی اور بڑھتی ہوئی مقبولیت اور دنیا بھر میں آئے دن اردو کی نئی بستیوں کے پیش نظر ہم بجا طور پر کہہ سکتے ہیں کہ ؎ ساری دنیا میں دھوم ہماری زباں کی ہے''[1]

ڈاکٹر اوصاف سعید نے اردو کی جن نئی بستیوں کا ذکر کیا اُن میں ایک اہم بستی برطانیہ ہے۔

جہاں گذشتہ دیڑھ سو سال سے اُردو کا فروغ جاری ہے۔ برطانیہ میں حیدرآباد دکن سے ترک وطن کر کے آنے والوں میں ایک نمایاں نام حبیبؔ حیدرآبادی کا ہے۔ جنہوں نے زائد از تیس سال وہاں گذارے۔ اور اپنی انشا پردازی، شاعری اور فروغ اردو خدمات کے ذریعہ بہت نام کمایا۔ جسٹس آف پیس کہلائے اور حیدرآبادی تہذیب کی نمائندہ شخصیت بن گئے۔ ذیل میں حبیبؔ حیدرآبادی کے حالات زندگی پیش کئے جا رہے ہیں۔

آباو اجداد:- حبیبؔ حیدرآبادی کے آباء و اجداد کا تعلق گلبرگہ کے مشہور بزرگ چندا حسینی سے ملتا ہے۔ جن کے جد امجد شاہ چندا حسینی تھے۔ اُن کا مزار گوگوئی شریف گلبرگہ میں واقع ہے۔ آپ کا سلسلہ نصب حضرت نظام الدین اولیاءؒ سے ملتا ہے۔ حضرت شاہ چندا حسینی حضرت سید محمد گیسو درازؒ بندہ نواز کے صاحبزادے تھے۔ جن کا مزار شریف گلبرگہ شریف میں مرجع خاص و عام ہے۔

خاندان:- حبیبؔ حیدرآبادی کے دادا شیخ عبدالقادر چندا حسینی کے صاحبزادے تھے۔ چندا حسینی کے جدّ امجد حضرت سید جلال الدین المقلب شاہ چندا حسینی تھے۔ حبیبؔ حیدرآبادی کی دادی حضرت لاڈلے مشائخ کی اولاد میں تھیں۔

والدین:- شیخ عبدالقادر کی اولاد میں ایک صاحبزادے شیخ محبوب قادری تھے۔ جو حبیب حیدرآبادی کے والد تھے۔ یہ سررشتہ تعلیمات سے وابستہ تھے اور اس اسکول میں ٹیچر تھے جہاں کے صدر مدرس شوکت علی خاں فانیؔ تھے۔ شیخ محبوب قادری دینیات اور تاریخ اسلام کے درس دیتے تھے۔ اور لوگ اُن کے درس سے فیضیاب ہوتے تھے۔ حبیبؔ حیدرآبادی کے والد پیشہ تدریس سے وابستہ رہنے کے علاوہ کاروبار بھی کرتے تھے۔ اُن کی برف کی دکان تھی جس کا نام ''حبیب برف لیمن ڈپو'' تھا۔ اس دکان کی حیثیت ٹی ہاؤس یا کافی ہاؤس کی سی تھی جہاں شعراء اور ادیب کثرت سے آتے تھے۔ حبیبؔ حیدرآبادی کی والدہ کا نام حسینی بیگم تھا یہ ایک خداترس خاتون تھیں۔ اُن کے والد یعنی حبیبؔ حیدرآبادی کے نانا کا نام حاجی احمد تھا جو بڑے متقی اور پرہیزگار انسان تھے۔ اور کاٹھیاواڑ کے معزز گھرانے سے تعلق رکھتے تھے۔ حبیبؔ حیدرآبادی کے والد نے سلسلہ قادریہ میں مولانا سید محمد بادشاہ حسینی قادری معتمد مجلس علمائے دکن کے ہاتھ پر بیعت کی تھی۔

پیدائش :- حبیبؔ حیدرآبادی ۱۶/اپریل ۱۹۲۹ء مطابق ۲۹ شوال المکرّم ۱۳۴۷ء بروز چہارشنبہ کو حیدرآباد میں پیدا ہوئے۔ حبیبؔ حیدرآبادی نے بھی اپنے مضمون ''اپنے بارے میں'' اپنا تاریخ پیدائش ۱۶/اپریل ۱۹۲۹ء ہی لکھا۔ جبکہ اُن کی اہلیہ صدیقہ شبنم نے ''راوی'' میں شائع شدہ مضمون ''میرے شوہر میری نظر میں'' میں اُن کا تاریخ پیدائش ۲۹/اپریل ۱۹۲۹ء لکھا۔ لیکن قرین قیاس ہے کہ قمری تاریخ ۲۹/شوال کو سہواً اُنہوں نے ۲۹/اپریل قیاس کیا ہو۔ لیکن صحیح تاریخ ۱۶/اپریل ۱۹۲۹ء ہی ہے۔ حبیبؔ حیدرآبادی کے والدین متوسط غریب تھے۔

نام :- ۱۶/اپریل ۱۹۲۹ء کو الحاج مولوی شیخ محبوب قادری اور حسینی بیگم کے گھر جس لڑکے نے آنکھ کھولی اُس کا نام محمد عبدالقادر رکھا گیا۔ لیکن محمد عبدالقادر نے آگے چل کر اپنا تخلص حبیبؔ اختیار کیا۔ اور دنیائے ادب اور خاص طور سے انگلستان کی اردو ادب کی تاریخ میں حبیبؔ حیدرآبادی کے نام سے مشہور ہوئے۔ اور اپنے نام کے ساتھ حیدرآبادی کی اضافت لگاتے ہوئے اُنہوں نے حیدرآبادی تہذیب کا نام روشن کیا۔

بھائی بہن :- حبیبؔ حیدرآبادی کے تین بھائی وحید، قدیر اور نعیم اور تین بہنیں عزیزہ غوثیہ اور رشیدہ ہیں۔ حبیبؔ حیدرآبادی کے ساتھ اُن کے چھوٹے بھائی قدیر بھی برطانیہ گئے تھے ۔ جبکہ بہن عزیزہ یہیں حیدرآباد میں مقیم ہیں۔

بچپن :- حبیبؔ حیدرآبادی کے والدین کا سلسلہ نسب دکن کے بزرگ خاندانوں سے ملتا ہے۔ اس لئے ابتداء ہی سے اُن کی پرورش دینی ماحول میں ہوئی۔ والد کے دوست فانیؔ مرحوم کی شفقت اور والد کی تربیت میں انہیں حصول علم کا شوق پیدا ہوا۔ اور اُن کی تربیت دینی ماحول میں ہونی شروع ہوئی۔ بچوں کی جس ماحول میں تربیت ہوتی ہے وہ اُسی طرح کے کھیل اپناتے ہیں۔ اپنے بھائی کے بچپن کے کھیلوں اور مشاغل کے بارے میں اُن کی بہن عزیزہ لکھتی ہیں :

''بچپن ہی سے اُنہیں علماء بزرگان دین اور مشائخین کا ماحول ملا۔ جس کی بہترین خصوصیات کو وہ اپناتے رہے۔ اُسی زمانے سے وہ قوالی کے شوقین تھے۔ کبھی وہ ابا جان قبلہ کی شیروانی اور شملہ کو زیب تن کر لیتے۔ اور ہم بچوں کو اپنا مرید تصور کرتے ہوئے قوالی کرواتے۔ اُن کے ایک دوست قوال بنتے قوالی کے مندرجہ ذیل اشعار اُنہیں بہت پسند تھے۔

اجی مورے لال کچھ ایسا رنگنا
جو دیکھے منہ تکنا تکنا
ہاتھ پکڑ کر بھول نہ جانا
لاج ہماری رکھنا رکھنا

ہمارے پیرو مرشد کو وجد بھی آتا جس کے ساتھ ہی وہ کھڑے ہو جاتے۔ تعظیماً ہم سب کو کھڑا ہونا پڑتا۔ آخر میں نذرانے پیش کرنے کا حکم ہوتا۔ جس کی تعمیل ضروری تھی''۔ ۲

حبیبؔ حیدر آبادی کے بچپن کے کھیل اور مشاغل مولانا ابوالکلام آزادؔ کے بچپن کے کھیلوں سے مشابہ تھے۔ وہ اپنے والد کی پگڑی باندھ کر بہنوں کے سامنے بہت بڑے مقرر ہونے کا کھیل کھیلتے تھے۔ آگے چل کر مولانا آزاد بہت بڑے قومی رہنما بنے۔ اور حبیبؔ حیدر آبادی نے بھی علم و عمل سے بہت نام کمایا۔

ابتدائی تعلیم و تربیت :- زمانے کے دستور کے مطابق حبیبؔ حیدر آبادی کی ابتدائی تعلیم و تربیت گھر پر ہوئی اور والد جناب شیخ محبوب قادری سے اردو۔ فارسی۔ عربی اور دینیات کی تعلیم حاصل کی۔ چادر گھاٹ حیدر آباد کے تحتانیہ اور وسطانیہ اسکولوں میں تعلیم حاصل کی۔ اسکول میں وہ تقریری اور تحریری مقابلوں میں حصہ لیتے تھے۔ اور اپنی قابلیت کے جوہر دکھاتے تھے۔

حبیبؔ حیدر آبادی کو بچپن ہی میں حضرت خواجہ حسن نظامی، حضرت سید محمد بادشاہ حسینی، ڈاکٹر سید محی الدین قادری زورؔ اور مشہور رباعی گو شاعر امجدؔ حیدر آبادی سے فیضیاب ہونے کا موقع ملا۔ ان بزرگوں کے فیض تربیت سے حبیبؔ صاحب کی اردو دانی کو جلاء ملی۔

بچپن کی یادیں :- حبیبؔ حیدر آبادی نے بچپن ہی سے اپنی قابلیت کے جوہر دکھانے شروع کر دئے تھے۔ آٹھ سال کی عمر میں انجمن اتحاد اطفال کے نام سے ایک ادارے کی بناڈالی۔ بہادر یار جنگ اُس بزم میں شریک رہتے تھے۔ بزم ادب کاچی گوڑہ اور بزم احباب سے بھی اُن کا تعلق تھا۔ حبیبؔ حیدر آبادی کے بچپن کے ایک دوست ڈاکٹر سدھیشور راج ہیں۔ وہ اپنے دوست حبیبؔ حیدر آبادی کے بچپن کے دنوں کی یاد کرتے ہوئے لکھتے ہیں :

’’حبیب کے والد اور بھائی ۔ میرے والد اور بھائی بہن سے اس قدر مانوس تھے کہ اگر آج ان باتوں کو دہرایا جائے تو لوگ اسے قصّہ سمجھیں گے ۔ روزہ رکھائی، روزہ کشائی، محرم میں، بقر عید اور رمضان کی عید میں، میں ہمیشہ موجود رہتا ۔ یہ اُس دور کی بات ہے جبکہ حیدر آباد میں پردہ کا کافی رواج تھا ۔لیکن حبیبؔ کی والدہ بڑی آپا، عزیزہ، غوثیہ وغیرہ نے مجھ سے کبھی پردہ نہ کیا ۔ اگر حبیبؔ نماز کے وقت ہمارے گھر ہوتے تو مجھے خوب یاد ہے کہ میری والدہ اُن کے لئے جانماز دیوان خانے میں بچھایا کرتی‘‘ ۔ [۳]

حبیبؔ حیدر آبادی کا بچپن سیاسی انقلاب کا زمانہ تھا ۔ ہندوستان میں انگریزوں کے خلاف جدو جہد آزادی زور پر تھی ۔ بالآخر ۱۵؍اگسٹ ۱۹۴۷ء کو ہندوستان آزاد ہوا ۔لیکن آصف سابع کے زیر اقتدار ریاست حیدر آباد اب بھی خود مختاری کا دعویٰ کررہی تھی ۔ سردار پٹیل حیدر آباد کو ہند یونین میں ضم کرنے کی سازش کرتے رہے ۔ اور بالآخر پولیس ایکشن کے خونیں ڈرامے کے ذریعہ حیدر آباد کو ہندوستان میں ملالیا گیا ۔ اُس وقت حیدر آباد کی سیاست پر بہادر یار جنگ چھائے ہوئے تھے ۔ رضا کار تنظیم بنائی گئی تھی ۔ قاضی پورہ کے صدر کی حیثیت سے حبیبؔ حیدر آبادی کو چنا گیا ۔ اُس وقت مسلمانوں کی نمائندہ جماعت انجمن اتحادالمسلمین تھی ۔ جس کی صدارت بہادر یار جنگ، ابوالحسن سید علی مولانا مظہر علی کامل اور قاسم رضوی وغیرہ نے کی ۔ حبیبؔ حیدر آبادی کو قاسم رضوی کی جذباتیت بہت میل کھاتی تھی ۔ بہادر یار جنگ کی شعلہ بیانی سے بھی وہ متاثر تھے ۔ پولیس ایکشن کی یادوں کو بیان کرتے ہوئے حبیبؔ حیدر آبادی لکھتے ہیں کہ :

’’ایک عرصے تک حیدر آباد ہندو مسلم اتحاد کا گہوارہ بنا رہا ۔۔۔ بعد میں ہوا کچھ ایسی بگڑی نفرت اور اختلاف کے چشمے پھوٹے وہ زہر پھیلا کہ ساری فضاء مسموم ہو کر رہ گئی ۔ اور پھر حیدر آباد پر پولیس ایکشن ہوا ۔ اس کے بعد ہندوستان کے اور علاقوں کی طرح اس ریاست میں بھی فرقہ وارانہ فسادات پھوٹ پڑے ۔ ایک مسلم ریاست میں رہنے والے مسلمانوں کے ہوش وحواس جاتے رہے ۔ آچاریہ وینوبا بھاوے، پنڈت سندر لال اور پنڈت نہرو کی کوششوں سے مسلمانوں میں پھر سے زندگی کے آثار پائے جانے لگے ۔ حیدر آباد کی تعمیر ملت نے بھی میرے دوست خلیل اللہ حسینی کی قیادت میں حیدر آباد کے مسلمانوں میں نئے سرے سے اعتماد پیدا کرنے کی بھرپور کوشش کی‘‘ ۔ [۴]

پولیس ایکشن کی یادوں اور اُس دور کے پرخطر ماحول میں حبیبؔ حیدرآبادی نے اپنا بچپن گذارا اور اپنا تعلیمی سفر جاری رکھا۔ ۱۹۵۰ء میں حبیبؔ حیدرآبادی نے اپنے دوست سدھیشو رراج کے ساتھ مل کر بچوں کی مثالی کانفرس کی تھی۔

جس کے لئے اُس وقت کے ہندوستان کے گورنر جنرل راج گوپال چاری نے مزاحیہ انداز میں یہ پیغام دیا تھا۔

Presently we will have a govt of the children by the children and for the children.

ڈاکٹر زورؔ حبیب صاحب کو بہت چاہتے تھے۔ چنانچہ اُن کے زیر سرپرستی نکلنے والے ادارۂ ادبیات اردو کے پرچے ''بچوں کا سب رس'' کی ادارت حبیبؔ صاحب کو سونپی گئی جسے انہوں نے بخوبی نبھایا۔ خود حبیبؔ صاحب پرچے میں ادبی معمے دیا کرتے تھے۔ جون ۱۹۴۹ء کے شمارے میں پہلا معمہ دیا گیا جس کے اشارے اور جواب اس طرح ہیں :

''--- حیوانِ ناطق ہے (انسان)
علم --- میں عرب مشہور تھے (قیافہ)
مگر بلبل کے لب پر رہ گئی آہ وفغاں -- (باقی)
یعنی سر --- جھکانے کی دیر ہے (نیاز)
---- برسنا ایک محاورہ (ہن)'' ۵

بچپن کی ان ہی علمی وادبی، سیاسی وسماجی سرگرمیوں کے ساتھ حبیبؔ حیدرآبادی نے کالج کی زندگی میں قدم رکھا۔

اعلیٰ تعلیم :- حبیب حیدرآبادی نے ۱۹۴۷ء میں دسویں کا امتحان کامیاب کیا۔ ۱۹۴۹ء میں دارالعلوم کالج سے انٹر کیا اور اعلیٰ تعلیم کے لئے نظام کالج میں داخلہ لیا جہاں سے ۱۹۵۲ء میں بی کام کی ڈگری لی۔ حبیبؔ حیدرآبادی اس دوران اپنے والد کی برف کی دکان پر بھی بیٹھا کرتے تھے۔ اس ضمن میں وہ لکھتے ہیں کہ :

''اسکول کی نوکری کے علاوہ میرے والد صاحب کی برف کی دکان تھی۔جس کا نام''حبیب برف لیمن ڈپو'' تھا۔اس دکان پر میں صبح سے شام تک برف بیچا کرتا تھا۔اسکول اور کالج کے اوقات میں تعلیم حاصل کرنا اور باقی اوقات اپنے اور اپنے افراد خاندان کے لئے روٹی کمانا بس یہی دو کام تھے''۔ ۶

حبیبؔ حیدرآبادی نے نظام کالج میں بھی اپنی ادبی سرگرمیاں جاری رکھیں۔اور کالج کے میگزین ''نظام ادب'' کے حصہ اردو کے مدیر رہے۔حبیبؔ حیدرآبادی کو ڈاکٹر زورؔ سے بڑی عقیدت تھی۔ زورؔ صاحب کے ذریعہ ادارۂ ادبیات اردو کے ایوانِ اردو میں منعقد ہونے والے ادبی اجلاسوں میں سرکردہ علمی وادبی شخصیات آیا کرتی تھیں۔اور زورؔ صاحب کے ذریعہ حبیبؔ صاحب کو بھی ان شخصیتوں سے ملاقات کا موقع حاصل ہوتا۔چنانچہ حبیبؔ حیدرآبادی نے ڈاکٹر ذاکر حسین' پروفیسر یوسف حسین خاں' پروفیسر محمد مجیب' مولوی عبدالحق' کرشن چندر سیاست دانوں میں قائد اعظم محمد علی جناح' پنڈت نہرو اور وجے لکشمی پنڈت وغیرہ سے ملاقات کی۔انہیں عظیم شخصیات کے آٹوگراف لینے کا شوق تھا۔ چنانچہ اُن کی آٹوگراف کی کتاب میں محمد علی جناح' پنڈت نہرو' سروجنی نائیڈو' وجے لکشمی پنڈت سردار پٹیل' میر لائق علی' لیاقت علی' فاطمہ جناح' راجہ کشن پرشاد حسرت موہانی' سیدہ اختر' ڈاکٹر ذاکر حسین' پروفیسر یوسف حسین خان پروفیسر محمد مجیب' مولوی عبدالحق' کرشن چندر' جگر مرادآبادی' ساغر نظامی' کیفی اعظمی' مجروح سلطانپوری' فراق گورکھپوری' علی سردار جعفری' صفی اورنگ آبادی' ساحر لدھیانوی' مکیش حیدرآبادی مخدوم محی الدین' ہارون خاں شیروانی' ڈاکٹر وحید اختر اور فیض احمد فیضؔ وغیرہ کے آٹوگراف شامل ہیں۔

حبیبؔ حیدرآبادی جس وقت ڈگری کی تعلیم حاصل کررہے تھے اُس وقت نظام کالج کے سالانہ مشاعرے بڑی دھوم دھام سے منعقد ہوا کرتے تھے۔ان مشاعروں میں جگر مرادآبادی' جوشؔ ملیح آبادی' ساغرؔ نظامی' ساحرؔ لدھیانوی' کیفی اعظمی مجروحؔ سلطانپوری' فراقؔ گورکھپوری' سردار جعفری' صفی اورنگ آبادی امجد حیدرآبادی وغیرہ شرکت کرتے تھے۔

شادی:- حبیبؔ حیدرآبادی ۱۹۵۲ء میں بی کام کرچکے تھے۔اور کسی ملازمت کی تلاش میں تھے کہ اُن کے گھر والوں نے اُن کی شادی کی تیاری شروع کردی۔اپنی ہونے والی

اہلیہ کے تعارف کے طور پر اُنہوں نے لکھا کہ اسکول کے زمانے میں اُن کی بہن عزیزہ نے اپنی ایک ہم جماعت لڑکی صدیقہ شبنم کا یہ شعر سُنایا تھا۔

شبنم کبھی نہ بدلی طرزِ نگاہ اُن کی

یوں تو ہزار پہلو بدلا کیا زمانہ

بعد میں اُنہوں نے اخبار میں یہ خبر پڑھی کہ کوریا کی جنگ کے دوران عالمی امن تحریک کے لئے اسٹاکھوم امن اپیل پر دستخط لینے کی مہم میں ویمنس کالج کی پہلے سال کی طالبہ صدیقہ شبنم نے اپنے خون سے امن اپیل پر دستخط کئے۔ حبیبؔ حیدرآبادی نے تعجب کا اظہار کیا کہ آگے چل کر اسی لڑکی سے اُن کی شادی ہوئی۔ بہرحال ۱۲/اپریل ۱۹۵۲ء کو اُن کی شادی حیدرآبادی میمن گھرانے کی لڑکی صدیقہ سے ہوئی۔ صدیقہ حیدرآباد کے نامور ادیب وشاعر نقاد واردو کے پروفیسر، مغنی تبسم کی بہن ہیں۔ صدیقہ کے والد عبدالغنی صاحب مرحوم سب جج تھے۔ صدیقہ کی ایک بہن فاطمہ ہیں جن کے شوہر عوض سعید کے فرزند ڈاکٹر اوصاف سعید انڈین فارن سرویس میں قونصل جنرل ہند متعینہ شکاگو امریکہ ہیں۔ بیٹی سیما ڈاکٹر ہیں جو اپنے شوہر ڈاکٹر وجاہت کے ساتھ امریکہ میں رہتی ہیں۔ حبیبؔ حیدرآبادی اور صدیقہ مثالی میاں بیوی رہے۔ حبیبؔ حیدرآبادی اپنی بیوی کی بہت قدر کرتے تھے۔ چنانچہ اُن کے بارے میں لکھتے ہیں :

''سچائی اور خلوص کی وہ جہاں خود پیکر بنی رہتی ہیں۔ اپنے شوہر، بچوں اور دوستوں سے بھی یہی توقع رکھتی ہیں کہ ان کو اُن سب میں اپنا عکس نظر آئے.....ازدواجی زندگی میں کئی ایسے نازک مواقع آئے جہاں ایک یا دوسرے کے قدم ایک دوسرے کی رضاء وخوشی کے سیدھے راستے سے ہٹے بھی ہوں لیکن عمداً ہم سے ایسی غلطیاں ہوتی رہیں جو ایک دوسرے کے لئے قابل معافی بنتی گئیں لیکن غلطی کا احساس اور پھر ایک دوسرے کی رضا وخوشی کے راستے پر واپسی نے ہماری ازدواجی زندگی کو ایک ایسا آئینہ خانہ بنا دیا جس میں ہر وقت ہم دونوں نہ صرف ایک دوسرے کو دیکھتے رہے بلکہ ساتھ ہی ہمیں اپنے آپ کو غور سے دیکھنے کا موقع ملتا رہا''۔ ؎

صدیقہ شبنم جو خود ایک اچھی شاعرہ بھی ہیں۔ اپنے شوہر کے بارے میں اپنی شادی کی سلور جوبلی کے موقع پر لکھے گئے ایک مضمون میں لکھتی ہیں:

’’ہنس مکھ چہرہ‘ کشادہ پیشانی‘ ہاتھ میں پائپ لئے ہوئے چہرے پر اس بلا کا اطمینان جیسے اس مشینی زندگی سے اُن کا کوئی سروکار ہی نہ ہو.... طبیعت میں خلوص اور محبت کوٹ کوٹ کر بھری ہے۔ ہر کسی سے بہت ہی خلوص سے ملتے ہیں۔ جس سے ایک بار دوستی کی اُسے نباہنے کی کوشش کرتے ہیں.... میں اپنی اس ۲۵ سالہ ازدواجی زندگی پر نظر کرتی ہوں تو اپنے مالک کا لاکھ لاکھ شکر ادا کرتی ہوں کہ ایک انتہائی نیک اور محبت کرنے والے شوہر میرے ساتھی بنے‘‘۔ ۸؎

حبیبؔ حیدرآبادی کے اپنی بیوی کے بارے میں اور صدیقہ شبنم کے اپنے شوہر کے بارے میں خیالات جاننے سے معلوم ہوتا ہے کہ خدا نے دونوں کو شائد ایک دوسرے کے لئے بنایا تھا۔

اولاد:- حبیبؔ حیدرآبادی کو خدا نے دو بیٹے اور ایک بیٹی دی۔ بیٹوں کے نام رافع اور واسع ہیں۔ جبکہ بیٹی کا نام سلمیٰ ہے جو ۱۹۶۱ء میں ناٹنگھم برطانیہ میں پیدا ہوئی۔ حبیبؔ حیدرآبادی اور صدیقہ شبنم نے نامساعد حالات میں بھی اپنے بچوں کی دینی و دنیاوی تعلیم میں کوئی کسر اُٹھا نہیں رکھی۔ چنانچہ ان کے تینوں بچوں نے اعلیٰ تعلیم حاصل کی اور شادی کے بعد اپنے اپنے خاندانوں میں خوش ہیں۔ حبیبؔ حیدرآبادی کا بڑا بیٹا رافع ہے۔ جو رافع حبیب کے نام سے مشہور ہیں۔ انہوں نے ن۔م راشد پر تحقیقی کام کیا۔ اور آکسفورڈ یونیورسٹی سے ڈاکٹریٹ کی ڈگری حاصل کی۔ اور اب نیوجرسی امریکہ میں انگریزی کے پروفیسر ہیں۔ اُن کی شادی یاسمین سے ہوئی۔ رافع حبیب کے دولڑکے حشام اور حسن ہیں۔ رافع اکثر ہندوستان بھی آیا کرتے ہیں۔ رافع کے چھوٹے بھائی واسع ہیں اُنہوں نے گائکس ہاسپٹل لندن یونیورسٹی سے ڈنٹسری کی ڈگری لی۔ نیو کاسل ہاسپٹل میں ہیلتھ آفیسر رہے اور اب انگلینڈ ہی میں ڈنٹل سرجن ہیں اُن کی اہلیہ کا نام سعیدہ ہے۔ واسع کی شادی بڑے بھائی رافع سے پہلے ہوئی۔ اس لئے واسع کے بچوں کی عمریں زیادہ ہیں۔ بڑے لڑکے کا نام عاصم ہے اور چھوٹے لڑکے کا نام منعم ہے ۔

حبیبؔ حیدرآبادی کی بیٹی جرنلسٹ ہیں۔ اور ان دنوں انگریزی ہفتہ وار اخبار May Say times - کی ایڈیٹر ہیں یہ اخبار لندن سے نکلتا ہے۔ سلمیٰ کے شوہر اور حبیبؔ حیدرآبادی کے داماد کا نام عرفان ہے یہ پبلشر ہیں۔ ان کی اولادوں میں ایک بیٹی حانیہ اور ایک بیٹا ریحان ہے۔ اس طرح حبیبؔ حیدرآبادی کے تینوں بچے اپنی اپنی جگہ زندگی کے عملی

میدانوں میں خوش ہیں صدیقہ شبنم اور حبیبؔ حیدرآبادی نے مثالی والدین کی طرح اپنے بچوں کی تربیت کی۔ اس ضمن میں وہ لکھتے ہیں :

''صدیقہ اور میں نے کوشش یہی کہ ہم دونوں اپنے بچوں سے گھل مل کر رہیں۔ اور بچے ہم کو اپنا رفیق، دوست اور ہمدرد سمجھیں۔ ہمارے اس طرزِ عمل کی وجہ سے ہم کو ذہنی سکون اور طمانیت قلب حاصل ہوئی۔ ہم اپنے بچوں سے محبت کرتے ہیں۔ اور وہ ہماری عزت کرتے ہیں ۔گھر کے ہر کام میں ہر فرد کا مشورہ شامل رہتا ہے۔ اور ہماری اپنی مشاورتی کمیٹی ہے۔ جو ہر فرد خاندان کے حقوق وفرائض پر نظر رکھتی ہے۔ خاندان کا ہر فرد اپنے حقوق وفرائض کا بھی جائزہ لیتا رہتا ہے''۔ 9

ابتدائی ملازمت:- حبیبؔ حیدرآبادی شادی کے بعد فکر معاش میں سرگرداں رہے۔ اُس وقت حیدرآباد میں سرکاری ملازمت ملنا دشوار تھا۔ کچھ دنوں تک وہ اپنے والد کے کاروبار میں ہاتھ بٹاتے رہے۔ اپنے دوست احباب کے تعاون سے ایک ٹیوٹوریل قائم کیا ۔ دو چار برس اسی طرح گذر گئے۔ س دوران اُن کے دو بچے بھی ہو گئے تھے۔ معاشی حالات ناسازگار تھے۔ حبیبؔ حیدرآبادی اپنے لئے نہ سہی اپنے بچوں کے بہتر مستقبل کے لئے ترک وطن کرنا چاہتے تھے۔

ترک وطن:- تقسیم ہند کے بعد شمالی ہند سے بیشتر مسلم خاندان پاکستان منتقل ہو رہے تھے۔ جنوب میں اس کے اثرات کم تھے لیکن حیدرآباد اور علاقہ تلنگانہ کے حضرات پاکستان کو مسلمانوں کا حقیقی وطن تصور کرتے ہوئے اپنے افراد خانہ کے ہمراہ ہندوستان چھوڑ کر جا رہے تھے ۔ان ہی لوگوں کے نقش قدم پر چلتے ہوئے حبیبؔ حیدرآبادی ۱۹۵۵ء میں کراچی پاکستان منتقل ہو گئے ۔ وہاں اکاؤنٹس آفیسر رہے۔ کراچی میں قیام کیا۔ لیکن وہاں اُن کا دل نہیں لگا۔ اسی دوران برصغیر سے بے شمار لوگ پانی کے جہازوں سے برطانیہ کے رُخ کر رہے تھے۔ کیوں کہ وہاں دوسری جنگ عظیم کے بعد کارخانوں میں کام کرنے کے لئے افرادی قلت ہو گئی تھی۔ اور مزدوروں کو جزائر غرب الہند سے لایا جا رہا تھا۔ اور برصغیر سے جانے والوں کو بھی قبول کیا جا رہا تھا۔

برطانیہ میں آمد:- حبیبؔ حیدرآبادی ڈیڑھ دو سال تک پاکستان میں رہنے کے بعد ۱۹۵۷ء کو انگلستان منتقل ہو گئے ۔ اُن کے ساتھ اُن کی بیوی صدیقہ دو بچے رافع اور واسع اور

چھوٹا بھائی قدیر بھی تھا۔ انگلستان میں قدم جمانے کے لئے ابتداء میں اُنہیں سخت جدوجہد کرنی پڑی۔ انگلستان میں آمد کے فوری بعد اپنی جدوجہد بھری زندگی کے بارے میں خود حبیبؔ حیدر آبادی لکھتے ہیں کہ :

''یہاں آنے کے بعد بڑے پاپڑ بیلنے پڑے۔ مزدوری کرنی پڑی۔ گوداموں میں کام کرنا پڑا۔ بس کنڈکٹری کی۔ ٹکسی چلانی پڑی۔ کوئی کام ایسا نہیں ہوگا جو میں نے یہاں آنے کے بعد نہ کیا ہو۔ صبح چار بجے سے رات کے بارہ بجے کئی کئی مہینوں مسلسل کام کرنا پڑا.... موزوں مکان آسانی سے نہیں ملتے تھے۔ اور اگر ملتے بھی تھے تو اُن کا کرایہ میری استطاعت سے بہت زیادہ ہوتا تھا۔ کئی مہینے ہم سب کو صرف ایک ہی کمرے میں گزارنا پڑا۔ ان دنوں میری ہفتہ وار آمدنی صرف سات پونڈ تھی۔ صدیقہ نے جز وقتی کام شروع کیا اُن کو دو پاؤنڈ ہر ہفتہ مل جایا کرتے تھے۔ اس طرح نو پاؤنڈ میں ہمارے کنبے کی گزر بسر ہوتی تھی''۔ ۱۰

حبیبؔ حیدر آبادی نے انگلستان میں آمد کے فوری بعد اکاؤنٹنسی کی مزید تعلیم حاصل کی۔ ابتدائی جدوجہد کے بعد اُنہیں ایک برٹش فرم میں چیف اکاؤنٹنٹ کا عہدہ ملا۔ ۱۹۵۰ء میں اُنہوں نے ناٹنگھم میں اپنا پہلا مکان خریدا۔ ناٹنگھم میں تقریباً پندرہ سال گذارنے کے بعد وہ ۱۹۷۲ء میں لندن کے قریب کینٹ منتقل ہوگئے۔ ایک برٹش کمپنی میں ڈائرکٹر کے عہدے پر اُن کا تقرر رہا۔ پھر کمپنی سکریٹری اور چیف اکاؤنٹنٹ بنائے گئے۔ ۱۹۷۶ء میں مجسٹریٹ بنائے گئے۔ اُنہیں جسٹس آف دی پیس (Justice Of The Peace) کا اعزاز بھی دیا گیا تھا۔ برطانیہ میں تارکین وطن کے ساتھ پولیس کے غلط رویے اور اور مقامی گورے غنڈوں کے ساتھ غیر ضروری نرمی اور اُن کے اعزاز کے سبب ملنے والی راحت کے بارے میں حبیبؔ حیدر آبادی اپنی زندگی میں پیش آئے ایک واقعہ کو یوں بیان کرتے ہیں :

''میں کینٹ جسٹس آف پیس ہوں۔ اپنے آپ کو ذمہ دار شہری سمجھتا ہوں۔ دو سال قبل جبکہ میں لندن سے رات میں ٹرین سے سفر کر رہا تھا۔ ایک گورے غنڈے نے مجھ پر حملہ کیا۔ اور مجھے چلتی ٹرین سے باہر ڈھکیلنے کی کوشش کی۔ اللہ نے مجھے ہمت دی۔ میں نے اپنے سے دہرے آدمی کا مقابلہ کیا۔ اور ٹرین کی زنجیر کھینچنے میں کامیاب ہوا۔ واٹرلو اسٹیشن پر ٹرین رُکی۔ پولیس آئی۔

سب سے پہلے مجھے گرفتار کرلیا۔ گورے غنڈے سے ہمدردی کی جارہی تھی اس لئے کہ میں نے اپنی مدافعت میں اسے لہولہان کردیا تھا۔ پولیس اسٹیشن پر پہنچنے کے بعد جب مزید بات چیت ہوئی تو پولیس نے مجھ سے معافی چاہی اور مجھے گھر جانے کی اجازت دی اور اس گورے غنڈے کو اولڈ بیلی یعنی یہاں کی سب سے بڑی عدالت میں سزا ہوئی''۔۱۱

حبیبؔ حیدرآبادی نے معاشی فراغت ملنے کے بعد اپنے آپ کو علمی، ادبی و سماجی خدمات کے لئے وقف کردیا۔

علمی وادبی خدمات :- حبیبؔ حیدرآبادی کو بچپن ہی سے علمی وادبی ماحول ملا تھا۔ اور انہیں اپنے وقت کے نامور اساتذہ و بزرگوں کی صحبت نصیب ہوئی تھی۔ والد کی تربیت کے علاوہ فانیؔ اور خواجہ حسن نظامی سے فیض حاصل کرنے کا موقع ملا۔ جس سے اُن کی شخصیت کا ادبی خمیر تیار ہوا۔ اُن کے ہم زلف عوض سعید ''حبیبؔ حیدرآبادی'' خاکے میں بڑی شخصیتوں سے حبیب صاحب کے اکتساب کا حال یوں بیان کرتے ہیں:

''آپ کو یہ جان کر شائد حیرت ہو کہ حبیبؔ صاحب نے آنجہانی مہاراجہ کشن پرشاد کی شعری محفلوں میں بھی شرکت کی ہے۔ انہیں کلام سناتے ہوئے بھی دیکھا ہے۔ جب یہ باتیں حبیبؔ صاحب مجھے سُنا رہے تھے تو میں فرطِ حیرت میں ڈوبا ہوا تھا۔ ''اس وقت آپ کی عمر کیا رہی ہوگی''۔ میرے اس سوال پر حبیبؔ صاحب نے کہا۔ ''یہی کوئی پانچ برس''۔ یہ بھی عجیب اتفاق ہے کہ ہر وہ پرانی محفل جس میں حبیبؔ صاحب نے بطور معزز مہمان کے شرکت کی تھی۔ اس وقت بھی اُن کی عمر پانچ ہی برس تھی۔ اس طرح پانچ برس کی عمر میں اُنہوں نے وہ ساری ادبی محفلیں دیکھ لیں جو اب تاریخ کا ایک سنہری باب بن چکی ہیں''۔۱۲

حبیبؔ حیدرآبادی کو خواجہ حسن نظامی مرحوم سے خاص ارادت حاصل تھی، جب بھی خواجہ صاحب حیدرآباد آتے حبیبؔ صاحب اُن سے ضرور ملتے۔ اور خواجہ صاحب بھی حبیبؔ صاحب سے شفقت کا اظہار کرتے۔ اور اکثر و بیشتر اپنے رسالہ ''منادی'' میں حبیبؔ صاحب کا ذکر کرتے۔ خواجہ صاحب کو روز نامچہ لکھنے کی عادت تھی۔ اُن کے روز نامچے اپنے عہد کے حالات اور اُن کی انشا پردازی کے لئے مشہور ہیں۔ خواجہ صاحب کے طرز پر حبیبؔ حیدرآبادی کے دوست سید معین

الدین شاہ اُن کی ڈائری لکھنے کی عادت کے بارے میں لکھتے ہیں:

''حبیبؔ حیدرآبادی اپنا روزنامچہ شادی سے پہلے مستقل لکھا کرتے تھے۔ اس روزنامچے کی حیثیت اس لحاظ سے بھی بہت اہم ہے کہ اس میں مفصل سیاسی، معاشرتی، مذہبی، علمی اور ادبی تذکرے ہیں۔ اور شخصیات کا حال ہے۔ یہ تاریخی دستاویز ہیں۔ اور بہت اہم ہیں۔ اس میں زوال حیدرآباد کا بھی ذکر ہے۔ راقم الحروف کو کہیں کہیں ان روزناچوں کو دیکھنے کا اتفاق ہوا ہے۔ اُن کا اسلوب بیان دلکش اور شگفتہ ہے۔ اور کبھی کبھی تو مجھے ایسا محسوس ہوا جیسے میں حسن نظامی کا روزنامچہ پڑھ رہا ہوں''۔ ۱۳

حبیبؔ حیدرآبادی کا روزنامچہ اب دستیاب نہیں لیکن کہا جاتا ہے کہ اُن کی تصنیف ''انگلستان میں'' اُسی روزنامچے کے طرز پر لکھی گئی ہے۔ اور اس کتاب میں بھی متفرق مضامین کو یکجا کیا گیا ہے۔ روزنامچہ لکھنے کی عادت نے حبیبؔ حیدرآبادی کو انشاء پردازی کی طرف مائل کیا۔ اور اُن کے اندر کا ادیب انگلستان میں آنے کے بعد اردو کا خدمت گذار بن گیا۔ برطانیہ میں آمد کے بعد اُن کے ابتدائی چند سال مشکلات میں گذرے۔ اور جب ایک مرتبہ زندگی کی گاڑی چلنے لگی تو حبیبؔ حیدرآبادی نے ابتدائی زمانے میں جبکہ برطانیہ میں فروغ اردو کا کوئی خاص کام نہیں ہوتا تھا اپنے بل بوتے پر ٹھوس خدمات انجام دیں چنانچہ اُنہوں نے ۱۹۶۳ء میں قائم کردہ اردو تنظیم پاکستان فرینڈز لیگ کی ایک سال تک صدارت کی۔ ناٹنگھم میں قیام کے دوران ایک اُردو لائبریری قائم کی۔ جس میں پانچ ہزار اردو کی کتابیں جمع کی گئیں۔ یہ اپنی نوعیت کی پہلی اُردو لائبریری تھی جو برطانیہ میں قائم ہوئی تھی۔ لائبریری کا افتتاح ناٹنگھم کے میئر نے کیا۔ اور اس تقریب کو ٹیلی ویژن پر بھی دکھایا گیا۔ اس لائبریری میں ہندوستان و پاکستان کے ادیبوں اور شعراء کی کئی کتابیں جمع تھیں۔

حبیبؔ حیدرآبادی کی اس لائبریری کے لئے مولانا مودودی کے علاوہ فیضؔ احمد فیضؔ، آل احمد سرورؔ، ڈاکٹر گوپال ریڈی، حبیب الرحمٰن عبدالحمید بوہیرے مدیر صبح اُمید۔ خواجہ حسن ثانی نظامی اور پروفیسر مغنی تبسم وغیرہ نے کتابیں عنایت فرمائی تھیں۔ فروغ اردو کی طرف ایک اور قدم بڑھاتے ہوئے حبیبؔ حیدرآبادی نے انگریزوں اور تارکین وطن کے بچوں کو اردو سکھانے کے

لئے اردو جماعتوں کا آغاز کیا۔ یہ سلسلہ ۱۹۶۶ء سے ۱۹۷۰ء تک جاری رہا۔ کئی بچوں نے اُردو سیکھی۔ حبیبؔ حیدر آبادی کی ناٹنگھم میں قائم کردہ لائبریری کی افتتاحی تقریب اور انگریزوں کو اردو سکھانے کے پروگرام کو ٹیلی ویژن پر بطور خاص دکھایا گیا تھا۔ اس پروگرام کی ریکارڈنگ سلیم شاہد نے کی اور مہندر کول نے اسے پیش کیا۔ ڈارٹ فورڈ میں رالف رسل کے تعاون سے لندن یونیورسٹی میں اکیڈمی آف اردو اسٹڈیز قائم کی۔ جس کی طرف سے طلباء کے لئے 'O' اور 'A' لیول کے امتحانات منعقد ہوا کرتے تھے۔ سال میں دو بار اکیڈمی کی جانب سے تحریری مقابلے منعقد ہوا کرتے تھے تاکہ اردو پڑھنے والے طلباء کی حوصلہ افزائی ہو سکے۔

حبیبؔ حیدر آبادی اس اکیڈمی کے اعزازی معتمد رہے۔ صلہ و ستائیش کی تمنا کے بغیر اور لوگوں کی مخالفت کے باوجود حبیب حیدر آبادی فروغ اردو کے لئے کام کرتے رہے۔ وہ دھن کے پکے تھے۔ کام کرنے سے اُنہیں ذہنی سکون ملتا تھا۔ اس لئے آرام کا خیال کیے بغیر مسلسل کام کئے جاتے رہے۔ برطانیہ میں حبیبؔ حیدر آبادی کی اردو خدمات کو خراج تحسین پیش کرتے ہوئے محمد یوسف الدین خاں لکھتے ہیں:

''اس ملک میں اُردو کی بقاء کے لئے حبیبؔ نے جو کارنامے انجام دیے وہ ایک ضخیم کتاب کا موضوع بن سکتے ہیں۔۔۔وہ اپنی ذات سے ایک انجمن تھے۔ اردو کی تعلیم و ترویج کے لئے انہوں نے خاموشی سے جتنی ٹھوس خدمات انجام دی ہیں۔ وہ شائد انجمنوں کے بس کا بھی روگ نہیں۔ برسہا برس تک یہ ہر سال مختلف عمروں کے طالب علموں میں اُن کی عمر اور تعلیمی لیاقت کے مطابق تحریری مقابلے کرواتے رہے۔ اور اپنے ہی خرچ سے ان مقابلوں کی ملکی سطح پر تشہیر بھی کروائی اور انعامات بھی دیے۔ یہ بات میں وثوق سے اس لئے کہہ رہا ہوں کہ کئی سال تک میں نے ان مقابلوں میں حکم کا رول ادا کیا۔۔۔انجمنوں کے قیام سے پہلے مقامی ہوں کہ مہمان۔ ادیبوں اور دانشوروں کا ایک ہی مرکز تھا۔ حبیبؔ کی قیام گاہ۔ اردو کے ہر بڑے ادیب و دانشور کے اعزاز میں اُن ہی کی قیام گاہ پر تقریبیں ہوتی تھیں'' ۔ ۱۴

برطانیہ میں اردو کی سرگرمیوں کا ایک اہم حصہ مشاعرے ہیں۔ اور وہاں آل انگلینڈ مشاعروں کی ابتداء حبیبؔ حیدر آبادی نے ہی کروائی۔ ناٹنگھم میں اس طرح کے مشاعروں کا آغاز ہوا۔

۱۹۶۱ء میں منعقدہ مشاعرے میں فیضؔ نے بھی شرکت کی۔ فیضؔ اُن کے گھر بھی آئے تھے۔ حبیبؔ صاحب نے فیضؔ کی بیگم ایلس سے انٹرویو بھی لیا۔ حبیبؔ صاحب کی ایماء پر برصغیر سے نامور شعراء انگلستان آئے ان میں ن۔م۔راشد۔ ساقی فاروقی۔ علی سردار جعفری، مغنی تبسم، اکبر حیدر آبادی، عقیل دانش ڈاکٹر فاخر حسین، ادیبوں میں مشتاق احمد یوسفی اور صحافیوں میں رضا علی عابدی وغیرہ شامل ہیں۔ حبیبؔ حیدرآبادی نے مشاعروں کی جو ابتداء کی تو لندن میں کئی انجمنوں اور تنظیموں کی جانب سے مشاعرے منعقد ہونے لگے۔ جن میں حبیبؔ صاحب اور ان کی اہلیہ صدیقہ شبنمؔ کو بھی مدعو کیا جاتا۔ نئے لوگوں سے ملاقاتیں ہوتیں اور اردو کے فروغ کی راہیں نکلتیں۔

۱۹۷۲ء میں حبیبؔ حیدرآبادی کینٹ منتقل ہوئے۔ جو لندن سے قریب تھا۔ اس طرح اُنہیں ادبی سرگرمیوں میں زیادہ حصہ لینے کا موقع ملا۔

تصنیف و تالیف:- کینٹ میں قیام کے دوران حبیبؔ حیدرآبادی نے اپنی بیٹی سلمیٰ کی فرمائش پر گلب پاشا (John Bagot) کی تصنیف The Life and Times of Mohammad کا اردو ترجمہ "محمد الرسول اللہ صلی اللہ علیہ وصلعم کے عنوان سے کیا۔ حبیبؔ حیدرآبادی نے ۱۹۷۲ء سے ترجمہ کا آغاز کیا اور تقریباً ایک سال بعد ۲۷ جون ۱۹۷۳ء کو ترجمہ کا کام مکمل ہوا۔ حبیبؔ حیدرآبادی کی خواہش تھی کہ یہ کتاب اُن کی زندگی میں شائع ہو جائے چنانچہ پاکستانی ناشر محمد مقیم قریشی کو کتاب کی اشاعت کا کام سونپا گیا۔ لیکن خدا کو کچھ اور منظور تھا۔ چنانچہ یہ کتاب حبیبؔ حیدرآبادی کے انتقال کے بعد کراچی پاکستان سے ۱۹۸۹ء میں شائع ہوئی۔

حبیبؔ حیدرآبادی ۱۹۸۰ء کو لندن منتقل ہو گئے۔ جہاں اُنہوں نے اپنی پہلی کتاب " انگلستان میں" لکھی۔ یہ کتاب ۱۹۸۱ء میں اکیڈمی آف اردو اسٹڈیز ڈارٹ فورڈ کینٹ یو کے کے زیر اہتمام شائع ہوئی۔ اور اسے بے پناہ مقبولیت ملی۔ اور پہلے ایڈیشن کی ہزار جلدیں ہاتھوں ہاتھ نکل گئیں۔ اور برصغیر کے علاوہ برطانیہ، یورپ اور امریکہ میں اس کتاب کا چرچا ہوا۔ اس کتاب پر اپنی رائے دینے والوں میں ڈاکٹر محمد حمید اللہ (پیرس) ہاشم علی اختر (وائس چانسلر علی گڈھ یونیورسٹی) پدم شری عابد علی خاں مدیر روزنامہ سیاست (حیدرآباد دکن) خواجہ عبدالغفور

(بمبئی) افتخار عارف ۔ اردو مرکز (لندن) اکبر حیدرآبادی (آکسفورڈ) عقیل دانش (لندن) ڈاکٹر ڈیوڈ میتھیوز (لندن) ڈاکٹر ضیاء الدین شکیب (لندن) ڈاکٹر حسن عسکری (لندن) شریف بقاء (لندن) ڈاکٹر سدھیشور راج سکسینہ (لندن) پروفیسر گیان چند جین ۔ سنٹرل یونیورسٹی آف حیدرآباد ۔ حیدرآباد دکن ۔ وقار لطیف (لندن) آغا سعید (حیدرآباد) ڈاکٹر شہریار ۔ علی گڈھ یونیورسٹی ۔ حسن اجمل مسرت (آئرلینڈ) راجکماری اندرا دھن راج گیر جی ۔ حیدرآبادی اور محمد خالد اختر کراچی وغیرہ شامل ہیں ۔

حبیبؔ حیدرآبادی کی کتاب ''انگلستان میں'' پر رائے دینے والوں کی اس کثیر تعداد کو دیکھتے ہوئے کتاب کی مقبولیت کا اندازہ لگایا جا سکتا ہے ۔ لیکن خود حبیبؔ حیدرآبادی کو ڈر تھا کہ کتاب لوگوں کے ہاتھ پہنچ جانے کے بعد انجام کیا ہوگا ۔ اُن کے خدشات کو پیش کرتے ہوئے عوض سعید لکھتے ہیں :

''کتاب چھپنے کے بعد حبیبؔ صاحب کو اس طرح دعا مانگتے میں نے بھی دیکھا ہے وہ بار بار یہی کہہ رہے تھے معبود تو کسی اور کی لاج رکھ یا نہ رکھ ۔ مگر انگلستان میں رہنے والے ایک جلاوطن Justice of peace کی لاج ضرور رکھ ۔ ویسے تجھے علم ہے کہ میں نے بذریعہ ship دنیا کے کونے کونے میں اپنی کتابیں پھیلا دی ہیں ۔ معبود تو میری لاج رکھ لے مجھے دوسروں کی عزت سے کوئی سروکار نہیں ہے'' ۔ ۱۵؎

حبیبؔ حیدرآبادی کی اس دعا سے لگتا ہے کہ خدا نے اُن کی دُعا سُن لی اور اُن کی کتاب کو قبول عام کا شرف ملا ۔ ''انگلستان میں'' کی اشاعت کے بعد حبیبؔ حیدرآبادی کی تصنیف و تالیف کا سلسلہ چل پڑا اور یکے بعد دیگرے اُن کی دو کتابیں منظر عام پر آئیں ایک کتاب کا نام ''برطانیہ کی سیاسی جماعتیں اور پارلیمنٹ'' ہے جو مارچ ۱۹۸۸ء میں شائع ہوئی جبکہ دوسری کتاب ''رہ و رسم آشنائی'' ہے ۔ یہ کتاب بھی مارچ ۱۹۸۸ء میں شائع ہوئی ۔ دونوں کتابوں کی رسم اجرا ایک ساتھ لندن میں ہوئی ۔ یہ تقریب ۱۶ ؍ ڈسمبر ۱۹۸۸ء کو اورینٹ اینڈ افریکن اسٹڈیز یونیورسٹی آف لندن میں ہفتہ وار ''راوی'' کے مدیر مقصود الٰہی شیخ کی صدارت میں اردو مرکز کی جانب سے منعقد کی گئی ۔ اس تقریب میں ادیبوں اور شعراء نے حبیبؔ حیدرآبادی کی شخصیت اور فن پر مضامین

پڑھے۔حبیبؔ حیدر آبادی کی تصنیف ''برطانیہ کی سیاسی جماعتیں اور پارلیمنٹ'' میں پہلی مرتبہ برطانیہ کی سیاسی جماعتوں کی تاریخ بیان کی گئی۔اور پارلیمنٹ کا تعارف پیش کیا گیا۔اس کتاب کے بارے میں تبصرہ کرتے ہوئے کتاب کے فلیپ پر موجود تحریر میں پروفیسر عرفان حبیب۔صدر شعبہء تاریخ علی گڑھ مسلم یونیورسٹی وچیرمین انڈین کونسل فار ہسٹاریکل ریسرچ حکومت ہند لکھتے ہیں :

''حبیبؔ حیدر آبادی نے اس کتاب میں برطانوی سیاسی نظام کی بڑی شگفتہ تشریح پیش کی ہے علمیت اور غیر جانبداری میں ذاتی رنگ اور پُر لطف قصوں کی چاشنی پڑھنے والے کی دلچسپی شروع سے آخر تک قائم رکھتی ہے برطانیہ کے جمہوری نظام کو پسندیدگی کی نظر سے دیکھنے کے ساتھ ساتھ اُن کو اس نظام کے مسائل اور حدود کا پوری طرح احساس ہے۔ایک نو آباد برطانوی شہری کی حیثیت سے اُن کے رویے میں کسی الجھن کا شائبہ تک نہیں ہے۔بلکہ وہ نہائت واضح طور پر اپنے نئے ملک کو اصل وطن کی طرح عزیز رکھتے ہیں۔یہ کتاب دو تہذیبوں کے درمیان ایک پل کی حیثیت رکھتی ہے۔مجھے یقین ہے کہ حبیب حیدر آبادی صاحب کی یہ کتاب بہت مقبول ہوگی''۔[۱۶]

حبیبؔ حیدر آبادی کی تصنیف ''رہ ورسم آشنائی'' انشائیوں اور خاکوں پر مشتمل ہے۔اس کتاب کی بھی اردو حلقوں میں خوب پذیرائی ہوئی۔اس کتاب پر تبصرہ کرتے ہوئے لندن سے یشب تمنا لکھتے ہیں:

نہیں معلوم اردو ادب میں اس کتاب کا کیا مقام متعین ہوتا ہے۔مگر ایک بات بغیر کسی تر دد کے کہی جاسکتی ہے کہ برطانیہ کے اردو ادب کی تاریخ اس کتاب کے تذکرے کے بغیر نامکمل ہوگی۔جناب حبیبؔ نے جس شگفتگی کے ساتھ اپنے ذاتی اور غیر ذاتی واقعات کو تحریر کیا ہے۔اس سے اُنہوں نے صنف انشائیہ کی خوبصورتی میں خاطر خواہ اضافہ کیا ہے۔اور خاص طور پر برطانیہ میں اس صنف ادب کو عام کرنے میں بھر پور حصہ لیا ہے''۔ [۱۷]

حبیبؔ حیدر آبادی نے نثر میں چار کتابوں کے علاوہ اپنا تھوڑا بہت شعری سرمایہ بھی چھوڑا ہے۔ جو اُن کی تصنیف ''انگلستان میں'' آخر میں شامل ہے۔ان کے شعری سرمایہ میں غزلیں اور نظمیں شامل ہیں۔اُن کے کلام کا جائزہ اس کتاب کے باب ''شاعر'' میں پیش کیا گیا ہے۔حبیب

حیدرآبادی نے اپنی علمی و ادبی خدمات کے علاوہ برطانیہ میں سماجی خدمات بھی پیش کیں۔ تارکین وطن کے مسائل کے حل کے لئے وہ ہمیشہ آگے رہے۔ اور انفرادی اور اجتماعی طور پر اُن سے جو بھی ہوسکا اُس کے لئے اُنہوں نے اپنے آپ کو وقف کر دیا۔ مختلف سماجی اداروں سے وابستہ رہے۔ ذمہ دار انگریزوں سے تعلق رکھا۔ لندن کی وائی ایم سی اے کے خازن رہے۔ اور وہ دیگر جماعتوں سے بھی وابستہ رہے۔ ہندوستانی ہونے کے باوجود برطانیہ کی زندگی میں گھل مل گئے تھے۔

سفر :- حبیبؔ حیدرآبادی ۱۹۵۷ء میں برطانیہ منتقل ہوئے تھے۔ وہاں معاشی فراغت حاصل کرنے میں کافی عرصہ لگا۔ اس دوران کبھی کبھار وہ ہندوستان آتے جاتے رہے۔ لیکن اپنے افراد خاندان کے ساتھ تقریباً ۲۰ سال کے عرصے میں پہلی مرتبہ اُنہوں نے تفصیلی سفر کا ارادہ کیا۔ اور پیرس، جدہ، کراچی، دہلی، حیدرآباد اور بمبئی کا تفصیلی دورہ کیا۔ احباب سے ملاقاتیں کیں۔ اور وطن عزیز کی یادوں کو مٹایا۔ حبیبؔ حیدرآبادی نے حج بیت اللہ کی سعادت بھی حاصل کی۔ اور اپنے سفر کی تفصیلات پر مبنی ایک مضمون ''سفر ہے شرط'' لکھا۔ جو اُن کی کتاب ''انگلستان میں'' میں شامل ہے۔ حبیبؔ حیدرآبادی اس سفر کے ذریعہ اپنے بچوں میں مشرقی تہذیب کی عظمت اجاگر کرانا چاہتے تھے۔ چنانچہ سفر کے بعد بچوں کے ردعمل کے بارے میں وہ لکھتے ہیں :

''جس منشاء و مقصد کے تحت ہم اپنے بچوں کو مقامات مقدسہ اور پاکستان اور ہندوستان لے گئے تھے۔ اللہ کا شکر ہے کہ اس میں ہمیں صد فیصد کامیابی حاصل ہوئی۔ اب ہمارے بچوں کو اپنے ہندوستان و پاکستان پر ناز ہے۔ مشرقی اقدار اُن کی سمجھ میں آنے لگے ہیں''۔ ۱۸

بیماری اور انتقال :- حبیبؔ حیدرآبادی زندگی کے آخری ایام میں سرطان جیسے موذی مرض میں مبتلا ہو گئے تھے۔ انسانی زندگی میں خوشی کے بعد غم، صحت کے بعد بیماری اور حیات کے بعد موت فطری امر ہے۔ انسان فانی ہے۔ اور اُسے یہ دنیا چھوڑ کر جانا ہے۔ لیکن جان لیوا بیماریاں چلتے پھرتے ہنستے بولتے انسان کو فریش بنا دیتی ہیں۔ حبیبؔ حیدرآبادی کے ساتھ بھی ایسا ہی ہوا۔ برطانیہ میں اُن کا علاج معالجہ ہوا دو مرتبہ آپریشن بھی ہوا لیکن مرض بڑھتا ہی گیا۔ ضیاء الدین شکیب اُن کی بیماری کا حال بیان کرتے ہوئے کہتے ہیں :

''رہ و رسم آشنائی'' کے مضامین اُن کی صلاحیت کے نمائندہ ہیں۔ جس زمانے میں وہ

یہ مضامین لکھ رہے تھے کینسر کے موذی مرض میں مبتلا تھے۔ اور ریڈیم تھیراپی سے علاج ہوتا تھا۔ اس قدر اذیت ناک مرض میں مبتلا رہنے کے باوجود کاغذ و قلم بستر پر ہوتا۔ اور وہ ایسی شگفتہ تحریر لکھتے رہے۔ دوستوں کے خطوط کے جواب بھی اسی بستر بیماری سے دیتے کہ اس قدر دلکش و شاداب کہ کوئی یہ تصور بھی نہیں کرسکتا کہ یہ خط کینسر کا تڑپتا ہوا مریض لکھ رہا ہے''۔ 19

حبیبؔ حیدرآبادی کی عیادت کو جو بھی دوست احباب آتے وہ اُن سے مسکرا کر بات کرنے کی کوشش کرتے لیکن صاف ظاہر ہوتا کہ وہ درد کی کسک کو دبا رہے ہیں۔ انتقال سے چند دن قبل مرض نے شدت اختیار کرلی تھی۔ وہ اس وقت Lexhum Garden کے اپنے مکان ہی میں مقیم تھے۔ لوگوں سے ملنا جلنا بہت کم ہوگیا تھا۔ درد کو مارنے والی دوائیں دی جاتیں لیکن وہ بھی بے اثر ثابت ہوتیں۔ حبیبؔ حیدرآبادی کے دوست اور مشہور شاعر افتخار عارف حبیبؔ حیدرآبادی کے انتقال سے ایک رات قبل کا دلسوز منظر اپنے تاثراتی مضمون میں یوں بیان کرتے ہیں :

''وہ بھی عجیب رات تھی۔ جس رات کے پچھلے پہر حبیبؔ ہم سب سے رخصت ہوئے تھے۔ اردو مرکز کے دفتر سے روانہ ہوتے ہوئے میں نے اپنے رفیق کار فاروق حیدر صاحب سے کہا کہ مجھے لگتا ہے اب حبیبؔ زیادہ دنوں تک ہم میں نہیں رہیں گے۔۔۔ میں گھر جانے کے بجائے معمول کے مطابق سیدھا لیکزھم گارڈنز پہنچا۔ صدیقہ نے دروازہ کھولا بجائے ڈرائنگ روم کے ہم سیدھے اُن کے کمرے میں پہنچے۔ سلمیٰ سلمہا کا چہرہ دیکھا نہیں جاتا تھا۔ حبیبؔ کے پاس بیٹھنے کے بجائے اُن کا ہاتھ اپنے ہاتھ میں لیا۔ اُنہوں نے آنکھیں کھولیں۔ نقاہت اپنی انتہا کو تھی۔ غشی طاری ہوتی پھر ہوش آجاتا۔ درد کو کم کرنے کی غرض سے دوائیں بھی اس طرح کی دی جارہی تھیں کہ زیادہ وقت بے ہوشی کی کیفیت طاری رہتی۔ ایک طرف صدیقہ' ایک طرف سلمیٰ ایک طرف عرفان سلمہ۔ حبیبؔ نے آنکھیں کھولیں بولے۔ ہمارے محبوب آئے ہوئے ہیں کہا اور پھر غشی میں۔ میں نے درود شریف کی تلاوت شروع کی۔ تھوڑی دیر بعد اُنہوں نے بغیر آنکھیں کھولے آپ ہی آپ میری آواز میں ملاتے ہوئے درود پڑھنا شروع کردیا۔۔۔ میں نے سلمیٰ سے کہا کہ اب میں چلتا ہوں۔ اُن سے پانچ منٹ کے پیدل کے فاصلے پر میرا گھر ہے اگر رات کوئی پریشانی ہو تو بلاتردّد مجھے فون کردینا۔ جانے کیوں مجھے احساس ہورہا تھا کہ آج کی رات حبیبؔ سے

آخری ملاقات ہوئی ہے۔سویرے وہی ہوا۔ہم سب اس کے لئے تیار سے تھے''۔۲۰

اس طرح سرطان جیسے موذی مرض سے لڑتے ہوئے حبیب حیدر آبادی ۷ / مارچ ۱۹۸۹ء بروز منگل صبح کی اولین ساعتوں میں اپنے مالک حقیقی سے جا ملے (اِنَّا لِلّٰہِ وَ اِنَّا اِلَیہِ رَاجِعُونْ)۔ان کی تدفین لندن میں ہی عمل میں آئی جس میں دوست احباب ادیبوں اور شعرا کی کثیر تعداد نے شرکت کی ۔ جمعہ ۱۷ / مارچ کو اردو مرکز لندن میں حبیبؔ حیدر آبادی کی یاد میں تعزیتی جلسہ منعقد کیا گیا۔جلسہ کی صدارت مشتاق احمد یوسفی نے کی ۔اور اظہار تاثرات ۔اکبر حیدر آبادی ۔رضا علی عابدی ۔ یوسف الدین خاں اور ڈاکٹر سدھیشور سکسینہ نے کیا۔جلسہ میں کئی ادیبوں اور شعراء نے شرکت کی۔تعزیتی اجلاس سے خطاب کرتے ہوئے رضا علی عابدی کہتے ہیں:

''مرنے والے اس جہان فانی سے گذر جاتے ہیں اور اپنے پیچھے کوئی نہ کوئی احساس ضرور چھوڑ جاتے ہیں جب کسی کی رحلت ہوئی کچھ اس قسم کی باتیں سنی گئیں کہ وہ اپنے پیچھے ایک خلاء چھوڑ گئے ہیں ۔وہ ایک عالم کو سوگوار چھوڑ گئے ہیں ۔ وہ ایک باب ادھورا چھوڑ گئے ہیں وہ ہمیں اور سب کو روتا چھوڑ کر چلے گئے ہیں ۔مگر اس بار معاملہ مختلف ہے۔حبیب بھائی کہیں نہیں گئے ہیں ۔یہیں تھے یہیں رہیں گے ۔اگر وجود کا مٹ جانا موت ہے تو یقیناً اُن کی موت واقع ہوگئی۔لیکن اگر وجود کے احساس کا مٹنا موت ہے تو ابھی وہ بہت جئیں گے ۔ہم نے اُن کی آخری نماز پڑھی' آخری آرام گاہ کو مٹی دی' اُن کے جسد خاکی کو ہم وہیں چھوڑ آئے۔مگر اُن کا احساس ہمارے ساتھ واپس چلا آیا''۔۲۱

حبیبؔ حیدر آبادی کے بارے میں رضا علی عابدی کے خیالات سے اندازہ ہوتا ہے کہ وہ کس حد تک لوگوں میں مقبول تھے ۔انہوں نے ۱۹۲۹ء تا ۱۹۸۹ء کل ۶۰ ساٹھ سال عمر پائی ۔لیکن اس دوران اُنہوں نے اپنی شخصیت کے ان مٹ نقوش چھوڑے اسی لئے اُن کے بارے میں کہہ سکتے ہیں کہ

ع خدا بخشے بڑی خوبیاں تھیں مرنے والے میں

شخصیت:- حبیبؔ حیدر آبادی اپنی ذات میں ایک انجمن تھے ۔صدیقہ کے لئے وہ پیار کرنے والے' جان نثار کرنے والے اور ہمدرد شوہر تھے۔رافع' واسع اور سلمیٰ کے لئے مشفق و

محترم باپ تھے۔دوست احباب کے لئے زندہ دل انسان تھے۔اردو کے لئے ایک فعال کارکن اور سہارا تھے۔شرافت' زندہ دلی' ہمدردی خلوص' ایثار و محبت چند ایسی خوبیاں تھیں جن سے حبیب حیدرآبادی کی شخصیت کی تعمیر ہوئی تھی۔

سراپا لباس:- درمیانہ قد۔گٹھیلا جسم' گول' رعب دار چہرہ' سیاہ بڑی بڑی آنکھیں' گال بھرے ہوئے' رنگ گورا ستواں ناک' کالے اور سفید بال' کشادہ پیشانی' چہرے سے فراست ٹپکتی ہوئی یہ ہے حبیب حیدرآبادی کا سراپا۔سوٹ' ٹائی پہنے وہ ایک سربراہ مملکت لگتے تھے۔حبیب حیدرآبادی مغربی معاشرے میں رہتے ہوئے انگریزی آداب مجلس اختیار کرنے کے لئے مجبور تھے۔اس لئے انشائیہ ''ہماری ہجرت'' میں اعتراف کرتے ہیں کہ :

''انگلستان میں ہم گزشتہ تیس برس سے ہیں۔سوٹ پہنتے ہیں۔ ٹائی باندھتے ہیں۔ کبھی کبھی چھری کانٹے اور چمچے کا بھی استعمال کرتے ہیں مقامی لوگوں کی بری باتوں کو زیادہ اور اچھی باتوں کو کم اپنائے ہوئے ہیں پھر بھی یہاں کی صحافت ہم کو مہاجر سے مخاطب کرتی ہے''۔۲۲

غذا :- حبیبؔ حیدرآبادی کو تمام اچھے کھانے پسند تھے۔''ہماری دعوتیں'' کے عنوان سے اُنھوں نے ایک انشائیہ بھی لکھا جس میں دعوت کے انتظار میں رہنے کا ذکر کیا۔دراصل کھانے کے معاملے میں اُن کے ذوق کی تسکین صدیقہ کی بدولت تھی جو اُن کے گھر آنے والے مہمانوں کی خاطر تواضع میں کوئی کسر اُٹھا نہیں رکھتی تھیں۔حبیبؔ حیدرآبادی کے تقریباً سبھی دوستوں نے صدیقہ اور حبیبؔ صاحب کی مہمان نوازی کا ذکر کیا ہے۔ضیاء الدین شکیب صدیقہ کے پکوان اور اُن کے گھر ہونے والی ضیافتوں کا ذکر کرتے ہوئے کہتے ہیں:

''اچھے کھانے پکانے میں اُن کی بیگم صدیقہ کو بڑی دستگاہ ہے۔حالانکہ وہ خود بڑی اچھی شاعرہ ہیں۔اور ان دونوں کو کھلانے کا بھی بڑا ذوق رہا ہے۔۔۔جب کوئی نمایاں شخصیت انگلستان آتی تو یا تو وہ حبیبؔ صاحب کے پاس ٹھہرتی یا حبیب صاحب کے یہاں اُن کی ضیافت کا اہتمام ہوتا۔وہ لوگ جن کی ضیافتوں شریک رہا ہوں اُن میں فیض احمد فیض' علی سردار جعفری گوپی چند نارنگ' شہریار'' احمد فراز کے نام قابل ذکر ہیں۔اس کے علاوہ ہر ہفتہ حبیبؔ حیدرآبادی کے مکان پر ایک ادبی محفل ہوتی جس کے بعد نہائت پرتکلف کھانے کا انتظام ہوتا۔ان محفلوں میں جو

لوگ پابندی سے شریک ہوتے تھے ان میں مشتاق احمد یوسفی اور بیگم یوسفی' افتخار عارف اور ان کی بیگم ریحانہ رضا علی عابدی اور اُن کی بیگم ماہ طلعت' شاہدہ احمد اور ان کے میاں عزیز تو تقریباً ہر محفل میں ہوتے۔ اُن کے علاوہ ایک عرصے تک ان محفلوں میں شہرت بخاری بھی شریک ہوتے رہے''۔ ۲۳ے

اردو کے شعرا اور ادیب' دعوتوں' محفلوں شعر و شاعری کے رسیا ہوتے ہیں انواع و اقسام کے کھانوں کے ساتھ محفلوں کا ایک عنصر مئے نوشی بھی ہوتی ہے۔ لیکن عموماً اس کا تذکرہ نہیں ہوتا۔ انگلستان کی ادبی محفلوں میں بادہ و جام شائد عام بات ہو۔ حبیب حیدر آبادی مئے نوشی کرتے تھے یا نہیں اس کے واضح اشارے تو نہیں ملتے لیکن اُن کی تحریر سے محفلوں کے رنگ واضح ہوتے ہیں۔ ساقی فاروقی کے گھر منعقدہ ایک محفل میں ن۔ م راشد کے تذکرے کے بعد ساقی فاروقی کی پیشکش کا ذکر حبیب حیدر آبادی یوں کرتے ہیں:

''راشدؔ مرحوم پر باتیں ہوتی رہیں۔ اُن کی پرخلوص اور دلاویز شخصیت پر تبصرے ہوتے رہے۔ اُن کی نظمیں پڑھی گئیں۔ رات کے دس بجے واپسی کے لئے جب میں اُٹھنے لگا تو ساقی نے مجھ سے کہا کہ ''اماں یار ٹھہرو۔ راشد صاحب کی باتیں کرو۔ شراب پیو۔ مٹھائی کھاؤ۔ راشد صاحب روز روز تو نہیں مریں گے''۔ ۲۴ے

مذہبی عقائد:- حبیبؔ حیدر آبادی کو بچپن ہی سے مذہبی ماحول ملا تھا۔ اُن کے والد قادریہ سلسلے سے تعلق رکھتے تھے۔ اس طرح حبیب حیدر آبادی سُنّی مسلمان مسلک کے پیرو تھے۔ زمانہ طالب علمی میں بھی وہ نمازوں کے پابند تھے۔ ان کے دوست سدھیشور سکسینہ کی تحریر سے اندازہ ہوتا ہے کہ وہ اُن کے گھر میں بھی نماز کے وقت وہیں نماز ادا کر لیتے تھے۔ حبیب حیدر آبادی کو بچپن ہی سے محفل سماع اور قوالی کا شوق تھا۔ حضرت خواجہ حسن نظامی سے اُن کی ملاقاتیں تھیں۔ اور اُنہی کے طرز پر وہ روزنامچہ لکھا کرتے تھے۔ زندگی کی خوشی اور غم میں وہ خدا کا شکر ادا کرتے رہتے تھے۔ نعمتوں پر شکر کرنا اور آزمائش میں مشیت الٰہی آگے سربسجود رہنا اُنہیں خوب آتا تھا۔ تصوف کے ماحول میں رہے تھے۔ صاحب سلسلہ تھے۔ جب بھی اپنے مرشد کا ذکر کرتے سر کو جھکاتے اور آنکھوں سے آنسو جاری ہو جاتے قران سے خصوصی شغف تھا اور اُس

کے مطالب پر گہری نظر تھی۔ مضامین میں اکثر قران کی آیتوں کا حوالہ دیتے تھے۔ حضور اکرم صلی اللہ علیہ وصلعم، صحابہ کرامؓ اور اہلبیت اطہار سے بے پناہ محبت تھی۔ حبیب حیدرآبادی کو حج وعمرہ کی سعادت بھی نصیب ہوئی۔ برطانیہ میں قیام کے دوران وہ اپنے بچوں کی صحیح تربیت کے لئے فکر مند تھے۔ ''اقبال اور تارکین وطن'' کے عنوان سے لکھے گئے اپنے مضمون میں اپنے مذہبی خیالات ظاہر کرتے ہوئے حبیب حیدرآبادی لکھتے ہیں :

''ہمارا دین ہمارے لئے اللہ کی سب سے بڑی نعمت ہے۔ جب تک ہم اس نعمت کی قدر کرتے رہیں گے زندگی کے حُسن کو دوبالا کرتے رہیں گے۔ اپنے بچوں کی رہنمائی کے لئے ہمیں خود مثال بننا پڑے گا۔ اچھی مشرقی اور مغربی قدروں کے امتزاج کو اسلامی اقدار کی صورت میں سامنے لانا ہوگا۔ صاحب بصیرت مجتہدین کو یہاں کے پیدا کردہ مخصوص مسائل کا حل ڈھونڈنا ہوگا۔ مجھ جیسے عامی کو اپنے ہر ہر عمل کا قران کی روشنی میں جائزہ لیتے ہوئے اپنے ضمیر کو مطمئن کرنا ہوگا۔۔۔ دنیا اور دین میں توازن برقرار رکھتے ہوئے ہم ہر زمانے کا مقابلہ کرسکتے ہیں''۔ ۲۵؎

حبیبؔ حیدرآبادی کے خیالات سے اندازہ ہوتا ہے کہ وہ دین ودنیا میں توازن قائم رکھنے پر یقین رکھتے تھے اور اُنہوں نے اپنی عملی زندگی سے یہ ثابت کر دیکھایا کہ ایک مسلمان مغربی معاشرہ میں رہتے ہوئے بھی اپنے دین پر قائم رہسکتا ہے اور مشرقی اقدار کی پاسداری کرسکتا ہے۔

ازدواجی زندگی:- جیسا کہ پہلے لکھا گیا۔ حبیب حیدرآبادی اور صدیقہ مثالی میاں بیوی تھے۔ صدیقہ حبیب کے لئے اور حبیب صدیقہ کے لئے جان نچھاور کرتے تھے۔ اپنی بیوی کی تعریف میں انہوں نے دو مضامین لکھے۔ تو صدیقہ نے بھی اپنے شوہر کی صفات بیان کرتے ہوئے ایک اچھا سا مضمون لکھا۔ حبیب صاحب کی معاشی تنگی کے ابتدائی دنوں میں صدیقہ نے اُن کا بھر پور ساتھ دیا۔ پاکستان اور انگلستان کی ابتدائی زندگی میں دونوں نے ملازمت کی اور ایک کمرے کے چھوٹے سے گھر میں رہنا گوارا کیا۔ صدیقہ کے کردار کی صفات بیان کرتے ہوئے حبیبؔ حیدرآبادی لکھتے ہیں:

''صدیقہ میں بڑا وصف اُن کی خدمت گزاری کا جذبہ ہے۔ ایثار اور قربانی اُن کی فطرت میں داخل ہیں۔ سلیقہ، وضع داری، رکھ رکھاؤ اور میز بانی میں اپنی مثال آپ ہیں۔ طبیعت

میں بلا کی سنجیدگی ہے۔ ملنسار ہونے کے باوجود اپنے حلقۂ احباب کو مخصوص اور محدود رکھنے کی کوشش کرتی ہیں۔ ہمارے گھر جو بھی مہمان آتے ہیں وہ صدیقہ کی شائستگی اور حسن اخلاق سے خاص طور پر متاثر ہوتے ہیں''۔ ۲۶ے

''رہ ورسم آشنائی'' میں شامل انشائیہ ''ہماری شاعرہ بیگم صدیقہ'' میں حبیبؔ حیدرآبادی صدیقہ کے ساتھ گذارے زندگی کے سفر کا تجزیہ کرتے ہوئے لکھتے ہیں :

''سچائی اور خلوص کی وہ جہاں خود پیکر بنی رہتی ہیں اپنے شوہر بچوں اور دوستوں سے بھی یہی توقع رکھتی ہیں کہ اُن کو اُن سب میں اپنا عکس نظر آئے۔۔۔ مغربی معاشرے میں ایک فنکار ماں کا اپنے بچوں سے پیار، اُن کی تربیت میں بچوں کو مذہبی اور تہذیبی اقدار سے واقف کروانا اور بچوں کے مستقبل کو بنا دینا ہوسکتا ہے کہ اُن کی شاعری یا ادب کے معیار اور مقدار پر اثر انداز ہوا ہو۔۔۔ ہمارے بچے خوش قسمت ہیں کہ اُن کی ماں نے اُن کے لئے بہت بڑی قربانی دی۔ ہماری ازدواجی زندگی میں کئی ایسے نازک مواقع آئے جہاں ایک دوسرے کے قدم ایک دوسرے کی رضا و خوشی کے سیدھے راستے سے ہٹے بھی ہوں لیکن عمداً ہم نے ایک دوسرے کی دل شکنی کبھی نہیں کی۔۔۔ ازدواجی زندگی میں سسرال، میکے، رشتہ دار، دوست احباب اپنے اور پرائے سب ہی میں شوہر اور بیوی کو ایک دوسرے کی عزت پیاری ہوتی ہے۔ اور دونوں ایک دوسرے کی عزت کے ضامن ہوتے ہیں اس عزت کو برقرار اور آئے دن استوار کرنے میں صدیقہ نے ایک مثالی بیوی کا کردار ادا کیا''۔ ۲۷ے

اپنی بیوی سے پیار کے ثبوت کی خاطر حبیب حیدرآبادی نے اپنی پہلی تصنیف ''انگلستان میں'' کو صدیقہ کے نام کیا ہے۔ صدیقہ خود ایک نامور شاعرہ ہیں۔ شبنمؔ تخلص رکھتی ہیں۔ اُن کا پہلا مجموعہ کلام ''تنہائی'' کے عنوان سے نومبر ۱۹۸۶ء میں مکتبہ شعر و حکمت حیدرآباد کے زیر اہتمام شائع ہوا۔ کتاب کا مقدمہ پروفیسر گوپی چند نارنگ نے لکھا۔ کتاب پڑھنے کے بعد فیض احمد فیض نے صدیقہ کو دعا دی کہ جیتی رہو اچھے شعر کہتی ہو۔ سید عاشور کاظمی صدیقہ شبنمؔ کے مجموعہ ''تنہائی'' پر تبصرہ کرتے ہوئے لکھتے ہیں :

''صدیقہ شبنمؔ وہ شاعرہ ہے جس نے کسی ادبی نظریاتی گروپ میں شمولیت کا واضح

اعلان تو نہیں کیا لیکن اپنی شخصیت کی تکمیل کا بھرپور خیال رکھا ہے۔ اس کی گفتار صداقت، اس کا کردار شرافت اور اُس کے اشعار دیانت کے آئینہ دار ہیں''۔ ۲۸

حبیبؔ حیدرآبادی نے صدیقہ کو اپنی شاعری کے پروان چڑھانے میں بھرپور ساتھ دیا۔ دونوں اکٹھے مشاعروں میں شرکت کرتے تھے۔ اور صدیقہ کو جب اُن کے شعروں پر داد ملتی تو وہ یہ طے نہیں کر پاتے تھے کہ داد صدیقہ کو دی جارہی ہے یا اُن کی شاعری کو۔ لیکن صدیقہ کی شاعری کے ساتھ حبیب حیدرآبادی بھی اچھے خاصے شعر کہنے لگے تھے۔ صدیقہ آج بھی مخصوص محفلوں میں شعر کہتی ہیں۔ چنانچہ ۱۵ / ستمبر ۲۰۰۵ء کو جدہ میں منعقدہ گولڈن جوبلی مشاعرے میں اُنہوں نے شرکت کی۔ اس مشاعرے میں ہندوستان سے اُن کے بھائی پروفیسر مغنی تبسم نے بھی شرکت کی تھی۔ صدیقہ نے جو اشعار سنائیں اُن میں سے چند یوں ہیں:

ے کیسی ہوائیں تیز تھیں سارے چراغ بجھ گئے
دل تو ابھی بھی جل رہا ہے وہ تو دیا ہی اور ہے

ے دکھ اور طرح کے ہیں عذاب اور طرح کے
اس راہ میں آتے ہیں سراب اور طرح کے

ے شبنم رہین نسبت نام رسول ہے
سارے چراغ نور اسی در سے آئیں گے ۲۹

شاعرہ ہونے کے باوجود صدیقہ نے اپنی ذمہ داریاں بھرپور طریقے سے نبھائیں۔ جب حبیبؔ حیدرآبادی سرطان جیسے موذی مرض میں مبتلا ہوئے تو یہ صدیقہ ہی تھیں جنہوں نے اپنے شوہر کی تیمارداری کا فریضہ نبھایا اور اُن کی عیادت کرنے آنے والوں کا استقبال کیا۔ حبیبؔ صاحب کے انتقال کے بعد صدیقہ نے صبر وتحمل کا مظاہرہ کیا اور بچوں کے ساتھ رہیں۔ اُنہیں والد کی جدائی کے احساس کو کم کرنے میں مدد دی۔ صدیقہ آج بھی برطانیہ میں ہی مقیم ہیں۔ اور اکثر ہندوستان آتی رہتی ہیں۔ حبیبؔ حیدرآبادی کی رفاقت میں اُنہوں نے زندگی کی جو بہاریں گذاری تھیں اُن کی یادوں کو اپنا سرمایہ بنائے وہ زندگی کے کارواں میں شامل ہیں۔

دوست احباب کے ساتھ برتاؤ:- حبیبؔ حیدرآبادی کے دوست احباب کا حلقہ کافی

وسیع تھا۔اُن کے بچپن کے دوستوں میں مصباح الدین شکیل سد ھشیو رراج سکسینہ زبیر رضوی‘ ڈاکٹر سید محبوب علی وغیرہ تھے۔راشد آذر‘منیر صفوی اُن کے خاص دوستوں میں شمار کیئے جاتے ہیں برطانیہ میں اُن کا حلقہ احباب بڑھا۔اور ادبی محفلوں ومشاعروں میں شرکت اور مشاعروں کے اہتمام کی بناء برصغیر کے تمام نامور شاعر اُن کے دوست تھے۔ان میں بطور خاص‘افتخار عارف رالف رسل‘اکبر حیدرآبادی‘ سید معین الدین شاہ‘ادھر ہندوستان میں مجتبیٰ حسین‘عوض سعید‘ مغنی تبسم وغیرہ شامل ہیں۔

زندہ دلی:- حبیبؔ حیدرآبادی نے زندہ دل طبیعت پائی تھی۔وہ یاروں کے یار تھے۔ بات میں بات پیدا کرنا۔زور سے قہقہے لگانا۔خود ہنسنا دوسروں کو ہنسانا اُن کے مزاج کی خاص بات تھی۔اُن کے سبھی دوستوں نے اُن کی شخصیت کے اس پہلو پر اظہار خیال کیا ہے۔ضیاء الدین شکیب کہتے ہیں :

’’پہلی ہی ملاقات میں جو بات غیر معمولی طور پر محسوس ہوئی وہ حبیب حیدرآبادی کی حس مزاح ہے اُن کی طبیعت میں بلا کا چُلبلا پن تھا۔کیسی ہی سنجیدہ محفل ہو۔کیسی ہی شخصیت ہو۔وہ فقرہ چست کرنے میں چونکتے نہیں تھے۔اس طرح ساری محفل کو ہنسادیتے تھے۔اوراس سے بڑھ کر یہ کہ خود بے تحاشہ ہنستے۔ اتنا ہنستے کہ اُن کی ہچکیاں بندھ جاتی تھیں نیا دیکھنے والا ان کے اس انداز کو دیکھ کر پریشان ہو اُٹھتا تھا‘‘۔ ۳۰

بیماری کے زمانے میں بھی وہ عیادت کے لئے آنے والوں کو دیکھ کر درد کی تکلیف کے باوجود مسکرانے کی کوشش کرتے تھے۔اپنی بہن عزیزہ کے نام ایک خط میں اُنہوں نے لکھا کہ’’ میری بیماری میں خدمت کر کے صدیقہ کا دل کھٹا ہو گیا ہے اور اُتر گیا ہے اور اب خود مرنے سے پہلے میری موت کی منتظر ہے‘‘۔اس طرح حبیب حیدرآبادی کی طبیعت میں مزاح کوٹ کوٹ کر بھرا ہوا تھا۔ ہمیشہ ہنستے اور ہنساتے رہنا اُن کی عادت تھی۔باوجود تکلیف کے نہ صرف مسکراتے بلکہ قہقہے لگاتے۔وہ ہر محفل میں جان محفل بنے رہتے۔ایک بار ملنے والا بار بار ملنے کا خواہش مند رہتا۔

مزاج کی دیگر خوبیاں :- حبیبؔ حیدرآبادی کی شخصیت کردار کی اعلیٰ خوبیوں کا مجموعہ تھی۔ مزاج میں نفاست پسندی تھی۔رہنے سہنے کے معاملے میں حبیبؔ حیدرآبادی اور صدیقہ دونوں

نہائت خوش ذوق رہے ہیں۔ مکان حد درجہ صاف ستھرا' آرائش میں نہائت اعلیٰ ذوق۔ حتیٰ کہ اُن کے گھر کا پائیں باغ بھی گوشۂ فردوس بنا رہتا تھا۔ حبیبؔ حیدرآبادی دھن کے پکے تھے۔ جس کام کی دھن ہو اس میں تندہی سے لگے رہتے یہاں تک کہ اُن کو اپنے آرام اور چین کا خیال بھی نہیں رہتا۔ ذاتی فائدے سے کوسوں دور رہتے اور خدمت خلق کے جذبے کے تحت کام کرتے اردو لائبریری کے قیام اور امتحانات کے انعقاد کے وقت اُن پر تنقیدیں بھی ہوئیں لیکن وہ اپنے مقصد سے پیچھے نہیں ہٹے۔ اُن کی طبیعت میں حساسیت بھی تھی۔ جب کبھی اپنے بزرگ خواجہ حسن نظامی' آصف سابع میر عثمان علی خاں اور شہیدانِ کربلا کا ذکر آتا اُن کی آنکھیں اشک بار ہو جاتیں۔ اور آواز گلوگیر ہو جاتی۔

مشرقی تہذیب سے پیار:- حبیبؔ حیدرآبادی نے اپنی زندگی کے قیمتی تیس پینتیس سال انگلستان میں گذارے جو مغربی تہذیب کا گہوارہ ہے لیکن اُنہوں نے مشرقی تہذیب کو اپنائے رکھا۔ اپنی تحریروں اور قول وفعل سے اُنہوں نے مشرقی تہذیب کی پاسداری کا ثبوت دیا۔ وہ چاہتے تھے کہ برطانیہ میں پرورش پانے والے تارکین وطن کی نئی نسل بھی مشرقی اقدار کو اپنائے۔ اپنے گھر کا حال بیان کرتے ہوئے حبیب حیدرآبادی لکھتے ہیں:

''زندگی کے ہر شعبے میں ہم نے اعتدال پسندی کا خیال رکھا ہے۔ مشرق اور مغرب کی مفید اور اچھی قدروں کو اپنانے کی کوشش کی۔ اپنے مذہب اور دین کو اپنی زندگی کے لئے نعمت جانتے ہیں اور اپنی کامیابیوں اور کامرانیوں کا منبع سمجھتے ہیں۔ ہم نے مذہب کو وبال جان کبھی نہیں بنایا۔ تنگ نظری تعصب اور احساس کمتری یا برتری کا شکار کبھی نہیں ہوئے۔ میرے تینوں بچوں نے قران مجید کو شروع سے آخر تک پڑھا ہے اور اپنے دین کی عظمت سے واقف ہیں''۔ [۳۱]

حبیبؔ حیدرآبادی کے خیالات سے اظہار ہوتا ہے کہ وہ جس مشرقی تہذیب کی پاسداری کی بات کرتے ہیں اُن کے بچوں نے بھی اُسے اپنایا۔ اُنہوں نے اپنی ذات اور صفات سے بھی برطانیہ میں مقیم ایشیائی تارکین وطن میں مشرقی اقدار اُجاگر کرنے کی کوشش کی۔ اور اُن کی زندگی اسی جستجو سے عبارت ہے۔

زندگی کا فلسفہ:- حبیبؔ حیدرآبادی نے ساٹھ ۶۰ سال کی عمر پائی۔ زندگی کے نشیب وفراز دیکھے۔ مسائل کا سامنا کیا۔ اور اپنے لئے راہ بنائی۔ اور جب وہ اس دنیا سے رخصت ہوئے تو

لوگوں کے دلوں میں گھر کر چکے تھے۔ اپنی زندگی کا فلسفہ بیان کرتے ہوئے حبیب حیدر آبادی لکھتے ہیں :

''میرے ملاقاتیوں میں ہر قسم کے لوگ رہے ہیں۔۔۔ ہر ایک سے میں نے کچھ نہ کچھ اکتساب کی کوشش کی ۔ اور ہمیشہ اپنے جہل کا اعتراف کرتا رہا۔ جس کسی کے پاس بھی علم اور فن دیکھتا ہوں اس کا گرویدہ ہو جاتا ہوں۔۔۔ میرے احباب کی خوشی میری اپنی خوشی ہوتی ہے۔ اُن کی خوشی میں دل بھر کر خوش ہوتا ہوں۔ اپنی خوشیوں کے خزانے میں جب احباب کی مسرتیں بھی شامل ہو جاتی ہیں تو زندگی بڑی حسین اور دلکش لگتی ہے۔۔۔ میرے رسول صلی اللہ علیہ وصلعم نے دعا فرمائی تھی کہ اے اللہ مجھے محسودین میں بنا حاسدوں میں نہیں۔ میری خوش قسمتی رہی کہ مجھے ہمیشہ پر خلوص اور نیک دوست ملتے رہے۔۔۔ صاحب بصیرت صاحب علم صاحب کردار اور اصحاب فن کے آگے ہمیشہ میری آنکھیں جھکی رہتی ہیں۔ ہمیشہ ان خصوصیات کے حامل میرے دل میں جگہ پاتے رہے ہیں۔ عجز وانکسار کو میں خدا داد نعمت سمجھتا ہوں اور اللہ کی اس عطا کردہ نعمت پر ہمیشہ مجھے ناز رہا کرتا ہے''۔ ۳۲

حبیبؔ حیدر آبادی کے حالات زندگی، شخصیت اور اُن کی علمی و ادبی خدمات اُنہیں ایک بھر پور انسان کے طور پر پیش کرتے ہیں۔ عام انسانی کمزوریوں اور خطاؤں سے قطع نظر وہ اپنی ذات میں ایک انجمن تھے۔ انہوں نے برطانیہ میں اردو کو سہارا دیا۔ پھلنے پھولنے کا موقع دیا ۔ اور محسن اردو کے طور پر اُبھرے۔ برطانیہ میں اردو ایک تناور درخت کی شکل میں موجود ہے۔ اور کہیں نہ کہیں اپنے محسن حبیبؔ حیدر آبادی کی یاد دلاتی ہے۔ حبیبؔ حیدر آبادی کے حالات زندگی کے بعد زیر نظر کتاب کے آئندہ ابواب میں برطانیہ میں اردو کا پس منظر اور حبیب حیدر آبادی کا بحیثیت مضمون نگار، انشائیہ نگار، خاکہ نگار، مزاح نگار، نقاد، شاعر و ادیب اور مترجم کے طور پر جائزہ پیش کیا جا رہا ہے۔

حوالے

۱۔ اوصاف سعید۔ ڈاکٹر۔ بحوالہ ماہنامہ ''سب رس'' حیدرآباد۔ ڈسمبر ۲۰۰۵ء ص ۷۱۔۷۲

۲۔ عزیزہ محبوب۔ مضمون۔ میرے بھائی جان۔ حبیب حیدرآبادی۔ غیر مطبوعہ

۳۔ سدھیشور راج ڈاکٹر۔ مضمون۔ ہم دونوں بچپن کے ساتھی۔ راوی۔ بریڈفورڈ۔ حبیب حیدرآبادی نمبر۔

۴۔ حبیب حیدرآبادی۔ انگلستان میں۔ حیدرآباد۔ ۱۹۸۱ء۔ ص ۵۱

۵۔ حبیب حیدرآبادی۔ بچوں کا سب رس۔ جون۔ جولائی۔ حیدرآباد۔ ۱۹۴۹ء ص ۱۰

۶۔ حبیب حیدرآبادی۔ انگلستان میں۔ ص ۴۹

۷۔ حبیب حیدرآبادی۔ رہ و رسم آشنائی۔ ص ۸۔ ۹

۸۔ صدیقہ شبنم۔ مضمون۔ میرے شوہر میری نظر میں۔ راوی۔ حبیب حیدرآبادی نمبر ص ۸ ۔ ۹

۹۔ حبیب حیدرآبادی۔ انگلستان میں۔ ص ۵۳۔۵۴

۱۰۔ حبیب حیدرآبادی۔ انگلستان میں ص ۵۱۔۵۲

۱۱۔ حبیب حیدرآبادی۔ انگلستان میں۔ ص ۱۸

۱۲۔ عوض سعید۔ خاکے۔ حیدرآباد۔ ۱۹۸۵ء ص ۱۳۰

۱۳۔ سید معین الدین شاہ۔ مضمون۔ حبیبی حبیبی'' راوی۔ حبیب حیدرآبادی نمبر۔ ص ۸

۱۴۔ محمد یوسف الدین خاں۔ مضمون حبیب شخصیت اور فن۔ راوی۔ حبیب حیدرآبادی نمبر۔ ص ۱۳

۱۵۔ عوض سعید۔ خاکے۔ ص ۱۲۵

۱۶۔ عرفان حبیب۔ برطانیہ کی سیاسی جماعتیں اور پارلیمنٹ۔ از حبیب حیدرآبادی۔ مارچ ۱۹۸۸ء دہلی۔ ص فلیپ صفحہ

۱۷۔ یشب تمنا۔ مضمون۔ حبیب کا انشائیہ۔ راوی۔ حبیب حیدرآبادی نمبر۔ ص ۱۲

۱۸۔ حبیبؔ حیدرآبادی۔''انگلستان میں''۔ ص ۱۰۴
۱۹۔ ضیاءالدین شکیب۔شخصی انٹرویو۔حیدرآباد۔ ۲۵/اپریل ۲۰۰۴ء
۲۰۔ افتخار عارف۔مضمون ''یاد حبیب دلنواز'' غیر مطبوعہ
۲۱۔ رضا علی عابدی۔مضمون تعزیتی جلسہ کی روئداد۔غیر مطبوعہ
۲۲۔ حبیبؔ حیدرآبادی۔رہ ورسم آشنائی۔مارچ/۱۹۸۸ء دہلی۔ص ۱۱
۲۳۔ ضیاءالدین شکیب۔شخصی انٹرویو۔حیدرآباد۔
۲۴۔ حبیب حیدرآبادی۔انگلستان میں۔ ص ۱۵۱
۲۵۔ حبیب حیدرآبادی۔انگلستان میں۔ ص ۸۲۔ ۸۳
۲۶۔ حبیب حیدرآبادی۔انگلستان میں۔ ص ۱۷۲
۲۷۔ حبیب حیدرآبادی۔رہ ورسم آشنائی۔ ص ۸۔۹
۲۸۔ سید عاشور کاظمی۔بحوالہ تحقیقی مقالہ۔ڈاکٹر مغنی تبسم حیات اور کارنامے مخزونہ یونیورسٹی آف حیدرآباد۔ از شاہدہ تسنیم باب حالات زندگی
۲۹۔ صدیقہ شبنم۔بحوالہ۔سب رس۔حیدرآباد۔ڈسمبر ۲۰۰۵ء ص ۸۴
۳۰۔ ضیاءالدین شکیب۔شخصی انٹرویو۔ حیدرآباد۔
۳۱۔ حبیبؔ حیدرآبادی۔انگلستان میں۔ ص ۵۴
۳۲۔ حبیب حیدرآبادی۔انگلستان میں۔ ص ۵۹۔۶۰

حبیبؔ حیدر آبادی بہ حیثیت مضمون نگار

حبیبؔ حیدر آبادی بنیادی طور پر انشائیہ نگار و مضمون نگار ہیں۔ان کی دو کتابیں ''انگلستان میں'' اور ''رہ ورسم و آشنائی'' ان کے تحریر کردہ انشائیوں اور مضامین پر مشتمل ہیں۔زیرِ نظر باب میں حبیبؔ حیدر آبادی کے تحریر کردہ ان مضامین کا جائزہ لیا جائے گا جو ان کی تصنیف ''انگلستان میں'' کے ابتدائی حصّے میں ہیں۔ان مضامین میں سیدھے سادھے انداز میں موضوع کے مطابق معلومات دی گئی ہیں۔اور ان مضامین میں انشائیہ کی طرح لطافت اور جذبات نگاری نہیں پائی جاتی۔

حبیبؔ حیدر آبادی کا بہ حیثیت مضمون نگار جائزہ لینے سے قبل یہ ضروری ہے کہ مضمون کا مفہوم معلوم کیا جائے اور مضمون اور انشائیے میں پائے جانے والے فرق کو بیان کیا جائے۔

مضمون کی تعریف: - مضمون کے لئے انگریزی لفظ ''Essay'' استعمال کیا گیا ہے۔اور Essay کا ترجمہ بعض ماہرین نے مقالہ یا انشائیہ کے لئے کیا ہے اور بعض نے مضمون کے لئے۔ڈاکٹر سلیم اختر نے اپنی تصنیف ''انشائیہ کی بنیاد'' میں لفظ ''مضمون'' کی وضاحت مختلف ماہرین کے حوالوں کی پیشکشی سے کی ہے۔چنانچہ ڈاکٹر سلیم اختر لکھتے ہیں:

''کئی نقاد اب تک Essay کے لئے مضمون ہی استعمال کرتے ہیں۔مثلاً ڈاکٹر سید عبداللہ نے اپنی تالیف ''سر سید احمد خاں اور ان کے رفقاء کی نثر کا فکری اور فنی جائزہ'' طبع سوم ۱۹۸۹ء میں۔Essay کے لئے مضمون کا لفظ استعمال کیا ہے۔ان کے بقول مضمون سے میری مراد وہ صنف ہے جسے انگریزی میں Essay کہا جاتا ہے۔اسی طرح ڈاکٹر سیدہ جعفر نے اپنی تالیف ''ماسٹر رام چندر اور اردو نثر کے ارتقاء میں ان کا حصہ'' میں ماسٹر رام چندر کے مضامین کے حوالے سے یہ لکھا ہے کہ: رام چندر نے لفظ مضمون انگریزی کے Essay کے لئے استعمال

کیا ہے جس سے ایک خاص صنف ادب مراد ہے۔ محمد حسین آزاد نے ''نیرنگ خیال'' کے دیباچہ میں Essay کے لئے ''جواب مضمون'' کا لفظ استعمال کرتے ہوئے یہ لکھا ''میں نے انگریزی انشا پردازوں کے خیالات سے اکثر چراغ شوق روشن کیا ہے۔ بڑی بڑی کتابیں ان مطالب پر مشتمل ہیں جنہیں یہاں Essay جواب مضمون کہتے ہیں''۔[1]

انشائیہ اور مضمون میں فرق:- ڈاکٹر نصیر احمد خاں ''مضمون'' کی وضاحت کرتے ہوئے اسے انشائیہ سے قریب کی صنف قرار دیا ہے۔ چنانچہ وہ لکھتے ہیں:

''اردو کی اصناف نثر میں انشائیہ مضمون کے زیادہ قریب ہے۔ یہ قربت ان کی الگ الگ شناخت کو مشکل بنا دیتی ہے۔ لیکن ان دونوں کی تعریفوں کو مدنظر رکھ کر اگر ہم غور کریں تو یہ الجھن دور ہوسکتی ہے۔ مضمون کی فضاء رسمی ہوتی ہے۔ جہاں پر بات' ہر جملہ اور ہر پیرا گراف مرکزی خیال کی منطقی وضاحت کرتا ہے۔ جبکہ انشائیہ غیر رسمی ماحول میں لکھا جاتا ہے اس میں محض تاثرات ہوتے ہیں۔ جو ذہنی ترنگ کے طابع ہوتے ہیں۔ مضمون میں موضوع پر سنجیدگی سے بحث ہوتی ہے۔ اس میں صراحت اور وضاحت کی بنیاد دلائل پر ہوتی ہے۔۔۔ مضمون یا مقالے میں بات کو عالمانہ انداز سے کہتے ہیں۔ اور معلومات فراہم کرنے پر خاصا زور ہوتا ہے۔ اس میں زیادہ تر علم وحکمت کی باتیں ہوتی ہیں۔ انشائیہ میں خاص زور انداز بیان پر ہوتا ہے۔ مضمون کے موضوعات محدود ہوتے ہیں جبکہ انشائیہ میں کسی بھی موضوع پر قلم اُٹھایا جاسکتا ہے۔ انشائیہ نگار اپنی تحریر میں ذات کا انکشاف کرتا ہے۔ اس کی تحریر میں داخلی کیفیات کا بیان ہوتا ہے۔ اس کے برعکس مضمون میں خارجی باتوں کا ذکر ہوتا ہے''۔[2]

انشائیہ اور مضمون کے اس فرق سے اندازہ ہوتا ہے کہ ''مضمون کسی موضوع پر مربوط انداز میں معلومات فراہم کرنے والا نثر کا حصہ ہوتا ہے۔ جسے مقالہ بھی کہا جاسکتا ہے۔ اس میں جذبات سے زیادہ معروضیت پر توجہ دی جاتی ہے۔ اور حقائق کا بیان سیدھی سادھی نثر میں کیا جاتا ہے۔ عام طور پر علمی موضوعات کے بیان کے لئے مضمون لکھا جاتا ہے۔ جبکہ ادبی اور جذباتی نوعیت کے خیالات کے اظہار کے لئے انشائیہ لکھا جاتا ہے۔

حبیب حیدر آبادی کی مضمون نگاری کا جائزہ :- ''مضمون'' کی مبادیات سے

واقفیت کے بعد آیئے دیکھیں کہ حبیبؔ حیدرآبادی کی مضمون نگاری کی صفات کیا ہیں۔ حبیبؔ حیدرآبادی کے مضامین پر مشتمل کتاب کا نام ''انگلستان میں'' ہے۔ اس کتاب میں مختلف عنوانات پر حبیبؔ حیدرآبادی کے ۴۳ مضامین ہیں۔ ان میں صنف مضمون کی قید میں آنے والے معلوماتی مضامین کی تعداد صرف پانچ ۵ ہے۔ جبکہ دیگر مضامین انشائیہ نما تحریریں اور شاعری پر تنقید ہیں۔ حبیبؔ حیدرآبادی کی یہ کتاب ۱۹۸۱ء میں اکیڈمی آف اردو اسٹڈیز کے زیر اہتمام ڈارٹ فورڈ کینٹ یوکے سے شائع ہوئی۔ کتاب کی ترتیب و تزئین مغنی تبسم کی ہے۔ سرورق۔ کی تصویر میں حبیبؔ حیدرآبادی کو لندن کی مشہور عمارت Big ben کے پس منظر میں ٹھہرا ہوا دکھایا گیا ہے۔ اس طرح سرورق کتاب کے عنوان ''انگلستان میں'' سے مناسب رکھتا ہے۔ ''انگلستان میں'' کتاب کی کتابت محمد عارف الدین نے کی۔ اور اس کتاب کو اکسل پرنٹنگ پریس چوک حیدرآباد سے چھاپا گیا۔ کتاب پر برطانیہ ہندوستان و پاکستان اور امریکہ کے پتے دئے گئے جہاں پر یہ کتاب دستیاب ہے۔ حبیبؔ حیدرآبادی نے یہ کتاب اپنی شریک حیات ''صدیقہ'' کے نام کیا۔ اور اپنے جذبات کا اظہار کرتے ہوئے انتساب میں خود صدیقہ شبنم کا یہ شعر پیش کیا۔

''کبھی قدم جو تھک گئے غموں کی رہ گذار میں

تری نظر کا نور تھا جو حوصلے بڑھا گیا (صدیقہ شبنم)

کتاب کے اگلے صفحہ پر حبیبؔ حیدرآبادی کا یہ شعر دیا گیا۔

اس مشینی زندگی میں کون کس کا آشنا

جب بھی آئینہ میں دیکھا خود کو بیگانے لگے (حبیبؔ)

اظہار تشکر کے عنوان سے حبیبؔ حیدرآبادی نے اس کتاب کی اشاعت کے سلسلے میں صدیقہ شبنم کے بھائی مغنی تبسم سے عجز و انکساری کے ساتھ اظہار تشکر کیا۔ چنانچہ وہ لکھتے ہیں:

''انگلستان میں کتابت و طباعت کی دشواریوں کی وجہ سے اس کتاب کو حیدرآباد دکن میں چھپوانا پڑا۔ کسی بھی کتاب کی اشاعت کے لئے جن دشوار گزار مرحلوں سے گزرنا پڑتا ہے ان سے دور دور تک بھی میری آشنائی نہیں۔ اس جان لیوا کام کے لئے میں نے اپنے عزیز ترین دوست اور میری رفیقہ' حیات صدیقہ کے بڑے بھائی ڈاکٹر مغنی تبسم کا انتخاب کیا۔ جو ادبی دنیا میں

اپنا ایک خاص مقام رکھتے ہیں۔ ڈاکٹر مغنی تبسم ہی کی کاوشوں اور توجہ کا ثمر ہے کہ میری یہ کتاب آپ کے سامنے ہے۔۔۔اگر مغنی کا تعاون میرے شامل حال نہ ہوتا تو مجھے یقین ہے کہ میری زندگی میں تو یہ کتاب ترتیب نہ ہونے پاتی اس کرم کے لئے میں ان کا دلی شکر گذار ہوں''[۳]

اظہار تشکر کے بعد ''فہرست'' مضامین دی گئی ہے جس میں۔ میرے تجربات'' کے تحت چھ ۶ مضامین۔''یادیں'' کے تحت سات ۷ مضامین ''انگلستان میں ادبی سماجی اور مذہبی سرگرمیاں'' کے تحت آٹھ ۸ مضامین۔''انگلستان میں اردو کے ادیب اور شاعر'' کے تحت بیس ۲۰ مضامین دئے گئے ہیں۔ کتاب کے آخر میں ''میری شاعری'' کے تحت گوشہ میں حبیبؔ حیدرآبادی کا منتخبہ کلام دیا گیا ہے جو غزلوں، نظموں اور قطعات پر مشتمل ہے۔ کتاب ۳۰۴ صفحات پر مشتمل ہے۔

حبیب حیدرآبادی کے معلوماتی مضامین ''انگلستان میں'':- حبیبؔ حیدرآبادی کی تصنیف ''انگلستان میں'' کے'' ''میرے تجربات'' گوشے میں شامل پہلے مضمون کا عنوان'' انگلستان میں'' ہے جو اس کتاب کا عنوان بھی ہے۔ اس مضمون میں انہوں نے انگلستان میں تارکین وطن کی آمد کی وجوہات، تارکین وطن کی آمد سے انگلستان کی سماجی و تہذیبی زندگی میں پیدا ہونے والی صورتحال، لوگوں کے مسائل، ملازمت کے مواقع، تعلیم کی سہولتیں اور بیرون ملک سے آئے لوگوں کو ملنے والی سہولتوں کا ذکر کیا ہے۔ انگلستان میں بیرون ملک سے آنے والے ہنر مندوں کی ضرورت بیان کرتے ہوئے حبیب حیدرآبادی لکھتے ہیں:

'' دوسری جنگ عظیم کے بعد جب یہاں کی معاشی حالت ابتر ہوئی اور اس ملک کے بہت سے مرد جنگ میں مارے گئے تو یہاں مزدوروں کی کمی محسوس کی جانے لگی۔ اور کارخانے چلانے کی خاطر باہر کے ملکوں سے مزدور بھرتی کئے جانے لگے۔ باہر سے جو بھی آتا اس کو یہاں فوری کام مل جایا کرتا تھا۔ چوں کہ ہمارے اپنے ملکوں کا معاشی معیار ابتداء ہی سے پست رہا ہے۔ اس لئے ہندوستانیوں کو یہاں کی ہفتہ وار یا ماہانہ آمدنی ان کی توقع سے کہیں زیادہ معلوم ہوتی تھی ۔ اس لئے جو معاوضہ بھی ان کو دیا جاتا اسی میں وہ بہت خوش رہا کرتے تھے۔ اور ادنٰی سے ادنٰی کام بھی جو ہم لوگوں کے سپرد کیا جاتا تھا وہ تشکر و امتنان کے جذبات کے ساتھ انجام دیتے تھے''۔ [۴]

انگلستان میں تارکین وطن کی آمد کی وجہ بیان کرنے کے بعد حبیبؔ حیدر آبادی نے لکھا کہ ۱۹۵۰ء کے بعد ہندوستان و پاکستان، ویسٹ انڈیز اور افریقہ سے لوگ برطانیہ میں آکر جمع ہونے لگے۔ مختلف تہذیبوں کے لوگ جب ایک نئے ملک میں جمع ہوتے ہیں۔ اور نئے ملک کی تہذیب کے بجائے اپنی تہذیب پر قائم رہتے ہیں۔ اور اپنی تہذیبی روایات کو بڑھانے کی کوشش کرتے ہیں تو ایک تہذیبی ٹکراؤ پیدا ہوتا ہے۔ برطانیہ میں پیدا ہونے والی ایسی ہی ٹکراؤ کی صورتحال کے بارے میں حبیبؔ حیدر آبادی لکھتے ہیں:

''ایک سیدھے سادھے معاشرے سے یہاں کے پیچیدہ معاشرے میں اچانک چلے آنے کی وجہہ سے جہاں تارکین وطن کو مختلف آزمائیشوں کا سامنا کرنا پڑا وہیں یہاں کے مقامی لوگوں کو ہمیں سمجھنے میں بڑی مشکل پیش آئی۔ ہم اپنی ساری اچھائیاں اور ساری برائیاں اپنے ساتھ یہاں لے آئے۔ اپنی روایات کو اپنی اقدار کو اپنے مذہب کو اپنے کھانے پینے کے طریقوں کو اپنے عادات وطوار کو یہاں بھی برقرار رکھنے کی کوشش کی۔ ہمارے جسم یہاں تھے۔ لیکن دل و دماغ میں ہمارے اپنے ملک بسے ہوئے تھے''۔ ۵

حبیبؔ حیدر آبادی تارکین وطن کی انگلستان میں آمد کے بعد ان کے لئے پیدا ہونے والے مسائل کا تذکرہ کرتے ہوئے اپنے مضمون میں آگے لکھتے ہیں کہ لوگ بنیادی طور پر دولت پس انداز کر کے اپنے وطن روانہ کرنا چاہتے تھے۔ تاکہ اپنے ملک میں خوشحالی کے دن دیکھ سکیں اس کے لئے وہ نہائت پست معیار زندگی کے ساتھ انگلستان میں زندگی گذارتے تھے ۔ یہ بات انگلستان والوں کو ناگوار گذرتی تھی۔ حبیبؔ حیدر آبادی ۱۹۵۰ء کے بعد ہی انگلستان منتقل ہوئے تھے۔ چنانچہ انہوں نے تارکین وطن کی انگلستان میں ہونے والی ترقی اور انہیں پیش آنے والے مسائل دونوں کا قریبی مشاہدہ کیا۔ انہوں نے لکھا کہ زندگی کے تمام اہم شعبوں میں ایشیائیوں کو مواقع ملنے لگے۔ ایشیائیوں کے برطانیہ کے موسم اور ماحول سے ہم آہنگ ہونے میں آئی دشواریوں کا تذکرہ کرتے ہوئے حبیبؔ حیدر آبادی لکھتے ہیں:

''جو لوگ ۱۹۵۰ء کے بعد یہاں آئے ان کو ابتداء میں سخت آزمائیشوں کا سامنا کرنا پڑا۔ سب سے زیادہ تکلیف دہ ان کے لئے یہاں کا موسم ثابت ہوا۔ سرما میں تین بجے دن سے

اندھیرا شروع ہو جاتا ہے۔ گرما میں رات کے ۱۱ بجے تک روشنی رہتی ہے۔ دھوپ نکل جائے تو ایک نعمت معلوم ہوتی ہے۔ کبھی بارش، کبھی کہر، کبھی ہوا، کبھی برف، اور ہمیشہ سردی، ابتداء میں تو بڑی جان لیوا معلوم ہوتی تھی۔ یہاں کے موسم کا مقابلہ ایک طرف تھا تو دوسری طرف ذریعہ معاش کی تلاش"۔ ٦؎

حبیبؔ حیدر آبادی انگلستان کے موسم کی سختیوں کا ذکر کرنے کے بعد وہاں گورے لوگوں کی جانب سے رنگ دار لوگوں سے تعصب برتنے نسل پرستی کو بڑھاوا دینے اور ٹرین میں ان پر ایک گورے غنڈے کی جانب سے ہونے والے حملے کی تفصیلات بیان کیں۔ پولیس کے معاندانہ رویے، ایشیائیوں کے غیر قانونی طور پر انگلستان میں داخلے اور انگلستان میں تیزی سے بڑھنے والی غیر مقیم افراد کی بستیوں کے احوال حبیب حیدر آبادی نے اس انداز میں پیش کیئے کے اردو کے ایک قاری کو گھر بیٹھے برطانیہ کی زندگی کے حالات سے واقفیت ہو جاتی ہے۔ انگلستان میں لوگوں کو سیاسی، سماجی اور معاشی تحفظ کی اہمیت اُجاگر کرتے ہوئے اُنہوں نے لکھا کہ لوگ طرح طرح کے ٹیکس ادا کرتے ہیں لیکن اس بدلے میں ان کا علاج اور بچوں کی تعلیم مفت ہو جاتی ہے اور بوڑھوں اور بے روزگاروں کو حکومت وظیفے دیتی ہے۔ ایشیائی کی لوگوں کی تہذیبی و ثقافتی پیشرفت کو بیان کرتے ہوئے حبیبؔ حیدر آبادی نے لکھا کہ بی بی سی ٹیلی ویژن سے ایشیائیوں کے لئے پروگرام نشر ہوتے ہیں۔ اور برصغیر کے فنکاروں کے پروگرام اسٹیج ہوتے ہیں۔ ایشیائیوں کے برطانیہ میں قدم اتنے مضبوط ہو گئے کہ وہ برطانیہ کے پارلیمانی انتخابات میں حصّہ لئے اور پارلیمنٹ کے لئے منتخب بھی ہوئے۔ اس طرح حبیبؔ حیدر آبادی نے اپنے مضمون " انگلستان میں" ۱۹۵۰ء کے بعد برطانیہ آکر بسنے والے غیر مقیم افراد کی زندگی کے مختلف پہلو بیانیہ انداز میں پیش کیئے ہیں۔ اس مضمون سے ایشیائی لوگوں کے برطانیہ میں قیام اور انہیں درپیش مسائل کے بارے میں کافی معلومات حاصل ہوتی ہیں۔ حبیب حیدر آبادی نے خود ان حالات کا قریب سے مشاہدہ کیا۔ اور انہیں مضمون کی شکل دی۔ ایک ایشیائی کی نظر سے انہوں نے بیسویں صدی کے نصف آخر میں برطانیہ کی زندگی کا بھرپور نقشہ پیش کیا ہے۔ اور اپنے پہلے ہی مضمون سے اردو مضمون نگاری میں اپنے کمال کا ثبوت پیش کر دیا۔

ہمارے مسائل :- ''انگلستان میں'' تصنیف میں شامل اگلے مضمون کا عنوان ''ہمارے مسائل'' ہیں۔اس مضمون میں حبیبؔ حیدر آبادی نے اپنی طرف سے برطانیہ میں مقیم تمام تارکین وطن بالخصوص ایشیائی باشندوں کے مسائل کا بڑی خوبی سے احاطہ کیا ہے۔لوگ عموماً سمجھتے ہیں کہ ہندوستان کے باہر جو بھی کمانے کے لئے جاتا ہے۔وہ نہ صرف دولت کماتا ہے اور گھر میں خوشیاں لاتا ہے بلکہ خود بھی خوش وخرم رہتا ہے اس خیال کو غلط قرار دیتے ہوئے حبیبؔ حیدر آبادی نے برطانیہ میں باہر سے آئے لوگوں کی زندگی میں آنے والے مسائل کو پیش کیا ہے۔سب سے پہلے مسئلہ کو پیش کرتے ہوئے انہوں نے لکھا کہ انگریز لوگوں کا رنگ دار لوگوں سے تعصب بڑا اہم مسئلہ ہے۔اس کے لئے اپنے آپ کو ذمہ دار قرار دیتے ہوئے وہ کہتے ہیں کہ جب انگریز ہم پر محکوم تھے تو ان کی خوشامد کے لئے ہم نے ان کی زبان' تہذیب' رسم ورواج عادات واطوار سب سیکھے لیکن فائد کچھ نہ ہوا۔اور جب انگریزوں کے ملک میں رہنے کا موقع ملا تو وہاں انہیں نسلی تعصب کا شکار ہونا پڑا۔انگریزوں کے اس طرح کے برتاؤ کو بیان کرتے ہوئے حبیب حیدر آبادی لکھتے ہیں:

''رنگ کی بناء پر ہم سے امتیاز برتا جانے لگا۔ ۱۹۵۰ء اور ۱۹۶۰ء کے درمیان ہم لوگوں کو مکانات ملنے میں دشواری ہوتی تھی۔اچھے علاقوں میں ہمیں مکان فروخت نہیں کیا جاتا تھا۔مکانات خریدنے کے لئے قرضے دینے میں رکاوٹیں ڈالی جاتی تھیں انشورنس کا پریمیم زیادہ لیا جاتا تھا۔ہم کو صرف جسمانی کاموں کا اہل سمجھا جاتا تھا۔ذمہ دار عہدے نہیں دیئے جاتے تھے۔کام کرنے کے اوقات مقامی لوگوں کے مقابلے میں زیادہ ہوتے تھے۔اُجرت مقامی لوگوں کے مقابلے میں کم دی جاتی تھی''۔ ۷

مقامی عوام کے علاوہ سیاسی پارٹیوں کی جانب سے تارکین وطن کی مخالفت اوران کے لیڈروں کی مخالفت پر مبنی تقاریر' ایشیائی باشندوں کی اپنے حقوق کے حصول کے لئے جدو جہد وغیرہ کی تفصیلات بیان کرتے ہوئے حبیبؔ حیدر آبادی نے لکھا کہ کسی طرح لوگ وہاں آباد ہونے میں کامیاب ہوگئے۔اوراپنی تہذیب وثقافت کا دامن نہیں چھوڑا۔چنانچہ برطانیہ میں برصغیر والوں کی مذہبی وتہذیبی سرگرمیوں کی تفصیلات بیان کرتے ہوئے حبیبؔ حیدر آبادی لکھتے ہیں:

''ہم ایشیائیوں کی سینکڑوں جماعتیں اس ملک میں ہیں اور ہماری مذہبی' تہذیبی' ادبی اور ثقافتی سرگرمیاں بڑے زور و شور سے یہاں جاری رہتی ہیں۔ میلاد النبیؐ کے جلسے بھی ہوتے ہیں۔ گرونانک صاحب کا جنم دن بھی منایا جاتا ہے دیوالی کے موقع پر دکانوں پر چراغاں بھی ہوتے ہیں۔ گاندھی جی اور قائد اعظم کی پیدائش کے دن بھی منائے جاتے ہیں۔ کوی دربار سجائے جاتے ہیں۔ مشاعروں کی محفلیں بھی منعقد ہوتی ہیں۔ ان سرگرمیوں میں مقامی انگریزوں کو بھی مدعو کیا جاتا ہے''۔ ۸؎

ایشیائیوں کے مزید مسائل کا تذکرہ کرتے ہوئے حبیبؔ حیدر آبادی نے لکھا کہ زبان ایک اہم مسئلہ تھی۔ عورتوں اور بچوں کی انگریزی سے ناواقفیت سے مسائل پیدا ہوئے۔ مختلف اداروں میں انہیں انگریزی سکھانے کا انتظام کیا گیا۔ جبکہ ایشیائیوں نے اپنے بچوں کی انگریزی تعلیم کے ساتھ ان کی مذہبی تعلیم اور مادری زبان سیکھنے کا نظم کیا۔ بچوں کی مناسب اخلاقی تربیت ایک بڑا چیلنج ہے۔ ریڈیو ٹی وی اور اخبارات کے اثرات بچوں پر مرتب ہوتے ہیں۔ اگر ماں باپ دونوں ملازمت کرتے ہوں تو ان گھروں کے بچوں کی تربیت مسئلہ ہے۔ برطانیہ کے آزاد معاشرے میں بچوں کو آزادی دیتے ہوئے بھی ان پر کنٹرول رکھنا ایک مسئلہ ہے۔ اگر آزادی زیادہ ہو جائے تو اس کے نتائج بد اخلاقی کے واقعات کی صورت میں سامنے آتے ہیں انگریز لڑکوں سے ایشیائی لڑکیوں کی شادی کرنا ایک ناپسندیدہ عمل ہے جو مخلوط معاشرے کے ثمرے کے طور پر سامنے آیا ہے۔ تہذیبی شناخت کی برقراری کو برطانیہ کے تارکین وطن کا ایک اہم مسلہ قرار دیتے ہوئے حبیبؔ حیدر آبادی لکھتے ہیں کہ برصغیر کے لوگ اپنی شناخت کی برقراری کی کوشش میں لگے ہوئے ہیں مضمون کے آخر میں برطانیہ میں مقیم ایشیائیوں کے بارے میں برصغیر کے لوگوں کے غلط تاثر کو بیان کرتے ہوئے حبیبؔ حیدر آبادی لکھتے ہیں:

''عام طور سے ہندوستان اور پاکستان کے عوام میں یہ تاثر ہے کہ انگلستان میں دودھ اور شہد کی ندیاں بہتی رہتی ہیں اور ہمارے لئے یہاں کے دن عید ہیں تو راتیں شب براءت کچھ اسی قسم کی اُلٹی سیدھی رائے ان لوگوں کی بھی رہتی ہے جو عاضی طور پر یہاں آتے ہیں بڑی بڑی ہوٹلوں میں قیام کرتے ہیں یا اپنے خاندان یا دوست احباب کی مہمان نوازی کا لطف اُٹھا کر یہاں

سے واپس جاتے ہیں ان کو یہاں کی مٹی بھی سونا نظر آتی ہے پتھروں کو بھی ہیروں کا مقام دینے لگتے ہیں اور ہمارے مسائل کو سمجھے بغیر اُلٹے ہم کو ہی اپنے مشوروں سے نوازتے رہتے ہیں''۔ 9
اس مضمون کے ذریعہ حبیبؔ حیدر آبادی نے برطانیہ میں مقیم تارکین وطن کے کئی معاشی، تہذیبی و سماجی مسائل کو بیان کیا ہے۔رواں اسلوب میں درد بھرے لہجے میں جس انداز سے انہوں نے وہاں کے حالات بیان کئے ہیں اس سے اندازہ ہوتا ہے کہ حبیبؔ حیدر آبادی نے بھی ان مسائل کا سامنا کیا ہوگا۔تب ہی ان کی تحریر میں سبھی ایشائیوں کا درد سمٹ آیا۔موضوع سے متعلق مواد پیش کرتے ہوئے انہوں نے مضمون کو معلوماتی اور تاثراتی بنادیا۔

انگلستان کی معیشت اور ہم:۔ حبیبؔ حیدر آبادی کے تحریر کردہ اگلے مضمون کا عنوان ''انگلستان کی معشیت اور ہم'' ہے۔اس مضمون میں انہوں نے برطانیہ کے نظام کے نقصانات بیان کئے ہیں۔انہوں نے سود کے ذریعہ لوگوں کے استحصال کی مثال پیش کرتے ہوئے لکھا کہ لوگ سرمایہ دار کی مدد سے مکان قرض پر خریدتے ہیں لیکن ابتداء میں اسی تانوے فیصد سود ادا کرتے ہیں۔یہ سلسلہ ۲۵ سال تک جاری رہتا ہے۔یہ طریقہ کار کار اور دیگر قیمتی اشیاء کی خریدی میں بھی جاری رہتا ہے۔اگر لوگ قرض واپس نہ کریں تو انہیں عدالت کے کٹھرے میں کھڑا کیا جاتا ہے۔اوران سے دیا گیا سامان ضبط کرلیا جاتا ہے۔خوشحالی کے لئے برطانیہ میں مردوں کے ساتھ عورتیں بھی کام کرتی ہیں۔عورتوں کے کام کرنے سے ہونے والے فائدوں اور نقصانات بیان کرتے ہوئے حبیبؔ حیدر آبادی لکھتے ہیں:

''گھر کی خوشحالی میں یہاں عورت کا بڑا حصہ ہے۔زندگی کے ہر شعبے میں اب عورتوں نے کام کرنا شروع کر دیا ہے۔گزشتہ چند سال سے عورتوں کو بھی قانون کی رو سے مرد کے برابر اُجرت دینی پڑتی ہے۔باہر کے کاموں میں عورتوں کے بڑھ چڑھ کر حصہ لینے کی وجہ سے جہاں گھر کی معاشی حالت میں بہتری پیدا ہوتی ہے۔وہیں اس کا تاریک پہلو یہ ہے کہ خاندانی زندگی میں ابتری کے عنصر داخل ہونے لگتے ہیں شوہر اور بیوی کے آپس کے تعلقات میں اُلجھاؤ شروع ہو جاتا ہے۔بچوں کی دیکھ بھال برابر نہیں ہونے پاتی۔۔۔۔یہی وجہ ہے کہ جب بچے بڑے ہوتے ہیں تو ان کے دل میں اپنے ان ماں باپ کے لئے وہ جگہ نہیں رہتی۔جو عام طور سے ایک

غریب لیکن صحت مند معاشرے میں دیکھی جاسکتی ہے'' ۔ ؁۱۰

حبیبؔ حیدر آبادی اس طرح کے خیالات پیش کرتے ہوئے ناصح بن جاتے ہیں۔ اور وہ مغرب کی ترقی کے مقابلے میں مشرق کی تہذیب' اخلاقی تربیت کو وہ گھر سے باہر نکل کر عورت کے ملازمت کرنے پر ترجیح دیتے ہیں۔ اپنے مضمون میں آگے تبصرہ کرتے ہوئے حبیبؔ حیدر آبادی لکھتے ہیں کہ لوگ اپنے معیار زندگی کو بہتر بنانے اور زیادہ سے زیادہ آسائشوں کے حصول کی خاطر جذبات کو قربان کرتے ہوئے ایک مشین کی طرح کام کرتے ہیں۔ جس کے سبب بیمار ہوتے ہیں۔ اور کبھی کبھی ان کے دماغوں پر بھی اثر پڑنے لگتا ہے۔ اس طرح حبیب حیدر آبادی نے'' انگلستان کی معیشت اور ہم'' کے عنوان پر لکھے گئے مضمون میں برطانیہ میں مقیم ایشیائیوں کے معاشی مسائل اور دولت کے حصول کے لئے کی جانے والی حد سے زیادہ محنت کے مضر اثرات بیان کئے۔ اور عورتوں کی ملازمت سے ہونے والی اخلاقی اور سماجی برائیوں کو اصلاحی انداز میں پیش کیا۔ ان مضامین میں حبیبؔ حیدر آبادی ایک دردمند انسان کے طور پر اُبھر کر آتے ہیں۔ اور ان کا مقصد دیار غیر میں مشرقی تہذیب کا تحفظ دکھائی دیتا ہے۔

شاہی جمہوریت:- حبیبؔ حیدر آبادی کی تصنیف'' انگلستان میں'' شامل اگلے مضمون کا عنوان'' شاہی جمہوریت'' ہے۔ اس مضمون میں اُنہوں نے برطانیہ کے جمہوری نظام معیشت پر کڑی چوٹ کی ہے۔ اور سرمایہ دارانہ نظام کا تعارف کرایا ہے۔ جو شاہی اور پارلیمنٹ کے نظام پر مشتمل ہے۔ اس مضمون میں حبیبؔ حیدر آبادی نے شاہی کے فرائض' ان کے جاہ وجلال پارلیمنٹ پر ان کی بالادستی' پارلیمنٹ کے دونوں ایوانوں دار الامراء اور دار العوام' وغیرہ کا تعارف پیش کیا ہے۔ اور لکھا کہ وہاں کا جھوری نظام کس طرح چلتا ہے۔ برطانیہ کے سیاسی نظام کو چوں چوں کا مربہ قرار دیتے ہوئے حبیبؔ حیدر آبادی لکھتے ہیں:

''برطانیہ کو اپنے موجودہ سیاسی نظام کی ایک بھاری قیمت ادا کرنی پڑتی ہے ایک طرف شاہی' دوسری طرف جمہوریت تیسری طرف انتظامیہ اور عدلیہ کی مکمل آزادی' چوتھی طرف مقامی کونسلوں کی اپنی ذمہ داری اور ان سب سے بڑھ کر انفرادی آزادی۔ کبھی کبھی یہ سوچنے پر مجبور کرتی ہے کہ ان کے ڈانڈے آخر کہاں شروع ہوتے ہیں۔ اور کہاں جا کر ختم ہوتے ہیں۔ شاہی

جمہوریت کا روپ دھارے ہوئے ہے۔ جمہوریت شاہی کا سہارا لئے ہوئے ہے۔ دونوں ایک دوسرے کے پیچھے چھپے رہنے کی کوشش کرتے ہیں کبھی کوئی جلوہ گر ہوتا ہے تو کبھی کوئی۔ نہ تو یہاں پر مکمل شہنشاہیت ہے اور نہ ہی یہاں کی جمہوریت یہاں کی شاہی کے بغیر اپنا گذارا کرسکتی ہے''۔ ۱۱

اس مضمون میں حبیبؔ حیدر آبادی نے برطانیہ کی موجودہ شہنشاہ ملکہ ایلزبتھ کی ستائش کی جنہوں نے نہ صرف جمہوریت کو اپنی قابو میں رکھا بلکہ اپنے ولی عہد شہزادہ چارلس کو بھی شہشاہیت کے گر سکھائے۔ مضمون کے آخر میں انہوں نے لکھا کہ یہاں کی شاہی' جمہوریت کو حکومت چلانے میں رہنمائی کرتی ہے تو جمہوریت شاہی کو اپنی آنکھوں پر بٹھاتی ہے۔ حبیبؔ حیدر آبادی نے اپنی تصنیف ''برطانیہ کی سیاسی جماعتیں اور پارلیمنٹ'' میں برطانیہ کے سیاسی نظام کا مفصل تعارف کرایا ہے۔ اس کتاب پر تبصرہ زیر نظر کتاب کے باب ''حبیبؔ حیدر آبادی کی سیاسی تحریریں'' میں شامل ہے۔

کمیشن برائے نسلی مساوات :- برطانیہ سے متعلق حبیبؔ حیدر آبادی کا ایک اور معلوماتی مضمون ''کمیشن برائے نسلی مساوات'' ہے۔ اس مضمون میں برطانیہ میں ۱۹۷۶ء میں پارلیمنٹ کے منظورہ کردہ قانون کے تحت قائم کردہ کمیشن برائے نسلی مساوات کے قیام' اس کے دائرہ کار اور اس کے تحت ہونے والے کام کو بیان کیا ہے۔ حبیب حیدر آبادی نے اپنے سابقہ مضامین میں برطانیہ میں انگریزوں کی جانب سے رنگ داروں کے ساتھ برتے جانے والے نسلی تعصب پر اپنے شدید ردعمل کا اظہار کیا تھا۔ چنانچہ اس مضمون میں وہ نسلی مساوات کمیشن کے ذریعہ ہونے والے کام کو پیش کرتے ہیں۔ اس کمیشن کی ذمہ داریاں بیان کرتے ہوئے حبیبؔ حیدر آبادی لکھتے ہیں:

''ہر قسم کے نسلی امتیاز کو ختم کرنے کے لئے مشترکہ کوشش مختلف النسل لوگوں کے لئے زندگی کے مختلف شعبوں میں مواقع کی فراہمی میں یکسانیت۔ قانون کے نفاذ پر گہری نظر اور اس میں تبدیلی کی ضرورت پر سکریٹری آف اسٹیٹ کو نئی تجاویز پیش کرنے کی ہدایت''۔ ۱۲

حبیبؔ حیدر آبادی اس کمیشن کے بارے میں اپنے تجربات بیان کرتے ہوئے آگے لکھتے ہیں کہ

برطانیہ میں تارکین وطن کی تعداد کو بڑھا چڑھا کر پیش کیا جاتا ہے۔ اور ان کے لئے مسائل کھڑے کئے جاتے ہیں۔ کمیشن برائے نسلی مساوات کے لئے حبیبؔ حیدرآبادی نے اس مضمون میں اہم تجاویز پیش کیں۔ جن میں تارکین وطن کے بچوں کی مادری زبان اور مذہبی تعلیم' سیاست میں تارکین وطن کے داخلے کے امکانات وغیرہ ہیں۔ مضمون کے آخر میں انہوں نے برطانیہ میں قائم ریس ریلیشن کمیشن اور اس کے عہدیداروں کا تعارف کراتے ہوئے اس ادارے کے مقاصد بیان کئے ہیں۔

حبیبؔ حیدرآبادی کا یہ مضمون بھی ان کے سابقہ مضامین کی طرح برطانیہ میں مقیم تارکین وطن کے مسائل کا احاطہ کرتا ہے۔ اور ان لوگوں کے لئے قائم کردہ مساوات کمیشن کا تعارف پیش کرتا ہے۔ یہ ایک معلوماتی مضمون ہے۔ جو اپنے عنوان کی مناسبت سے مناسب مواد رکھتا ہے۔

حبیب حیدرآبادی کی تصنیف ''انگلستان میں'' میں شامل ابتدائی پانچ مضامین انگلستان کی زندگی سے متعلق معلومات پر مبنی ہیں۔ ان مضامین میں موضوع سے متعلق مواد پیش کیا گیا ہے۔ تاہم اس کتاب کے اگلے حصے ''یادیں'' میں حبیبؔ حیدرآبادی کے چند ادبی مضامین بھی ہیں جن کا جائزہ ذیل میں پیش ہے۔

حبیب حیدرآبادی کے ادبی مضامین:- حبیبؔ حیدرآبادی کے چند ایک ادبی مضامین پردیسیوں کے امام۔ بیادِ خسروؔ' بہت جی خوش ہوا حالیؔ سے مل کر' اقبال اور تارکین وطن اور انگلستان میں اردو اور پردیسیوں کے امام ہیں۔

''پردیسیوں کے امام'':- مضمون ''پردیسیوں کے امام'' میں حبیبؔ حیدرآبادی نے واقعہ کربلا میں باطل سے لڑتے ہوئے حق کی سربلندی کے لئے سر کٹانے والے نواسہ رسول خدا صلی اللہ علیہ وسلم امام حسینؓ کی شہادت کے فسلفہ کو ادبی انداز میں پیش کیا ہے۔ امام حسینؓ کی تعریف جذباتی انداز میں کرتے ہوئے حبیب حیدرآبادی لکھتے ہیں:

'' رسول اللہؐ کے دامن میں تربیت پاکر بڑا ہونے والا قران کی عظمت کو رسول اللہ کی زندگی میں دیکھنے والا اَنَا مَدِیْنَۃُ الْعِلْمِ وَعَلِیُّ بَابُھَا جنکی شان میں کہا گیا ان کا بیٹا خاتون جنت سیدہ فاطمۃ الزہرا کا لخت جگر کیسے نور سے ظلمت کی طرف جاسکتا تھا۔ کیسے وہ ان کی اطاعت کرتا۔ جن کا منبع طاعت ہی اپنی جگہ سے ہٹ گیا تھا حسینؓ نے اس اطاعت سے انکار کردیا''۔[13]

حبیبؔ حیدر آبادی اس مضمون کے ذریعہ نہ صرف مذہب اسلام پر اپنے گہرے عقیدے کا اظہار کرتے ہیں بلکہ امام حسینؓ کے فلسفہء شہادت کو پیش کرتے ہوئے حق کی راہ میں جدوجہد کرنے اور باطل کے آگے نہ جھکنے کی لوگوں کو تلقین کرتے ہیں۔ یوم عاشورہ کے ضمن میں پڑھے گئے اس مضمون میں انہوں نے تارکین وطن مسلمانوں کی طرف سے حضرت امام حسینؓ کو خراج عقیدت پیش کیا ہے۔

''آج جہاں جہاں مسلمان ہیں اسی حد تک حکومت کے احکام پر عمل پیرا ہیں اور رہیں گے جس حد تک قانونِ قدرت اور ان کے اپنے ضابطِ حیات یعنی قرانی احکامات میں تضاد نہ ہو۔ جہاں بھی یہ تضاد پایا جاتا ہے مسلمانوں پر یہ فرض ہو جاتا ہے کہ ایسے قانون کو ٹھکرا دیں۔ امام حسینؓ کی ذات گرامی نے اس سلسلے میں ہم سب کی بڑی رہنمائی کی ہے اس عنایت کے لئے ہم تارکین وطن خلوص دل سے ان کے شکر گذار ہیں۔۔۔ سید الشہداء کی ذات گرامی ہم سب کے لئے روشنی کا ایک مینار ہے خصوصاً ہم مہاجرین کے لئے جو اپنے وطن سے دور ہیں۔ اپنے معاشرے سے دور ہیں۔ اپنے چاہنے والوں سے دور ہیں۔ ہر قسم کے ذہنی کرب کا شکار ہیں۔ سید الشہداء کی حیات اور ان کے شہادت سے بہت کچھ سیکھ سکتے ہیں۔۔۔ سلام ہو سید الشہداء پر۔ اور ہم پردیسیوں کے امام پر''۔ [14]

حبیبؔ حیدر آبادی اس مضمون کے ذریعہ نہ صرف مذہب اسلام پر اپنے گہرے عقیدے کا اظہار کرتے ہیں بلکہ امام حسینؓ کے فلسفہ شہادت کو پیش کرتے ہوئے حق کی راہ میں جدوجہد کرنے اور باطل کے آگے نہ جھکنے کی لوگوں کو تلقین کرتے ہیں۔ یوم عاشورہ کے ضمن میں پڑھے گئے اس مضمون میں انہوں نے تارکین وطن مسلمانوں کی طرف سے حضرت امام حسینؓ کو خراج عقیدت پیش کیا ہے۔ اس مضمون میں حبیبؔ حیدر آبادی نے امام حسینؓ کی قربانی کی عظمت بیان کرتے ہوئے امجدؔ حیدر آبادی کی یہ رباعی بھی پیش کی۔

مشکل ہے بہت صاحب ایماں ہونا
کچھ کھیل نہیں ہے حق پر قرباں ہونا
یاں مثل حسین سر قلم ہوتا ہے
امجدؔ آساں نہیں مسلماں ہونا امجد حیدر آبادی

اس مضمون میں حبیبؔ حیدر آبادی نے قرآن کی مختلف آیات کا حوالہ بھی دیا۔ اس سے واضح ہوتا ہے کہ وہ مذہب کے بارے میں بھی گہری معلومات رکھتے تھے۔ اور ادبی مضامین کو وقیع بنانے کے لئے ضرورت پڑنے پر آیات قرانی اور احادیث شریفہ کا بھی حوالہ دیتے تھے۔

بیادِ خسرو:- حبیب حیدر آبادی کے اگلے ادبی مضمون کا عنوان ''بیادِ خسرو حضرت نظام الدین اور حضرت امیر خسروؔ'' ہے۔ اس مضمون میں انہوں نے مشہور صوفی بزرگ حضرت نظام الدینؒ دہلوی کے شاگرد امیر خسروؔ کو نابغہ بغیر روزگار شخصیت قرار دیتے ہوئے ان کی عظمت شعرو ادب کے آئینہ میں بیان کی ہے۔ کسی کو پہچانے بغیر اس کا لوہا ماننے والی شخصیات کو نابغہ قرار دیا۔ اس مضمون میں فلسفہ عشق کو بیان کرتے ہوئے حبیبؔ حیدر آبادی لکھتے ہیں:

''خودی کی قندیل کی روشنی کی تمنا نے موسی کو طور کی زیارت کروائی۔ عیسیٰ کو صلیب پر چڑھوایا۔ کرشن جی سے بنسی بجوائی۔ محمد الرسول اللہ پر قران اُتروایا۔ علیؓ کے لئے یٰـلَیْتَـنِی کُنْتُ تُرَا بَا کہلوایا۔ حسینؓ کے خون سے کربلا کی مٹی کو رنگین کروایا۔ گرونانک صاحب سے وحدت کے گیت سنوائے۔۔۔۔ بندگانِ زمانہ بے بصری کے بازار میں اپنی متاع عزیز کا سودا کرتے نظر نہیں آتے بلکہ پرتوِ اولین کا شرف بخشے جانے پر ایک پراسرار لذت میں اپنے آپ کو گم کر دیتے ہیں۔ کچھ ایسا ہی حضرت امیر خسرو کے ساتھ ہوا''۔ 15

دنیا کی چند عظیم ہستیوں کے ساتھ پیش آئے واقعات کے تذکرے کے ذریعہ حبیبؔ حیدر آبادی نے لکھا کہ عشق حقیقی میں بندے اور اس کے مالک حقیق کے درمیان عجیب وغریب تعلق قائم ہو جاتا ہے۔ امیر خسروؔ کے احوال بیان کرتے ہوئے انہوں نے لکھا کہ آٹھ برس کی عمر میں ان کے والد امیر سیف الدین محمود نے انہیں حضرت نظام الدینؒ کی تربیت میں دے دیا تھا۔ ان کی تربیت سے امیر خسروؔ نے جو مقام حاصل کیا اسے بیان کرتے ہوئے حبیبؔ حیدر آبادی لکھتے ہیں:

''زمانے۔ کے ہر بادشاہ نے یعنی سات بادشاہوں نے اپنے اپنے دور حکومت میں ان کو خلعت بخشی۔ جلال الدین خلجی نے امیر کا خطاب عطا کیا۔ مصحف برداری کے اعزاز سے نوازا۔ اس طرح حضرت نظام الدینؒ نے خسروؔ کے دامن کو دامانِ باغبان بنا دیا۔ ادھر دنیاوی زندگی کی وہ

آن بان کہ ہاتھی کے وزن کے برابر سونے اور چاندی سے نوازے جاتے تھے۔ ادھر شاعری کی وہ شان کہ ان کے مقابل نہ فردوسی ٹھہرے نہ سنائی' نہ صائب' نہ جامی نہ نظامی نہ سعدی۔ دولاکھ شعر لکھے۔ نظامی کی پانچ مثنویوں کا جواب لکھا نثر میں اعجاز خسروی' خزائن الفتوح اور افضل الفوائد لکھے''۔ ۱۶

حبیبؔ حیدر آبادی نے امیر خسرو اور نظام الدینؒ کے بارے میں یہ مضمون صوفیانہ رنگ میں لکھا ہے۔ چنانچہ آگے اس کا اظہار کرتے ہوئے وہ لکھتے ہیں کہ لندن کی مادی' مشینی اور مخلوط سوسائٹی میں پیری مریدی کی بات کرنا اور امیر خسرو اور حضرت نظام الدینؒ کی آپسی گفتگو کا ذکر ایک نئی بات ہو اور آسانی سے سمجھ میں نہ آئے۔ تاہم حبیبؔ حیدر آبادی کہتے ہیں کہ امیر خسرو اور حضرت نظام الدینؒ کی زندگیاں خلوص و محبت پر مبنی ہیں۔ اور لوگوں کے لئے مثالی ہیں۔ مرشد و مرید کے آپسی خلوص کا تذکرہ کرتے ہوئے حبیبؔ حیدر آبادی لکھتے ہیں:

''خلوص بھی ایسا جو مرشد کو یہ کہنے پر مجبور کرتا ہو کہ اگر خدا مجھ سے پوچھے کہ تو میرے لئے کیا ہدیہ لایا ہے تو میں کہوں امیر خسرو۔ اور دوسری طرف خسرو اپنے مرشد کے نعلین ایک لاکھ سکہ رائج الوقت دے کر خریدتے ہیں حبیبؔ حیدر آبادی مرشد و مرید کے خلوص سے بے حد متاثر دکھائی دیتے ہیں۔ اپنے مرشد سے بے پناہ لگاؤ کی عملی مثال پیش کرتے ہوئے امیر خسرو نے حضرت نظام الدینؒ کے انتقال کے چھ مہینے بعد ہی داعی اجل کو لبیک کہا۔ اس واقعہ کو پیش کرتے ہوئے حبیبؔ حیدر آبادی لکھتے ہیں:

''حضرت نظام الدین محبوب الٰہی نے ۹۵ برس کی عمر میں وفات پائی۔ اس وقت خسرو دہلی سے باہر گئے ہوئے تھے۔ جب انہیں اطلاع ملی کہ صدر رنگ گلستان اس جہاں سے خصت ہو چکا تو جو کچھ بھی ان کے ہاں مال و متاع تھا سب لٹا دیا روتے روتے دہلی پہنچے مزار کو دیکھا تو کہا:

گوری سوئے سیج پر مکھ پر ڈارے کیس
چل خسرو گھر آپنے رین بھئی چھوں دیس

اس کے بعد خسرو کی زندگی بہ فیض بے دلی تو قیر درد کی نذر ہو گئی۔ چھ مہینے ہی گذرے تھے کہ وہ بھی اپنے مرشد کے غم میں انتقال کر گئے۔ اور اپنے چاہنے والے کے پائیں میں جگہ پائی''۔ ۱۷

حبیبؔ حیدرآبادی نے یہ مضمون ۲۰/مارچ ۱۹۷۶ء کو لندن میں منائے گئے یوم خسرو کے موقع پر پڑھا تھا۔ چنانچہ مضمون کے آخر میں اس بات کا تذکرہ کرتے ہوئے انہوں نے کہا کہ خسرؔو کی سات سو سالہ تقاریب کے ضمن میں لندن میں منعقدہ یہ جلسہ خسرو کے لئے خراج عقیدت ہے۔ اور امید کہ خسرو کا سا خلوص دل، محبت، انسانیت، وسیع النظری اور خدا پرستی ہم لوگوں میں بھی آئے ۔خسرؔو کے بارے میں حبیبؔ حیدرآبادی نے اپنے خلوص کا اظہار عقیدت مندی کے ساتھ کیا۔ اور ان کی تعریف توصیف کے لئے جو زبان استعمال کی ہے۔اس سے عقیدت کی کرنیں جھلکتی ہیں ۔اس طرح حبیبؔ حیدرآبادی کا یہ مضمون اپنی دلچسپ نثر کے ساتھ ادبی شان لئے ہوئے ہے۔ اور ان کے مضامین کے ذخیرہ میں اچھا اضافہ ہے۔اس مضمون سے ان کے اسلوب کی نیرنگیاں بھی جھلکتی ہیں ۔حبیبؔ حیدرآبادی کے مضامین کی خاص بات یہ ہے کہ وہ کسی قسم کا موضوع ہو اس میں انگلستان کا تذکرہ کرنا ضروری سمجھتے ہیں ۔امام حسینؓ کے مضمون اور اس مضمون میں بھی انہوں نے اپنے ہم وطنوں کے ذکر کا موقع نکال لیا۔امیر خسرو پر اردو میں بے شمار مضامین لکھے گئے ۔ لیکن ایک مرشد اور مرید کے مابین گہری محبت اور خلوص کو اُجاگر کرتا حبیبؔ حیدرآبادی کا یہ مضمون اپنے اظہار کے دلچسپ انداز کے سبب یقیناً منفرد تصور کیا جائے گا۔

بہت جی خوش ہوا حالی سے مل کر:- حبیب حیدرآبادی کا تحریر کردہ ایک اور ادبی مضمون ’’بہت جی خوش ہوا حالؔی سے مل کر‘‘ ہے۔ یہ مضمون انہوں نے ۲۱/جولائی ۱۹۷۹ء کو حفیظ جالندھری کی صدارت میں لندن میں منعقدہ یوم حالی کی تقریب میں پڑھا تھا۔اس مضمون میں حبیب حیدرآبادی نے حالی کے بارے میں اپنی یادوں کو دلچسپ انداز میں پیش کیا ہے۔مضمون کے آغاز میں انہوں نے حالی پر حیدرآباد والوں کے احسان کا ذکر کرتے ہوئے لکھا کہ سر سید احمد خاں کی فرمائش پر ۱۸۸۷ء میں صدر المہام آسمان جاہ نے حالؔی کے لئے ۷۵ روپئے ماہوار وظیفہ مقرر کیا تھا جسے بعد میں بڑھا کر ۱۰۰ روپئے کر دیا گیا۔ اس وظیفہ کے سبب حالؔی اپنی تصنیف وتالیف کے کام میں دل لگا سکے تھے۔ حبیب حیدرآبادی نے لکھا کہ جس طرح مثنوی کے ساتھ مولانا رومی اور گلستاں اور بوستاں کہنے پر جس طرح سعدی یاد آتے ہیں ۔اُسی طرح مسدس کے نام کے ساتھ ہی حالی یاد آجاتے ہیں انہوں نے لکھا کہ حالی نے حیدرآباد کے دورہَ کے موقع پر پہلی بار اپنی

نظم ''مناجات بیوہ'' سنائی تھی ۔ جدید اردو تنقید اور جدید اردو شاعری کے فروغ میں حاؔلی کی خدمات کو خراج تحسین پیش کرتے ہوئے حبیبؔ حیدرآبادی لکھتے ہیں:

''وہ شاعری کو''روح عصر'' کی صورت میں دیکھنا چاہتے تھے۔شائد حاؔلی ہی کی آرزوؤں امیدوں اور دعاؤں کا اثر تھا کہ لاہور میں زندہ دلان لاہور نے اپنا ایک حلقہ قائم کیا۔ترقی پسند مصنفین کی بنیاد رکھی گئی ۔حلقہ احباب ذوق وجود میں آیا۔مروجہ الفاظ اور تراکیب کو نئی جھلک عطا کی جانے لگی۔۔۔اردو کو قومی شاعری عطا کرنے والوں میں حالی کا نام سرفہرست ہے اقبال' جوش اور حفیظ جالندھری کی قومی شاعری نہیں معلوم کس حد تک حالی کے افکار اور دل کی پکار کی رہین منت ہے ''۔ ۱۸

حاؔلی کی قومی شاعری کے تذکرے کے علاوہ ان کی نثر میں انگریزی الفاظ کے استعمال اور ان کی تنقید میں انگریزی شعراء اورادیبوں کے حوالوں کی موجودگی کو ان کی لاہور کی ملازمت کے مرہون منت قرار دیتے ہوئے مضمون کے آخر میں حبیبؔ حیدرآبادی نے حالی کو جدید ادب کا معمار اول قرار دیا۔حاؔلی کی شخصیت اور ان کے علمی وادبی کارناموں کو اُجاگر کرتا حبیبؔ حیدرآبادی کا یہ مضمون تاثراتی نوعیت کا ہے۔جس میں حاؔلی کی مدح سرائی کی گئی ہے۔

اقبال اور تارکین وطن :- حبیبؔ حیدرآبادی کے اگلے ادبی مضمون کا عنوان ''اقبال اور تارکین وطن'' ہے ۔اس مضمون میں حبیبؔ حیدرآبادی نے جذباتی انداز میں کلام اقبال سے تارکین وطن کو ملنے والے سبق کو یاد کیا ہے ۔مغربی تہذیب میں رہنے والے مشرقی تہذیب کی پاسداری کیوں کر کرسکیں گے ۔اس مضمون میں اس کی جھلک دکھائی گئی ہے۔مضمون کے آغاز میں حبیبؔ حیدرآبادی نے اقبال کے وہ اشعار پیش کئے جو انھوں نے لندن میں تعلیم کی غرض سے آئے اپنے بیٹے جاوید کو لکھے تھے۔وہ اشعار یوں ہیں۔

دیار عشق میں اپنا مقام پیدا کر
نیا زمانہ نئے صبح وشام پیدا کر
خدا اگر دل فطرت شناس دے تجھ کو
سکوت لالہ وگل سے کلام پیدا کر

مرا طریق امیری نہیں فقیری ہے
خودی نہ بیچ غریبی میں نام پیدا کر اقبالؔ

اقبالؔ کے یہ اشعار پیش کرنے کے بعد حبیبؔ حیدر آبادی نے ان اشعار کی روشنی میں اپنی ذات کا احتساب کیا ہے۔ چنانچہ وہ لکھتے ہیں:

''معیشت کی چکی میں ہم تارکین وطن ایسے پسے جا رہے ہیں کہ دیار عشق میں مقام پیدا کرنا تو دور کی بات ہے اپنے گھر کی چار دیواری ہی میں اپنا مقام آپ متعین کرنا اپنی ہی شوخئ افکار کی بساط اُلٹنا ہے۔ عالم ایجاد اور صاحب ایجاد ہو کر زمانہ کو طواف تو کیا کرواتے اپنا طواف آپ کرنا پڑ رہا ہے۔ خودی کا گوہر یگانہ بولہبی کے حوالے ہو رہا ہے۔ نگار خانہ آرزو میں چاروں طرف اپنی ہی حرص و ہوس کی جلوہ سامانیاں ہیں۔ کاشانۂ دل لغزش مستانہ کی آماجگاہ بن رہا ہے''۔ ۱۹

حبیبؔ حیدر آبادی نے اقبال کے فارسی اور اردو اشعار کو پیش کرتے ہوئے مغربی تہذیب سے اپنی بیزارگی اور مشرقی تہذیب سے اپنی گہری وابستگی کا اظہار کیا ہے۔ انہوں نے لکھا کہ ۲۰ سال کے عرصے میں ان جیسے کئی ایشیائیوں نے آسائشوں کے سامان اپنے گھر میں لائے ہیں۔ لیکن مشینی زندگی گذارنے کے درمیان اخلاص، سوز و گداز، مشرقی اقدار کہیں زندگی سے چھوٹتے دکھائی دیتے ہیں۔ اسی لئے وہ تارکین وطن کے بچوں کو کلام اقبال سے سبق لینے کی تلقین کرتے ہوئے لکھتے ہیں:

''اقبال کے کلام سے جو سب سے بڑا سبق مل سکتا ہے وہ یہی ہے کہ ان کی زندگی کا سنہرا زمانہ علم وفن کی نذر رہو۔ ایسا علم جس کھرے اور کھوٹے میں تمیز ہو سکے۔ ایسا علم جس سے تاریکی اور روشنی میں فرق کیا جا سکے۔ ایسے ہی علم سے خود فکری، اور خود نگہی جیسی نعمتوں سے اپنے آپ کو مالا مال کیا جا سکتا ہے۔ زندگی کی رعنائیاں گلے کا ہار بنتی چلی جاتی ہیں اندھی تقلید اور غلامانہ روش سے احتراز انفرادی اور اجتماعی رسوائی سے بچائے رکھتے ہیں۔ اندھی تقلید سے بچا رہنے والا اقلیت میں رہنے کے باوجود اپنی انفرادیت کی بقاء کا کچھ اس طرح سامان کرتا ہے کہ اس کو اپنی انفرادیت کی بقاء میں امت کی بقاء نظر آتی ہے۔ بہار ہو کہ خزاں ہر چمن میں اسے لا الہ الا اللہ کا سبق ملتا رہتا ہے''۔ ۲۰

حبیبؔ حیدر آبادی ایک ناصح کی طرح تارکین وطن سے گذارش کرتے ہیں کہ وہ اقبال کے مرد

مومن کی صفات اپنے اندر پیدا کریں۔ اور مشرق و مغرب کی اچھی قدروں کے ساتھ اسلامی زندگی بسر کریں۔ حبیبؔ حیدرآبادی ایک عہد نامہ کی طرح لکھتے ہیں کہ:

''صاحب بصیرت مجتہدین کو یہاں کے پیدا کردہ مخصوص مسائل کا حل ڈھونڈنا ہوگا۔ مجھ جیسے عامی کو اپنے ہر ہر عمل کا قران کی روشنی میں جائزہ لیتے ہوئے اپنے ضمیر کو مطمئن کرنا ہوگا۔ اپنے من سے پوچھ۔ ملّا سے نہ پوچھ۔ دنیا اور دین میں توازن برقرار رکھتے ہوئے ہم ہر زمانے کا مقابلہ کر سکتے ہیں۔ ہر شعبہ حیات کے ہر جدید فرعون کے لئے موسٰی بن سکتے ہیں۔ ذہنی جمود کو توڑتے ہوئے سراپا حرکت بن سکتے ہیں۔ اقبال کا کلام جو قرانی تعلیمات کی بازگشت ہے ہم تارکین وطن کی ہمت اور حوصلوں کو بڑھاتا ہے۔ ہم کو اس قابل بناتا ہے کہ ہم دنیا کی زندگی میں بھی شادو بامراد رہیں اور آخرت میں بھی سرخ رو اور با اقبال''۔[12]

حبیبؔ حیدرآبادی کے ان خیالات سے اندازہ ہوتا ہے کہ دیار غیر میں رہتے ہوئے کس طرح ان میں مذہبی جذبہ اُبھر کر آیا تھا۔ کہتے ہیں کہ وطن میں لوگوں کو نہ اپنی زبان و تہذیب کی قدر ہوتی ہے نہ مذہبی اقدار کی۔ لیکن وطن سے دور جب رہنا ہو تو وہاں ''دور کے ڈھول سہانے'' کے مصداق وطن کی ہر بات اچھی لگنے لگتی ہے۔ اور مذہب کے معاملے میں مشاہدہ ہے کہ برصغیر سے یورپ اور امریکہ جانے والے مسلمانوں کی حالت یہ ہوئی کہ اپنے وطن میں تو یہ لوگ صرف نام کے مسلمان تھے اور رسمی طور پر مذہبی فرائض انجام دیتے تھے لیکن دیار غیر میں جانے کے بعد انہیں مغربی قدروں کے آگے اپنے مذہب کی باتیں اچھی لگیں۔ چنانچہ لوگ اپنی مذہبی قدروں سے گلے لگ گئے۔ انہیں نہ صرف خود اپنایا بلکہ دوسروں کو بھی ان اچھی قدروں کی تلقین کرنے لگے۔ حبیبؔ حیدرآبادی بھی ایک ایسے ہی مسلم ہندوستانی تھے۔ ویسے حیدرآباد میں بھی قیام کے دوران حضرت خواجہ حسن نظامی جیسے صوفی بزرگ سے ان کی صحبتیں تھیں اور وہ مذہب اسلام سے قریبی لگاؤ رکھتے تھے۔ لیکن انگلستان جانے کے بعد وہاں کے مغربی ماحول سے وہ اس قدر چوکنا ہوگئے کہ ان کی تحریروں میں جگہ جگہ مغربی تہذیب سے بیزارگی نظر آتی ہے۔ اور وہ اپنے بچوں اور تارکین وطن کی آنے والی نسلوں کو مغربی تہذیب کی یلغار سے بچانا چاہتے ہیں۔ اقبال کے کلام سے اچھی قدروں کو اخذ کرنے کی تلقین کرتا ہوا ان کا یہ مضمون اُسی سلسلے کی ایک کڑی ہے جس میں حبیبؔ

حیدر آبادی نے نہائت درد بھرے انداز میں ایک مفکر کی طرح لوگوں کو کلام اقبالؔ سے فیضیاب ہونے کا مشورہ دیا ہے۔

سفر ہے شرط :- حبیبؔ حیدر آبادی کا ایک مضمون ''سفر ہے شرط'' ہے۔ یہ مضمون دراصل ایک مختصر سفر نامہ ہے۔ جس میں انہوں نے اپنے اہل خاندان کے ساتھ برطانیہ سے' پیرس' سعودی عرب پاکستان و ہندوستان اور ہندوستان کے شہروں دہلی حیدر آباد وغیرہ کے سفر کے حالات دلچسپ انداز میں بیان کئے ہیں۔ اردو ادب میں سفر ناموں کی اپنی تاریخ ہے۔ مجتبیٰ حسین کے سفر نامے کافی مشہور ہیں'' جاپان چلو'' وغیرہ ادیبوں اور شاعروں کے سفر ناموں کے مطالعہ سے ان مقامات کی سیر کے علاوہ بہت سے کار آمد باتیں بھی معلوم ہو جاتی ہیں۔ خصوصاً زبان وتہذیبوں کے بارے میں سفر کرنے والے ادیبوں کے خیالات معلومات سے بھر پور ہوتے ہیں۔

حبیبؔ حیدر آبادی اپنے سفر نامے کے آغاز سے قبل تمہید کے طور پر بیان کرتے ہیں کہ تارکین وطن کے بچے مغربی ماحول میں پرورش پاتے ہوئے مشرقی تہذیب کو بھولتے جا رہے ہیں ۔ان کے والدین کا وطن خود ان کا بھی ہے۔ لیکن وہ اپنے وطن کے بارے میں کچھ بھی نہیں جانتے ۔اپنے وطن کے بارے میں منفی سوچ رکھنے بچوں کے رویے کو مغربی میڈیا اور پریس کی کارستانی قرار دیتے ہوئے حبیبؔ حیدر آبادی لوگوں کے ذہنوں میں بٹھائے جا رہے ہندوستان و پاکستان کے تاثر کو جذباتی انداز میں یوں بیان کرتے ہیں:

''یہاں کا پریس' ریڈیو' ٹیلی ویژن اور سارے معلوماتی وسائل مغربی برتری ہی کے گن گاتے ہیں۔ مشرق یا مشرقی اطوار سے ان کو ابھی تک چڑھ ہے۔ ٹیلی ویژن پر ہندوستان یا پاکستان کا جب بھی ذکر آئے گا یا جب بھی کوئی فلمی خاکہ دکھایا جائے گا ان سے سننے والا یا دیکھنے والا یہی تاثر لے گا کہ ہندوستان یا پاکستان یا مشرق وسطی کے ملک انتہائی گندے ہیں وہاں کے رہنے والے اُجڈ اور گنوار ہیں۔ زندگی کی بنیادی ضروریات سے وہ سب کے سب محروم ہیں تعلیم عنقا ہے۔ تہذیب وتمدن بس یونہی ہیں۔ ہمارے ملک کا نام آئے گا تو ان کے ذہنوں میں جنگل کے شیر دوڑنے لگیں گے۔ سانپ رینگنے لگیں۔ بچھو ڈنک مارتے نظر آئیں گے۔ مکھیاں یلغار کرتی ہوئی دکھائی دیں گی۔ مچھر پے در پے حملے کرتے رہیں گے ہم سارے کے سارے جنگلوں میں

پتوں سے اپنے جسم کو چھپاتے ہوئے ان کے تصورات میں بسے ہوئے ہیں'' ۲۲؎
مغربی پریس کی اس زہر افشانی سے متاثرہ لوگوں کو حبیبؔ حیدر آبادی غصّے میں جاہل کہتے ہیں۔ اور انہیں اس بات پر افسوس ہے کہ ان کے بچے بھی ان ہی جاہلوں کے درمیان پلے ہیں۔ اور بڑے ہونے کے بعد اپنے وطن کے بارے میں ان کا بھی کچھ اچھا خیال نہیں ہے۔ اپنے وطن کی حقیقی تصویر دکھانے اور اچھی قدروں کا احساس دلانے کے لئے حبیب حیدر آبادی بچوں کے ہمراہ وطن کے سفر پر روانہ ہوتے ہیں۔ جس کا مفصل احوال انہوں نے اپنے اس مضمون ''سفر ہے شرط'' میں دیا ہے۔ حبیبؔ حیدر آبادی نے اپنے سفر کے احوال کا آغاز پیرس سے کیا۔ انہوں نے سن کا ذکر نہیں کیا پیرس کے بعد جدّہ پہونچنے اور مقامات مقدسہ کی زیارت کرنے کی تفصیلات لکھیں۔ جس میں ان کے والد کے مزار کی زیارت اور دوران سفر سفری کاغذات اور زیور و رقم کے کھونے سے ہونے والی دشواریوں کو بیان کیا۔ حبیبؔ حیدر آبادی کے سفر کا اگلا پڑاؤ پاکستان تھا۔ پاکستان میں احباب سے ملاقاتوں اور اہم مقامات کی تفریح کا ذکر کیا۔ کراچی والوں کے احوال بیان کرتے ہوئے حبیبؔ حیدر آبادی لکھتے ہیں:

''کراچی میں ایک بات جو خاص طور پر محسوس کی گئی وہ یہ کہ لوگ خوش ہیں۔ خوش حال ہیں۔ اگر بنک میں نہیں تو ان کی جیبوں میں پیسہ ضرور ہے۔ اچھا کھاتے ہیں اچھا پہنتے ہیں۔ مذہب کا احترام کرتے ہیں۔ نماز کے وقت مساجد میں چہل پہل رہتی ہے۔ کراچی کے اکثر مقامات صاف ستھرے ہیں۔ ہر طرف نئی نئی بستیاں بستی جارہی ہیں۔ آبادی پھیلتی جارہی ہے قائداعظم کے مزار پر بھی حاضری کا موقع ملا۔ بہت ہی عالی شان مقبرہ تعمیر کروایا گیا ہے بہت ہی دیدہ زیب اور پروقار جگہ ہے''۔ ۲۳؎

کراچی کے مختصر دورے کے بعد حبیب حیدر آبادی نے دہلی میں اپنی آمد اور وہاں کی مصروفیات مفصل بیان کیں۔ حبیب حیدر آبادی نے لکھا کہ دہلی ان کی جائے پیدائش نہیں اس کے باوجود انہیں دہلی سے اس لئے محبت ہے کہ یہاں حضرت نظام الدین محبوب الٰہی اور حضرت خواجہ حسن نظامی مدفون ہیں پنجاب کے شاعر اور حبیبؔ حیدر آبادی کے دوست جسبیر سنگھ بسمل کی مہمان نوازی' ان کے ہمراہ دہلی کے اہم مقامات کی سیر' درگاہ حضرت نظام الدینؒ پر حاضری۔ مغرب کی نماز میں

بسمل کی شرکت، خواجہ حسن ثانی نظامی سے ملاقات، حیدر آباد کے مایہ ناز سپوت حسن الدین احمد سے ان کی ملاقات، زبیر رضوی سے ملاقات، پردیپ نامی نوجوان کا دوستانہ رویہ، راج گھاٹ، جامع مسجد دہلی، لال قلعہ، قطب مینار، مقبرہ ہمایوں، مقبرہ صفدر جنگ، جنتر منتر اور تاج محل وغیرہ مقامات کی سیر و تفریح کی تفصیلات حبیب حیدر آبادی نے اس انداز میں پیش کی ہیں کہ قاری بھی ان کے ساتھ ان مقامات کا نظارہ گھر بیٹھے کر لیتا ہے۔ اپنے دورہ دہلی کے دوران ایک سکھ اور ایک ہندو کے ان کے ساتھ دوستانہ رویے کی ستائش کرتے ہوئے حبیبؔ حیدر آبادی لکھتے ہیں:

''لوگ جب فرقہ پرستی کی باتیں کرتے ہیں تو مجھے ان کی باتوں پر مشکل سے یقین آتا ہے۔ سکھ دوست کا میرے ساتھ نماز پڑھنا ہندو نوجوان کا مجھ پر اللہ واسطے احسان کرنا، لوگوں کے داستان سرائی ہو تو ہو۔ میرے لئے تو ایک حقیقت ہے اس ہندو بچے کا ہی مجھ پر احسان رہا۔ اس نے مجھے اس کے ساتھ کچھ حسن سلوک کا موقع ہی نہیں دیا۔ زندہ باد پردیپ۔ ان باتوں کا میرے بچوں پر غیر معمولی اثر ہوا۔ انگلستان میں غیر تو غیر اپنوں سے بھی اس قسم کی غیر معمولی مہربانیوں کا تصور تک نہیں کیا جا سکتا۔ یہ باتیں میرے بچوں کے لئے نئی تھیں۔ وہ ہر ہر قدم پر انسانیت کا نیا درس لے رہے تھے۔ وہ اپنی آنکھوں سے دیکھ رہے تھے کہ ہندوستان کے جن لوگوں سے ہمیں سابقہ پڑا کتنے نیک نفس، کتنے بے ریا اور کتنے مہربان ہوتے ہیں''۔[۲۴]

حبیب حیدر آبادی نے دورۂ دہلی پر اپنے تاثرات سے یہ واضح کیا کہ ہندوستان میں لوگوں کی ہمدردی کا جذبہ ان کے مشرقی اقدار کی عکاسی کرتا ہے۔ حبیبؔ حیدر آبادی اپنے بچوں پر شائد یہ واضح کرنا چاہتے تھے کہ وہ جس مغربی تہذیب کے دلدادہ ہیں وہاں ایثار و ہمدردی کے جذبے ناپید ہیں۔ دہلی کی بعد حبیبؔ حیدر آبادی نے اپنے سفر حیدر آباد کے احوال بیان کئے۔ حیدر آباد اُن کا وطن تھا۔ اس سرزمین کے ذرے ذرے سے انہیں پیار تھا۔ انہوں نے جس دور میں حیدر آباد میں تعلیم و تربیت حاصل کی تھی اُس دور میں اپنے زمانے کی مشہور شخصیتیں حیدر آبادی تہذیب کو متاثر کر رہی تھیں۔ حبیبؔ حیدر آبادی نے جن شخصیات سے فیض حاصل کیا اُن کے نام گناتے ہوئے اُنھوں نے لکھا کہ مہاراجہ کشن پرشاد شادؔ، مہاراجہ نرسنگ راج عالیؔ، نواب بہادر یار جنگ، مولانہ الیاس برنی، فانی بدایونی، حسرت وہانی، عبدالقدیر صدیقیؔ حسرت، سید محی

الدین قادری زور، عبدالقادر سروری، نصیر الدین ہاشمی، ڈاکٹر غلام دستگیر رشید۔ امجد حیدرآبادی۔ صفی اورنگ آبادی، سروجنی نائیڈو۔ ڈاکٹر رضی الدین صدیقی، اعلیٰ حضرت حضور نظام آصف سابع وغیرہ سے ملاقاتیں رہیں اور اُن کا زمانہ دیکھا۔ حیدرآباد میں ان کے ہم زلف افسانہ نگار عوض سعید، جگری دوست راشد آذر وغیرہ سے ملاقاتوں کے احوال حبیبؔ حیدرآبادی نے دلچسپ انداز میں بیان کئے ہیں۔ عوض سعید کے گھر جاتے وقت ہونے والی تیز رفتار بارش اور اُس کے بعد گھر کے سامنے موجود جھونپڑی والوں کو ہونے والے نقصان اور نقصان کے باوجود غریبوں کی معمول کی زندگی پر حبیبؔ حیدرآبادی کے بچوں نے جس حیرت کا اظہار کیا اس پر تبصرہ کرتے ہوئے حبیب حیدرآبادی نے مشرق و مغرب کے تضاد کو ان لفظوں میں بیان کیا:

''میرے بچوں نے جب یہ دلخراش منظر دیکھا تو اُن کو اپنی نظروں پر اپنی سماعت پر دھوکہ ہو رہا تھا کہ اتنی بڑی مصیبت نازل ہو جانے کے باوجود بھی وہ ہشاش بشاس تھے گانا گا رہے تھے۔ ہنسی مذاق سے اپنی بربادی کا غم غلط کر رہے تھے۔ اگر ایسا سانحہ انگلستان میں ہو گیا ہوتا تو نہ جانے کتنے ہوائی جہاز، کتنے ہیلی کوپٹر مقام واردات پر پہنچ گئے ہوتے کتنی پولیس اور کتنی فوج اور کتنے سماجی ادارے مصیبت زدگان کی مصیبت کو دور کرنے وہاں آجاتے۔ ہندوستان کے لوگوں میں مصائب برداشت کرنے کا مادہ زیادہ ہے اسی لئے شائد اکثر و بشتر ان لوگوں پر آسمانی یا سلطانی بلائیں نازل ہوتی رہتی ہیں''۔ ۲۵

حبیبؔ حیدرآبادی کا دل برطانیہ جانے کے بعد بہت حساس ہو گیا تھا۔ یہی وجہ ہے کہ وہ اپنی تحریروں کے ذریعہ انسانی جذبات کا اظہار کرنے لگتے ہیں۔ ہندوستان میں مزدور پیشہ لوگ اکثر آفات سماوی کا شکار ہوتے رہتے ہیں۔ وہ زندگی میں مسائل جھیلنے کے عادی ہو جاتے ہیں۔ لیکن مغربی ممالک میں آفات سماوی کے بعد جس طرح فوری امداد پہنچ جاتی ہے شائد ہندوستان کے متاثرین کے لئے اتنی جلدی نہ پہنچے۔ مسائل سہنے کی ان مزدوروں کی عادت پر حبیبؔ حیدرآبادی کا اظہار تعجب ان کے مزاج کی تبدیلی کا پتہ دیتا ہے۔ مضمون کے آخر میں حبیبؔ حیدرآبادی نے اپنے افراد خانہ کے ہمراہ اپنے سفر کے آخری پڑاؤ بمبئی کے سفر کا حال پیش کیا۔ جہاں ان کی میزبانی کا شرف ''صبح امید'' کے مدیر عبدالحمید صاحب کو حاصل ہوا۔ بمبئی کے اہم مقامات کی

تفریح کے ذکر کے ساتھ ہی حبیبؔ حیدرآبادی کا سفرنامہ ختم ہوتا ہے۔ مضمون کے آخر میں حبیبؔ حیدرآبادی اس اطمینان کا اظہار کرتے ہیں کہ اس سفر سے ان کے بچوں کی ذہن سازی میں بڑی مدد ملی۔ اور ان کے بچے مشرقی قدروں کو قدر کی نگاہ سے دیکھنے لگے۔ اس بات پر اللہ کا شکر ادا کرتے ہوئے حبیبؔ حیدرآبادی لکھتے ہیں:

''اب ہمارے بچوں کو اپنے ہندوستان اور پاکستان پر ناز ہے مشرقی اقدار اُن کی سمجھ میں آنے لگے ہیں۔ جو باتیں ہم ان سے اب تک کہتے آرہے تھے۔ ان کو انہوں نے اپنی آنکھوں سے دیکھا۔ ان باتوں کی افادیت کو تسلیم کیا۔ اب وہ ہندوستان اور پاکستان کا ذکر پیار و محبت سے کرتے ہیں اُنہیں وہاں کی غربت افلاس، اور دوسری مادی خرابیوں سے ہمدردی ہے۔ ان کی دعا ہے کہ ہندوستان اور پاکستان کی غربت دور ہو جائے اور وہاں کا معیار زندگی بھی دنیا کے مالدار ملکوں کی طرح ہو جائے''۔ ۲۶

مضمون کے آخر میں اظہار تشکر کے الفاظ کہتے ہوئے حبیبؔ حیدرآبادی نے بالآخر اس طمانیت کا اظہار کر دیا جس کی کمی کا اظہار انہوں نے اپنے سابقہ مضامین میں کیا تھا۔ حبیبؔ حیدرآبادی کے یہ چند ایک معلوماتی و ادبی مضامین کا انفرادی تجزیہ تھا۔ جب ان مضامین پر مجموعی طور پر طائرانہ نظر ڈالی جائے تو یہ مضامین اردو کے ایک ایسے ادیب کے دکھی دل کی داستان لگتے ہیں۔ جو اپنی زندگی کو بہتر بنانے دیارِ غیر میں اپنا ٹھکانہ جمانے پر مجبور تھا۔ برطانیہ میں زمانے کے سرد گرم نے اسے حساس بنا دیا تھا۔ اپنی زندگی کی کشتی کو پار لگانے کے دوران اس نے برطانیہ میں جو کچھ مشکلات و مسائل سہے انہیں ان معلوماتی و ادبی مضامین میں سمو دیا۔ حیدرآبادی تہذیب کے دلدادہ حبیبؔ حیدرآبادی نے برطانیہ میں بھی اپنی تہذیبی روایات کو برقرار رکھا اور اردو کے فروغ کے ساتھ اردو زبان میں برطانیہ میں مقیم تارکین اور ایشیائی باشندوں کے سماجی، معاشی، معاشرتی مسائل کو پیش کیا۔ حبیبؔ حیدرآبادی کے مضامین آج بھی برطانیہ کی زندگی کو قریب سے سمجھنے والوں کے لئے مفید ثابت ہو سکتے ہیں ان مضامین کے ذریعہ حبیبؔ حیدرآبادی نے ایشیائی باشندوں اور برطانوی باشندوں کو قریب لانے کی کوشش بھی کی۔ ان مضامین کی نثر سادہ لیکن پر اثر ہے۔ ایسے مواقع پر جہاں حبیبؔ حیدرآبادی ناصح بن کر پیش ہوتے ہیں۔ ان کی تحریر میں اثر

انگیزی بڑھ جاتی ہے۔ انگلستان میں معیار زندگی کو بہتر بنانے کے لئے شوہر اور بیوی دونوں کام پر جاتے ہیں۔ لیکن اس بات کا منفی پہلو پیش کرتے ہوئے درد بھرے انداز میں حبیبؔ حیدر آبادی لکھتے ہیں:

''شوہر اور بیوی کے ہمہ وقتی کام کرنے کے جو مضر نتائج نکل سکتے ہیں۔ اس کا تجربہ ہمارے بہت سے تارکین وطن کو بھی ہوا۔ جن گھرانوں میں بچوں کی ابتدائی نشو نما میں غفلت برتی گئی۔ اور جو بچے والدین کی ہمہ وقتی محبت سے محروم رہے ان گھرانوں کو اپنے کئے کی سزا بھگتنی پڑی۔ اپنے بچوں کو اپنے رنگ میں اسی وقت ڈھالا جا سکتا ہے جب کہ ماں کی آغوش ہی سے ان کی تربیت کا خیال رکھا جائے۔ بچے جب چھوٹے ہوں ان سے تغافل برتا جائے۔ شوہر اور بیوی پونڈ میں اضافہ کرتے رہیں۔ گھر کی مادی خوش حالی کی طرف اپنی ساری توانائیاں صرف کریں۔ اور جب بچے بڑے ہو جائیں تو ان سے یہ توقع کی جائے کہ وہ ماں باپ کی آرزوؤں کو پورا کرتے رہیں۔ اور ماں باپ کی ضعیفی میں ان کا سہارا بنیں عمل اور رد عمل کے مسلمہ قانون سے انحراف کرنا ہے''۔ ۲۷

حبیبؔ حیدر آبادی معلوماتی مضامین میں سیدھا سادہ اسلوب اختیار کرتے ہیں۔ اور معلوماتی مضامین کا تقاضہ بھی یہ ہے کہ اس میں گنجلک اور جذباتی انداز بیان اختیار نہ کیا جائے۔ اور ادبی مضامین میں وہ اپنے اسلوب کی نیرنگی ظاہر کرتے ہیں۔ اور اپنے خیالات کو دلکش پیرائے بیان میں پیش کرتے ہوئے بطور تمہید لکھتے ہیں:

''خدا کے عطا کرنے اور بخشنے کے طریقے بھی ہیں۔ عطا کی جلوہ گری غیریت کے دوراہے پر نہیں ہوتی بلکہ اپنائیت کے سنہرے جزیرے پر ہوتی ہے۔ وہاں ہوتی ہے جہاں حسِ ازل حیات مجسم کو وقت کے دھاروں میں بہا نہیں لے جاتی بلکہ اپنے آپ کو عشقیہ تفکر اور غم آگہی کے سپرد کر دیتی ہے۔ خودی کی قندیل خود بہ خود روشن ہونے لگتی ہے۔ کہیں یہ فطرت کا تقاضہ بن جاتی ہے کہیں اکتسابی صورت اختیار کر لیتی ہے''۔ ۲۸

حبیبؔ حیدر آبادی کے اسلوب کی یہ نیرنگی ان کی مضمون نگاری میں نکھار پیدا کرتی ہے۔ حبیب حیدر آبادی نے اپنی تصنیف ''انگلستان میں'' میں معلوماتی و ادبی مضامین کے علاوہ تنقیدی اور دیگر

مضامین بھی لکھے ہیں جن میں خاکوں اور انشائیوں کی جھلک دکھائی دیتی ہے۔ زیر نظر مقالے کے دیگر ابواب میں ان مضامین کا تجزیہ پیش کیا جارہا ہے۔

سرسید احمد خاں اور ان کے رفقائے کار نذیر احمد، حالی، شبلی، محسن الملک وقار الملک، آزاد وغیرہ نے علی گڑھ تحریک کے زیر اثر اردو نثر کو سادگی عطا کرنے کی جو تحریک اردو مضمون نگاری کے ذریعہ شروع کی تھی۔ بیسویں صدی میں اسے فروغ حاصل ہوا۔ اردو کی نثری اصناف افسانہ اور ناول کے بعد اب اردو مضمون نگاری بھی بطور صنف اپنی شناخت بنا چکی ہے۔ انشائیوں سے قطع نظر علمی انداز کے مضامین پر مشتمل اردو مضمون نگاری نے بھی اردو ادب کے ذخیرہ میں اضافہ کیا ہے۔ حبیبؔ حیدرآبادی بھی اردو ادب کی تاریخ میں ایک سلجھے ہوئے مضمون نگار کے طور پر یاد کئے جائیں گے۔ برطانیہ کی سیاسی وسماجی زندگی کے احوال پر مبنی ان کے یہ مضامین اردو زبان میں انفرادیت کے حامل ہیں۔

حوالے

۱۔ سلیم اختر ڈاکٹر۔ انشائیہ کی بنیاد۔ دہلی ۱۹۸۸ء۔ ص ۱۵۵

۲۔ نصیر احمد خاں۔ ڈاکٹر۔ آزادی کے بعد دہلی میں اردو انشائیہ دہلی ۱۹۹۳ء۔ ص ۱۳

۳۔ حبیب حیدرآبادی۔ انگلستان میں۔ حیدرآباد ۱۹۸۱ء۔ ص ۵

۴۔ حبیب حیدرآبادی۔ انگلستان میں۔ ص ۱۳

۵۔ حبیب حیدرآبادی۔ انگلستان میں۔ ص ۱۴

۶۔ حبیب حیدرآبادی۔ انگلستان میں۔ ص ۱۶

۷۔ حبیب حیدرآبادی۔ انگلستان میں۔ ص ۲۲

۸۔ حبیب حیدرآبادی۔ انگلستان میں۔ ص ۲۴

۹۔ حبیب حیدرآبادی۔ انگلستان میں۔ ص ۲۸

۱۰۔ حبیب حیدرآبادی۔ انگلستان میں۔ ص ۳۲

۱۱۔ حبیب حیدرآبادی۔ انگلستان میں۔ ص ۳۹

۱۲	حبیب حیدرآبادی۔ انگلستان میں۔	ص ۴۱
۱۳	حبیب حیدرآبادی۔ انگلستان میں۔	ص ۶۴
۱۴	حبیب حیدرآبادی۔ انگلستان میں۔	ص ۶۶
۱۵	حبیب حیدرآبادی۔ انگلستان میں۔	ص ۶۸
۱۶	حبیب حیدرآبادی۔ انگلستان میں۔	ص ۷۰
۱۷	حبیب حیدرآبادی۔ انگلستان میں۔	ص ۷۱
۱۸	حبیب حیدرآبادی۔ انگلستان میں۔	ص ۷۶
۱۹	حبیب حیدرآبادی۔ انگلستان میں۔	ص ۷۹
۲۰	حبیب حیدرآبادی۔ انگلستان میں۔	ص ۸۱
۲۱	حبیب حیدرآبادی۔ انگلستان میں۔	ص ۸۳
۲۲	حبیب حیدرآبادی۔ انگلستان میں۔	ص ۹۵
۲۳	حبیب حیدرآبادی۔ انگلستان میں۔	ص ۹۷
۲۴	حبیب حیدرآبادی۔ انگلستان میں۔	ص ۱۰۱
۲۵	حبیب حیدرآبادی۔ انگلستان میں۔	ص ۱۰۳
۲۶	حبیب حیدرآبادی۔ انگلستان میں۔	ص ۱۰۵
۲۷	حبیب حیدرآبادی۔ انگلستان میں۔	ص ۳۳
۲۸	حبیب حیدرآبادی۔ انگلستان میں۔	ص ۶۸

حبیبؔ حیدرآبادی بہ حیثیت انشائیہ نگار

حبیبؔ حیدرآبادی بنیادی طور پر انشائیہ نگار اور مضمون نگار ہیں۔ شاعر، خاکہ نگار مترجم وغیرہ اُنکی ذات کی اضافہ خوبیاں ہیں۔ اُن کی ایک تصنیف ''رہ ورسم آشنائی'' ہے۔ یہ کتاب انشائیوں اور مضامین پر مشتمل ہے۔ اس کتاب میں شامل انشائیوں سے حبیبؔ حیدرآبادی بلند پایہ انشائیہ نگار قرار پاتے ہیں۔ حبیبؔ حیدرآبادی کی تصنیف ''رہ ورسم آشنائی' پہلی مرتبہ مارچ ۱۹۸۸ء میں ایجوکشینل پبلشنگ ہاؤس دہلی سے شائع ہوئی۔ کتاب کی ترتیب وتزئین پروفیسر مغنی تبسم نے کی۔ حبیبؔ حیدرآبادی نے کتاب کا انتساب اپنے دوست و مشہور مزاح نگار مشتاق احمد یوسفی کے نام کیا۔ ۸۹ صفحات پر مشتمل کتاب میں ۱۸ مضامین شامل ہیں جن کے عنوانات اس طرح ہیں۔ ہماری شاعرہ بیگم صدیقہ' ہماری ہجرت' ہماری شاعری' ہماری انجمن سازی' ہماری انکساری' ہماری وضع داری' ہماری ہجرت' ہماری دعوتیں' ہماری دعائیں' ہمارے اقوال' ہم داداد بن گئے' ہم نانا بھی بن گئے' انجمن انسداد بے رحمی شوہران' ایک ملازم کی تلاش' گالیوں کے آداب' صوفی صاحب' ماسٹر صاحب اور سارے جہاں سے اچھا برطانیہ ہمارا۔ ان انشائیوں میں سے ہماری شاعرہ بیگم صدیقہ' ہماری ہجرت' صوفی صاحب' ماسٹر صاحب' سارے جہاں سے اچھا برطانیہ ہمارا اور انگلستان میں اردو کا جائزہ دیگر ابواب میں پیش کیا جا چکا ہے۔ اس باب میں حبیب حیدرآبادی کے انشائیوں کا جائزہ پیش ہے۔ حبیبؔ حیدرآبادی کی انشائیہ نگاری کے جائزے سے قبل ضروری ہے کہ انشائیہ کی تعریف اور اُس کی مبادیات اور اردو میں انشائیہ نگاری کی روایات کا جائزہ لیا جائے۔

انشائیہ کی تعریف:- انشائیہ لفظ نشا سے مشتق ہے۔ جس کے لغوی معنٰی پیدا کرنا ہے بات میں معنویت پیدا کرنا نشائی قوت کہلاتا ہے۔ انشائیہ کے مادہ نشاء کے لغوی معنٰی سے اصطلاحی معنٰی تک سفر میں کوئی تبدیلی نہ آنے کا ذکر کرتے ہوئے ڈاکٹر سلیم اختر لکھتے ہیں:

"لفظ جب اپنے لغوی معنٰی کے گہوارہ سے نکلتا ہے تو مخصوص معانی کی حامل ایک اصطلاح بننے تک وہ کئی مدارج طے کرتا ہے۔ یعنی وہی قطرہ کے گوہر بننے والی بات۔ اسی لئے تو بعض اوقات اصطلاح لفظ کی اصل سے میلوں کے فاصلے پر نظر آتی ہے۔ لیکن انشاء نے جب انشائیہ کا لبادہ زیب تن کیا تو وہ لغوی معنٰی کے حدود سے باہر نہ نکلا۔ یعنٰی کچھ بات دل سے پیدا کرنا اور خوبی عبارت۔ یوں دیکھیں تو تمام تکنیکی اور فنی مباحث کے باوجود بھی انشائیہ اپنی اساس یعنی انشاء کی حدود کو توڑتا نہیں۔ توڑنا تو کجا وہ تو مزید فن کاری اور جمالیاتی اوصاف سے انشاء کے سونے پر سہاگہ کرتا ہے"۔ ۱؎

بطور اصطلاح اردو میں لفظ انشائیہ انگریزی لفظ Essay سے آیا۔ جو فرانسیسی لفظ Essai کا مترادف ہے۔ سولہویں صدی میں فرانسیسی ادب کے ایک عظیم فنکار آدم دی مون تین نے غالباً سب سے پہلے اس نثری صنف کا استعمال کیا۔ وہاں سے یہ صنف انگریزی میں منتقل ہوئی اور کافی مقبول ہوئی۔ انگریزی میں بیکن، ایڈیسن، اسٹیل، چارلس لیمب اور ہیرلیٹ وغیرہ نمائندہ انشائیہ نگار کہلاتے ہیں۔ جن کی تحریروں سے انشائیہ نگاری کو عالمی سطح پر مقبولیت حاصل ہوئی۔ انشائیہ کی تعریف کے بارے میں مغربی ادیبوں کے حوالے سے ڈاکٹر نصیر احمد خاں لکھتے ہیں:

"بیکن" انشائیہ کی تعریف کرتے ہوئے کہتا ہے کہ نثری اصناف میں انشائیہ ایک ایسی مختصر تحریر کا نام ہے جس میں بغیر کسی تجسس اور کھوج کے حقیقت کا اظہار ہو۔ مون تین شخصیت کے اظہار کو انشائیہ کا اہم جزو قرار دیتا ہے۔ جانسن کے خیال میں انشائیہ ذہن کی ایک ترنگ ہے"۔ ۲؎

اردو کے ادیبوں اور نقادوں نے بھی اپنے اپنے انداز میں انشائیہ کی تعریف کی ہے۔ پروفیسر سیدہ جعفر انشائیہ کے بارے میں لکھتی ہیں:

"انشائیہ ایک ہلکا پھلکا پر لطف اور شگفتہ مضمون ہوتا ہے۔ جس میں انشائیہ نگار کی شخصیت اپنا جلوہ دکھاتی ہے۔۔۔۔ انشائیہ ایک طرح سے ادب لطیف اور رومانی طرز نگارش کا پروردہ ہوتا ہے"۔ ۳؎

انشائیہ کی تعریف کرتے ہوئے ڈاکٹر صابرہ سعید لکھتی ہیں کہ:

"انشائیہ ایک مختصر صنف ادب ہے۔ اس کی ضخامت کا تعین تو نہیں کیا گیا ہے لیکن

اسے اتنا طویل نہیں ہونا چاہیئے کہ کوئی کتاب یا کتابچہ بن جائے۔ اور اُس کے مطالعہ کے لئے کافی وقت درکار ہو۔ علمی اور سائینسی مقالوں کی طرح اس میں خیالات کو میکانیکی انداز میں ترتیب نہ دیا جائے اور نہ انہیں منطقی طور پر ثابت کرنے کی کوشش کی جائے۔ اس کے برخلاف اس کا انداز بیان شگفتہ بے تکلف اور غیر رسمی ہونا چاہیئے'' ۔[۴]

نصیر احمد خاں انشائیہ کے بارے میں لکھتے ہیں کہ:

''انشائیہ نثری اظہار کی ایک ایسی صنف ہے جس میں حقیقت کا اظہار شخصی ردعمل، عدم تکمیل، رمزیت واشاریت، غیر منطقی ربط، اختصار دعوت فکر، مسرت بہم پہنچانے کی صلاحیت، زبان وبیان میں بانکپن اور مرکزی بات سے کچھ ضمنی باتوں کا ذکر جیسی خصوصیات پائی جاتی ہوں'' ۔ [۵]

انشائیہ کی تعریف کے بارے میں مختلف ماہرین ادب نے لفظی اُلٹ پھیر سے الگ الگ تعریفیں پیش کرنے کی کوشش کی ہے جس کا نچوڑ یہ ہے کہ ''انشائیہ ایک ہلکی پھلکی تحریر ہوتی ہے۔ جس میں معلومات نثری پیرائے میں جذبات واحساسات کے ساتھ دلچسپ اسلوب بیان کے ذریعہ اس انداز میں پیش کی جاتی ہیں کہ قاری موضوع کی عمومیت کے باوجود انشائیہ نگار کے انداز بیان کی ندرت کے سبب تحریر کو پڑھنے پر مجبور ہو جاتا ہے''۔ انشائیہ کے بارے میں کہا جاتا ہے کہ یہ نثر سے زیادہ شعروسخن کا فن ہے اور جس انشائیہ میں زیادہ سے زیادہ ایمائیت اور اشارے کنائے ہوں۔ اتنا ہی وہ کامیاب انشائیہ ہوگا۔ غزل کی طرح انشائیہ نگاری بھی وہ مخصوص صنف ہے جس سے اردو تہذیب کا اندازہ ہوتا ہے۔ یہی وجہ ہے کہ ایک کامیاب انشائیہ نگار کے لئے اردو تہذیب سے واقفیت ہی کافی نہیں بلکہ اس میں رچا بسا ہونا ضروری ہے۔ ایک مضمون اور انشائیہ میں یہ فرق ہوتا ہے کہ مضمون میں ادیب موضوع پر لکھتے ہوئے براہ راست اپنے علم کا اظہار کرتا ہے۔ اور موضوع سے منحرف نہیں ہوتا۔ مگر انشائیہ نگار موضوع کے ساتھ ساتھ موضوع سے منسلک دوسری باتوں پر اس انداز میں اظہار خیال کرتا ہے کہ قاری کو یہ احساس نہیں ہوتا کہ وہ اپنے علم کا اظہار کر رہا ہے اور یہی ایک کامیاب انشائیہ نگار کی پہچان ہے اردو کی اصناف نثر میں انشائیہ صنف مضمون سے زیادہ قریب ہے۔ لیکن انشائیہ کی اپنی الگ خصوصیات ہیں۔ انشائیہ غیر رسمی ماحول میں لکھا جاتا ہے۔ اس میں محض تاثرات ہوتے ہیں جو ذہنی اختراع بھی ہو سکتے ہیں۔ انشائیہ میں داخلیت کار

فرما ہوتی ہے ایجاز و اختصار، رمز و اشاریت انشائیہ کا حُسن ہیں انشائیہ میں زور بیان پر توجہ کی جاتی ہے۔ اس میں واقعات سے زیادہ واقعات کے ردعمل سے سروکار ہوتا ہے۔ انشائیہ میں موضوع کی کوئی قید نہیں۔ زندگی کے کسی موضوع پر انشائیہ لکھا جا سکتا ہے انشائیہ نگار اپنی تحریر میں ذات کا انکشاف کرتا ہے۔ اُس کی تحریر میں داخلی کیفیات کا بیان ہوتا ہے۔

اردو میں انشائیہ کی روایت:- اردو میں انشائیہ کے آغاز کی بحث بھی دلچسپ رہی ہے۔ انشائیہ چونکہ مغرب سے متعارف صنف ہے۔ اس لئے اسے مکمل طور پر اردو میں آنے میں وقت لگا۔ اور اب ایجاز و اختصار رمز و کنایہ کے ساتھ جو انشائیے ہمارے سامنے موجود ہیں انہیں تخلیق پانے میں کافی وقت لگا۔ لیکن انشائیہ کی خصوصیات کے ساتھ ماسٹر رام چندر، سر سید احمد خاں محمد حسین آزاد اور میر ناصر علی نے جو مضامین لکھے ہیں اُنہیں اردو میں انشائیہ نگاری کے اولین نقوش تسلیم کیا جاتا ہے۔

انیسویں صد کے اوائل میں ماسٹر رام چندر نے انگریزی ادیبوں بیکن، ایڈسن اور اسٹیل وغیرہ کی تحریروں سے متاثر ہو کر اردو میں Essay نما مضامین لکھے۔ یہ مضامین علمی نوعیت کے ہیں۔ لیکن اردو کی قدیم مقفّٰی و مسجع عبارت آرائی کے مقابلے میں سادہ اور با مقصد نثر کی پہلی با قاعدہ کوشش ہے۔ سر سید احمد خاں کے مضامین ''گذرا ہوا زمانہ' کاہلی' امید' خوشامد بحث و تکرار میں انشائیہ کی خوبیاں پائی جاتی ہیں۔ محمد حسین آزاد کے مجموعہ نیرنگ خیال میں تمثیلی رنگ ہے۔ میر ناصر علی مولوی ذکاء اللہ نے بھی ابتدائی زمانے میں اچھے انشائیے لکھے۔

ادب لطیف کے دور میں عبدالحلیم شرر، رتن ناتھ سرشار، سجاد حیدر یلدرم خواجہ حسن نظامی، فرحت اللہ بیگ، ملا واحدی، خلیقی دہلوی، نیاز فتح پوری، مہدی افادی، سجاد انصاری نے جو مضامین لکھے اُن میں انشائیہ کی کم وبیش تمام خوبیاں پائی جاتی ہیں دہلی سے تعلق رکھنے والے اہم انشائیہ نگاروں میں اشرف صبوحی یوسف بخاری، خواجہ محمد شفیع، آصف علی، مرزا محمود بیگ، مہیشور دیال، جاوید وشسٹ، ضمیر حسن دہلوی، مولانا ابوالکلام آزاد، پطرس بخاری، سید عابد حسین، کرشن چندر، فرقت کاکوروی، سید آوارہ، اندر جیت لال، محمد حسن، جوگندر پال مجتبیٰ حسین وغیرہ ہیں۔ دہلی سے باہر انشائیہ نگاروں کی فہرست میں رشید احمد صدیقی سلطان حیدر جوش، اختر اورینوی، سید محمد حسنین،

سجاد انصاری اور احمد جمال پاشاہ وغیرہ ہیں۔ پاکستان سے تعلق رکھنے والے ہم انشائیہ نگاروں میں مشتاق احمد یوسفی داؤد رہبر، جاوید صدیقی، وزیر آغا جمیل آذر نظر صدیقی، مشکور حسین یاد، محمود اختر اقبال انجم اور شمیم ترمذی وغیرہ ہیں۔ ترقی پسند تحریک کے زیر اثر حقیقت نگاری کو رواج ملا۔ اور ادب لطیف یا رومانیت کی تحریک کمزور پڑ گئی۔ اس کی جگہ اسلوب میں طنز و مزاح جگہ پانے لگا۔ رشید احمد صدیقی اور پطرس بخاری کے مضامین اس کی اچھی مثال ہیں۔ انشائیہ نگاری کے سبب اردو نثر کو اظہار کا نیا انداز ملا اور اسلوب میں کافی تنوع و نکھار پیدا ہوا۔ انشائیہ سے اردو نثر کو ہونے والے فائدوں کے بارے میں نصیر احمد خاں لکھتے ہیں کہ:

''انشائیے نے اردو نثر کے پر تکلف انداز بیان کو غیر رسمی اور بے تکلف بنایا۔۔۔ انشائیہ نے اردو نثر کو داخلیت کے اظہار کا سلیقہ سمجھایا۔ ایجاز و اختصار بھی اردو میں انشائیہ کی دین ہے رمزیت جو شاعری کا وصف ہے۔ نثر میں انشائیہ کے توسل سے آئی ہے۔ انشائیہ کا غیر رسمی انداز فکر جو تحریر کو بوجھل ہونے سے بچاتا ہے اردو نثر میں انشائیہ کے ذریعہ ہی پہنچا ہے۔۔۔ انشائیوں نے اردو کو استعماراتی نثر لکھنے کی ترغیب بھی دی ہے۔۔۔ اس صنف میں قدم قدم پر زبان وبیان کے نت نئے شگوفے پھوٹتے ہیں۔ جس سے زبان کا دامن وسیع تر ہوتا چلا جاتا ہے۔ اس اعتبار سے بھی اردو نثر انشائیہ کی احسان مند ہے''۔ ۶

آزادی کے بعد اردو انشائیہ نگاری میں ٹھہراؤ کی کیفیت رہی۔ ترقی پسند تحریک کے بعد ادب میں جدیدیت اور مابعد جدیدیت جیسی اصطلاحیں وجود میں آئیں۔ افسانہ اور شاعری کو رواج ملا۔ آزادی کے بعد زندگی کے سامنے نئے مسائل آئے۔ جن کے حل کے لئے ادب میں حقیقت نگاری کے ساتھ افسانہ و شاعری کے ذریعہ خیالات کا اظہار کیا گیا۔ انشائیہ کا اسلوب حقیقت نگاری کا متحمل نہیں ہوسکتا۔ اس میں جذبات و احساسات کی چاشنی لازمی ہے۔ بیسویں صدی کی آخری دہائی اور اب اکیسویں صدی میں اردو کے اخبارات و رسائل کے ذریعہ اردو انشائیہ نگاری کو فروغ حاصل ہو رہا ہے۔ مزاح نگاری کی طرز پر ہلکے پھلکے انشائیہ نما مضامین لکھے جارہے ہیں۔ مجتبیٰ حسین کے مضامین نئے دور کے اہم انشائیے ہیں۔ یوسف ناظم کی تحریروں میں بھی مزاح کے ساتھ ساتھ انشائیہ نگاری دکھائی دیتی ہے۔ تاہم یہ کہا جاسکتا ہے کہ شاعری یا افسانہ

نگاری کے مقابلے میں انشائیہ نگاری کی ترقی سست رفتار ہے۔اردو کے قارئین کی کمی، اردو رسم الخط کے بارے میں مایوسی اور نثر نگاری کو شاعری سے کم تر سمجھنا چند ایسی وجوہات ہیں جو انشائیہ نگاری کی راہ میں مانع ہیں۔لیکن اردو اخبارات کے ذریعہ مل رہی حوصلہ افزائی سے کہا جا سکتا ہے کہ انشائیہ کا مستقبل تابناک ہے۔

حبیب حیدرآبادی کے انشائیوں کا جائزہ:- حبیبؔ حیدر آبادی کے تحریر کردہ انشائیے اُن کی تصنیف ''رہ ورسم آشنائی'' میں شامل ہیں۔ پہلے انشائیے کا عنوان ''ہماری شاعرہ بیگم صدیقہ'' ہے۔اس انشائیہ میں شامل خاکے کے عناصر کا تجزیہ ''حبیب حیدرآبادی بحیثیت خاکہ نگار'' باب میں پیش کیا جا چکا ہے۔زیر نظر باب میں اس مضمون میں شامل انشائیہ کے عناصر کا جائزہ پیش ہے۔

ہماری شاعرہ بیگم صدیقہ:- حبیبؔ حیدرآبادی کا یہ مقبول انشائیہ ہے۔جس میں اُنہوں نے پرلطف انداز بیان اختیار کرتے ہوئے ایک شاعرہ کے شوہر ہونے کے ناطے سامنا کرنے والے حالات بیان کئے ہیں۔اس انشائیہ کی خاص بات حبیبؔ حیدرآبادی کا اسلوب بیان ہے۔ایک شاعرہ کے شوہر کی مظلوم حالت بیان کرنے کے بعد اسے حاصل ہونے والے فائدہ کا ذکر کرتے ہوئے حبیبؔ حیدرآبادی لکھتے ہیں:

''ایک شاعرہ کا شوہر ہونے کے ناطے لوگ ہم کو شاعر کہتے ہیں۔دوسروں کی خوش فہمی کو مجروح نہ کرنے کی خاطر ہم نے یہ تہمت بھی خوشی خوشی مول لی۔اس کا صلہ ہمیں یہ ملتا رہا کہ ہماری شاعری سننے والے ہماری شاعری کا مقابلہ کسی اور سے نہیں بلکہ فوراً ہماری بیگم کی شاعری سے شروع کر دیتے ہیں اور کہتے ہیں کہ آپ کی بیگم آپ سے بہتر شعر کہتی ہیں۔ہم شعر نہ کہیں تو شعر کہنے پر مجبور کئے جاتے ہیں شعر پڑھیں تو بیگم کے طفیل میں رسوا ہوتے نظر آتے ہیں۔اور اگر کبھی کوئی ہم سے فرمائش نہ بھی کرے تو ہماری بیگم بضد رہتی ہیں کہ ہم مشاعروں میں شعر پڑھیں تا کہ اچھے اور برے کلام میں امتیاز ہوتا رہے''۔ [7]

حبیبؔ حیدرآبادی نے دلچسپ انداز میں اپنی اور اپنی اہلیہ کی رفاقت کے احوال پیش کئے۔شوہر کی بیماری پر ایک شاعرہ بیوی کس انداز میں تیمارداری کرتی ہے۔اس کی جھلک پیش

کرتے ہوئے حبیبؔ حیدرآبادی لکھتے ہیں:

''دوا خانے سے جب ہم مکان واپس ہوئے تو مزاج پرسی کے لئے احباب نے زحمت کی۔ دیکھتے کیا ہیں کہ بیمار کی مزاج پرسی کرنے والوں کی تواضع کبھی بریانی سے کی جارہی ہے تو کبھی گاجر کے حلوے سے۔ ہماری مزاج پُرسی کرنے والے جانے سے پہلے ہماری شاعرہ کی غزل سننے کی فرمائیش کرتے اور یہ تھیں کہ مزے لے لے کر اپنی وہ غزل سناتیں جس میں ایک مصرعہ ہے۔ایک آسیب ہے دن رات ستاتا ہے مجھے 8

ایک شاعرہ کا شوہر کس طرح اپنی زندگی صبر سے گذار دیتا ہے ان خیالات کے اظہار کے ساتھ حبیبؔ حیدرآبادی نے اس انشائیہ کو ختم کیا ہے۔حبیب حیدرآبادی نے یہ انشائیہ صدیقہ شبنم کے مجموعہ کلام ''تنہائی'' کی رسم اجراء کے موقع پر سنایا تھا۔اور محفل زعفران زار بن گئی تھی۔ اس مضمون کے ضمن مس فیروزہ جعفر لکھتی ہیں:

''حبیبؔ صاحب کے یہاں جمال کی خواہش کی جو شدت نظر آتی ہے۔وہ بھی شعری ذوق بن کر اُبھری ہے اور کبھی انسانی کمزوریوں پر ہلکے سے طنز اور لطف لیتے مزاح کی صورت میں اس کو سنوارنے اور سجانے میں اُن کی بیگم صدیقہ کا بھی ایک حصہ ہے۔حبیب صاحب کو بعض قدروں پر بہت گہرا اعتماد ہے۔یہی اُن کی جمال پرستی ہے۔اور زندگی کے حسن سے محبت کرنے کی خواہش نے انہیں لکھنے کا سلیقہ بخشا ہے اور یہ خوبصورت نثر وجود میں آئی''۔9

لوگ دوسروں کی شخصیت کو مزاح کا موضوع بناتے ہیں۔لیکن ایک ایسی محفل جس میں اپنی شاعرہ بیوی کے مجموعہ کلام کی رسم اجراء انجام دی جارہی ہو اُس کی ذات کو محور بناتے ہوئے انشائیہ میں دلچسپ اسلوب کے ساتھ شاعرہ بیوی اور اُس کے شوہر کے احوال بیان کرنا دل والے سے ہی ہو سکتا ہے۔اور حبیبؔ حیدرآبادی نے یہ کام کر دکھایا۔اس طرح اُن کا یہ انشائیہ نثر میں قارئین کے لئے تفریح فراہم کرتا ہے۔

ہماری ہجرت:- حبیبؔ حیدرآبادی کے اگلے انشائیہ کا عنوان ''ہماری ہجرت'' ہے۔اور عنوان سے ظاہر ہے کہ اس انشائیہ میں حبیبؔ حیدرآبادی نے اُن کے ترک وطن کر کے برطانیہ منتقل ہونے کو موضوع بحث بنایا ہے۔اور اُن کی برطانیہ ہجرت کے حالات کو شگفتہ انداز میں پیش

کیا ہے۔ برطانیہ میں ایک عرصہ زندگی گذارنے کے بعد جب اُنہیں مہاجر کہا گیا تو پچھتاتے ہوئے اُنہوں نے لکھا کہ اپنے وطن میں کیا کچھ نہیں تھا۔ وطن کی یادوں کو تازہ کرتے ہوئے حبیبؔ حیدر آبادی لکھتے ہیں:

''ہمارے اپنے وطن میں ہمارا اپنا مکان تھا۔ ملازمت تھی۔ ماں، باپ بھائی بہن رشتہ دار، دوست احباب ہم کو قرض دے کر ہم سے دعوتیں کھانے والے، ہم سے قرض لے کر ہم سے روپوش ہونے والے۔ ان سب کو چھوڑ چھاڑ کر ہم لندن جیسی اجنبی سرزمین پر پہنچ گئے۔ جو ہمارے لئے ایک تاریک کنویں کے برابر ثابت ہوئی۔ یہاں کی مشکلات کا علم ہمیں یہیں آنے کے بعد ہوا''۔ ۱۰

برطانیہ ہجرت کے فائدے اور نقصانات بیان کرتے ہوئے حبیبؔ حیدر آبادی نے لکھا کہ انگریزوں کے سامنے مشرقی اقدار کی پاسداری مشکل ہے۔ انگریز صرف کام سے کام رکھتا ہے۔ اُسے اور کسی اخلاقی یا تہذیبی بات میں دلچسپی نہیں لیکن فائدہ یہ رہا کہ زندگی کی سہولتیں آسانی سے میسر آجاتی ہیں اور ان کے حاصل کرنے کے لئے کسی قسم کی رشوت دینے کی ضرورت نہیں۔ مضمون کے آخر میں فکر معاش کو اپنی ہجرت کا جواز قرار دیتے ہوئے حبیبؔ حیدر آبادی لکھتے ہیں:

''سنتے ہیں کہ مختلف قسم کے پرند بھی اپنے دانے دنکے کے لئے ہزار ہا میل کی مسافت طے کرتے ہیں۔ ایک ملک سے دوسرے ملک ہجرت کرتے رہتے ہیں۔ شائد ہماری ہجرت کا سبب بھی ہماری اپنی روزی ہے۔ جہاں دو وقت کا کھانا آسانی سے مل جائے وہی جگہ ہمیں اپنا لیتی ہے۔ جسم ہمارا وہیں کا ہو کر رہ جاتا ہے۔ روح بھٹکتی پھرتی ہے۔ ہمارا جسم یہاں رہتا ہے اس لئے کے جسمانی ضروریات کی تکمیل یہاں بہتر طریقے سے ہوتی ہے۔ ہماری روح اور ہمارے ذہن کا مرکز اپنا وطن بنا رہتا ہے''۔ ۱۱

ہجرت کے موضوع کو دلچسپ انداز میں پیش کرتے ہوئے حبیبؔ حیدر آبادی نے اپنا یہ انشائیہ ختم کیا ہے اس انشائیہ میں حبیبؔ حیدر آبادی نے نہائت شگفتہ اور لطیف انداز میں ہجرت جیسے موضوع کو پیش کیا۔ اور ہجرت کے بعد پیش آنے والے حالات پر اپنے احساسات کا اظہار کیا۔ اگر کسی کو کسی بات پر دکھ درد بھی پہنچے تو اُس کا اظہار شگفتہ انداز میں کرنا یہ حبیبؔ حیدر آبادی کا ہی وصف ہے

ہماری شاعری:- حبیبؔ حیدرآبادی کے اگلے انشائیہ کا عنوان ''ہماری شاعری'' ہے۔ اس انشائیہ میں اُنہوں نے ایک مرتبہ پھر اپنی ذات کو محور بنایا ہے۔ اور مشاعروں میں اپنی شرکت' دوسرے شعراء کے مصرعوں پر غزل سنانا' کبھی تو کسی شاعر کی مستعار لی ہوئی مکمل غزل ہی سنا دینا' برطانیہ کے ماحول میں ہر کس و ناکس کا شعر موزوں کرنا وغیرہ اُمور کو دلچسپ انداز میں بیان کیا۔ مشاعروں میں شاعروں کی شرکت کا حال بیان کرتے ہوئے حبیبؔ حیدرآبادی لکھتے ہیں:

''شاعر مشاعروں میں دوسرے شعراء کا کلام سننے نہیں جاتے بلکہ اپنی باری کا انتظار کرنے کے لئے جاتے ہیں۔ جیسے ہی وہ اپنے کلام سے سامعین کو فیض یاب کر دیتے ہیں مشاعرے میں اُن کی آمد کا مقصد پورا ہو جاتا ہے۔ وہ دوسرے شعراء کا کلام سنے بغیر خوشی خوشی مشاعرے سے رخصت ہو جاتے ہیں''۔۱۲

دوسروں کی غزل سنانے کو جائز قرار دیتے ہوئے حبیبؔ حیدرآبادی یہ دلیل پیش کرتے ہیں کہ جب اردو ادب میں بھی ہر چیز کہیں نہ کہیں سے مستعار لی ہوئی ہے۔ کبھی فرانس سے کبھی انگلستان سے' کبھی اسپین تو کبھی لاطینی امریکہ سے۔ جب بڑے بڑے شاعر اپنی زمین کو چھوڑ کر دوسروں کے خیالات و تجربات سے استفادہ کر رہے ہوں تو کسی شاعر کا کلام سنا دینے میں کیا مضائقہ ہے۔ شاعری کے بارے میں ایک نیا نکتہ پیش کرتے ہوئے مزاحیہ انداز میں حبیبؔ حیدرآبادی نے لکھا کہ دنیا کی ہر تعلیم کے لئے اسکول' کالج اور یونیورسٹی قائم ہے جبکہ شاعری کے لئے کوئی اسکول نہیں۔ اس لئے اسے لاوارث قرار دیتے ہوئے حبیبؔ حیدرآبادی لکھتے ہیں:

''شاعری ہی ایک ایسی یتیم صنف ادب ہے۔ جس کا کوئی وارث نہیں۔ جس کا جی چاہے اس پر ہاتھ صاف کرے۔ شاعر کے لئے نہ تو علم کی قید ہے۔ اور نہ ہی تجربے کی۔ سر میں سودا سما جائے کافی ہے۔ اسی لئے اردو دنیا میں شاعروں کی بہتات ہے اور اردو ادب کی اسی افراتفری سے فائدہ اُٹھاتے ہوئے ہم بھی چپکے چپکے شعر کہتے رہتے ہیں''۔۱۳

اس انشائیے میں حبیب حیدرآبادی نے اپنی شاعری پر خود طنز کرنے کے علاوہ اردو شاعری کے عام ماحول پر بھی طنز کیا ہے۔ اور پر لطف انداز میں شعر و ادب کے ماحول کی اونچ نیچ بیان کی۔

ہماری انجمن سازی:- ''ہماری انجمن سازی'' حبیبؔ حیدرآبادی کی تحریر کی ... گا

انشائیے کا عنوان ہے۔اس انشائیہ میں اُنھوں نے انجمن سازی میں ایشائی باشندوں کی مہارت اور دلچسپی کو طنز ومزاح کے انداز میں پیش کیا ہے۔حبیبؔ حیدرآبادی لکھتے ہیں کہ عام طور پر ایک انسان اپنی تعلیم کے سہارے ایک سے زائد موضوعات پر کچھ نہ کچھ بول سکتا ہے۔اور جب بول سکتا ہے تو وہ اس شعبہ سے اپنا تعلق بحثیت ایک فرد کے نہیں بلکہ ایک عہدیدار کے طور پر رکھنا چاہے گا۔لوگوں کے وقت واحد میں ایک سے زیادہ انجمنوں سے تعلق کی عادت کو مزاحیہ انداز میں بیان کرتے ہوئے حبیبؔ حیدرآبادی لکھتے ہیں:

''ہم تو وقت واحد میں ایک ہی انجمن کا سہارا لیتے ہیں۔ ہمارے بعض باہمت دوست ایک سے زیادہ بیویوں کی طرح ایک ہی وقت میں دو دو تین تین چار چار انجمنیں اپنے تصرف میں رکھتے ہیں۔اور ٹھوس طریقے سے اپنی خدمت انجام دیتے ہیں''۔[۱۴]

حبیبؔ حیدرآبادی نے یہ انشائیہ برطانیہ میں اردو کے نام پر قائم ہونے والی آئے دن کی ایک نئی انجمن اور اس کے تحت ہونے والے مشاعروں اور ادبی اجلاسوں کی کثرت دیکھ کر لکھا ہے۔انجمن کے تحت ہونے والے مشاعروں یا ادبی اجلاسوں کا انتظام کیسا ہوتا ہے۔اس ضمن میں حبیبؔ حیدرآبادی لکھتے ہیں:

''بعض ادیبوں اور شاعروں کے اعزاز میں جو ہم جلسہ کرتے ہیں تو خیال اس بات کا رکھتے ہیں کہ ہال صاحب حیثیت ہو۔اشیائے خورد ونوش پر تکلف ہوں دعوت نامے خوبصورت ہوں۔اور ویڈیو کا انتظام ہو۔جب اوسط طبقے کے ادیبوں اور شاعروں کے لئے کچھ کرنا پڑے تو اس بات کا خاص خیال رکھا جاتا ہے کہ ہال بھی شاعر یا ادیب کے قد وقامت کے برابر ہو اور کھانے کے لوازمات میں بھی اعتدال اور توازن باقی رہے اور دعوت نامے ایسے ہوں جو جامہ سے باہر ہوتے نظر نہ آئیں''۔ [۱۵]

انشائیہ کے آخر میں حبیب حیدرآبادی نے اپنی قائم کردہ ایک انجمن کا ذکر کیا جس کے اراکین کے ناموں میں اُن کے بچے شامل تھے۔اس کی وجہ یہ بیان کرتے ہیں کہ اس سے بانی کی عزت وعصمت باقی رہتی ہے۔اور کسی کی مداخلت کا امکان نہیں رہتا۔انجمنوں کے بارے میں کڑوی

دیا۔اس انشائیہ میں حبیبؔ حیدرآبادی نے ایشیائی باشندوں کی انجمنوں اور مغرب کے لوگوں کی انجمنوں کے فرق کو بیان کیا۔کتابوں کی رسم اجراء کے ضمن میں آئے دن ہونے والے جلسوں کا ذکر کیا۔بین الاقوامی سطح پر کتابوں کی رسم اجراء اور اس موقع پر مصنف کی تعریف وتوصیف کرنے کا گر بتاتے ہوئے حبیبؔ حیدرآبادی لکھتے ہیں:

’’آج کل اتنی کتابیں لکھی جارہی ہیں کہ روزانہ ایک کتاب کی رسم اجراء باآسانی کی جاسکتی ہے۔اگرنئی کتاب کے آنے میں دیر ہوتو ایک ہی کتاب کی رسم اجراء ایک ہی شہر میں دو دو تین تین بار بھی کی جاسکتی ہے۔۔۔۔اگر ادیب یا شاعر تعلقات عامہ کے گر سے واقف ہو اور مالی اعتبار سے اس موقف میں ہو کہ سفر،ہال کا کرایہ اور دعوت ناموں کے اخراجات خود برداشت کر لے تو ایک ہی کتاب کی رسم اجراء دنیا کے مختلف مقامات پر بیسیوں مرتبہ کرواسکتا ہے۔سامعین تو پکے ہوئے آم کی طرح جلسہ گاہ میں ٹپک پڑتے ہیں۔مقررین ایک ڈھونڈو ہزار ملتے ہیں۔کسی کتاب پر تقریر کرنے کے لئے اُس کتاب کا پڑھنا کوئی ضروری نہیں۔خود ہم نے کئی کتابوں کی رسم اجراء پر کتاب پڑھے بغیر کتاب اور صاحب کتاب پر بہت دیر تک کہا اور بہت کچھ کہا‘‘۔ ١٦

حبیبؔ حیدرآبادی نے اس انشائیے میں اردو کی ادبی محفلوں کے احوال دلچسپ انداز میں بیان کیئے۔اور اردو ادب اور ادیبوں کے بارے میں اپنی وسیع تر معلومات کی جھلک بھی دکھائی۔انشائیہ کے آخر میں وہ یہ مشورہ دیتے ہیں کہ اردو کی بقاء کے لئے ضروری ہے کہ عالمی سطح پر ہر اردو داں شخص ایک نہ ایک انجمن ضرور بنائے۔

ہماری انکساری:- حبیبؔ حیدرآبادی کے تحریر کردہ اگلے انشائیے کا عنوان’’ہماری انکساری‘‘ ہے۔حبیبؔ حیدرآبادی کے انشائیوں کے عنوانات کی یہ خصوصیت ہے کہ اُن کا آغاز ہماری یا ہمارا سے ہوتا ہے۔یعنی وہ جو بھی بات کرتے ہیں اپنے حوالے سے کرتے ہیں اور پس پردہ دوسروں کو بھی اپنی بات میں شامل کرلیتے ہیں۔انشائیہ’’ہماری انکساری‘‘ میں حبیبؔ حیدرآبادی اپنی ذات کا انکشاف کرتے ہوئے لکھتے ہیں کہ شادی سے قبل اُنہیں بات بات پر غصہ آتا تھا۔لیکن شادی کے بعد بیوی کے کہنے پر اُن کے مزاج میں بدلاؤ آگیا اور وہ منکسر المزاج بنتے گئے۔

اس ضمن میں وہ لکھتے ہیں کہ:

''ہمیں منکسر المزاج بنانے کا سہرا ہماری بیگم کے سر جاتا ہے۔ سراپا آگ کو خاک بنانے میں اور پھر اس مشت خاک کو خاکسار بنانے میں اُن کا بڑا حصہ رہا ہے۔ خاکساری یوں ہی نہیں آجاتی اس کے لئے بڑی خاک چھاننی پڑتی ہے۔ بڑے ریاض کی ضرورت پڑتی ہے۔ اپنے نفس پر بڑا جبر کرنا پڑتا ہے اقبال کا شاہین بننا پڑتا ہے جسے پہاڑوں کی چٹانوں پر نہیں بلکہ پہاڑیوں سے گھری ہوئی وادیوں میں بسیرے کی ضرورت پڑتی ہے''۔ ۱۷

بیوی کے کہنے پر خاکسار ہونے کو حبیبؔ حیدر آبادی نے فنا الرّوجہ کہا ہے۔ جب انسان نہائت ہی خاکسار و انکساری والا ہو جاتا ہے تو اُس کے کردار کی جو حالت ہوتی ہے اُسے حبیبؔ حیدر آبادی نے معصومیت بھرے انداز میں یوں بیان کیا ہے:

''لوگ جب ہم سے ہماری عمر دریافت کرتے ہیں تو انکساراً ہم اپنے آپ کو اپنی عمر سے آٹھ دس سال کم بتاتے ہیں۔ لوگ جب ہماری تنخواہ پوچھتے ہیں تو یہاں بھی انکسار سے کام لیتے ہوئے آمدنی کو دگنی بتانا پڑتا ہے تاکہ پوچھنے والے ہماری آمدنی سے مرعوب ہو کر ہمارے وارے نیارے ہوتے رہیں یہ جانتے ہوئے کہ ہمارے جیتے جی یا مرنے کے بعد ہماری آمدنی یا جائیداد منقولہ وغیر منقولہ سے اُنہیں ایک پائی بھی نہیں ملے گی۔ یار لوگ جب ہم سے ہمارے بچوں کے تعلق سے دریافت کرتے ہیں تو انکساری کا تقاضہ یہ رہتا ہے کہ بچوں کی تعداد زیادہ بتلائی جائے تاکہ اپنی ازدواجی زندگی کا اُن سے لوہا منوایا جائے اور ساتھ ہی ساتھ اُن کی نظروں میں مظلوم بھی ٹھہریں''۔ ۱۸

انکساری کی مثالیں اور اقسام کا تذکرہ کرتے ہوئے حبیبؔ حیدر آبادی نے اپنا یہ انشائیہ تمام کیا ہے۔ موضوع کو گہرائی و تفصیلی انداز میں پیش کرتے ہوئے حبیبؔ حیدر آبادی نے واضح کیا کہ انہوں نے اپنی ذات اور ماحول کا کس قدر گہرائی سے مطالعہ کیا ہے۔ بہ ظاہر انکساری ایک کیفیت کا نام ہے۔ لیکن اس کیفیت کو جس انداز میں اُنہوں نے دلچسپ اسلوب کے ساتھ لفظوں کا جامہ پہنایا ہے یہ اُن کی انشا پردازی پر مضبوط گرفت کی دلالت کرتا ہے۔

ہماری وضع داری:- اپنی ذات کے عرفان میں ڈوب کر لکھے گئے حبیبؔ حیدر آبادی

کی ایک خوبی وضع داری کو مغربی ماحول میں شاعرانہ انداز میں پیش کیا ہے۔ اپنے آپ کو واجبی سا وضع دار انسان قرار دیتے ہوئے حبیبؔ حیدرآبادی اعتراف کرتے ہیں کہ عارضی طور پر اُن سے سرزد ہونے والی اچھی باتوں کے درمیان اکثر اُن سے خطائیں سرزد ہوتی رہتی ہیں۔ مشرقی ماحول میں گھر والوں اور اساتذہ کی جانب سے غلطی پر بھیانک سزاؤں کا تذکرہ کرتے ہوئے اُنھوں نے لکھا کہ بچوں پر اس طرح کی سزاؤں کا اطلاق صرف مشرق میں ہوتا ہے۔ اگر یہ عمل مغرب میں دہرایا جائے تو بچے اپنے والدین کا کیا انجام کرتے ہیں اس ضمن میں حبیبؔ حیدرآبادی لکھتے ہیں کہ:

''یہ بھی زمانہ آ گیا ہے کہ ان ہی سیدھی سادی اور غیر مضرت رساں سزاؤں کا اطلاق آج اگر ہم اپنے بچوں پر کریں تو یہ پولیس اسٹیشن جا کر رپورٹ لکھوا دیں اور اپنے ماں باپ کو حوالات میں بند کروا دیں ہم کو حوالات سے چھڑوانے کے لئے نفسا نفسی کے اس دور میں کون ہماری مدد کرتا۔ زندگی میں لے دے کے ادبی حلقہ کی رکنیت اختیار کی تھی۔ ادبی حلقے کے ارکان ایسے طوطا چشم ہوتے ہیں کہ وہ ہماری گرفتاری پر افسانے لکھ سکتے ہیں ہمارا نفسیاتی تجزیہ کر سکتے ہیں مگر عملی طور پر ضمانت دے کر ہم کو حراست سے نکال نہیں سکتے۔ اسی لئے حراست سے نکلنے کا ہم کو ایک ہی راستہ نظر آتا ہے کہ مچلکہ نیک چلنی پر بچوں کے سامنے دستخط کی جائے اُن سے تحریری وعدہ کیا جائے کہ آئیندہ سے ہمارا چال چلن اُن کے ساتھ ٹھیک رہے گا آئیندہ ہم اُن کو کبھی سزا نہیں دیں گے''۔ 19

حبیبؔ حیدرآبادی نے اپنی وضع داری کی یہ ایک مثال پیش کی۔ آگے مزاحیہ انداز میں اُنھوں نے لکھا کہ وضعداری کا یہ تقاضہ ہے کہ باہر کی باتیں گھر میں اور گھر کی باتیں باہر نہ کی جائیں۔ حبیبؔ حیدرآبادی لکھتے ہیں کہ وضعداری نبھاتے نبھاتے آدمی کو چین نہیں ملتا۔ بچپن میں والدین' اساتذہ' پڑوسی جان پہچان والے انسان پر نظر رکھتے ہیں۔ ماں باپ کے دور حکمرانی کے بعد بیوی شوہر کی نگران اعلی بن جاتی ہے۔ اولاد ہوئی تو ایسے دور میں ہوئی جبکہ بچے ماں باپ کے اچھے برے پر نظر رکھنے کے حق دار قرار پائے۔ اب اولاد کی اولاد دادا نانا کی خیریت پوچھنے لگے تو خدا

حیدرآبادی لکھتے ہیں:

''ہماری وضعداری نے ہمیشہ ہمارا احتساب کیا۔ دل کی بات زبان پر لانے سے منع کیا ۔ ہر ناگوار سے ناگوار بات کو سنتے رہے۔ دیکھتے رہے وضعداری نے زبان پر مہر لگادی۔

خیالِ خاطرِ احباب چاہیئے
انیس ٹھیس نہ لگ جائے آبگینوں کو

اس شعر کو عملی زندگی میں برتنے کے لئے کس کس منافقانہ روش سے ہم کو گذرنا نہیں پڑا ۔اسی منافقانہ رویے کو زمانے نے وضعداری کا نام دیا جس نے جس شدت سے منافقانہ زندگی گذاری وہ اتنا ہی وضعدار کہلایا۔ حق بات تو یہ ہے کہ ہماری وضعداری ہمارے کام آرہی ہے۔ ہم خود بھی خوش ہیں۔ اور ہم سے ہماری دنیا بھی خوش ہے یہاں سے مراد ہماری بیوی ہے''۔ ۲۰

اپنی زندگی میں وضع داری نبھاتے ہوئے اور بیوی اور بچوں سے ڈرتے ہوئے حبیبؔ حیدرآبادی کی شخصیت تو وضعدار ہوگئی لیکن وہ دوسروں کی دل بہلائی اور شگفتگی کا سامان کرگئی۔ اس تحریر میں جو معصومیت اور بھولا پن ہے۔ اس سے قاری کو گمان ہونے لگتا ہے کہ واقعی حبیبؔ حیدرآبادی نے وضع داری میں ڈوب کر یہ انشائیہ لکھا ہوگا۔ جبکہ حقیقت یہ ہے کہ یہ اُن کی انشاپردازی کا کمال ہے کہ جس موضوع کا وہ انتخاب کرتے ہیں اس میں ڈوب کر بات کہتے ہیں۔ وضعداری کے جو ادوار اُنہوں نے بیان کیئے آج کل کے اکثر مرد حضرات اُن سے گذر رہے ہیں۔ اور کبھی صراط اہلیہ اور کبھی صراط اولاد پر چلتے ہوئے اپنے آپ کو معصومیت اور وضعداری کی مثال بنا رہے ہیں۔

ہماری دعوتیں:- حبیب حیدرآبادی کے اگلے انشائیہ کا عنوان ''ہماری دعوتیں'' ہے اس انشائیہ میں حبیبؔ حیدرآبادی نے اپنے گہرے مشاہدے کو بروئے کار لاتے ہوئے دعوتوں میں شرکت کرنے والوں کی نفسیات بیان کی ہیں اور خود کے احوال بیان کیئے ہیں۔ ایک ماہر نفسیات کی طرح کسی دعوت کے موقع پر کھانے سے قبل اور بعد میں مہمانوں کی کیفیت کا نقشہ کھینچتے ہوئے حبیب حیدرآبادی لکھتے ہیں:

''دستر خوانی گفتگو کی نوعیت ہی کچھ اور ہوتی ہے کھانے سے پہلے بھوک کی موجودگی میں گفتگو کچھ اور انداز و موضوع کچھ اور ہوتے ہیں کھانے کے بعد سیر چشمی کی گفتگو کچھ اور ہوگی

اختیار کر لیتی ہے کھانے سے قبل بحث و مباحثہ میں گرمی کا عنصر خواہ مخواہ داخل ہو جاتا ہے اور ساری محفل پر بھوک ہی بھوک طاری رہتی ہے۔ کھانے کے بعد ہر شخص اپنی اصل پر لوٹ آتا ہے''۔ ۲۱

شعرا اور دعوت کا ایک خاص تعلق رہا ہے۔ اور دعوت میں شعر سنانے سے شعرا حضرات کبھی نہیں چوکتے۔ دعوت میں محفل شعر کا کیا فائدہ ہے اور کس طرح مہمان شاعری سے محظوظ ہوتے ہیں اس کی تفصیلات بیان کرتے ہوئے حبیبؔ حیدر آبادی لکھتے ہیں:

''ہم نے دیکھا کہ بعض شاعر حضرات کی شاعری اگر اُن کی کتاب میں پڑھی جائے تو کتنی بے مزہ، سپاٹ اور واہیات ہوتی ہے۔ مگر اسی شاعری کو شاعر بہ نفیس نفیس جب سناتا ہے تو اپنی اداؤں ترنم اور فقروں سے سامعین کو اپنی تعریف کرنے پر مجبور کر دیتا ہے۔ خصوصاً کسی دعوت میں کھانے کے بعد جب وہ شعر سناتا ہے تو سامعین یوں محسوس کرتے ہیں جیسے اُن کا کھانا ہضم ہو رہا ہے۔ اسی لئے دولت مند، باعزت اور ثقہ لوگ عقیقہ، چھٹی چھلہ اور ختنہ کی تقاریب میں اپنے مہمانوں کا کھانا ہضم کروانے کے لئے کھانے کے بعد ایک شعری نشست کا بھی اہتمام فرما دیتے ہیں۔ شعراء ہیں کہ اس موقع کو غنیمت جان کر جھوم جھوم کر شعر سناتے ہیں''۔ ۲۲

دعوتوں کے بارے میں دوسروں کے ردعمل کو ظاہر کرنے کے بعد حبیبؔ حیدر آبادی نے اس موضوع پر اپنی ذات کو شامل کرتے ہوئے لکھا کہ وہ بھی دعوتوں کے انتظار میں ٹیلی فون کے قریب بیٹھے رہتے ہیں۔ خود بھی دعوتیں کرتے ہیں۔ اُن دوستوں کی تعریف کرتے ہیں جو اُنہیں دعوت میں بلاتے ہیں۔ اُن شعراء کے کلام کی داد دیتے ہیں جو انہیں دعوت میں مدعو کرتے ہیں۔ مذہبی مواقع پر اکثر بغیر دعوت کے بھی کار ثواب سمجھ کر شرکت کرتے ہیں اور اکثر شعرا اور ادیبوں سے ملاقات کر لیتے ہیں۔ مذہبی دستر خوان کا حال بیان کرتے ہوئے حبیبؔ حیدر آبادی تصوف کے رنگ میں ڈوب جاتے ہیں:

''ہر مذہبی دستر خوان پر اپنی موجودگی کار ثواب سمجھتے ہیں۔ جہاں ہماری شکم سیری کے سامان فراہم ہوتے ہیں۔ وہیں ان مذہبی دستر خوانوں پر علم کلام، تصوف واحدانیت، وحدت الوجود، عرفان اور خودی کو بلند کرنے کے موضوعات پر گفتگو سن کر ہماری روح بھی وجد کرنے لگتی ہے اور اشتہا میں بھی ہر آن اضافہ ہوتا رہتا ہے۔ جیسے جیسے کھانا حلق سے نیچے اترتا جاتا ہے۔ ویسے ویسے

ہم کو محسوس ہوتا ہے کہ ہمارے روحانی مدارج بلند ہوتے جا رہے ہیں ''۔ ۲۲

مذہبی مواقع کی دعوتوں کے علاوہ حبیبؔ حیدر آبادی نے شادی بیاہ کی تقاریب میں معہ اپنے خاندان کی شرکت' دعوتوں میں سیاست دانوں' مذہبی رہنماؤں اور صحافیوں وغیرہ کے الگ الگ انداز بیان کرتے ہوئے حبیبؔ حیدر آبادی نے دعوت کے موضوع پر اپنے قلم کے ذریعہ چاشنی بکھیر دی۔ اور قاری کو ان دعوتوں کا حال پڑھ کر بیٹھے بیٹھے دعوت کا مزہ آ جاتا ہے۔ اور کسی اچھی دعوت میں شرکت کرنے کی خواہش لیے اُس مضمون کے آخر میں حبیبؔ حیدر آبادی لکھتے ہیں کہ اُن کا سارا بھرم دعوتوں پر قائم ہے جس دن دعوتیں ختم ہو جائیں یہ اُن کی زندگی کا آخری دن ہوگا ۔دعوتوں کے بارے میں حبیبؔ حیدر آبادی کا یہ انشائیہ سماج کے گہرے مطالعہ اور اُس مطالعہ کو اظہار کے سانچے میں ڈھالنے کی اُن کی صلاحیت کو ظاہر کرتا ہے۔

ہماری دعائیں:- حبیبؔ حیدر آبادی کے اگلے انشایئے کا عنوان ''ہماری دعائیں '' ہے۔ اس انشائیہ میں حبیبؔ حیدر آبادی نے زندگی کے مختلف مرحلوں میں بدلنے والے دعاؤں کے موضوعات کو شگفتہ انداز میں پیش کیا ہے۔ چنانچہ انہوں نے لکھا کہ بچپن میں ایمان و عقیدے کی پختگی' حصولِ علم نیک توفیق کی دعا مانگا کرتے تھے بڑے ہوئے تو ملازمت اور پھر شادی کی دعا مانگا کرتے تھے۔ اُنہوں نے مزاحیہ انداز میں لکھا کہ خدا نے اُن کی شادی کی دعا اتنی جلد قبول کر دی کہ شادی کے بعد ایک عرصہ تک اُنہیں دُعا مانگنے کا ہوش نہیں رہا۔ ترک وطن کے بعد جہاں زندگی کی چال ڈھال بدلی وہاں دعاؤں کے عنوانات بھی بدلے۔ اس ضمن میں اپنے مشاہدات کو پیش کرتے ہوئے حبیبؔ حیدر آبادی لکھتے ہیں:

''جب ہم انگلستان آئے تو ہم نے زندگی کے اور شعبوں کے ساتھ ساتھ اپنی دعاؤں کو بھی ماڈرن کیا۔ روایات سے منحرف ہوتے ہوئے دعاؤں کو جدیدیت کا رنگ دیا۔ پہلے ہم صرف اپنی عام صحت کے لئے دعا مانگا کرتے تھے اب جب دعا مانگتے ہیں تو ہارٹ اٹیک' کینسر' السر اور برین ہیمرج سے بچے رہنے کی دعا مانگتے ہیں۔ ہوائی جہاز' ٹرین' بس' ٹیوب ٹرین اور ٹکسی کے حادثات سے محفوظ رہنے کی دعائیں کرتے ہیں بن بلائے مہمانوں کے اپنے گھر نہ آنے کی دعا مانگتے ہیں۔ ہمارے بچپن میں بیویوں کو اپنے شوہروں کی سلامتی کے لئے دعا مانگنی پڑتی تھی۔

اپنے وطن میں ماں باپ اپنے بچوں کے لئے نیک توفیق کی دعا مانگتے تھے۔ یہاں بچے ماں ماپ کی نیک چلنی کی دعا مانگتے ہیں اپنے وطن میں بچے دعا کرتے تھے کہ وہ اپنے ماں باپ کے اطاعت گزار رہیں۔ یہاں ماں باپ دعا کرتے ہیں کہ وہ اپنی اولاد کے خدمت گزار بنے رہیں'' ۔ ۲۴

مشرق و مغرب کی زندگی کا فرق بیان کرتے ہوئے حبیبؔ حیدر آبادی نے دعاؤں کی شکل میں انسانی خواہشات کے لامتناہی سلسلے کو دلچسپ انداز میں پیش کیا ہے۔ اور دعاؤں اور خواہشات کے بیان کے پس پردہ مغربی تہذیب کا مذاق بھی اُڑایا۔ برطانیہ کے تارکین وطن کی دلی خواہشات کو اپنے موضوع کے دائرہ کار میں لاتے ہوئے حبیبؔ حیدر آبادی لکھتے ہیں کہ یہاں کے لوگ اکثر مادی آسائشوں کی دعا مانگا کرتے ہیں جس پر اُن کے بچے آمین کہتے ہیں کیوں کہ مادہ پرست ماحول میں انسان کی روحانیت پر مادیت غالب آجاتی ہے۔ اس ضمن میں حبیبؔ حیدر آبادی لکھتے ہیں:

''انگلستان میں جیسے ہی ہمارے قدم پڑے ہم نے ہر اُس نعمت کے حصول کے لئے دعا مانگی جو یہاں کی مادی اور خوشحال زندگی کا خاصہ ہے۔ مثلاً اچھی ملازمت یا کامیاب تجارت' دو گیارتج والا بڑا سا مکان معہ ایک وسیع باغ اور سویمنگ پول۔ گڑگڑا کر ہم نے ایک نئی مرسڈیز کے لئے دعا مانگی۔ جہاں تک قیمتی قالین' ریشمی پردے' بہترین فرنیچر فریز' رفریجریٹر' ٹیپ ریکارڈر' واشنگ میشن' ڈش واشر اور ویڈیو کیمرے کا تعلق ہے۔ ہماری خواہش کے مطابق ہماری دعا پر ہماری بیگم اور بچے ایک ساتھ بہ آواز بلند آمین کہتے تھے'' ۔ ۲۵

حبیبؔ حیدر آبادی نے اس انشایئے میں دعاؤں کا ذکر کرتے ہوئے مغربی معاشرے میں پائے جانے والی مادی زندگی اور اُس کے حصول کے لئے روحانیت کو پس پردہ ڈال کر مرد و عورت کے کام کے پیچھے لگے رہنے کو موضوع بحث بنایا ہے۔ اور واضح کیا کہ معاشرہ بدلنے سے کیسے انسان کی سوچ بھی بدل جاتی ہے۔

ہمارے اقوال:- حبیبؔ حیدر آبادی نے اس عنوان سے اپنی جانب سے تیار کردہ چند اقوال کو مزاحیہ انداز میں پیش کیا ہے۔ حبیب حیدر آبادی نے کل ۲۶ اقوال تحریر کئے۔ ان اقوال میں

اُن کی زندگی کے تجربات کی جھلک دکھائی دیتی ہے۔اقوال کے موضوعات متفرق ہیں۔چند منتخبہ اقوال اس طرح ہیں:

''بڑھاپے میں جوانی جیسی حرکات مت کرو۔مرجاؤ گے۔جوانی میں خوابوں کے سہارے مت جیو۔زندگی کمزور ہوجائے گی۔زندگی کا یہ دورتوعمل کا ہوتا ہے۔فوج اور پولیس کے سامنے تسلیم ورضا کے ساتھ ہتھیار ڈال دو ورنہ پٹائی ہوگی۔ شادی کے لئے شادی کے قابل ہونا ضروری ہے۔رشوت آمدنی اور خرچ کے توازن کو بڑھانے کا نام ہے۔گناہوں کے جواز کے لئے شریعت کا سہارا مت ڈھونڈو۔ عمرہ اور حج آج کل فیشن بن چکے ہیں ۔کتابیں خرید کر پڑھنے والے سے یہ توقع رکھنا کہ وہ کتاب کے متن کو سمجھے۔قاری کے ساتھ زیادتی کرنا ہے''۔ ۲۶

حبیبؔ حیدر آبادی کے تخیل کی پیداوار فقرہ نما یہ اقوال زبان وبیان پر اُن کی قدرت کو ظاہر کرتے ہیں۔ان اقوال میں نصیحتیں بھی ہیں۔طنز بھی ہے۔مزاح بھی ہے۔قاری کے لئے اسلوب کی دلچسپی بھی ہے۔حبیبؔ حیدر آبادی کی زندگی کے تجربات کا نچوڑ ان اقوال سے جھلکتا ہے۔اُنہوں نے عمرہ اور حج کو جس طرح فیشن قرار دیا اُس کی صداقت آج لوگوں کی آنکھوں کے سامنے ہے۔حبیبؔ حیدر آبادی نے چند ایک اقوال پر ہی اکتفا کیا۔اگر وہ چاہتے تو اقوال کی ایک کتاب تیار کر سکتے تھے۔

ہم دادا بن گئے:- اپنی ذات کو موضوع بحث بناتے ہوئے حبیبؔ حیدر آبادی کے اگلے انشائیہ کا عنوان ''ہم دادا بن گئے'' ہے۔اس مضمون میں اُنہوں نے کم عمری میں دادا بن جانے پر احباب کے اظہار حیرت اور عمر چھپانے کی لوگوں کی نفسیات کو دلچسپ انداز میں بیان کیا ہے۔اس ضمن میں شاعرانہ انداز اختیار کرتے ہوئے حبیبؔ حیدر آبادی لکھتے ہیں:

''اپنی عمر کے حوالے سے اگر ہماری زندگی کے شب وروز کا جائزہ لیا جائے تو متن میں ساری کی ساری جدید اور آزاد شاعری کی جھلکیاں نظر آتی ہیں۔زندگی کو کلاسیکل شاعری بنائے رکھنے کی ارادی کوششوں کے باوجود زمانے کی رفتار فکر ونظر کو مختلف دھاروں پر بہالے جاتی ہے''۔ ۲۷

اپنے آپ کے دادا بن جانے کا تجزیہ کرتے ہوئے حبیب حیدرآبادی سوال کرتے ہیں کہ ایک دادا بننے کے لئے جو ذہنی پختگی درکار ہوتی ہے کیا اُن میں ہے۔ ادبی حلقوں کے اپنے دوستوں کی تحریروں کی پختگی اُن میں پائی جانے والی نصیحتوں کا حوالہ دیتے ہوئے حبیب حیدرآبادی لکھتے ہیں کہ یہ لوگ ایک پوتے کے دادا تو نہیں ہیں لیکن اپنی تحریروں سے ضرور دادا لگتے ہیں۔ چنانچہ وہ لکھتے ہیں:

''لندن کے ادبی ماحول پر نظر دوڑائیے۔ ہر انجمن کے کرتا دھرتا اور ''راوی'' میں لکھنے والے سب کے سب چالیس اور پچاس کے درمیان عمر والے ملیں گے۔ یہ سب ایسے ہیں جو دادا یا نانا بن چکے ہیں یا دیکھتے ہی دیکھتے ایک دو سال میں بن جائیں گے۔ اگر حقیقی پوتے اور نواسے اُن کے نہیں بھی ہیں تو منہ بولے نواسوں اور پوتوں کی کمی نہیں۔ انجمنوں کی کارکردگی اور ادیبوں اور شاعروں کی تخلیقات ملاحظہ ہوں۔ ان سب میں ایک دادا چھپا ہوا ہے۔ وہی احساس بزرگی' وہی متانت' وہی خود کلامی۔ وہی احساس سپردگی' وہی تیکھا لہجہ وہی مربیانہ انداز' وہی چڑچڑاہٹ دادا بننے پر نازاں بھی ہیں اور دل ہی میں خوش بھی ہو رہے ہیں اور اپنی عمر کا خیال آتے ہی اپنے روز و شب کے پیشِ نظر شرمندہ بھی''۔ ۲۸

حبیب حیدرآبادی کے ہم عمر دیگر احباب دادا نانا بنیں یا نہ بنیں لیکن حبیب حیدرآبادی کو اپنے دادا ہونے پر فخر ہے۔ چنانچہ وہ اپنے پوتے کو گود میں لئے اسے اپنی شاعری اور انشائیے سنا کر نہ صرف اُس کا دل بہلاتے ہیں بلکہ اپنے دادا ہونے کا احساس بھی دلاتے رہتے ہیں۔ اپنے موضوع کے بیان کے اعتبار سے حبیب حیدرآبادی کا یہ انشائیہ بھی دلچسپی کا حامل ہے۔

ہم نانا بھی بن گئے:- حبیب حیدرآبادی کے احساسات اور زندگی کے مشاہدات پر مبنی اُن کا ایک انشائیہ ''ہم نانا بھی بن گئے'' ہے۔ انشائیہ کے ابتداء میں اُنھوں نے لکھا کہ گھر میں ہنگامہ آرائی کے لئے بچوں کا رہنا ضروری ہے۔ مشرق میں باپ اور بیٹا یا بیٹی کے ساتھ ساتھ صاحب اولاد ہوتے رہنے کو اسلاف پسندی سے تعبیر کرتے ہوئے حبیب حیدرآبادی نے مزاح پیدا کیا ہے۔ بچوں کی نفسیات کو ایک ماہر نفسیات کے طور پر پیش کرتے ہوئے اُنھوں نے بچوں کے رونے' کھیلنے اور دیگر حرکات و سکنات کا جائزہ لیا۔ برطانیہ میں بچوں کے بے شمار کھلونوں اور اُن

سے دل لگانے والوں کا حال بیان کرتے ہوئے حبیبؔ حیدر آبادی لکھتے ہیں:

''برطانیہ کے خوش حال معاشرے میں ان شیر خواروں پر جو اخراجات ہوتے ہیں۔ اُن کو دیکھ کر ہماری آنکھیں چندھیا جاتی ہیں ان بچوں کی ہر چیز اتنی مہنگی اور اتنی خوبصورت کہ دل چاہتا ہے کہ کاش ہم بھی ان ہی میں ہوتے۔ان کے سامان اور کھلونوں سے بچے کم کھیلتے ہیں۔اور بڑے زیادہ۔ دادا دادی، نانا نانی کی وقت گزاری کا مشغلہ بچوں کے یہی کھلونے ہیں۔ ہمارا اکثر وقت ان بچوں کے ساتھ کم اور ان کے کھلونوں میں زیادہ گزرتا ہے۔ ہمارے بچپن میں ہمارے ماں باپ کھلونوں پر کم اور بچوں پر زیادہ توجہ دیتے تھے۔آج کل کے ماں باپ بچوں پر کم اور کھلونوں پر زیادہ مہربان نظر آتے ہیں''۔ ۲۹

حبیبؔ حیدر آبادی کے اس انشائیے میں بھی تہذیبوں کا ٹکراؤ دکھائی دیتا ہے۔مغربی تہذیب کی ظاہرداری پر طنز کرتے ہوئے انشائیہ کے آخر میں حبیبؔ حیدر آبادی لکھتے ہیں کہ لوگ دادا یا نانا بننے کی عمر تک بھی اپنے آپ کو جوان ظاہر کرنے میں لگے رہتے ہیں۔اور اُن کے نواسے نواسیاں پوتے پوتیاں اُن کے لئے افسانہ بن جاتی ہیں۔

انجمن انسداد بے رحمی شوہران:- حبیبؔ حیدر آبادی کا تحریر کردہ ایک اور دلچسپ و مزاحیہ انشائیہ ''انجمن انسداد بے رحمی شوہران'' ہے۔جس میں انہوں نے بیویوں کے مظالم کے شکار شوہروں کے لئے ایک انجمن کے قیام اور اُس کے اغراض ومقاصد پر روشنی ڈالی ہے۔انشائیہ کے آغاز میں اُنہوں نے دبستان دہلی کے مشہور شاعر مرزا مظہر جانِ جاناں کی ترش رو بیوی اور اُس کے زیر اثر مظہر جاناں کی بزرگی میں اضافے کے واقعہ کو تفصیلی طور پر بیان کیا۔اور اس کے بعد ایک ایسی انجمن کے خدوخال بیان کئے جو مظلوم شوہروں کی ہر طرح سے مدد کا دعوی پیش کرتی ہے۔ چنانچہ حبیبؔ حیدر آبادی انجمن کی طرف سے پیش کی جانے والی سہولتیں یوں بیان کرتے ہیں:

''جو شوہر اپنی بیویوں کے سلوک سے گھبرا کر کہیں بھاگ جانا چاہتے ہوں یا کسی جگہ مستقل طور پر روپوش ہونا چاہتے ہیں۔اُن کے لئے ایک دارالامان برائے شوہران کرام کا قیام بھی عمل میں لایا جارہا ہے۔ جو شوہر یہ سمجھتے ہیں کہ اُن کی بیویوں نے اُن پر جادو ٹونا کیا تو اُس جادو ٹونے کے اثر کو انجمن درگاہوں کے مجاوروں اور پیروں کے تعویز اور گنڈوں کے ذریعہ شوہر کے

دوستوں پر منتقل کروانے کا انتظام کرے گی۔ جن شوہروں کو شکایت ہے کہ اُن کی بیویاں اُن سے نفرت کرتی ہیں تو انجمن وہ وسائل اختیار کرے گی کہ اُن کی بیویوں کی نفرت میں اور اضافہ ہوتا کہ نفرت کے نتائج جلد برآمد ہوں''۔ ۳۰؎

حبیبؔ حیدرآبادی کو احساس تھا کہ دنیا میں مظلوم شوہروں کی تعداد زیادہ ہے۔ اس لئے انہوں نے مجوزہ انجمن کے اراکین کی تعداد ایک لاکھ رکھی۔ آخر میں رکنیت کی فیس دی گئی جس کی شرحیں انگلستان، امریکہ اور ہندوستان و پاکستان کے حساب سے الگ الگ رکھی گئیں۔ حبیبؔ حیدرآبادی نے اس انشائیہ میں بھی اپنی ذات کو محور بنایا۔ اُن کی بیوی صدیقہ شبنم مشہور شاعرہ ہیں۔ اور ایک مشہور شاعرہ کا شوہر ہوتے ہوئے وہ اپنے آپ کو مظلوم تصور کرتے تھے۔ اس لئے شوہروں کی بے رحمی کی انجمن کے جو اغراض ومقاصد وشرائط بیان کی گئی ہیں وہ تمام کی تمام اُن پر بھی صادق آتی ہیں اس کے علاوہ نئے زمانے میں بیویوں کے مظالم کے شکار شوہروں کی بڑھتی تعداد ایک عام مسئلہ ہے۔ حبیبؔ حیدرآبادی انگلستان کے جس ماحول میں رہ رہے تھے وہاں سینکڑوں طرح کی ادبی، سماجی، معاشرتی وتہذیبی انجمنیں تھیں۔ چنانچہ ایک نئی طرح کی انجمن کی بناء ڈالنا اُن کے لئے کچھ مشکل مسئلہ نہ تھا۔ اس انشائیہ میں طرح طرح کی شکایات پیش کرتے ہوئے حبیبؔ حیدرآبادی نے جزئیات نگاری پر اپنی مہارت کا بھی ثبوت دیا ہے۔ ہلکے پھلکے مزاح کے ساتھ یہ ایک اچھا انشائیہ ہے۔

ایک ملازم کی تلاش :- حبیبؔ حیدرآبادی نے اس انشائیہ میں اپنے سفر حیدرآباد کے تاثرات بیان کئے۔ جبکہ وہ ایک ایسے گھر میں مہمان تھے۔ جہاں ملازم تو کئی تھے لیکن سب کسی نہ کسی طرح کے معذور۔ حبیبؔ صاحب چاہتے تھے کہ ان ملازمین پر ایک ہیڈ ملازم کا تقرر کر دیا جائے جو ہرفن مولا ہو اور بقیہ ملازمین کی حرکات وسکنات پر نظر رکھتے ہوئے اُن سے کام کرواتا رہے۔ چنانچہ وہ ''ہیڈ ملازم کی تلاش'' کا اشتہار اخبار میں دے دیتے ہیں۔ حبیبؔ حیدرآبادی کو احساس ہے کہ یہاں کے اردو اخبارات سے بہت سے کام آسانی سے بن جاتے ہیں۔ ملازم میں درکار خوبیوں کے بارے میں حبیبؔ حیدرآبادی لکھتے ہیں:

''امیدوار ہرفن مولا ہو۔ عربی، فارسی، اردو اور انگریزی میں نہ صرف بلا جھجک گفتگو کر

سکتا ہو بلکہ ہمیں پڑھا بھی سکتا ہو۔۔۔اُسے اردو شاعری کے اسرار ورموز اوزان اور صرف ونحو سے بھی واقفیت ہو۔ ہمارے بعض اشعار جو وزن سے خارج ہوتے ہیں اُن کی اصلاح کرتا رہے ۔۔۔ہمارے سر میں درد ہو تو سر کی مالش کرے۔ وقت ضرورت پاؤں بھی دابے صاحب خانہ کی باورچن جب نزلہ زکام یا بخار کی شکار ہو تو اس کی جگہ لے۔شب بیدار اور صوم وصلوٰۃ کا پابند ہوتا کہ اُس کی عبادتوں کی وجہ سے صاحب خانہ کے گھر میں ہمارے قیام کے دوران ہر لمحہ برکتوں کا نزول ہو۔۔۔قناعت پسند ہوتا کہ کم سے کم تنخواہ پر اپنی ملازمت جاری رکھ سکے۔حریص اور لالچی نہ ہو''۔ ۳۱؎

حبیبؔ حیدرآبادی نے اپنا زورقلم استعمال کرتے ہوئے ملازم میں درکار اور بھی کئی خوبیاں گنوائیں۔اور یہ تاثر دیا کہ اُن کا ملازم اپنی ذات میں ایک انجمن ہو۔تاہم لوگ اپنے ملازمین میں جتنی خوبیاں تلاش کرنا چاہتے ہیں۔آج کل کے ملازمین بھی اپنے مالکین میں خوبیاں ڈھونڈتے ہیں۔اور اُن کی نظریں کم کام اور زیادہ آمدنی پر ہوتی ہیں۔حبیبؔ حیدرآبادی نے انٹرویو کے لئے آئے کئی ملازمین میں سے جب ایک ملازم کو گھر میں کام کے لئے منتخب کیا تو وہ ملازم اپنے صاحب کا انٹرویو اس طرح لیتا ہے:

''صاحب جب تک یہاں کا کوئی بنک منیجر آپ کی مالی حیثیت کا صداقت نامہ نہ دے اور کوئی شریف آدمی آپ کے نیک چال چلن کی تصدیق نہ کردے ہم آپ کی ملازمت کے لئے ہاں نہیں کہہ سکتے۔۔۔اُن کے ایک سوال نے تو ہماری غیرت کو جگادیا۔سوال یہ تھا کہ آپ دونوں دن میں کتنی دفعہ کھاتے ہیں۔اور ہر کھانے پر لوازمات کیا ہوتے ہیں۔ہم نے کہا کہ دیکھو ہم خود یہاں مہمان ہیں۔ہمارے میزبان جو بھی ہمیں کھلاتے ہیں ہم شوق سے کھالیتے ہیں۔جو ہم کھائیں گے وہی آپ کو بھی پیش کریں گے۔انہوں نے یہ کہہ کر ملازمت قبول کرنے سے انکار کردیا کہ جو شخص خود دوسروں کا کھارہا ہو وہ کسی اور کو کیا کھلائے گا''۔ ۳۲؎

حبیبؔ حیدرآبادی کو جب ملازم سے سخت جواب ملتا ہے تو وہ نہ چاہتے ہوئے بھی اپنا سامنہ دیکھتے رہ جاتے ہیں۔ایک اچھے ملازم کی تلاش میں زندگی کے کئی رموز سے واقفیت کا تذکرہ کرتے ہوئے حبیبؔ حیدرآبادی مادیت اور روحانیت کے بارے میں اپنے خیالات کا اظہار کرنے لگتے

ہیں۔ برصغیر کی معاشی و معاشرتی ترقی کا جائزہ لیتے ہوئے حبیبؔ حیدرآبادی لکھتے ہیں:

''ہندوپاک کی معاشی، صنعتی اور تجارتی ترقی نے یہاں کے عوام کو مادی نہیں تو کم از کم ذہنی طور پر بہت آسودہ کر دیا ہے۔ سب کے سب دنیا کی ترقی کا ذہنی طور پر ساتھ دے رہے ہیں۔ مساوات کا پرچم ہر ایک کے ہاتھ میں بلند ہے۔ زمانے کی دوڑ میں ہر ایک حصہ لے رہا ہے۔ جہاں مادّی ترقی نہیں ہے۔ روحانیت اُن کو آگے بڑھا رہی ہے غریب سے غریب کو بھی جینے کے لئے ایک سہارا موجود ہے چاہے وہ درگاہوں پر حاضری اور پیروں، پنڈتوں اور مرشدوں کی دعائیں ہی کیوں نہ ہوں''۔ ۳۳؎

حبیبؔ حیدرآبادی کے ان خیالات سے اندازہ ہوتا ہے کہ وہ کسی بھی موضوع پر سنجیدہ اور مزاحیہ دونوں طرح کی بات کر سکتے ہیں۔ ایک ملازم کا ڈھونڈنا فی زمانہ کس قدر مشکل ہے۔ اس کا احساس اس انشائیہ کو پڑھ کر بخوبی ہو جاتا ہے۔ لوگوں کو ملازم ملے یا نہ ملے لیکن قارئین حبیبؔ حیدرآبادی کی پرلطف تحریر سے ضرور محذوذ ہوتے ہیں۔

گالیوں کے آداب:- حبیبؔ حیدرآبادی کے اگلے انشائیہ کا عنوان ''گالیوں کے آداب'' ہے۔ اس مختصر سے انشائیہ میں حبیبؔ حیدرآبادی نے توجہ دلائی کہ گالیاں کس طرح مختلف طبقات کے انسانوں کی بات چیت کا حصہ بنی ہوئی ہیں۔ گالیوں کے اقسام میں سیاسی گالی، مذہبی گالی، ادبی گالی، جذباتی گالی، عریاں گالی، عاشقانہ گالی، فاسقانہ گالی وغیرہ کا ذکر کرتے ہوئے حبیبؔ حیدرآبادی نے لکھا کہ گالی امیر اور غریب سب دیتے ہیں گالی دینے کو ایک آرٹ قرار دیتے ہوئے حبیبؔ حیدرآبادی لکھتے ہیں:

''گالی دینا ہمیشہ سے ایک آرٹ رہا ہے۔ اس آرٹ کو عمدگی سے استعمال کرنے کا غالبؔ نے بھی تو مشورہ دیا تھا۔ گالیوں کے اپنے آداب ہوتے ہیں۔ اس فن کو سیکھنے کے لئے فن کے ماہرین کے آگے آشنائی ہوتی ہے۔ بغیر گالیوں کے بے تکلف دوستوں کی محفلیں بڑی سونی لگتی ہیں۔ جس محفل میں زیادہ گالیاں دی جاتی ہیں وہی محفل زندہ رہنے کے لئے ایک اور بہانہ بن جاتی ہے''۔ ۳۴؎

حبیبؔ حیدرآبادی نے اس انشائیہ میں گالیوں کی مثالیں تو نہیں دیں تاہم گالی دینے والوں کے

احوال نہائت ہی ادبی انداز میں پیش کئے۔ گالیوں کے معاملے میں انگریزی کے مقابلے میں اردو زبان کو زرخیز قرار دیتے ہوئے حبیبؔ حیدر آبادی لکھتے ہیں کہ:

''انگریزی زبان میں گالیوں کے الفاظ کا ذخیرہ اُن کے کھانوں کی اقسام کی طرح بہت ہی محدود ہے۔ وہ تنوع نہیں ہے جو اردو زبان میں خدا کی دین ہے۔ اردو زبان پر اہل زبان کا احسان ہے کہ نت نئی گالیوں سے لغت کے الفاظ میں اضافہ کیا۔ ہر گالی اپنا ایک وقار رکھتی ہے۔ ہر گالی اپنی جگہ جامعیت اور معنویت میں منفرد ہوتی ہے ہر گالی کا اپنا ایک تیکھا پن ہے''۔ ۳۵؎

اردو کے ادیبوں میں شائد حبیبؔ حیدر آبادی وہ واحد ادیب ہیں جنہوں نے ''گالی'' جیسے موضوع پر اظہار خیال کیا ہے۔ اور ادبی انداز میں گالی دینے والوں کی اقسام' گالیوں کی قسمیں اور گالیوں کے دیگر متعلقات بیان کئے۔

صوفی صاحب:- حبیبؔ حیدر آبادی کا ایک دلچسپ انشائیہ ''صوفی صاحب'' ہے۔ اس انشائیہ میں پائے جانے والے خاکے کے عناصر خاکہ نگاری کے باب میں پیش کئے گئے ہیں۔ اس باب میں بطور انشائیہ اس مضمون کا جائزہ پیش ہے۔ صوفی صاحب کی شکل میں حبیبؔ حیدر آبادی نے ایک مست مولا قسم کے انسان کو پیش کیا ہے۔ جو اپنی ماڈرن بیوی سے نالاں رہتے ہوئے اپنے اوپر صوفی کا لبادہ اوڑھے رہتے ہیں۔ صوفی صاحب کا تعارف کراتے ہوئے حبیبؔ حیدر آبادی لکھتے ہیں:

''موصوف بڑے جذباتی تھے۔ پل میں تولہ اور پل میں ماشہ۔ شام اپنے مخصوص دوستوں کو لے کر قریبی پب میں چلے جاتے اور لاگر اور بئیر پیتے ہوئے تصوف کے رموز واسرار پر گفتگو کرتے۔ نوجوان لڑکیوں کو تصوف کی طرف مائل کرنے پر تلے ہوئے تھے۔۔۔۔ بیوی کی سخت مزاجی کی وجہہ سے لڑکیوں کو گھر پر نہیں لاتے لیکن بیوی سے یہ کہہ کر کہ فلاں جگہ پر تصوف کا لیکچر ہے راتوں میں دیر گئے تک باہر رہتے۔ بیوی کی سختی دن بہ دن اُن کو تصوف کی طرف مائل کرتی رہی''۔ ۳۶؎

علم تصوّف کی اصطلاحوں کو انشائیہ میں استعمال کرتے ہوئے حبیبؔ حیدر آبادی نے پر مزاح تحریر پیش کی ہے۔ اور صوفی صاحب اور اُن کی تیز وطرار بیوی کی نوک جھونک کو صوفیانہ انداز میں پیش

کیا ہے۔ بیوی کے غصّے کو بیان کرتے ہوئے حبیبؔ حیدرآبادی لکھتے ہیں:

''موصوفہ نے کہا کہ جب دیکھو یہ فنا اور نفی جیسے الفاظ استعمال کرتے ہیں۔ مجھے پتہ ہے کہ یہ مجھے اپنی زندگی سے نفی کرنا چاہتے ہیں۔ شادی ہوئے بیس سال ہوگئے۔ بیس دن بھی اس شخص نے مجھے خوش نہیں رکھا سارا تصوّف میرے لئے ہوتا ہے۔ ساری خساست اور تنگی میرے لئے ہوتی ہے۔ شریعت کا سارا اطلاق مجھ پر کیا جاتا ہے خود طریقت کے حوالے ہوجاتے ہیں۔۔۔ وجود کا ذکر آتا ہے تو آفس کی لڑکیاں اُن کے ذہن میں گھومتی ہیں۔ فنا کا ذکر آتا ہے تو نظروں کے سامنے بیوی کھڑی نظر آتی ہے۔ خاک میں جائے ایسا تصوّف''۔ ۳۷

صوفی صاحب پر اُن کی بیوی کے غصّے کے ذریعہ حبیبؔ حیدرآبادی نے ایک ایسے شخص کی کردار نگاری کی ہے کہ جس کی عادتوں کو دیکھ کر یار لوگوں نے اُن کا نام صوفی رکھ دیا تھا۔ حبیبؔ حیدرآبادی کی انشائیہ نگاری اس انشائیہ میں عروج پر دکھائی دیتی ہے۔ تصوّف جیسے موضوع کو شگفتہ انداز میں بیان کرتے ہوئے حبیبؔ حیدرآبادی نے اپنی انشاپردازی کے کمال کا اظہار کیا ہے۔

ماسٹر صاحب :- حبیبؔ حیدرآبادی کا ایک اور خاکہ نما انشائیہ ''ماسٹر صاحب'' ہے۔ اس انشائیے میں اُنہوں نے ایک ماسٹر کا حال بیان کیا ہے جو اپنی عجیب وغریب عادتوں کے سبب منفرد تھے۔ اس انشائیہ میں بھی حبیبؔ حیدرآبادی نے ماسٹر صاحب کے کردار کو بیان کرتے ہوئے اپنی فنکارانہ انشاپردازی کے جوہر دکھائے ہیں۔ ماسٹر صاحب کی چھڑی کا حال بیان کرتے ہوئے حبیبؔ حیدرآبادی لکھتے ہیں:

''بچوں کو سدھارنے میں اُن کی چھڑی بہت کام آئی۔ چونکہ ماسٹر صاحب ایک ہی مدرسے میں تیس سال سے ملازمت کرتے آئے تھے۔ اس لئے بہت سے طالب علموں کے والد صاحبان بھی ماسٹر صاحب کی چھڑی کا لطف اُٹھا چکے تھے۔ ماسٹر صاحب کی چھڑی جب ذرا 'پرانی' ہوجاتی تو کسی کھاتے پیتے گھرانے کے طالب علم سے فرمائش کرتے کہ وہ اپنے باپ سے کہہ کر اُسی سائز کی چھڑی خرید کر ماسٹر صاحب کو نذر کرے۔ نئی چھڑی جب تحفتہً آجاتی تو تحفہ دینے والے طالب علم ہی پر اُس کی مشق کی جاتی''۔ ۳۸

حبیبؔ حیدرآبادی نے ماسٹر صاحب کی تین بیویوں کے احوال' اُن کے ملازمت' جراحت'

شاعروں کے لئے دعوتیں کرنا' اپنی بکریوں اور مرغیوں پر شعر کہلوانا جیسے واقعات کے بیان کے ساتھ انشائیہ میں حُسن پیدا کیا ہے۔ ماسٹر صاحب کی ادبی اصلاح کی تحریک کے بارے میں حبیبؔ حیدرآبادی لکھتے ہیں:

''بعض اوقات تو وہ خراب شاعری کرنے والوں کو بُری بُری گالیاں دیتے تھے۔ دو ایک بار تو ایسا بھی ہوا کہ محلّہ کے لونڈوں سے خراب شعر کہنے والوں کی پٹائی کروادی۔ یہ ان دنوں کی بات ہے جب ماسٹر صاحب کو ادبی اصلاح کا شوق چرایا تھا۔ جس دالان میں یہ ادبی اور شعری نشستیں منعقد ہوا کرتی تھیں۔ اُس کا نام اُنہوں نے ادبی اصلاح خانہ رکھا تھا۔ ادبی اور شعری اصلاح کے نام پر ماسٹر صاحب نے وہ طوفان برپا کیئے کہ ہر ادیب اور شاعر کی زبان پر بُرے بُرے الفاظ روزمرہ گفتگو کا جزو بن کر آنے لگے۔ کچھ دنوں تک تو پلے نہیں پڑ رہا تھا کہ کون سی تخلیق ادبی ہے اور کون سی غیر ادبی''۔ ۳۹؎

اپنے بچپن کی یادوں کو تازہ کرتے ہوئے اور چالیس سال قبل کے ماسٹر صاحب کے واقعات کو بیان کرتے ہوئے حبیبؔ حیدرآبادی نے یہ انشائیہ ختم کیا ہے۔ اس انشائیہ میں واقعات سے زیادہ اہمیت اسلوب بیان کی ہے' ماسٹر صاحب کی شعراء کی آو بھگت' شاعری کی اصطلاح بکریوں اور مرغیوں پر اشعار کہلوانا جیسے اُمور کو حبیب حیدرآبادی نے نہائت شگفتہ انداز میں پیش کیا ہے۔

سارے جہاں سے اچھا برطانیہ ہمارا :- برطانیہ کی زندگی اچھائیاں اور برائیاں بیان کرتا حبیبؔ حیدرآبادی کا ایک انشائیہ ''سارے جہاں سے اچھا برطانیہ ہمارا'' ہے۔ اس انشائیہ میں حبیبؔ حیدرآبادی نے ایک مضمون کی طرح برطانیہ میں تارکین وطن کے احوال پیش کئے۔ تاہم اس پیشکشی کے دوران وہ اپنی انشاء پردازی کی جھلک بھی دکھاتے جاتے ہیں۔ مغربی معاشرے میں زندگی کی آزادی پر طنز کرتے ہوئے حبیبؔ حیدرآبادی لکھتے ہیں:

''زندگی کے ہر عمل پر تو ملکی قانون لاگو نہیں ہوتا۔ بیوی اگر خراب کھانا پکائے تو ملک کا قانون تو اُسے سزا نہیں دے گا۔ شوہر کے رین بسیرے اگر بدلتے رہیں تو ملکی قانون اُسے کچھ نہیں کہے گا۔ ماں باپ پیسے کے لالچ میں اگر اپنی اولاد کی تعلیم وتربیت سے تغافل برتیں تو حکومت کے قوانین اُن کا کیا بگاڑ لیں گے۔ جوان اولاد اگر اپنے ضعیف والدین سے آنکھیں چرا

لے تو ان سماجی یا معاشرتی کمزوریوں کی بناء پر تو اُنہیں عدالت میں پیش نہیں کیا جائے گا۔ ان سب باتوں میں ہم سب آزاد ہیں۔ اپنی اپنی صلیب اپنے اپنے کندھوں پر اُٹھائے من مانے اپنا سفر آپ طے کرر ہے ہیں"۔ [۴۰]

حبیبؔ حیدرآبادی نے اپنی بیشتر تحریروں میں برطانیہ میں اپنی آمد کو مجبوری قرار دیا۔ مشرقی اقدار کی پاسداری میں آنے والی رکاوٹوں اور اولاد کی غلط ماحول میں تربیت کے اندیشوں کے دوران اُنہیں احساس تھا کہ برطانیہ کا ماحول تارکین وطن ایشیائی مسلمانوں کے لئے سازگار نہیں ہوگا۔ لیکن حبیبؔ حیدرآبادی نے اپنی شخصیت سے لوگوں کا ایک گروہ تیار کرلیا تھا جو مغرب میں بھی مشرقی قدروں کو پروان چڑھانے میں آگے تھے۔ مشرق ومغرب کے تہذیبی تصادم کو بیان کرتے ہوئے حبیبؔ حیدرآبادی لکھتے ہیں کہ :

"ہماری سوچ میں مشرقیت رہتی ہے۔ ہمارے بچوں کی فکر پر مغربی چھاپ ہے۔ مشرق ومغرب کا تصادم یہاں کے ہر ایشیائی گھر میں واضح طور پر نظر آتا ہے۔ جیو اور جینے دو کے اُصول پر ہم اور ہمارے بچے گامزن ہیں۔ والدین نہ اپنی خو چھوڑنے پر راضی ہیں۔ اور نہ بچے اپنی وضع بدلنے پر۔ ہمارے لئے اب بھی اپنی مادری زبان ایک کشش رکھتی ہے۔ اور زندگی کا سہارا بنی ہوئی ہے۔ ہم اب بھی تصور میں اپنے آباواجداد کی قبروں پر فاتحہ دیتے نظر آتے ہیں"۔ [۴۱]

برطانیہ کی زندگی میں بہتر سہولتوں کی ستائیش کرتے ہوئے حبیبؔ حیدرآبادی نے یہ انشائیہ ختم کیا ہے۔ اس انشائیے میں حبیبؔ حیدرآبادی کا قلم دکھ درد کا احساس دلاتا ہے۔ ایک اچھے انشائیے کی یہ پہچان ہے کہ اس کی تحریر سے جذبات کا اظہار ہو۔ اور حبیبؔ حیدرآبادی کے انشائیے بھی اپنی تحریروں کے ذریعہ خوشی وغم' مسرت' دکھ درد' اور زندگی کے دیگر جذبات کی یاد دلاتے رہتے ہیں۔

حبیب حیدرآبادی کی انشائیہ نگاری کا اجمالی جائزہ :- حبیبؔ حیدرآبادی کے انشائیوں کے مطالعے سے مجموعی طور پر یہ تاثر قائم ہوتا ہے کہ اُنہوں نے ہلکے پھلکے لیکن شگفتہ طرز تحریر کے ذریعہ اپنے موضوعات پر اظہار خیال کیا ہے۔ اُن کے انشائیوں کی ایک خاص بات یہ ہے کہ اُنہوں نے زیادہ تر انشائیوں میں اپنی ذات کو محور بنایا ہے۔ اور ہمارے یا ہماری کے ساتھ موضوعات کا انتخاب کیا ہے۔ انشائیے ہماری شاعرہ بیگم صدیقہ' ہماری ہجرت' ہماری شاعری

ہماری انجمن سازی، ہماری انکساری، ہماری وضع داری، ہماری دعوتیں، ہماری دعائیں، ہمارے اقوال، ہم دادا بن گئے اور ہم نانا بن گئے میں حبیبؔ حیدرآبادی نے اپنی ذات کو پیش نظر رکھ کر انشائیہ نگاری کی ہے۔حبیبؔ حیدرآبادی ایک زندہ دل انسان تھے۔اور اُن کی تحریروں سے بھی زندہ دلی جھلکتی ہے۔حبیبؔ حیدرآبادی کی زندگی جدوجہد اور عمل سے معمور ہے۔انہوں نے زندگی کی کشتی کو مسائل کے بھنور سے نکالنے کے لئے کافی جدوجہد کی۔زندگی کے آخری ایام موذی مرض میں مبتلا رہ کر گذارے۔خود ہنستے رہے لوگوں کو ہنساتے رہے۔ان کے انشائیے خود اُن کی زندہ دل شخصیت کے آئینہ دار ہیں۔حبیبؔ حیدرآبادی کی شخصیت کے اس پہلو کو اُجاگر کرتے ہوئے لندن سے فیروزہ لکھتی ہیں:

''حبیب صاحب کسی بھی قانون کو مجروح کئے بغیر خود انکشافی کے تخلیقی عمل سے ایسے گذرے ہیں کہ کہیں کہیں انکشاف ذات خود احتسابی کے دستور کی کوئی دفعہ ہی نظر آتا ہے۔ان کی حس مزاح کو سمجھنے کے لئے ضروری ہے کہ اس آدمی کو سمجھ لیا جائے جو ہزار دکھ اُٹھا کر بھی زندگی کی خواہش رکھتا ہے۔اور جس کے چہرے کے گرد انسانی خوابوں کے ہالے اور اُس کی آنکھوں اور ہونٹوں پر اس ازلی انسان کی مسکراہٹ ہے جو آخر کار ہر غم پر قابو پا کر کامران ہوگا''۔ ۴۲

حبیبؔ حیدرآبادی کے انشائیے زندگی سے بھرپور ہیں وہ بات کو عام فہم لیکن دلچسپ انداز میں پیش کرتے ہیں۔اُن کے موضوعات عمومی ہیں لیکن عام موضوعات کو بھی انشا پردازی کا رنگ دیکر اُنہیں خاص بنا دیا۔اُن کے انشائیوں میں ہلکا پھلکا مزاح ہے لیکن طنز یا کسی کی دلآزاری نہیں ہے''رہ ورسم آشنائی'' میں شامل انشائیوں میں خوش دلی اور خوش مزاجی ہے کبھی کبھی وہ پر لطف انداز میں بھی پتے کی بات کہہ جاتے ہیں۔''ہمارے اقوال'' میں حبیبؔ صاحب نے مزاح کے پس منظر میں اپنی زندگی کے تجربات ومشاہدات کا نچوڑ پیش کر دیا ہے۔وہ لکھتے ہیں:

''گھر کا سکون چاہتے ہو تو گھر کے ہر فرد کو وہ سب کچھ کرنے دو جو وہ کرنا چاہے۔ دیکھتے رہو اور زبان بند رکھو۔شادی کے لئے شادی کے قابل ہونا ضروری ہے۔ بیمار کی عبادتیں بھی بیمار ہوتی ہیں صحت مند عبادتیں صحت مندی کے دوران ہوتی ہیں۔ بے حیائی کا تصور صرف حیاداروں کا نصیب ہے۔ تباہ ہونے کے لئے کسی منصوبہ بندی کی

ضرورت نہیں۔صرف ہمت درکار ہے''۔ ۴۳؎

حبیبؔ حیدرآبادی کے یہ اقوال اُن کے وسیع مشاہدہ اور بات میں بات پیدا کرنے کی صلاحیت کی غمازی کرتے ہیں۔حبیبؔ حیدرآبادی کی تحریروں سے انسانیت کے دکھ درد بھی جھلکتے ہیں مغربی معاشرے میں روزگار کی تلاش میں گئے ایشیائیوں کی زندگی کو ایک امتحان تصور کرتے ہوئے اُنہوں نے جہاں کہیں مغربی معاشرے کے اثرات دیکھے اُن پر ایک مصلح قوم اور ہمدرد انسان کی طرح اظہار خیال کیا۔حبیبؔ حیدرآبادی اپنے انشائیوں میں بھی جا بجا دل کے احساسات بیان کرتے ہیں۔اس پہلو کو بیان کرتے ہوئے فیروزہ جعفر لکھتی ہیں:

''حبیب صاحب کے انشائیوں میں ذاتی اور سماجی دکھ یکجا ہوگئے ہیں۔دکھوں کے تجربے نے غالبؔ کی طرح اُنہیں بھی ہنسی بخشی یہ بھی عرفان ذات کی ایک قسم ہے۔وہ اپنے تجربات کی بنیاد پر اپنے گردو پیش کے کرداروں کا مرقع پیش کرتے ہیں جو کسی نہ کسی طور سے آدمی کی اپنی ذات میں بھی شامل ہیں اور خارجی حیثیت سے اس تہذیب کی نمائندگی کرتے ہیں جس کی خوشبو لہو میں رچی بسی ہے۔۔۔وہ تحریروں میں کمال چابکدستی سے زندگی کی گرمیوں کو بے حد نرم روی اور میانہ روی سے کھولتے چلے جاتے ہیں۔اُن کے انشائیے اُن میں چھپی نرم نرم حس مزاح، جو تلخی سے قطعی عاری ہے اس شائستگی اور سنجیدگی سے پیدا ہوتے ہیں کہ کبھی کبھی آدمی ہنسی سے پھٹ پڑتا ہے''۔۴۴؎

حبیبؔ حیدرآبادی کے ان انشائیوں کی ایک اہم خوبی یہ ہے کہ یہ مختصر ہیں۔طوالت والے مضامین قارئین میں بوریت پیدا کرتے ہیں اور خود انشائیہ نگار اپنے موضوع سے ہٹ جاتا ہے۔مختصر لیکن مفید کے مصداق حبیبؔ حیدرآبادی کا ہر انشائیہ دو تین صفحات سے زیادہ طویل نہیں ہے۔لیکن ان مختصر انشائیوں میں زندگی بھرپور طریقے سے سمائی ہوئی ہے۔حبیبؔ حیدرآبادی کے انشائیوں میں زندگی کے مختلف رنگ تلاش کرتے ہوئے بانو احمد لکھتی ہیں کہ:

''حبیبؔ صاحب نے زندگی کو قریب سے ہی نہیں بلکہ چھو کر دیکھا ہے۔ان مضامین میں جہاں خلوص اور صداقت بکھری ہوئی ہے۔زندگی کی تلخیاں، غریب الوطنی کے کٹھن تجربات معاشی افکار، احساسِ تنہائی ذمہ داریوں کا بوجھ غرضیکہ اُنہوں نے زندگی کو بے نقاب کیا ہے''۔ ۴۵؎

حبیبؔ حیدرآبادی کے انشائیوں کو منفرد اور کامیاب بنانے میں ان کے دلچسپ

اسلوب کا بھی دخل ہے۔ مضمون اور انشائیے میں بنیادی فرق اسلوب کا ہوتا ہے۔ اسلوب جس قدر نکھرا ہوا ہوگا اُسی قدر انشائیہ کامیابی کی سمت گامزن ہوگا۔ حبیبؔ حیدر آبادی نے اپنی زندگی میں مشہور انشائیہ نگار خواجہ حسن نظامی سے فیض پایا تھا اُن ہی کی طرز پر روزنامچہ لکھا کرتے تھے۔ مزاح نگاروں میں صاحب طرز اسلوب کے مالک مشتاق احمد یوسفی سے اُن کی اچھی شناسائی تھی اُنھوں نے ضرور اپنے دوست کی تصانیف پڑھی ہونگی کیوں کہ ان کے اسلوب پر ان دو انشا پردازوں کی جھلک دکھائی دیتی ہے۔ تاہم حبیبؔ حیدر آبادی نے اسلوب کے لئے اپنی راہ الگ بنائی۔ اُنہیں لفظوں کو برتنے کا سلیقہ آتا تھا۔ الفاظ کا ذخیرہ ضرب الامثال' محاوروں کے استعمال سے اُنھوں نے اپنے اسلوب میں جان ڈالی ہے۔ مزاح کی چاشنی اُن کے اسلوب کو دوبالا کردیتی ہے۔ حبیبؔ حیدر آبادی کے دلچسپ اسلوب کی ایک جھلک اُن کے انشائیوں سے حاصل کردہ ان اقتباسات سے ہوئی ہے:

''یوں بھی کسی فن کار یا ادیبہ یا شاعرہ کا شوہر بننا اور بنے رہنا اپنے کردہ اور ناکردہ گناہوں کا خمیازہ بھگتنے کے برابر ہوتا ہے اگر کسی محفل میں ایک شاعرہ غزل سرا ہوتی ہیں تو ایک شوہر کے لئے یہ پتہ چلانا مشکل ہوجاتا ہے کہ سامعین شعر کی داد دے رہے ہیں یا شاعرہ کی (ہماری شاعرہ بیگم صدیقہ)

''پٹھان سے رہا نہ گیا اُس نے تلوار سونت لی۔ اور چاہتا تھا کہ بیگم جانِ جاناں کا سر قلم کردے مظہر جانِ ناں نے نماز توڑ کر پٹھان کو ملازمت سے برخاست کرتے ہوئے کہا میاں میری ساری بزرگی اور سارے تقدس کا سرچشمہ میری بیوی ہے۔ اگر ہر وقت اس نیک بخت کی زیادتی مجھ پر نہ ہوتی تو میرے روحانی مدارج میں کس طرح اضافہ ہوتا (انجمن انسداد بے رحمی شوہران)

''ہمیں منکسر المزاج بنانے کا سہرا ہماری بیگم کے سر جاتا ہے۔ سراپا آگ کو خاک بنانے میں اور پھر اس مشت خاک کو خاکسار بنانے میں اُن کا بڑا حصہ رہا ہے''۔ (ہماری انکساری)

حبیبؔ حیدر آبادی کے انشائیوں سے اخذ کردہ یہ اقتباسات اُن کے اسلوب کی انفرادیت کو پیش کرتے ہیں۔ شگفتہ طرز تحریر' مزاح کی چاشنی' مسائل کی پیشکشی میں انسانیت کا درد عرفان ذات جیسی خوبیوں کی بہ دولت حبیب حیدر آبادی ایک کامیاب انشا پرداز قرار پاتے ہیں۔ اور اردو انشائیہ نگاروں کی فہرست میں انہیں نمایاں مقام حاصل ہے۔ اور خاص طور سے برطانیہ کی ادبی

تاریخ میں حبیبؔ حیدرآبادی کی تصنیف ''رہ و رسم آشنائی'' کو انفرادی حیثیت حاصل ہے۔ یشب تمنا اُن کی انشائیہ نگاری کو خراج پیش کرتے ہوئے لکھتے ہیں:

''نہیں معلوم اردو ادب میں اس کتاب کا کیا مقام متعین ہوتا ہے۔ مگر ایک بات بغیر کسی تردد کے کہی جا سکتی ہے کہ برطانیہ کی اردو ادب کی تاریخ اس کتاب کے تذکرے کے بغیر نامکمل ہوگی۔ جناب حبیبؔ نے جس شگفتگی کے ساتھ اپنے ذاتی وغیر ذاتی واقعات کو تحریر کیا ہے۔ اس سے اُنہوں نے صنف انشائیہ کی خوبصورتی میں خاطر خواہ اضافہ کیا ہے۔ اور خاص طور پر برطانیہ میں اس صنف ادب کو عام کرنے میں بھرپور حصہ لیا ہے''۔ ۴۶؎

یشب تمنا کے خیالات اس بات کی صداقت کرتے ہیں کہ حبیبؔ حیدرآبادی ایک صاحب طرز انشا پرداز ہیں۔ عمر نے اُن کے ساتھ وفا نہیں کی ورنہ اُن کے مزید انشائیے سامنے آتے لیکن اُنہوں نے انشائیوں کا جو کچھ ذخیرہ چھوڑا وہ بھی اردو ادب کے لئے بیش بہا سرمایہ ہے۔

حوالے

۱؎ سلیم اختر ڈاکٹر۔ انشائیہ کی بنیاد۔ دہلی ۱۹۸۸ء ص ۱۴۶

۲؎ نصیر احمد خاں ڈاکٹر۔ آزادی کے بعد دہلی میں اردو انشائیہ۔ دہلی ۱۹۹۳ء ص ۱۱

۳؎ سیدہ جعفر پروفیسر۔ ''اردو مضمون کا ارتقاء ۱۹۵۰ء تک۔ ۱۹۷۲ء ص ۱۳۔ ص ۱۴

۴؎ صابرہ سعید۔ اردو میں خاکہ نگاری'' ص ۶۷۔ ص ۶۸

۵؎ نصیر احمد خاں۔ ڈاکٹر۔ آزادی کے بعد دہلی میں اردو انشائیہ۔ ص ۱۲

۶؎ نصیر احمد خاں۔ ڈاکٹر۔ آزادی کے بعد دہلی میں اردو انشائیہ۔ ص ۲۱

۷؎ حبیب حیدرآبادی۔ رہ و رسم آشنائی۔ دہلی ۱۹۸۸ء ص ۶

۸؎ حبیب حیدرآبادی۔ رہ و رسم آشنائی۔ ص ۸

۹؎ فیروزہ جعفر۔ راوی۔ لندن۔ حبیب حیدرآبادی نمبر۔ ص ۱۱

۱۰؎ حبیب حیدرآبادی۔ رہ و رسم آشنائی۔ ص ۱۲

۱۱؎ حبیب حیدرآبادی۔ رہ و رسم آشنائی۔ ص ۱۶

۱۲؎	حبیب حیدرآبادی۔ رہ و رسم آشنائی۔	ص ۲۰
۱۳؎	حبیب حیدرآبادی۔ رہ و رسم آشنائی۔	ص ۲۱
۱۴؎	حبیب حیدرآبادی۔ رہ و رسم آشنائی۔	ص ۲۶
۱۵؎	حبیب حیدرآبادی۔ رہ و رسم آشنائی۔	ص ۲۶
۱۶؎	حبیب حیدرآبادی۔ رہ و رسم آشنائی۔	ص ۲۵
۱۷؎	حبیب حیدرآبادی۔ رہ و رسم آشنائی۔	ص ۲۸
۱۸؎	حبیب حیدرآبادی۔ رہ و رسم آشنائی۔	ص ۳۰
۱۹؎	حبیب حیدرآبادی۔ رہ و رسم آشنائی۔	ص ۳۳
۲۰؎	حبیب حیدرآبادی۔ رہ و رسم آشنائی۔	ص ۳۶
۲۱؎	حبیب حیدرآبادی۔ رہ و رسم آشنائی۔	ص ۳۷
۲۲؎	حبیب حیدرآبادی۔ رہ و رسم آشنائی۔	ص ۳۸
۲۳؎	حبیب حیدرآبادی۔ رہ و رسم آشنائی۔	ص ۳۹
۲۴؎	حبیب حیدرآبادی۔ رہ و رسم آشنائی۔	ص ۴۳۔ ۴۴
۲۵؎	حبیب حیدرآبادی۔ رہ و رسم آشنائی۔	ص ۴۴
۲۶؎	حبیب حیدرآبادی۔ رہ و رسم آشنائی۔	ص ۴۸
۲۷؎	حبیب حیدرآبادی۔ رہ و رسم آشنائی۔	ص ۵۰
۲۸؎	حبیب حیدرآبادی۔ رہ و رسم آشنائی۔	ص ۵۱
۲۹؎	حبیب حیدرآبادی۔ رہ و رسم آشنائی۔	ص ۵۴
۳۰؎	حبیب حیدرآبادی۔ رہ و رسم آشنائی۔	ص ۵۸
۳۱؎	حبیب حیدرآبادی۔ رہ و رسم آشنائی۔	ص ۶۱
۳۲؎	حبیب حیدرآبادی۔ رہ و رسم آشنائی۔	ص ۶۲
۳۳؎	حبیب حیدرآبادی۔ رہ و رسم آشنائی۔	ص ۶۳
۳۴؎	حبیب حیدرآبادی۔ رہ و رسم آشنائی۔	ص ۶۷

۳۵ے حبیب حیدرآبادی۔ رہ ورسم آشنائی۔ ص ۶۶

۳۶ے حبیب حیدرآبادی۔ رہ ورسم آشنائی۔ ص ۶۸

۳۷ے حبیب حیدرآبادی۔ رہ ورسم آشنائی۔ ص ۷۰ ۔ ۷۱

۳۸ے حبیب حیدرآبادی۔ رہ ورسم آشنائی۔ ص ۷۴

۳۹ے حبیب حیدرآبادی۔ رہ ورسم آشنائی۔ ص ۷۵

۴۰ے حبیب حیدرآبادی۔ رہ ورسم آشنائی۔ ص ۷۸

۴۱ے حبیب حیدرآبادی۔ رہ ورسم آشنائی۔ ص ۷۹

۴۲ے فیروزہ جعفر۔ راوی۔ لندن۔ حبیب حیدرآبادی نمبر ص ۱۱

۴۳ے حبیب حیدرآبادی۔ رہ ورسم آشنائی۔ ص ۴۶۔۴۸

۴۴ے فیروزہ جعفر۔ راوی۔ لندن ص ۱۱

۴۵ے بانو احمد۔ راوی۔ لندن ص ۱۰

۴۶ے یشب تمنا۔ راوی۔ لندن ص ۱۲

حبیبؔ حیدرآبادی بہ حیثیت نقاد و تذکرہ نگار

حبیبؔ حیدرآبادی نامور انشا پرداز، شاعر و ادیب ہونے کے ساتھ ایک اچھے نقاد و تذکرہ نگار بھی ہیں۔ اُن کی تصنیف ''انگلستان میں'' کے گوشہ ''انگلستان میں اردو کے ادیب و شاعر'' میں انگلستان میں مقیم شعرا اور ادیبوں کے کلام کا نمونہ دیا گیا ہے۔ جسے حبیبؔ حیدرآبادی نے بہ حیثیت انتخاب پیش کیا ہے۔ حبیبؔ حیدرآبادی کا یہ انتخاب اُردو تذکرہ نگاری کی یاد دلاتا ہے۔ تذکرہ نگاری بھی تنقید کی ایک قسم ہے۔ اور اردو تنقید کے ابتدائی نقوش میں شامل ہے۔ حبیبؔ حیدرآبادی کی تحریروں میں تنقید اور تذکرہ کے نقوش کی تلاش سے قبل آیئے دیکھیں کے تنقید کی تعریف کیا ہے۔ تنقید کی مبادیات کیا ہیں۔ اور تنقید کی ابتدائی قسم تذکرہ نگاری کا انداز کیا تھا۔

تنقید کیا ہے؟ :- لفظ ''تنقید'' نقد سے مشتق ہے۔ جس کے معنٰی جانچنا، کھوج اور پرکھ کے ہیں۔ اصطلاح ادب میں کسی فن پارے یا تخلیق کے محاسن و معائب بیان کرتے ہوئے ادب میں اس کے مقام کا تعین کرنا تنقید کہلاتا ہے۔ ہر زمانے میں تنقید کی مختلف تعریفیں پیش کی گئی ہیں۔ کسی نے ادب کا مقصد مسرت و حظ پہنچانا بتایا اور تنقید کا کام تخلیق میں مسرت کے پہلوؤں کو تلاش کرنا بتایا۔ کسی نے ادب کو تغیر حیات کا نام دیا اور زندگی کے تغیر و تبدل کے زیر اثر ادب میں رونما ہونے والے مسائل اور تبدیلیوں کو دیکھنا تنقید کے لئے لازم قرار دیا۔ دراصل کسی ادب کی تخلیق کے ساتھ ہی تنقیدی عمل بھی شروع ہو جاتا ہے۔ جب فنکار کے ذہن میں کسی فن پارے کی داغ بیل پڑتی ہے تو تنقیدی عمل بھی شروع ہو جاتا ہے۔ کوئی شاعر نظم لکھنے کا ارادہ کرے تو اس کا تنقیدی شعور اُس کی رہنمائی کرتا ہے کہ نظم کیسے شروع ہو۔ کس طرح آگے بڑھے اور کہاں ختم ہو۔ غرض یہ کہ جب کوئی فن پارہ فنکار کے ذہن میں جنم لینے لگتا ہے تو یہیں سے تنقید اپنا کام شروع کر دیتی ہے۔ کیوں کے بیش تر تخلیقات خوب سے خوب تر کی تلاش کے بعد ہی وجود میں آتی ہیں۔ اسی خیال کو

پیش کرتے ہوئے ڈاکٹر شارب ردولوی لکھتے ہیں:

''آج زندگی ہر وقت رواں دواں ہے۔ اس میں ہر لمحہ ایک نئے نظریے اور نئی فکر کا اضافہ ہوتا رہتا ہے۔ اس لئے ناقص اور بہتر کی تمیز کے لئے تنقید ضروری ہے۔ تنقیدی شعور کے بغیر نہ تو اعلیٰ ادب کی تخلیق ہوسکتی ہے اور نہ فنّی تخلیق کی قدروں کا تعین ممکن ہے۔ اس لئے اعلیٰ ادب کی پرکھ کے لئے تنقید لازمی ہے'' [1]

تخلیق کا مقصد ترسیل ہوتا ہے۔ فنکار چاہتا ہے کہ اُس کی تخلیق کو لوگ دیکھیں پڑھیں سمجھیں۔ تخلیق کو دیکھنے والے ناظرین اور پڑھنے والے قارئین کی ذہنی سطح کے مطابق اپنی اپنی تنقیدی نظر ہوتی ہے۔ لوگوں کے پاس کسی فن پارے کی پسند یا ناپسند کے اپنے اپنے پیمانے ہوتے ہیں۔ لیکن ان میں سے زیادہ تر لوگ اپنی پسند یا ناپسند کا سبب نہیں بتا سکتے۔ چنانچہ تنقید فن پارے اور اُس کے پڑھنے والے کے درمیان مستحکم رشتہ قائم کرتی ہے۔ یہ فن پارے کو جانچتی اور پرکھتی ہے۔ اس کی خوبیوں اور خرابیوں کا پتہ لگاتی ہے۔ اعلیٰ درجہ کی تنقید اچھے بُرے کا دوٹوک فیصلہ نہیں کرتی۔ بلکہ فیصلہ کرنے میں قاری کی مدد کرتی ہے۔ ایسا کرنے میں وہ اپنا راستہ لمبا کر لیتی ہے۔ کبھی وہ فن پارے کی صراحت کرتی ہے۔ کبھی تشریح و ترجمانی اور کبھی تحلیل و تجزیے سے کام لیتی ہے۔ اس لئے تنقید کے بارے میں کہا گیا ہے کہ یہ ادب کے لئے اس طرح ضروری ہے جس طرح زندہ رہنے کے لئے سانس۔ تنقید کسی تخلیق کے محاسن اور معائب کو اُجاگر کرتے ہوئے غیر جانبداری سے اُس کی قدر و قیمت کا تعین کرتی ہے۔ تنقید کے لئے غیر جانبداری اہم ہے۔ تاہم نقاد کسی نظریے کا حامل ہوسکتا ہے۔ بغض و عناد سے پاک تنقید کے لئے ضروری ہے کہ اس میں خارجیت اور معروضیت ہو۔ ایک اچھے نقاد کے لئے ضروری ہے کہ وہ ادب کا وسیع مطالعہ کرے فلسفہ، جمالیات، سائنس، عمرانیات، معاشیات، اقتصادیات اور نفسیات جیسے علوم سے واقفیت رکھتا ہو۔ عالمی ادب کے قدیم و جدید رجحانات سے پوری طرح واقف ہو نہ روایت کا پرستار ہو نہ اس سے بیزار وسیع النظر رہو۔ اس طرح کے نقاد کی تنقید بھی تخلیق کا درجہ حاصل کر لیتی ہے۔ ایک نقاد کسی فن پارے کو دو پہلوؤں سے پرکھتا ہے۔ ایک یہ کے اس میں کیا پیش کیا گیا ہے۔ اور دوسرے یہ کے کس طرح پیش کیا گیا ہے۔ اس کیا اور کیسے کے لئے تنقید کی اصطلاح میں دو نام مواد اور ہیئت

ہیں ۔زمانہ گزرنے کے ساتھ ادب کی پرکھ کے انداز بھی بدلے۔اردو میں تنقید کے ابتدائی نقوش تذکروں میں ملتے ہیں۔حالیؔ نے اپنی تنقیدی کتاب ''مقدمہ شعروشاعری'' کے ذریعہ جدید اردو تنقید کا آغاز کیا۔بعد میں تنقید کے کئی دبستان وجود میں آئے۔جن میں رومانی تنقید'جمالیاتی تنقید سائنٹفک تنقید' تاثراتی تنقید'نفسیاتی تنقید وغیرہ شامل ہیں۔تنقید کے ابتدائی نظریے تعریف' تشریح 'توضیح اور تجزیے کی شکل میں ہیں۔سائنٹفک تنقید ادیب اور فن کار کے تمام پہلوؤں سے بحث کرتی ہے۔اور اُس کے ذریعہ تخلیق میں زمانے کے سماجی حالات اور خیالات کا عکس تلاش کیا جاتا ہے۔جمالیاتی تنقید میں کسی بھی ادبی تخلیق کے مطالعے یا جائزے سے ذہن پر پڑنے والے تاثر کو اہمیت دی جاتی ہے۔اور تخلیق میں حظ' مسرت' اور حسن کے پہلو تلاش کئے جاتے ہیں۔تاثراتی تنقید میں کسی بھی ادبی تخلیق کے مطالعے یا جائزے سے ذہن پر پڑنے والے تاثر کا جائزہ لیا جاتا ہے۔ مارکسی تنقید میں ادب کا تعلق زندگی سے دیکھا جاتا ہے کہ اعلیٰ ادب وہی ہے جو اپنے عہد کی سچّی تصویر پیش کرے اور انسانی مقاصد کی ترجمانی کرے۔نفسیاتی تنقید میں فرد پر زور دیا جاتا ہے ۔اور تخلیق کار کی نفسیاتی الجھنوں اور تشنگیوں کو تلاش کیا جاتا ہے۔اس تنقید کا نظریہ یہ ہے کے انسان کی دبی ہوئی خواہشات ادب اور آرٹ کی شکل میں رونما ہوتی ہیں۔

تنقید کا تعلق تحقیق اور تخلیق سے بھی ہے۔تینوں میں فضیلت کا معاملہ زیر بحث رہتا ہے ۔کہا جاتا ہے کے تحقیق کے بغیر تنقید ممکن نہیں۔اور تنقید کے لئے تخلیق ضروری ہے۔اچھی تخلیق کے لئے سلجھے ہوئے تنقیدی شعور کی ضرورت ہے۔

اردو میں تذکرہ نگاری:- اردو تنقید کے ابتدائی نقوش تذکروں میں ملتے ہیں۔تذکرہ نگاری اردو تنقید کی ایسی ابتدائی شکل ہے جس میں شعرائے اردو کے دستیاب حالات زندگی کے ساتھ اُن کے کلام سے چند منتخبہ اشعار یا کچھ حصّہ دیا جاتا تھا۔اور کبھی کبھی تذکرہ نگار کلام پر اپنی رائے بھی قائم کردیتا تھا۔اردو میں تذکرہ نگاری کے ابتدائی نقوش کے بارے میں پروفیسر اشرف رفیع لکھتی ہیں:

''ادب پارے کے ساتھ ہی تنقید بھی جنم لیتی ہے۔مگر اس کے قواعد وضوابط اور سانچے وجود میں آنے تک خاصا وقت لگ جاتا ہے۔ہمیں اپنے ادب میں تنقید کے ابتدائی نقوش دکنی کے ادبی دور ہی سے ملتے ہیں۔اس دور میں تنقید کا کوئی تصّور ہی نہیں تھا۔صرف حسن وقبح کی نشاندہی چند

بندھے ٹکے لفظوں اور جملوں سے کی جاتی ہے۔ یہاں سے آگے بڑھے تو کچھ تنقیدی اشارے اردو تذکروں میں ملتے ہیں۔ان تذکروں میں بھی حسنِ کلام اور طرز بیان پر زور دیا جاتا ہے۔ ۲
اردو کے ابتدائی تذکروں کو مشاعروں کی واہ واہ سے تشبیہہ دیتے ہوئے حسین الحق لکھتے ہیں کہ:

''اردو کے ابتدائی تذکروں کی مثال ''مشاعروں کی ''واہ واہ'' کی ہے۔ان تذکروں میں تذکرہ نگار پر ذاتی پسند و ناپسند غالب ہے۔اور اس ذاتی پسند و ناپسند کے لئے بھی تذکرہ نگار ہمیشہ دلیل مہیا کرنے کا جھنجھٹ مول نہیں لیتا۔زیادہ تر اُس کی گفتگو شاعر وفن کا رِ مذکور کے اخلاق، بزرگی اور علم کے بارے میں ہوتی ہے۔اور جتنے اشعار تذکرہ نگار کو یاد رہتے ہیں یا اُس کو دستیاب ہوتے ہیں۔اُنہیں وہ بلا جھجک درجِ دفتر کر دیتا ہے۔نتیجتاً بعض شعراء کے پچاسوں اور سینکڑوں اشعار ملیں گے اور کچھ کے پانچ دس اور کچھ غریبوں کا معاملہ تو یہ ہے کہ صرف نام یا تخلص بیان کر کے تذکرہ نگار آگے بڑھ جاتا ہے'' ۳

شعرائے اردو کے تذکرے جس عہد میں لکھے گئے تھے اُس وقت وسائل محدود تھے۔اور کتابوں کی اشاعت اُن کی ترتیب اور دیگر اُمور اُس جیسے نہ تھے جیسے آج ہیں۔یہی وجہ ہے کہ ادب اور تنقید کے ترقی یافتہ ماحول سے واقف ہونے کے بعد قدیم دور کے تذکروں کی تنقیدی اہمیت کم قرار دینا ایک طرح سے تنقیدی زیادتی ہے۔کلیم الدین احمد جیسے نقادوں نے اردو تذکروں پر کڑی تنقید کی ہے۔چنانچہ وہ لکھتے ہیں:

''یہ تنقید محض سطحی ہے۔اس کا تعلق زبان، محاورہ اور عروض سے ہے۔لیکن یہ شائد کہنے کی ضرورت نہیں کہ تنقید کی ماہیت اور اُس کے مقصد اور اُس کے صحیح اسلوب سے بھی تذکرہ نویس واقفیت نہ رکھتے تھے۔ان تذکروں کی اہمیت تاریخی ہے۔اور دنیائے تنقید میں اُن کی کوئی اہمیت نہیں۔ ......اب ادبی دنیا اس قدر آگے بڑھ گئی ہے کہ ہمیں تذکروں سے کچھ سیکھنا نہیں ہے۔ جہاں تک تنقید کا واسطہ ہے ان تذکروں کا ہونا نہ ہونا برابر ہے'' ۴

کلیم الدین احمد یوں بھی اپنی تنقید میں اپنے شدت پسند نظریات کے لئے مشہور ہیں۔تذکروں کے بارے میں دوسرا رُخ مولوی عبدالحق پیش کرتے ہیں:

''ہمارے شعرا کے تذکرے گو یا جدید اُصول کے مطابق نہ لکھے گئے ہوں۔تاہم ان میں بہت سی

کام کی باتیں مل جاتی ہیں۔ جو ایک محقق اور ادیب کی نظروں میں جواہر ریزوں سے کم نہیں'' ۵ ؎
تذکروں کے بارے میں مولوی عبدالحق نے حقائق پر مبنی بات کہی ہے۔ تذکروں کی پرکھ کے معیار کے ضمن میں نورالحسن نقوی لکھتے ہیں:

''یہ حقیقت ہے کہ تذکروں سے جو تنقیدی معیار مرتب ہوتے ہیں۔ اُن پر آج کے ادب کو پرکھنا ممکن نہیں۔ لیکن اس حقیقت سے بھی چشم پوشی نہیں کی جاسکتی کہ جدید پیمانے قدیم ادب کو جانچنے کے کام نہیں آسکتے۔ جو ادب جس زمانے میں تخلیق ہوا اسے اُسی زمانے کے اُصول اور اُسی عہد کی پسند ناپسند کی کسوٹی پر کسا جانا چاہیئے۔'' ٦ ؎

اردو تذکروں کی اہمیت اس وجہ سے بھی ہے کہ ان سے اردو نقادوں کو جلا ملی دراصل یہ ہماری تنقید کے ابتدائی نقوش ہیں۔ جو بے عیب نہیں ہوسکتے۔ اردو تذکروں کو اہم ادبی سرمایہ قرار دیتے ہوئے حنیف نقوی لکھتے ہیں:

''تذکرہ ہمارے سرمایہ ادب کا ایک گراں قدر حصّہ ہے۔ جسے نظر انداز کرکے نہ تو ہم اردو شاعری کے مطالعے ہی میں کامیاب ہوسکتے ہیں۔ اور نہ اپنے ادبی تنقیدی شعور کے آغاز وارتقاء کی تاریخ مرتب کرسکتے ہیں۔ ہم نے اپنے قدیم شاعروں کو انہیں تذکروں کے ذریعہ جانا اور پہچانا ہے۔ یہی نہیں بلکہ ہماری ناقدانہ بصیرت بھی انہی تذکروں کی فضا میں پروان چڑھی ہے'' ۷ ؎

اردو کے اہم تذکرہ نگاروں میں میرؔ، مصحفیؔ، شیفتہؔ، محمد حسین آزادؔ، مرزا علی لطف وغیرہ قابل ذکر ہیں۔ جبکہ اردو کے اہم نقادوں میں حالیؔ، شبلیؔ، عبدالحق، نیاز فتح پوریؔ، مجنوں گورکھپوری، آل احمد سرور، احتشام حسین، کلیم الدین احمد، محمد حسن عسکری، خورشید الاسلام، محمد حسن، گوپی چند نارنگ، شمس الرحمٰن فاروقی وزیر آغا، قمر رئیس، سلیم احمد، مغنی تبسم، سلیمان اطہر جاوید وغیرہ شامل ہیں۔

اردو تنقید اور تذکرہ نگاری کے اس جائزے کے بعد بعد آیئے دیکھیں کے حبیبؔ حیدرآبادی کی تحریروں میں تنقید کا رنگ کیا ہے۔ اور اُن کے مضامین کس حد تک شعرائے اردو کے تذکروں سے میل کھاتے ہیں۔

''انگلستان میں اردو کے ادیب اور شاعر'' مضامین کا جائزہ:-

اچھا شاعر اچھا دوست ساقیؔ فاروقی:- حبیبؔ حیدرآبادی نے انگلستان میں شعرائے اردو سے ملاقاتوں کے بعد اپنے تاثرات اور شعراء کے کلام کے انتخاب کے ساتھ جو مضامین تحریر کئے ہیں ان میں ایک مضمون کا عنوان ''اچھا شاعر اچھا دوست ساقیؔ فاروقی'' ہے۔ مضمون کے عنوان سے ہی حبیب حیدرآبادی کا تنقیدی رویہ جھلکتا ہے کہ وہ ساقیؔ فاروقی کی شخصیت اور شاعری سے متاثر ہو کر یہ مضمون لکھ رہے ہیں۔ مضمون کے آغاز میں حبیبؔ حیدرآبادی نے انگلستان میں اپنی آمد کے بعد معاشی مصروفیتوں کی وجہہ سے اردو ادب سے اپنی دوری کا عذر بیان کیا اور لکھا کہ دس پندرہ سال کے وقفے میں انہیں جو اچھا شاعر لگا وہ ساقیؔ فاروقی تھے۔ اس کے بعد انگلستان میں مختلف محفلوں میں ساقیؔ فاروقی سے ملاقاتوں کے احوال بیان کئے۔ جن سے ساقی کی شخصیت کے بارے میں حبیبؔ حیدرآبادی کے تاثرات عیاں ہوتے ہیں۔ ساقیؔ کے بارے میں اپنے خیالات پیش کرتے ہوئے حبیبؔ حیدرآبادی لکھتے ہیں:

''ساقیؔ کے ہاں اپنی شعری عظمت کا احساس ہو سکتا ہے کہ دوسروں کو کھٹکتا ہو۔ میرے لئے تو کوئی تعجب کی بات نہیں۔...... بہت کم لوگوں کو میں نے ساقیؔ جیسے وسیع مطالعے کا حامل پایا۔ ساقیؔ مطالعے کو بڑی اہمیت دیتے ہیں۔ اُن کا مشورہ اپنے دوستوں کے لئے یہی رہتا ہے کہ پڑھو زیادہ اور لکھو کم۔..... ساقیؔ کی جدیدیت کا مجھے اس وجہہ سے بھی قائل ہونا پڑتا ہے کہ اُن سے جب بھی میرا ملنا ہوتا ہے میں نے محسوس کیا کہ ذہن کے گوشے دور دور تک جاگ اُٹھتے ہیں۔'' ۸

ساقی کی یادوں کا سلسلہ جاری رکھتے ہوئے حبیبؔ حیدرآبادی نے اپنی پسند سے ساقیؔ کے چند منتخبہ اشعار پیش کئے

ہیں جن میں سے چند اشعار یہ ہیں:

مجھ کو میری شکست کی دہری سزا ملی
تجھ سے بچھڑ کے زندگی دنیا سے جا ملی

ناموں کا ایک ہجوم سہی آس پاس
دل میں وہ ایک نام دھڑکتا ضرور ہے

ے ایک مدت سے چراغوں کی طرح جلتی ہیں
اُن ترستی ہوئی آنکھوں کو بجھا دو کوئی

ے میں وہی دشت ہمیشہ کا ترسنے والا
تو مگر کونسا بادل ہے برسنے والا

(ساقیؔ فاروقی)

ساقیؔ فاروقی کی غزلوں سے منتخبہ اشعار پیش کرنے کے علاوہ حبیبؔ حیدرآبادی نے اُن کی چند ایک نظموں ''ایک ویران رات''، ''مردہ خانہ'' وغیرہ پر بھی تبصرہ کیا۔ مضمون کے آخر میں اُنہوں نے ساقیؔ کے آسٹرین بیوی گنڈی کی تعریف کی۔ اور لکھا کے وہ اپنے گھر میں مشرقی ماحول کو اپنانے کی کوشش کرتی ہیں۔ اور مہمانوں کا بھی اُسی انداز میں استقبال کرتی ہیں۔ ساقیؔ اور گنڈی کی بیٹی انگا کے حق میں بھی حبیبؔ حیدرآبادی نے دعائیں دی ہیں۔ اس طرح ساقیؔ فاروقی پر حبیبؔ حیدرآبادی لکھا مضمون اختتام پذیر ہوتا ہے۔ اس مضمون میں اُنہوں نے ساقیؔ فاروقی کی یادوں کے سہارے اُن کی شخصیت کو متعارف کرانے کی کوشش کی اور اُن کے کلام سے منتخب اشعار پیش کرتے ہوئے بطور شاعر اُن کے مقام کو واضح کیا۔ اس دوران حبیبؔ حیدرآبادی ایک تاثراتی نقاد کے طور پر پیش ہوتے ہیں۔

اکبرؔ حیدرآبادی:- اردو تذکرہ نگاری کے طرز پر لکھا گیا حبیبؔ حیدرآبادی کا ایک مضمون ''اکبرؔ حیدرآبادی'' ہے۔ جس میں اُنہوں نے اپنے ایک شاعر دوست کو متعارف کرایا ہے۔ اکبرؔ حیدرآبادی کی ادبی حیثیت کیا ہے۔ اسے پیش کرنے کے لئے حبیبؔ حیدرآبادی نے خود اکبرؔ حیدرآبادی کا اپنے بارے میں لکھے گئے ایک خط کو پیش کیا جس میں پہلی مرتبہ اُنہوں نے حبیبؔ حیدرآبادی سے دوستی کی خواہش کی ہے۔ اکبرؔ حیدرآبادی لکھتے ہیں:

''میں ولیؔ و سراجؔ کے وطن سے تعلق رکھتا ہوں۔ ...... سینکڑوں ریڈیائی' عام اور مخصوص شعری محفلوں میں حصّہ لے چکا ہوں۔ کثرت سے ہندو پاک کے رسالوں میں چھپ چکا ہوں۔ اتنا کے داد تحسین کی خواہش اور شہرت کا ولولہ بھی ختم ہو چکا ہے۔ اب کبھی کبھار کہیں کوئی چیز بھیج دیتا ہوں۔ حال میں ادب لطیف کے تین شماروں میں شامل رہا ہوں۔ اب تمنّا صرف یہی

ہے کہ اگر کوئی اچھی صحبت مل جائے تو کبھی کبھی کچھ سنا دوں اور کچھ اچھی چیزیں سن لوں بس۔'' ۹

اکبرؔ حیدرآبادی کی زبانی اُن کے تعارف کے بعد حبیبؔ حیدرآبادی نے بارہ سال سے اُن کی رفاقت جاری رہنے کا ذکر کیا۔ اور آگے ایک تذکرہ نگار اور مورخ ادب کی طرح اکبرؔ حیدرآبادی کے آبا و اجداد، تاریخ پیدائش، تعلیم، انگلستان میں آمد، شادی اولاد وغیرہ کا تذکرہ ترتیب وار کیا۔ شاعری کو اکبرؔ حیدرآبادی کی زندگی قرار دیتے ہوئے حبیبؔ حیدرآبادی لکھتے ہیں کہ:

''اکبرؔ صاحب کے لئے شعر گوئی دل بہلائی کا مشغلہ یا وقت گزاری کا ذریعہ نہیں رہی۔ شاعری اُن کی زندگی ہے۔ یہی اُن کا اوڑھنا بچھونا ہے۔ اُن کے مشاہدات اور تجربات اُن سے ریاضت اور مجاہدہ کرواتے ہیں۔ حقائق و معارف کی گہرائی اُن کو اپنی طرف کھینچتی ہے۔ زمانے کی کروٹیں اُن کی ذہنی سکون کو بے چینی میں تبدیل کرتی رہتی ہیں۔ تحقیق و تجسس کی راہیں اُن کی اپنی راہیں ہیں علم اور اہل علم دونوں کے وہ گرویدہ ہیں۔ جس دور اور جس ماحول میں وہ رہتے ہیں۔ اُس کا تجزیہ کرتے رہنا اُن کی عادت ہے۔ اُن کے ذہنی دریچے ہمیشہ کھلے رہتے ہیں۔ بات چاہے کسی موضوع پر کیوں نہ ہو۔ اس سے دلچسپی لینا اور بات میں بات پیدا کرنا' کہنے والے کی سُننا اور گفتگو کو دلچسپ بنانا اکبرؔ صاحب کی عادت ہے۔'' ۱۰

حبیبؔ حیدرآبادی شعرا کے احوال بیان کرنے کے دوران شعر و ادب پر بھی اپنے خیالات کا اظہار کرتے رہتے ہیں۔ اکبرؔ حیدرآبادی کی شاعری پر تبصرہ کے دوران شاعری کو اپنے وقت کی آواز قرار دیتے ہوئے حبیبؔ حیدرآبادی لکھتے ہیں کہ:

''غزل کے اپنے مزاج کی طرح ہر دور اور ہر عہد کا اپنا مزاج ہوتا ہے۔ ان پر دو مزاجوں سے شناسائی اور ان دونوں کے امتزاج ہی سے کلام میں تازگی اور شگفتگی پیدا ہوتی ہے۔ شاعری بے وقت کی راگنی نہیں ہونے پاتی۔ وقت کی آواز بن جاتی ہے۔ یہی وہ آواز ہے جو زندگی کی خلاء کو پُر کرتی جاتی ہے۔ اس کے لئے شاعر کو ہمیشہ اپنے آپ تجزیہ کرنا پڑتا ہے۔ ماضی حال اور مستقبل تینوں زمانوں پر نظر رکھنی پڑتی ہے۔ جب کہیں زندگی کی ٹھوس حقیقتیں سمجھ میں آنے لگتی ہیں۔ اور واقعیت کا اظہار خود بہ خود ہونے لگتا ہے۔'' ۱۱

حبیبؔ حیدرآبادی نے اکبرؔ حیدرآبادی کے کلام سے جو منتخب اشعار پیش کئے ہیں۔ اُن میں سے

چند اشعار اس طرح ہیں:

حالت میری اب یہ ہوگئی ہے
جیسے کوئی چیز کھوگئی ہے

صبح کا وقت ہے اب صبح کی باتیں کیجئے
رات کے ساتھ گئے رات کے افسانے بھی

آباد کس قدر ہے خیالوں کی انجمن
تنہا بھی ہوں تو جیسے ہزاروں کا ساتھ ہے

ہمیں قبول ہے ہر تجربہ زمانہ کا
ہمارے شوق کا دامن بہت کشادہ ہے

تم سلسلہ غم کو مرے سہل نہ جانو
منسوب کئی درد کے رشتے ہیں مرے ساتھ

(اکبرؔ حیدرآبادی)

حبیبؔ حیدرآبادی نے اکبرؔ حیدرآبادی کے اشعار پیش کرتے ہوئے جہاں تہاں اُن کے کلام پر اپنی رائے بھی دی۔ تاہم اُن کی شخصیت کی خوبیاں بیان کرتے ہوئے اُن کے اشعار پیش کرتے گئے۔ اُن کی شاعری کی خصوصیات پیش کرتے ہوئے تاثراتی انداز میں حبیبؔ حیدرآبادی لکھتے ہیں:

''اکبرؔ صاحب کے ترنم میں ایک عجیب جاذبیت ہے۔ سحر انگیزی ہے۔ اُن کے اشعار کی پُر تاثیر نغمگی، اُن کی خوش الحانی، ترنم اور موسیقیت، بحروں کا تنوع، حُسنِ انتخاب، شعروں کی گہرائی، رچاؤ متانت اور پختگی، کو دیکھ کر فراقؔ کا یہ شعر یاد آجاتا ہے'' ۱۲

باتوں سے فراقؔ اُس کی معطر ہے سماعت
ہر لفظ میں خوشبوئے دہن کھیل رہی ہے

مضمون کے آخر میں اکبرؔ حیدرآبادی کی شاعری پر تبصرہ سے قاصر رہنے اور اپنے آپ کو عامی قرار دیتے ہوئے حبیبؔ حیدرآبادی اکبرؔ حیدرآبادی اور اُن کی اطالوئی بیوی لینا کو مبارک باد پیش

کرتے ہیں۔ یہ مضمون بھی حبیبؔ حیدرآبادی کے تاثراتی جذبہ کو اُجاگر کرتا ہے۔

زہرہ نگاہ :- حبیبؔ حیدرآبادی کے تاثراتی مضامین کے سلسلہ میں شامل اگلے مضمون کا عنوان ''زہرہ نگاہ'' ہے۔اس مضمون میں اُنہوں نے برطانیہ کی شعری محفلوں میں اپنی مترنم آواز اور شاعری سے متاثر کرنے والی خاتون غزل گو شاعرہ کے احوال پیش کیے۔زہرہ نگاہ کو خراج تحسین پیش کرتے ہوئے حبیبؔ حیدرآبادی لکھتے ہیں:

''زہرہ نگاہ کی عظمت یہ ہے کہ خود ایک نفیس شاعرہ ہونے کے باوجود اپنے سے عظیم تر شعراء کی عظمت کو اپنے خوبصورت ترنم کے نذرانے سے نہ صرف خود تسلیم کرتی ہیں بلکہ اوروں کو بھی اس عقیدت میں شریک کرلیتی ہیں'' ۱۳؎

زہرہ نگاہ کے اس تعارف کے بعد حبیبؔ حیدرآبادی اُن کے حالات زندگی بیان کرتے ہوئے لکھتے ہیں کہ وہ حیدرآبادی نواب نثار یار جنگ مزاجؔ کی بیٹی ہیں۔اُن کے شوہر ماجد علی ہیں۔اُن کا مجموعہ کلام 'شام کا پہلا تارہ'' ہے۔جس کے رسم اجراء میں مشتاق احمد یوسفی' ساقیؔ فاروقی' افتخار عارف وغیرہ نے شرکت کی۔فیض لندن میں اُن ہی کے مکان پر ٹھہرتے ہیں۔فیضؔ کی نظموں کو ترنم سے پڑھا۔زہرہ نگاہ اور اُن کے شوہر ماجد علی کی زندگی کے بارے میں حبیبؔ حیدرآبادی لکھتے ہیں:

''ماجد علی ادبی حلقوں میں کافی مقبول ہیں۔رنگا رنگ شخصیت کے مالک ہیں۔بہ ظاہر بڑے خاموش نظر آتے ہیں۔مگر زندہ دلی ان میں کوٹ کوٹ کر بھری ہے۔..... رموز شاعری سے واقف ہیں۔شائد اُن ہی کے نکھرے ہوئے ادبی اور اعلیٰ شعری ذوق کا نتیجہ ہے کہ زہرہ نگاہ صرف اچھے شعر کہنے پر مجبور ہیں۔ان دونوں میاں بیوی کی وضع داری' سادگی' شرافت' اور شائستگی سے میں کافی متاثر ہوا'' ۱۴؎

زہرہ نگاہ کی ادبی محفلوں میں شرکت اور معروف شعراء کے کلام کو اپنے ترنم سے سنانے جیسی تفصیلات کے بعد حبیبؔ حیدرآبادی نے زہرہ نگاہ کے کلام سے منتخب اشعار پیش کیے۔جن میں سے چند اشعار اس طرح ہیں:

اپنا ہر انداز آنکھوں کو ترو تازہ لگا
کتنے دن کے بعد مجھ کو آئینہ اچھا لگا

برسوں ہوئے تم کہیں نہیں ہو
آج ایسا لگا یہیں کہیں ہو

اب اس گھر کی آبادی مہمانوں پر ہے
کوئی آجائے تو وقت گزر جاتا ہے

گھر کے سارے پھول ہنگاموں کی رونق ہو گئے
خالی گل دانوں سے باتیں کر کے سو جائیں گے ہم

ہم جو پہنچے تو رہ گزر ہی نہ تھی
تم جو آئے تو منزلیں لائے

(زہرہ نگاہ)

زہرہ نگاہ کی شخصیت اور کلام کے تعارف پر مبنی یہ مضمون بھی تذکرہ نگاری کے انداز پر لکھا گیا ہے۔ اور کلام پر تبصرہ کے بجائے شخصیت پر تبصرہ کیا گیا۔

صدیقہ :- حبیبؔ حیدرآبادی کا اگلا تاثراتی مضمون ''صدیقہ'' کے عنوان سے ہے ۔جس میں اُنہوں نے اپنی شاعر بیوی کا تعارف اور کلام کا نمونہ پیش کیا ہے۔ مضمون کے آغاز میں زمانہ طالب علمی میں صدیقہ کی شاعری کے چرچے بیان کئے ۔ اور اپریل ۱۹۵۲ء میں اپنی شادی، دو اولادوں کے بعد فکر معاش، برطانیہ منتقلی اولاد کی تعلیم و تربیت میں صدیقہ کا رول، صدیقہ کی انتظامی صلاحیت، شائستگی رکھ رکھاؤ وغیرہ کی تفصیلات پیش کرتے ہوئے حبیبؔ حیدرآبادی نے اُنہیں ایک مثالی بیوی قرار دیا۔صدیقہ کی خدمات بیان کرتے ہوئے حبیبؔ حیدرآبادی لکھتے ہیں:

''انگلستان میں صدیقہ سماجی کاموں میں بھی حصّہ لیتی رہی ہیں ۔ نوٹنگھم میں محکمہ تعلیمات کی طرف سے انہیں جونیر اسکولوں کا گورنر مقرر کیا گیا تھا۔ وہ بی بی سی ریڈیو نوٹنگھم کی مشاورتی کمیٹی کی رکن رہ چکی ہیں ۔اس کے علاوہ نوٹنگھم کی انڈین ویمنس اسوسی ایشن کی فاؤنڈر ممبر ہیں۔...... صدیقہ پہلے محض اپنے ذوق کی تسکین کے لئے شعر کہہ لیا کرتی تھیں۔ مشاعروں

میں بہت کم شریک ہوتی تھیں ۔ اور اب بھی مخصوص محفلوں ہی میں شعر سُنا نا پسند کرتی ہیں ۔ اس کے باوجود انگلستان کے علاوہ برصغیر میں بھی ایک منفرد اسلوب کی خوش فکر شاعرہ کی حیثیت سے شہرت پا چکی ہیں ۔ شعری محفلوں میں فیض احمد فیض، ن ۔ م ۔ راشد، سجاد ظہیر، ڈاکٹر خورشید الاسلام، مصطفٰی زیدی، ساقی فاروقی، اکبر حیدر آبادی جیسے سخن وروں اور سخن فہموں سے اپنے کلام کی داد لے چکی ہیں ۔'' ۱۵؎

اپنی بیوی کے بارے میں تفصیلی معلومات کی فراہمی کے بعد حبیبؔ حیدر آبادی نے اُن کے کلام کا نمونہ پیش کیا ہے ۔ جس سے چند اشعار پیش ہیں:

؎ ملتا نہیں کوئی بھی شناسا کئی دن سے
بدلا نہیں اس شہر کا نقشہ کئی دن سے

؎ خود میرا ہی سایہ ہے یہاں مجھ سے گریزاں
ہے پاس نہ اپنا نہ پرایا کئی دن سے

؎ وقت کم ہے کچھ کہو پھر ان کہا رہ جائے گا
زندگی بھر دل میں ورنہ وسوسہ رہ جائے گا

؎ ہزار نغمے سرِ راہ غم اُبھر جائیں
تمہاری یاد کے لمحے جدھر جدھر جائیں

؎ جاتے ہوئے لمحوں کو ذرا روک کے کہنا
وہ شخص ہمیں یاد نہ آیا کئی دن سے

(صدیقہ شبنم)

صدیقہ کی شاعری کے نمونے کے ساتھ ہی اس مضمون کا اختتام عمل میں آتا ہے ۔

ڈاکٹر سعید اختر درّانی:- حبیبؔ حیدر آبادی نے اس مضمون میں پاکستان کے ایک جوہری سائنس داں اور عاشق اقبالؔ شاعر کو پیش کیا ہے ۔ حبیب حیدر آبادی کی ڈاکٹر درّانی سے ملاقات ایک ادبی محفل میں ہوئی تھی ۔ ڈاکٹر درّانی کی علمی مصروفیات کے بیان کے بعد حبیبؔ حیدر آبادی نے اُن کی ادبی سرگرمیوں کا ذکر ان الفاظ میں کیا:

''شعر و ادب سے زمانہ' طالب علمی سے شغف رہا ہے۔ گورنمنٹ کالج لاہور کے مجلّے ''راوی'' کے مدیر معاون' سندھی ترجمہ سوسائٹی کے سکریٹری اور بزم اقبال کے نائب مہتمم رہے۔ ''ادبی دنیا'' ''مخزن'' اور ''الحمرا'' میں ان کے ترجمے اور نظمیں چھپتی رہتی ہیں۔ ۱۹۷۷ء اور ۱۹۷۸ء میں انجمن ترقی اردو برمنگھم کے صدر رہے۔ انہیں کی صدارت کے دوران برمنگھم میں بہت بڑے پیمانے پر علامہ اقبال کا صد سالہ جشن منایا گیا۔..... سائنس اور شاعری میں ربط پیدا کرنے والے جن شاعروں نے ادب کی افادیت میں بہت کچھ اضافہ کیا ہے۔ ان ہی شاعروں میں ان حضرت کا نام بھی شامل کیا جاسکتا ہے۔ ۱۶

حبیبؔ حیدرآبادی نے ڈاکٹر سعید اختر درّانی کے حسب ذیل اشعار بطور انتخاب پیش کئے ہیں۔

جب بھی چاہا خود کو پہچانوں
راہ میں اپنی ذات آئی ہے
گر نہیں کائنات میں کوئی
پھر کہاں سے حیات آئی ہے
ایک ٹوٹا ہوا تارہ ہوں میں
گر کے بھی گوہر یکتا ٹھہرا
مجھے فقط گلہ ترکِ گفتگو ہی نہ تھا
ستم تو یہ ہے کہ تو میرے روبرو ہی نہ تھا
شب فراق بھی' میں بھی تیری تمنا بھی
سبھی شریک محفل تھے محفل میں ایک تو ہی نہ تھا
(سعید اختر درّانی)

میر بشیر کی نجی محفلیں:۔ حبیبؔ حیدرآبادی کے تحریر کردہ اگلے مضمون کا عنوان ''میر بشیر کی نجی محفلیں'' ہے۔ اس مضمون میں انہوں نے حیدرآباد سے تعلق رکھنے والی ایک وضع دار شخصیت میر بشیر صاحب کے احوال پیش کئے۔ جنہیں شیر و ادب سے خاص لگاؤ تھا۔ ۱۹۴۷ء کے بعد حیدرآباد سے انگلستان منتقل ہو گئے تھے۔ کاروباری آدمی تھے۔ لیکن شعر و ادب کے لئے وقت

نکال ہی لیتے تھے۔ بشیر صاحب کی محفلوں کا حال بیان کرتے ہوئے حبیبؔ حیدرآبادی لکھتے ہیں:

''بڑی ہی صاف ستھری، نکھری ہوئی محفلیں ہوتی تھیں۔ چند شعراء اور ادیبوں کو مدعو کیا جاتا تھا اور بڑی خاطر و مدارت سے حاضرین کی تواضع کی جاتی تھی۔...... ان کی محفلوں میں شریک ہونے والے حکیم غلام نبی، رحمت قرنی، بے تاب امروہی، حسن ڈبائیوی، سجاد حسن شمسی، بیگم شمسی، اکبرؔ حیدرآبادی، حسن شاداں وغیرہ تھے۔ اُن کی محفلوں میں اکثر و بشیر مہمانِ خصوصی بھی ہوتے تھے۔ ایک مرتبہ فیض تھے۔ دوسری دفعہ سجاد ظہیر تھے۔ تیسری دفعہ عبادت بریلوی تھے۔ چوتھی دفعہ افضل اقبال'' [18]

حبیبؔ حیدرآبادی نے بشیر صاحب کے کلام کا جو نمونہ پیش کیا ہے وہ یوں ہے:

؎ زندگی تعظیم کے آداب سے غافل نہیں
سر جھکائے جاری ہے موت کے آغوش میں

؎ تصوّرات کی موہوم سجدہ گاہوں میں
یہ کس کو ڈھونڈ رہا ہوں خود کی راہوں میں

میر بشیرؔ

شریف بقا: - حبیبؔ حیدرآبادی نے اس مضمون میں پاکستان سے تعلق رکھنے والے شاعر شریف بقا کے حالات اُن ہی کی زبانی بیان کئے اور اُن کے کلام کا نمونہ پیش کیا جو اس طرح ہے۔

؎ ہم سزاوارِ عنایاتِ زماں تھے کل تک
زندگی ہم سے مگر آج خفا ہے یارو

؎ جس کو آتا ہی نہیں راہ نمائی کا طریق
آج وہ سب کے لئے راہ نما ہے یارو

؎ متاع عظمت آدم کی ہے تلاش عبث
جہاں میں کوئی بھی تو خبر آدمی نہ رہی

شریف بقاؔ

عقیل دانش:- اس مضمون میں حبیبؔ حیدرآبادی نے اودھ کے سادات

گھرانے سے تعلق رکھنے والے عقیل دانش کا تعارف کرایا ہے جنھوں نے پاکستان جا کر اعلیٰ تعلیم حاصل کی۔ اور بعد میں لندن یونیورسٹی سے وابستہ ہوئے۔ اقبالیات پر کام کیا۔ اُن کی شاعری پر تبصرہ کرتے ہوئے حبیبؔ حیدر آبادی لکھتے ہیں:

''وہ کوئی صاحب دیوان شاعر نہیں۔ جتنے بھی اُن کے شعر ہیں اُن میں زندگی ہے تازگی ہے اُن میں اُن کی زندگی کا درد ہے۔ اُن کے اشعار میں اُن کی اپنی ہی جلوہ گری ہوتی ہے۔ وہ خود اپنے آپ سے ہم کلام ہوتے نظر آتے ہیں۔ نہ تصنع ہے نہ بناوٹ نہ جدیدیت کے نعرے ہیں نہ قدامت پسندی کی چھاپ ہے۔ فکر و نظر میں بڑا توازن ہے بات کو خوبصورتی سے کہنا اُنہیں آتا ہے''۔ ۱۸

عقیل دانش کی شاعری پر تبصرہ کے بعد حبیبؔ حیدر آبادی نے اُن کا کچھ منتخب کلام پیش کیا ہے ۔جس سے چند اشعار

اس طرح ہیں:

ے ہر لمحہ بکھر بکھر کے دانش
تنظیم حیات کر رہا ہوں

ے ہمیں یقین ہے کہ ہم پر ستم تمام ہوئے
ہمارے بعد کسی پر ستم نہیں ہوں گے

ے جو خون دل کو جلاؤ تو میرے ساتھ چلو
کہ دور دور کہیں راہ میں چراغ نہیں

ے کوئی بھی لفظ نہیں باعثِ نشاطِ نظر
تمہارے نام سے پہلے تمہارے نام کے بعد

ے دل کتنا پریشان ہے نظر کیوں نہیں آتے
اب شام ہوئی لوٹ کے گھر کیوں نہیں آتے

عقیلؔ دانش

اطہر راز:- حبیبؔ حیدر آبادی نے زیرِ نظر مضمون میں لندن کے ایک مقبول شاعر اطہر رازؔ کا تعارف کروایا ہے۔ جو انجمن ترقی اردو کے معتمد رہے۔ اُنہیں اُردو کا خدمت گزار کہتے ہوئے حبیبؔ حیدر آبادی نے اُن کے کلام سے نظم ''ہپّی'' اور ''صدر مشاعرہ کی تلاش'' بطور انتخاب پیش کی ہے۔ نظم ''ہپّی'' کہ چند اشعار اس طرح ہیں:

وحشت کے طلب گار تمدن سے ہیں بے زار
فی الحال جو لندن میں نظر آتے ہیں ہپّی

گھر در ہے نہ بستر ہے نہ تکیہ ہے نہ چادر
آرام سے فٹ پاتھ پر سو جاتے ہیں ہپّی

تہذیب سے باغی ہیں تغافل کے پرستار
اس دور میں انسان کو شرماتے ہیں ہپّی اطہر رازؔ

طنز و مزاح نگار:- اس عنوان سے حبیبؔ حیدر آبادی نے لندن کے چند مزاحیہ شعراء کا مختصر تعارف اور کلام کا نمونہ پیش کیا ہے جس سے برطانیہ میں طنز و مزاح کی سطح کا اندازہ ہوتا ہے۔ ذیل میں حبیبؔ حیدر آبادی کے انتخاب سے مزاحیہ شعراء کے نام اور اُن کے کلام کا نمونہ پیش ہے۔

حکیم غلام نبی:-

کل شام کو کچھ مہماں گھر میں ہمارے آئے
کھانا پکار کھا تھا جو مہماں سارا کھا گئے
ایسا بھی ہوتا ہے کبھی کچھ اور کھانے کو نہ تھا
بچے لگے رونے تو ان کے کان میں ہم نے کہا
بچو نہیں جا لینے دو تم چُپ رہو تھوڑا سا اب
یہ جائیں تو پھر ہم اکھٹے بیٹھ کے روئیں گے سب

بےتابؔ امروہی:

جدھر دیکھو اکڑتے پھر رہے ہیں بھائی لندن میں
کہ اپنی ڈارلنگ کو لے گئے تھے کل وہ ہلٹن میں

بھلا پوچھو کہ آزادی اُنہیں کیا خاک راس آئی
چھٹے قیدِ فرنگی سے پھنسے دامِ فرنگن میں

استاد بٹنگی مرحوم:۔

آئے جب اس خطۂ ناپاک میں
مل گئیں سب آرزوئیں خاک میں
شاعری اور عشق میں ایسے پڑے
ہم بٹنگی کے بٹنگی ہی رہے

جی۔اے بُلبل:۔

مزاجِ یار موسم کی طرح اکثر بدلتا ہے
یہ انگلستان کی آب و ہوا معلوم ہوتا ہے
لڑکا نظر آتی ہے لڑکی نظر آتا ہے
مغرب کا جو سیدھا ہے اُلٹا نظر آتا ہے

صداقت حسین سوزؔ:۔

(ایک خاتون کو نو بچوں کی ولادت پر کہی گئی نظم)

نو برس میں نہ کر سکے کوئی
نو مہینوں میں کر دکھایا ہے
پون درجن کی اس ولادت نے
منصوبہ بندی کا منہ چڑایا ہے
دیکھ کر فوج نونہالوں کی
قحط بنگال یاد آیا ہے
لوگ مسرور ہیں خبر سُن کر
ہم کو بیگم پر غصّہ آیا ہے

ڈاکٹر برلاس مرحوم:-

ہم مصائب آشنا جب دیس اپنے جائیں گے
یاد میں انگلینڈ کی ہم گیت ہردم گائیں گے
خود کبھی بہکے تھے اب اوروں کو بھی بہکائیں گے
یہ مگر سوچا تھا کہاں سے ہم کرایہ لائیں گے
گھر کو واپس لوٹنا لانا ہے جوئے شیر کا
ایک پہلو یہ بھی ہے پردیس میں تقدیر کا

لندن کے شاعر:- اس عنوان کے تحت حبیبؔ حیدرآبادی نے لندن میں مقیم ملکی و بیرون ملک تارک وطن شعراء کا تعارف اور کلام کا نمونہ پیش کیا ہے۔

حسن ڈبائیوی:-

کم ہو تو جنوں کا اور دامن بھر جائے
گھٹ جائے جو واسطہ تو الجھن بڑھ جائے
وہ چپ ہوں تو جذبات کا دم گھٹنے لگے
وہ بات کریں تو دل کی دھڑکن بڑھ جائے

محمد صادق جامیؔ:-

ذرا یہ دیکھئے اپنوں نے ساتھ چھوڑ دیا
اور عین وقت پر کام آ گئے ہیں بیگانے

کوئی منزل ہو ہمت چاہئے سر ہو ہی جاتی ہے
مگر لٹتے ہیں رستے میں ہزاروں کارواں پہلے

مختصر عمر میں کیا کیا نہ اُٹھائے صدمے
دل میں رہتے ہوئے ناسور رہے ہیں کیا کیا

جمیل احمد مدنی:-

پھر کسی تازہ الم سے ہے تقابل شائد

مطمئن سا ہے مرا قلبِ حزیں آج کی رات

؎ حاصل عشق کہوں یا کہ اسے ترکِ وفا

اے جمیل اُن کا تصوّر بھی نہیں آج کی رات

وقار لطیف :-

؎ جل جل کے جس میں ملک خس و خاک ہو گئے

اس آگ میں وقار مرا شہر بھی تو تھا

؎ محبت میں سکوں محرومیوں کے بعد آتا ہے

کہ جب ہر آسرا لٹ جائے تب ہی چین آتا ہے

؎ یہ کیا ضد ہے کہ دنیا بھی رکھو اور جی نہ میلا ہو

یہ دُنیا خوش ہی تب ہوتی ہے جب دل ٹوٹ جاتا ہے

ڈاکٹر سید مجیب ایمان :-

؎ لائی ہے صبا جب بھی تیری زلف کی خوشبو

یادوں کے جزیرے میں نئے پھول کھلے ہیں

؎ تسلیم کے ہر اہل نظر اہل نظر ہے

اے دوست توجہ کی نظر اور ہی کچھ ہے

؎ دل کا سکون ڈھونڈتے پھرتے ہیں در بہ در

تنہائیوں کا دوش پہ لاشہ لئے ہوئے

ڈاکٹر اظہرؔ لکھنوئی :-

؎ آتے ہی اضطراب کی باتیں نہ کیجئے

دم لیجئے شراب کی باتیں نہ کیجئے

؎ غرقاب ہو نہ جائے کہیں کشتیءِ حیات

اب آپ انقلاب کی باتیں نہ کیجئے

؎ کی عرض زندگی کی حقیقت بتایئے

فرمادیا حباب کی باتیں نہ کیجئے

عابد نامیؔ :-

ے وقت نے ایسی کروٹ بدلی پھول کھلے بدلی اُجڑی
وحشت کا وہ زور بڑھا آباد ہوا ویرانہ بھی

ے تنہائی سے گھبرا کر ہم کیا کیا شکوے کرتے ہیں
لیکن جب سے آپ ملے ہیں دوست ہوا بیگانہ بھی

ے دَم کے دَم میں دنیا بدلی بھیڑ چھٹی کہرام اُٹھا
چلتے چلتے سانس رُکی اور ختم ہوا افسانہ بھی

خالد یوسف :-

ے سب کچھ بھلا کے آؤ پھر ایک بار ہم ملیں
ممکن ہے اس کے بعد یہ لمحے بھی کم ملیں

ے بھٹکا ہے قافلہ تو تعجب کی بات کیا
جب دل ہوں پُر غبار تو کیسے قدم ملیں

سجاد حسین شمسی :-

ے کئی بار گزرا قریب سے کئی بار منہ کو چھپا لیا
مرے ہاتھ اُٹھے ہی رہ گئے مری جان سلام کو

ے یہ حیات چند روز اسی کشش سے گزری
کبھی موت کو پکارے کبھی زندگی کو ترسے

سلطان الحسن فاروقی :-

ے جس کا ڈر تھا مجھ کو اے دل وہ مقام آ ہی گیا
تو نے دیکھا دیدہ تر اتہام آ ہی گیا

ے کس قدر ذوق طلب تھا کس قدر شوق سفر
ہائے منزل پر پہنچ کر اختتام آ ہی گیا

ڈاکٹر عبدالغفار عزم :-

عرصہ شام وسحر وقفہ وصل وفراق
حلقہ دام تماشا ہیں نظارے کیا ہیں
دردِ شل کیا ہے شب غم کی حقیقت کیا ہے
ایک تفسیر جنوں عشق کے مارے کیا ہیں

ڈاکٹر رحیم اللہ ناشاد :-

امتحاں لے چکے زمانے کا
اب ہمیں خود آزمانہ ہے
دور انسانیت سے ہے انساں
کیسا ماحول کیا زمانہ ہے

نجمہ عثمان :-

حیات میں کسی لمحہ سکون پانے دو
فسانہ دلِ غمگین کو بھول جانے دو
نئی سحر کے لئے آج دل کر وروشن
فسردہ چاند ستاروں کو ڈوب جانے دو

شاہینؔ صدیقی :-

زندگی سے موت تک کا فاصلہ
اک کلی سے پھول تک ناپا گیا

محسنہ جیلانی :-

وہ اک تاثر وہ ایک جذبہ
جو اس کے چہرے پر جل رہا ہے
جو درد کی گود میں پلا ہے
اُسے اگر تم جو دیکھ پاؤ

محمد علی منگلی :-

ے عشق کا اپنے فسانہ ہم کسی سے کیا کہیں
چھوڑیئے قصّہ پُرانا ہم کسی سے کیا کہیں

خالق بھٹّی :-

ہم کو پیارا ہے اپنا طرز حیات
ملک پیارا ہے پیاری اپنی زمین
شہر لندن میں عارضی ہے اپنا قیام
یہ ولایت اپنا گھر تو نہیں

عبد العلیم صدیقی :-

ظلمت کو مٹا کر دُنیا سے انوار نمایاں دیکھیں گے
ہم شامِ غریباں دیکھ چکے اب صبح غریباں دیکھیں گے

سمشی ہادی :-

ے تجلّی کہکشاں کی خوب تر ہے آسمانوں میں
میں ہر ذرّے کو خورشید درخشاں کر کے چھوڑوں گا
ے ہراساں میرے عزم جادہ پیائی سے رہزن ہیں
رہِ منزل کی ہر مشکل کو آساں کر کے چھوڑوں گا

بہار کاشمیری :-

ے ایسے رُک رُک کے گزرتے ہیں یہ لمحے جیسے
وقت کے پاؤں میں کانٹا سا چُبھا ہوتا ہے
ے پتھر کا شہر ہے یہاں پتھر کے لوگ ہیں
سر پھوڑ کر مرو گے یہاں جانتا ہوں میں

بخش لائل پوری :-

ے ذلّت کے سمندر میں ہم دم ہر شہر تمدن ڈوب گیا

وہ کونسی گلیاں باقی ہیں انسان جہاں نیلام نہیں
؎ آئیں خدا کی نظروں میں انسان برابر ہیں سارے
حاکم تو کسی کی ذات نہیں محکوم کسی کا نام نہیں

سید احسن جاوید ہزاروی:-

؎ ہمارے آنسو متاعِ ہستی ہماری دولت ہے زیب دامن
غرض زمانے کو اس سے کیا ہے ہم اپنی پونجی لٹا رہے ہیں

رحمت قرنی:-

؎ ہر گام پہ ٹھوکر کھا کھا کر انسان سنبھلتا جاتا ہے
ہر تلخ حقیقت کی لو سے احساس نکھرتا جاتا ہے
؎ ملاح کی غیریت کا ماتم بے سود ہے اے کشتی والو
اب خود پتوار یں ہاتھ میں لو طوفان بپھرتا جاتا ہے

عاقل ہوشیار پوری:-

؎ خوش فہمئ خیال کی اب ضد کا کیا علاج
ورنہ جو شام پاس سے گزرا تھا تو نہ تھا
؎ عاقل غزل سے ڈھل تو گیا کچھ غبارِ غم
ہر چند یہ ہنر سببِ آبرو نہ تھا

ودیا ساگر آنند:-

؎ یہ مظلموں کی آہوں کا اثر ہے دیکھ لو نکسن
واٹر گیٹ کے حمام سے تم تربہ تر نکلے

عامر موسوی:-

؎ اچانک ٹوٹ جاتے ہیں کبھی جب پیار کے رشتے
یہ دُنیا کس قدر بے کارسی معلوم ہوتی ہے
؎ جب ارادوں نے مات کھائی ہے

زندگی راستے پہ آئی ہے

راج کھیتی :-

؎ زیست تاریک سمندر کا سفر تھی پہلے
ہم نہ ہوتے تو کہاں کوئی کنارا ہوتا
؎ زندگی میں جو کبھی ساتھ تمہارا ہوتا
کاکل دہر کو ہم نے بھی سنوارا ہوتا

برمنگھم، بریڈفورڈ، نوٹنگھم اور آئیرلینڈ کے شاعر :-

یوسف قمر :-

؎ ہے کٹھن مرحلہ دار و رسن جانتے ہیں
تیرے دیوانے محبت کا چلن جانتے ہیں
؎ دیار غیر میں اپنے دیار کی باتیں
ہوں جیسے عہد خزاں میں بہار کی باتیں

عطا جالندھری :-

؎ تصور کا جس مرکز ہے ماضی
کوئی عہد جنوں کیسے بھلائے
عطا کس سے کریں ذکر حقیقت
کبھی اپنے جو تھے اب ہیں پرائے

سرمد جالندھری :-

؎ اب آہٹوں سے خوف سا آنے لگا مجھے
یہ حال کر دیا ہے تیرے انتظار نے

عنایت حسین شاداںؔ :-

؎ خدا جانے دماغِ آرزو میں کیا سمایا ہے
کہ بربادی میں بھی دل کی خوشی معلوم ہوتی ہے

ڈاکٹر حسن صفی :-

دل میں بسا تو ہی ہے تری آرزو مگر
شعلہ سا اک قریبِ رگِ جاں ہے دیکھئے
تجھی سے مانگوں، زمانے سے کچھ طلب نہ کروں
کہ ظلمتوں میں بھی میں فکرِ روز و شب نہ کروں

طلعت سلیم :-

عقیدت سے سر خود بہ خود جھک گیا ہے
بھر آئی ہے آنکھیں کس حسرت سے اپنی
بجھتی ہے پیاس روح کی جن کے جمال سے
مل کر وہ لوگ لگتے ہیں کیوں دل کو اجنبی

موج فرازی :-

احساس کو عریاں ہونے دو انسان کو انسان ہونے دو
یہ سارے اندھیرے باطل ہیں اک شمع فروزاں ہونے دو
اک کام تو ایسا کر جاؤ دُنیا میں بھرم کچھ رہ جائے
کچھ دیر تو اے دل والو تم جلوؤں کو پریشان ہونے دو

رازی پاکستانی :-

یوں تو پہلے بھی بہار آئی تھی
بے کلی اب کے بڑی ہے یارو
سامنا اس بت رعنائی کا
آزمائش کی گھڑی ہے یارو

عاصی کاشمیری :-

جب اندھیروں کا ذکر آتا ہے
ٹمٹماتی ہے لو اُجالوں کی

ے جس نے دیا ہے درد ہمیں پیر کے عوض
ہم نے تو صبح و شام لیا ہے اُسی کا نام

حسن اجمل مسرت:-

ے کیوں نہ احساس کی قندیل بجھالی جائے
کوئی تدبیر تو جینے کی نکالی جائے

ے تھے ہمارے بھی کبھی شہر میں چرچے لیکن
اب تو اتنا بھی نہیں یاد کہ قصہ کیا تھا

گھونگھٹ کے پٹ:- حبیبؔ حیدرآبادی نے اس مضمون میں مشہور گیت کار سوہن راہی کے گیتوں پر تبصرہ کیا۔ اور اُن کے گیتوں کے مجموعہ ''گھونگھٹ کے پٹ'' پر اظہار خیال کیا۔ مضمون کے آغاز پر سوہن راہی سے اُن کی ملاقات اُن کی زبانی گیتوں کی سماعت گیتوں کے مجموعے کی اشاعت کی تفصیلات دینے کے بعد حبیبؔ حیدرآبادی نے سوہن راہی کے گیتوں پر اظہار خیال کیا چنانچہ وہ لکھتے ہیں:

''راہی صاحب نے بہت سے گیت بڑے ہی دُکھ بھرے دل کے ساتھ لکھے ہیں۔ ...... انھوں نے اپنے سارے غموں کی ترسیل اپنے گیتوں میں کر دی اور اپنے ہر غم کو غم جاناں کی نذر کر دیا۔ اُن کے گیتوں میں اُن کے اپنے جذبات کا نشیب و فراز ہے۔ وہ زندگی کو ہر رُخ سے دیکھنے کے عادی رہے۔ سوہن راہی صاحب نہ صرف یہ کے گوری کے من کو دیپ کی شکل میں دیکھنا چاہتے ہیں بلکہ اُس دیپ میں پیار کی جیوتی بھی۔'' 19

حبیبؔ حیدرآبادی سوہن راہی کے گیتوں کے اقتباسات بھی پیش کرتے جاتے ہیں۔ چند گیتوں کے مکھڑے اس طرح ہیں:

زندگی سپنوں کا ہے جھوٹا سفر
راستے ویران جھوٹی ہے ڈگر
نرم کلیوں کا بدن چھلنی رہا
دھوپ ننھی اوس کو ڈستی رہی

زندگی کی راہ میں منزل نہیں
موت کا کوئی یہاں قاتل نہیں

(سوہن راہی)

اُن کے نینوں سے مدرا برستی رہی
میں بھی پیتی رہی اور ترستی رہی
پیار گھٹتا رہا پیار بڑھتا رہا
روپ کا چاند گھونگھٹ بدلتا رہا
میں کبھی سوگئی یار کی گود میں
اور کبھی رات بھر میں تڑپتی رہی
اُن کی باہوں کے ہالے میں جھومتی
پھول بن کر کبھی سیج پر پھولتی
لے کے کلیاں کبھی بن لیا چاندسا
میں اکیلی ہی بنتی سنورتی رہی

(سوہن راہی)

سوہن راہی کے گیتوں پر تبصرہ کرتے ہوئے مضمون کے آخر میں حبیبؔ حیدرآبادی نے لکھا کہ راہی صاحب انگلستان میں کئی برسوں سے مقیم ہیں۔ لیکن اُن کے گیتوں میں اپنے وطن کی تہذیب ہی جھلکتی ہے۔

لندن کے افسانے:- انگلستان کے شعرا کے حالاتِ زندگی اور کلام سے تعارف کرانے کے بعد حبیبؔ حیدرآبادی نے ''لندن کے افسانے'' کے عنوان سے ابوالخطیب صاحب کی افسانہ نگاری کا جائزہ لیا ہے۔ مضمون کے آغاز میں آنہوں نے اردو افسانہ نگاری سے اپنے شغف کا ذکر کرتے ہوئے لکھا کہ ابتداء میں اُنہوں نے خواجہ حسن نظامی مرحوم کے'' غدر کے افسانے'' پڑھے اُس کے بعد ڈپٹی نذیر احمد، راشد الخیری، سجاد حیدر یلدرم، نیاز فتح پوری، پنڈت ودیا ناتھ سدرشن، گوربخش سنگھ اور پریم چند کے افسانے پڑھے۔ اردو افسانے کا پس منظر بیان کرتے

ہوئے حبیبؔ حیدرآبادی نے مختصر طور پر داستانوں کے عناصر ناول کے آغاز کی وجوہات اور اردو کے اہم افسانہ نگاروں کا ذکر کیا۔ اور برطانیہ میں مقیم افسانہ نگار و ناول نگار ابوالخطیب کے فن کا جائزہ پیش کیا۔ جس میں اُنھوں نے ناولٹ ''دل سے آگے کا سفر'' ''ذرا آنکھ لگی ہے'' ''میں ابھی زندہ ہوں'' ''افسانہ'' ''رات ذرا اندھیری ہے'' وغیرہ کا جائزہ لیا ہے۔ ابوالخطیب صاحب کے دوسرے ناولٹ ''ذرا آنکھ لگی ہے'' پر تبصرہ کرتے ہوئے حبیبؔ حیدرآبادی لکھتے ہیں:

''تارکین وطن کو انگلستان کی زندگی کا پورا پورا احساس ہے۔ وہ جب یہ ناولٹ پڑھتے ہیں تو خود اُن کی زندگی کے تجربے اور واقعات ایک ایک کر کے اُن کے ذہن میں آنے لگتے ہیں۔ اور ایسا معلوم ہوتا ہے کہ خطیب صاحب نے ہم سے انٹرویو لینے کے بعد ہمارے بعض احوال و تجربات کو اپنے ناولٹ میں شامل کر دیا ہے۔ لینڈ لیڈیز کا برتاؤ' فیکٹری میں رنگ دار ہونے کی سزا 'مختلف قومیت اور معاشرت رکھنے والوں سے نباہ بہر حال یہاں کی زندگی کا تجزیہ خطیب صاحب نے خوب کیا ہے اور ناولٹ کو شروع سے آخر تک دلچسپ بنائے رکھا ہے۔'' [۲۰]

''لندن کے افسانے'' ابوالخطیب صاحب کی کتاب ہے۔ اس کتاب کی اشاعت پر افسانہ نگار کو حبیبؔ حیدرآبادی نے مبارک باد دی ہے۔ اور کتاب کے رسم اجراء کے موقع پر ۱۵ ۔ڈسمبر ۱۹۷۱ء کو اُنھوں نے یہ مضمون پڑھا۔ جس میں ابوالخطیب کے فن افسانہ نگاری پر جائزے کے علاوہ اردو کے فسانوی ادب پر حبیبؔ حیدرآبادی نے طائرانہ نظر ڈالی ہے۔ ''لندن کے افسانے'' مضمون کے ساتھ ہی حبیبؔ حیدرآبادی کے تنقیدی مضامین کا اختتام عمل میں آتا ہے۔

ایلس فیض کے ساتھ ایک شام:- حبیبؔ حیدرآبادی کا ایک مضمون ایلس فیض کے ساتھ ایک شام ہے۔ یہ دراصل بیگم فیض سے لیا گیا ایک انٹرویو ہے جسے حبیبؔ حیدرآبادی نے لندن میں اپنے گھر پر ۲۹ ستمبر ۱۹۸۰ء کو لیا تھا۔ ایلس فیض سے تعارف اور اپنی پہلی ملاقات کا تذکرہ کرتے ہوئے حبیبؔ حیدرآبادی لکھتے ہیں:

''۱۸ ستمبر ۱۹۸۰ء ہفتہ کے دن سہ پہر میں لندن کے اردو مرکز نے فیض کے ایک نئے ریکارڈ کا اجراء کیا۔ کامن ویلتھ انسٹی ٹیوٹ میں یہ پر وقار تقریب منعقد کی گئی تھی۔ جس کی صدارت رالف رسل نے کی۔ فیض مہمان خصوصی تھے۔ پاکستان کے مشہور فنکار ضیاء محی الدین

نے فیض کی نظموں کے انگریزی ترجمے سنائے۔ زہرہ نگاہ نے فیض کی غزلیں پڑھیں۔ فیض نے مختصر تقریر کی اور پھر اپنے کلام سے سامعین کو نوازا۔ آخر میں رالف رسل نے فیض کو اپنا خراجِ عقیدت پیش کیا۔ اور اس محفل کو سجانے والے افتخار عارف نے مہمانوں کا شکریہ ادا کیا۔ اسی محفل میں بیگم فیض بھی موجود تھیں۔ یہیں اُن سے میری پہلی ملاقات ہوئی۔" [۲۱]

ایلس فیض سے تعارف کے تذکرے کے بعد حبیبؔ حیدرآبادی نے سوال و جواب کی شکل میں انٹرویو کی تفصیلات پیش کیں۔ کسی سے انٹرویو لینا ہو تو موضوع کے مطابق انٹرویو لینے والے کی معلومات بھی وسیع ہونی چاہیئے۔ کہتے ہیں کہ "سوال علم کی کنجی ہوتا ہے" یعنی سوال کریں گے تو اُس کا خاطر خواہ جواب ملے گا اور علم میں اضافہ ہوگا۔ اس لئے جواب سے پہلے کئے گئے سوالات کی بہت اہمیت ہوتی ہے۔ حبیبؔ حیدرآبادی ایلس فیض سے عالمی شہرت یافتہ شاعر فیض احمد فیض کے بارے میں انٹرویو لے رہے تھے۔ چنانچہ اُنہوں نے فیض کے بارے میں جو سوالات کئے ہیں اُنہیں ذیل میں پیش کیا جارہا ہے تاکہ ان سوالوں کے ذریعہ حبیبؔ حیدرآبادی کی ادبی و تنقیدی بصیرت کا پتہ چل سکے۔ حبیبؔ حیدرآبادی کے پوچھے گئے سوالات اس طرح ہیں:

"مختلف محفلوں میں فیض کی بڑی آؤ بھگت ہوتی ہے۔ لوگ اُنہیں سر آنکھوں پر بٹھاتے ہیں۔ جب ان محفلوں میں آپ شریک ہوتی ہیں تو کیا آپ کبھی احساسِ کمتری کا شکار ہوتی ہیں کہ لوگوں کی توجہ فیض پر زیادہ ہے اور آپ پر کم؟ آپ کے سسرال والوں کا رویہ آپ کے ساتھ کیسے رہا؟ آپ کی دونوں بیٹیوں میں کونسی بیٹی آپ کے زیادہ قریب ہے؟ ن۔م۔ راشد سے آپ دونوں کے تعلقات کیسے رہے کیا فیض اور راشد میں کوئی رقابت تھی؟ فیض کی ہمہ گیر مقبولیت کے اسباب کیا ہیں؟ آپ کے اشتراکی خیالات کس حد تک فیض کے رہین منت ہیں؟ آپ اپنے آپ کو انگریز سمجھتی ہیں یا پاکستانی؟ اکثر و بیشتر آپ دونوں بڑے آدمیوں کے مہمان رہتے ہیں۔ فیض اور آپ اپنے آپ کو کس طبقے میں شمار کرتے ہیں۔ آیا امیر، اوسط یا غریب؟ فیض کی مئے نوشی کے تعلق سے کہا جاتا ہے کہ صبح بستر سے اُٹھنے کے بعد سے رات دیر گئے بستر کو جانے تک وہ مسلسل پیتے رہتے ہیں۔ کیا ایسا کرنا اُن کی صحت کے لئے مضر نہیں ہے؟ بعض لوگوں کے اس بیان میں کہاں تک صداقت ہے کہ فیض اور آپ ہمیشہ دوسروں کی خاطر مدارات سے لطف اندوز ہوتے ہیں اور

جواباً اپنے مکان پر دوسروں کی خاطر مدارات یا تواضع نہیں کرتے؟ عام پاکستانیوں کے بارے میں آپ کا کیا خیال ہے؟ فیض کی پاکستان سے غیر حاضری یا اُن کے جیل جانے کے سبب کیا آپ کی بچیوں کی تربیت پر کوئی اثر پڑا؟ ۲۲ے

حبیبؔ حیدر آبادی کے مندرجہ بالا سوالات سے اندازہ ہوتا ہے کہ نا صرف وہ فیض کی زندگی کے کئی پہلوؤں سے واقف تھے بلکہ ایک ادیب کی زندگی کے بارے میں کس طرح کے سوال کرنا چاہیئے اُن سے بھی واقف تھے۔ چونکہ یہ انٹرویو فیض کی اہلیہ سے لیا گیا تھا۔ اس لئے حبیبؔ حیدر آبادی نے ایلس سے فیض کی شاعری یا فن کے بارے میں راست سوالات نہیں کئے بلکہ فیض اور ایلس کی خاندانی زندگی کو اُجاگر کرنے والے سوالات کئے۔ جب حبیبؔ حیدر آبادی نے ایلس سے اُن کے سسرال والوں کے رویے کے بارے میں سوال کیا تو جواب میں ایلس نے اپنی زندگی کے احوال بھی بیان کئے چنانچہ ایلس کہتی ہیں:

''ہماری شادی ۲۸ اکتوبر ۱۹۴۱ء کو سری نگر میں ہوئی. شیخ محمد عبداللہ نے نکاح پڑھا۔ شادی کے بعد ہم دہلی بھی گئے۔ ن ۔م۔ راشد اور اُن کی پہلی بیوی کے ہم مہمان رہے۔ میری بڑی بیٹی سلیمہ ۱۹۴۲ء میں دہلی میں پیدا ہوئیں۔ منیزہ ۱۹۴۵ء میں شملے میں پیدا ہوئیں۔ میرے سسرال والے ہم تینوں کو بہت عزیز رکھتے ہیں'' ۲۲ے

ایلس فیض کے جواب سے اندازہ ہوتا ہے کہ انٹرویو کے ذریعہ بھی کسی ادیب یا شاعر کے بہت سے احوال قارئین تک پہونچائے جاسکتے ہیں۔ ایلس فیض سے لیا گیا یہ انٹرویو حبیبؔ حیدر آبادی کی سلجھی ہوئی تنقیدی بصیرت کا پتہ دیتا ہے۔

گذشتہ صفحات میں حبیبؔ حیدر آبادی کے جن مضامین کا جائزہ پیش کیا گیا۔ اُن سے اندازہ ہوتا ہے کہ حبیبؔ حیدر آبادی ایک مستقل نقاد تو نہیں لیکن اُن میں ایک نقاد کی تمام خوبیاں بدرجہ اتم موجود ہیں۔ حبیبؔ حیدر آبادی نے جس تحقیق اور چھان بین سے برطانیہ میں مقیم اردو کے شعراء اور ادیبوں کے احوال بیان کئے اور اپنی پسند سے جس طرح شعراء کے کلام کا انتخاب پیش کیا ہے۔ اس سے وہ برطانوی شعر و ادب کے مورخ اور نئے دور کے تذکرہ نگار کے طور پر اُبھر کر آتے ہیں۔ برطانیہ کے شعراء کے حالات زندگی اور کلام کے انتخاب پر مبنی اُن کے یہ

مضامین ''برطانیہ میں اردو شاعری'' جیسی کسی تاریخ ادب کا اچھا خاصا مواد ثابت ہو سکتے ہیں۔ شعراء کے حالات اور کلام پر تبصروں کے دوران حبیبؔ حیدرآبادی ایک تاثراتی نقاد کے طور پر اُبھر کر سامنے آتے ہیں۔ اپنی تحریروں کے ذریعہ جہاں وہ اپنی ادبی بے بضاعتی کا ذکر کرتے ہیں تو وہیں اُن کی تحریریں اُنہیں ایک اچھے نقاد' محقق' مورخ اور تذکرہ نگار کے طور پر پیش کرتی ہیں۔ برطانیہ کے شعراء کو برصغیر میں متعارف کرانے میں حبیبؔ حیدرآبادی نے ایک اہم کام کیا ہے۔ اور جب کبھی برطانیہ کے شعر و ادب کی تاریخ مرتب ہوگی اس وقت حبیبؔ حیدرآبادی کا یہ گلدستہ شعراء ضرور مورخین کے لئے کارآمد ثابت ہوگا۔

حوالے

۱۔ شارب ردولوی ڈاکٹر۔ جدید اردو تنقید اُصول و نظریات۔ لکھنو ۱۹۸۱ء۔ ص ۴۹

۲۔ اشرف رفیع۔ پروفیسر۔ مضمون ادب میں تنقید کے جدید رجحانات۔ مشمولہ سب رس حیدرآباد۔ نومبر ۲۰۰۵ء ص ۲۶

۳۔ حسین الحق۔ مضمون۔ نقدِ اشرفی' منظر پس منظر' مشمولہ سب رس حیدرآباد۔ نومبر ۲۰۰۵ء ص ۲۹

۴۔ کلیم الدین احمد۔ اردو تنقید پر ایک نظر ص

۵۔ عبدالحق۔ مشمولہ۔ فن تنقید اور اردو تنقید نگاری از۔ نورالحسن نقوی۔ علی گڈھ ۲۰۰۱ء ص ۹۸

۶۔ نورالحسن نقوی۔ فن تنقید اور اردو تنقید نگاری ص ۱۰۰

۷۔ حنیف نقوی۔ مشمولہ۔ فن تنقید اور اردو تنقید نگاری۔ ص ۱۰۶

۸۔ حبیبؔ حیدرآبادی۔ انگلستان میں۔ ص ۱۵۴

۹۔ اکبر حیدرآبادی۔ بحوالہ انگلستان میں۔ ص ۱۶۰

۱۰۔ حبیبؔ حیدرآبادی۔ انگلستان میں۔ ص ۱۶۱

۱۱۔ حبیبؔ حیدرآبادی۔ انگلستان میں۔ ص ۱۶۲

۱۲۔ حبیبؔ حیدرآبادی۔ انگلستان میں۔ ص ۱۶۳

۱۳۔ حبیبؔ حیدرآبادی۔ انگلستان میں۔ ص ۱۶۷

۱۴؎ حبیبؔ حیدرآبادی۔ انگلستان میں۔ ص ۱۶۸

۱۵؎ حبیبؔ حیدرآبادی۔ انگلستان میں۔ ص ۱۷۴

۱۶؎ حبیبؔ حیدرآبادی۔ انگلستان میں۔ ص ۱۷۸

۱۷؎ حبیبؔ حیدرآبادی۔ انگلستان میں۔ ص ۱۸۴

۱۸؎ حبیبؔ حیدرآبادی۔ انگلستان میں۔ ص ۱۹۲

۱۹؎ حبیبؔ حیدرآبادی۔ انگلستان میں۔ ص ۲۵۳

۲۰؎ حبیبؔ حیدرآبادی۔ انگلستان میں۔ ص ۲۶۲

۲۱؎ حبیبؔ حیدرآبادی۔ انگلستان میں۔ ص ۱۳۹

۲۲؎ ایلس فیض۔ بحوالہ۔ انگلستان میں۔ ص ۱۴۱۔ ۱۴۲

حبیبؔ حیدر آبادی بہ حیثیت خاکہ نگار

حبیبؔ حیدر آبادی نامور انشا پرداز ہونے کے علاوہ ایک اچھے خاکہ نگار بھی ہیں۔ اُن کے چند ایک خاکے اُن کی تصانیف ''انگلستان میں'' اور ''رہ ورسم آشنائی'' میں شامل ہیں۔ جس میں اُنہوں نے اپنے دلچسپ طرز بیان سے مختلف شخصیتوں کے خاکے کھینچتے ہیں۔ حبیبؔ حیدر آبادی کی خاکہ نگاری کے جائزے سے قبل آیئے دیکھیں کہ خاکہ نگاری کیا ہے۔ اور اردو میں خاکہ نگاری کی روایت کس حد تک مضبوط ہے۔

خاکہ نگاری کا فن:- اردو کی نثری اصناف میں داستان، ناول، افسانہ ڈرامہ اور انشائیہ کی طرح خاکہ بھی ادب کی ایک جدا گانہ اور منفرد صنف ہے۔ یہ مضمون اور انشائیہ سے قریب ہے۔ اردو ادب میں خاکہ نگاری و مضمون نگاری کے ابتدائی نقوش داستانوں، تذکروں اور دیگر تصانیف میں ملتے ہیں۔ لیکن ایک مستقل صنف کے طور پر خاکہ نگاری انگریزی ادب کے زیر اثر اردو میں رائج ہوئی۔ خاکہ کے لئے انگریزی اصطلاح (Sketch) رائج ہے۔ یہ اصطلاح فن مصوری میں بھی استعمال ہوتی ہے۔ اگر ایک مصور کسی شخص کی ہو بہو مکمل تصویر بنا دے تو اُسے Portrait کہتے ہیں۔ اس کے برخلاف چند آڑے ترچھے خطوط کی مدد سے کسی شخصیت کے خط وخال کی جھلک دکھانے کی کوشش کرے تو اُسے اسکیچ کہتے ہیں۔ مصور کے بنائے ہوئے اسکیچ میں کسی شخصیت کے ظاہری خط وخال جھلکتے ہیں۔ لیکن ایک خاکہ نگار جب لفظوں کے ذریعہ شخصیت کی صورت گری کرتا ہے۔ تب اُس خاکہ کے ذریعہ شخصیت کی ظاہری و باطنی تصویر قاری کے ذہن میں اُجاگر ہو جاتی ہے۔ اس طرح کسی مصور کے بنائے اسکیچ کے مقابلے میں ایک خاکہ نگار کے قلم سے مترشح ہونے والی لفظی تصویر کہیں زیادہ واضح اور گہری ہوتی ہے۔ اردو ادب کے ماہرین نے اپنے اپنے انداز سے خاکہ کی تعریفیں پیش کرنے کی کوشش کی ہے۔ ڈاکٹر سید حامد حسین خاکہ کی تعریف بیان کرتے ہوئے لکھتے ہیں:

''خاکے کا لفظ ایک ایسی تحریر کے لئے استعمال کیا جاتا ہے جو سرسری نوعیت کی ہو اور اس میں معنی اور خیال کے نہ زیادہ نشیب و فراز ہوں اور نہ تہیں۔ چنانچہ ایسی جھلکیاں جو ڈرامے یا افسانے کی گہرائی اور پھیلاؤ اور تاثر نہ رکھتی ہوں عام طور پر خاکہ ہی کہلاتی ہیں'' ۔ ۱

پروفیسر شمیم حنفی خاکہ کے خدوخال اُجاگر کرتے ہوئے لکھتے ہیں:

''خاکہ ایک جیتی جاگتی حقیقی شخصیت کی تصویر ہوتے ہوئے بھی افسانے جیسی دلکشی اور دلچسپی کا سامان رکھتا ہے۔ اور پڑھنے والا اسے گویا کہ بہ یک وقت واقعے کے طور پر بھی پڑھتا ہے اور کہانی کے طور پر بھی۔ چنانچہ ایک کامیاب خاکہ جو اس صنف کے تقاضوں سے ہم آہنگ ہو' ہماری فکر اور ہمارے احساسات دونوں سے رشتہ قائم کرتا ہے'' ۔ ۲

صابرہ سعید نے اپنی تصنیف ''اردو ادب میں خاکہ نگاری'' میں خاکہ کی تعریف کے سلسلے میں ماہرین کی آراء اس طرح پیش کی ہے:

''نثار احمد فاروقی کے بموجب ''خاکہ شخصیت کا معروضی مطالعہ ہے۔ آمنہ صدیقی کہتی ہی کہ ''سوانح نگاری کی بہت سی صورتیں ہیں۔ ان ہی میں سے ایک شخصی خاکہ ہے۔ یہ دراصل مضمون نگاری کی ایک قسم ہے۔ جس میں کسی شخصیت کے اُن نقوش کو اجاگر کیا جاتا ہے جن کے امتزاج سے کسی کردار کی تشکیل ہوتی ہے۔ محمد حسین لکھتے ہیں کہ ''نوک قلم کی تصویر کشی خاکہ نگاری ہے''، شمیم احمد کرہانی لکھتے ہیں کہ ''خاکہ نگاری ادب کی ایک صنف ہے جس میں شخصیتوں کی تصویریں اس طرح براہ راست کھینچی جاتی ہیں کہ اُن کے ظاہر و باطن دونوں قاری کے ذہن نشین ہو جاتے ہیں اور ایسا معلوم ہوتا ہے جیسے پڑھنے والے نے نہ صرف قلمی چہرہ دیکھا ہے بلکہ خود شخصیت کو دیکھا بھالا سمجھا بوجھا ہو'' ۔ ۳

مختلف نقادوں اور ماہرین ادب کی آراء کو پیش نظر رکھتے ہوئے خاکہ نگاری کی عمومی تعریف یوں ہوسکتی ہے کہ ''خاکہ دراصل کسی شخصیت کی ایسی لفظی تصویر کشی ہے جس سے اس کا ظاہر اور باطن قاری کے سامنے پیش ہو جائے اور خاکہ نگاری کے نقطۂ نظر سے شخصیت کا خاطر خواہ تعارف ہو جائے۔ جہاں تک ظاہر اور باطن سے واقفیت کا معاملہ ہے اس سے پردہ اُٹھانا خاکہ نگار کے لئے دشوار بھی ہے۔ کیوں کہ کسی شخصیت کا ظاہر بیان کرنا تو آسان ہے لیکن شخصیت کے اندر

جھانکنا اور اس کی حقیقی تصویر پیش کرنا دشوار ہے۔ چنانچہ خاکہ نگاری کی اسی مجبوری کا احساس کرتے ہوئے عوض سعید خاکہ نگاری کو جھوٹ قرار دیتے ہیں چنانچہ وہ لکھتے ہیں:

''میرے نزدیک خاکہ نگاری سے بڑا جھوٹ اور کوئی نہیں۔ اندر کے آدمی کو بھلا کب اور کس نے جانا ہے۔۔۔ خاکہ نگاری تو دودھاری تلوار ہے۔ ذرا پینٹر اٹیڑھا ہوا اور کہنے والا دھم سے نیچے آرہا۔۔۔ پہلی سیڑھی پر کھڑا ہوا آدمی جب دوسری منزل پر نظر ڈالتا ہے تو لگتا ہے جیسے وہ اوپر سے نیچے گر پڑا ہے۔ اگر گر پڑنا احساس ہی نہیں سچائی بھی ہے تو خاکہ سے بڑا جھوٹ اور کیا ہو سکتا ہے''۔ ۴؎

خاکہ جھوٹ ہونے کے باوجود ایک حد تک سچائی اس لئے ہے کہ اس میں شخصیت کی کچھ نہ کچھ تصویر ضرور دکھائی دیتی ہے۔ چاہے یہ تصویر جھوٹی ہو یا دھندلی۔ خاکہ نگاری بھی ایک فن ہے۔ اور دیگر فنون کی طرح یہ بھی چند بنیادی اُصولوں کا متقاضی ہے۔ اس ضمن میں ڈاکٹر خلیق انجم لکھتے ہیں:

''خاکہ کا فن بہت مشکل اور کٹھن فن ہے۔ اسے اگر نثر میں غزل کا فن کہا جائے تو غلط نہ ہوگا۔ جس طرح غزل میں طویل مطالب بیان کرنے پڑتے ہیں۔ ٹھیک اسی طرح خاکہ میں مختصر الفاظ میں پوری شخصیت پر روشنی ڈالنی پڑتی ہے''۔ ۵؎

خلیق انجم کے خیالات سے پتہ چلتا ہے کہ ایک کامیاب خاکہ نگار کو اپنے فن کا ماہر ہونا چاہئے۔ خاکہ نگار کے سامنے ایک شخصیت ہوتی ہے اور وہ لفظی بازیگری سے ایک شخصیت کو حیات نو بخشتا ہے۔ خاکہ نگار کو حقیقت بیانی کے ساتھ شخصیت کا اصل رنگ وروپ اور ماحول پیش کرنا پڑتا ہے۔ خاکہ نگار کے لئے یہ ضروری ہے کہ وہ اپنے جذبات اور جوش کو اعتدال میں رکھے اور غیر جانبداری کے ساتھ شخصیت سے متعلق تمام مواد کو اس طرح ترتیب دے کہ شخصیت کی حقیقی تصویر سامنے آئے۔ واقعات کو صحت کے ساتھ اس طرح ترتیب دے کہ ماضی حال ہو جائے۔ اس کے لئے خاکہ نگار میں جدت اور مشاہدے کی قوت ہونی چاہئے۔ ایک اچھے خاکے کے لئے درکار ضروری باتوں کے بارے میں صابرہ سعید لکھتی ہیں:

''خاکے میں اختصار و تنظیم کے ساتھ ایک طرح کی سرعت اور تیز رفتاری بھی ضروری ہوتی ہے ہم یہ کہنے پر اکتفا کریں گے کہ خاکہ ان فنی لوازم کا متقاضی ہے۔ سچائی، صحیح مرقع کشی،

عمدہ تربیت' دیانت داری' اظہار کی جراءت' شعوری فراست' جچے تلے الفاظ میں شخصیت کے ظاہری اور اندرونی حدود اربعہ کا بیان' وحدت تاثر' معروضی انداز' شخصیت کی باز تخلیق وغیرہ' چونکہ خاکہ تخلیقی انداز کی شعوری کوشش ہے۔ اس لئے کوشش یہ کی جائے کہ انتخاب' ترتیب اور شعوری کوشش سے تشکیل پانے والا مرقع بے جان واقعات اور تفصیلات کا مجموعہ نہ بننے پائے۔ بلکہ ایک ایسی زندہ اور متحرک تصویر کا ادب میں اضافہ کرے جو حقیقت کو بھی شرما دے''۔ ۶

خاکے کا مقصد کردار کی حقیقی تصویر کشی قرار دیتے ہوئے ڈاکٹر سید حامد حسین لکھتے ہیں:

''خاکے کا اصل مقصد کردار کی (خواہ وہ حقیقی ہو یا افسانوی) شخصیت کے ان پہلوؤں پر گرفت کرنا ہے جو اس کی زندگی اور اصلیت کے احساس کو تقویت پہنچا سکیں۔ یہی وجہ ہے کہ بعض اوقات ان خاکوں میں محض چند (بظاہر) بے ترتیب واقعات' بعض حرکات وسکنات' لہجے اور انداز گفتگو کے بیان سے ایسے کامیاب اور متحرک نقوش وجود میں آتے ہیں جو اس کردار سے متعلق لاتعداد بے جان سوانحی تفصیلات سے مرتب نہیں ہو پاتے''۔ ۷

خاکہ نگار کے کام کا احاطہ کرتے ہوئے پروفیسر شمیم حنفی لکھتے ہیں:

''خاکہ نگار کا رویہ موضوع بننے والی شخصیت کی طرف سوانح نگار کے رویے سے اس معاملے میں مختلف ہوتا ہے کہ اس کی توجہ تصویر کے چند نمایاں نقطوں پر مرکوز ہوتی ہے۔ وہ نہ تو اس شخصیت سے منسوب ہر واقعے کی تفصیل میں جاتا ہے نہ شخصیت کے ہر پہلو کا احاطہ کرتا ہے۔ اس کی نظر انتخابی ہوتی ہے۔ وہ جہاں تہاں سے چند واقعات' شخصیت کے چند پہلوؤں تک اپنے آپ کو محدود کر لیتا ہے۔ اور اپنے واقعات اور پہلوؤں کی مدد سے ایسی تصویر بنا لیتا ہے۔ جو ادھوری نہ لگے۔ خاکہ نگار ایک چابکدست مصور ہوتا ہے۔ جو گنتی کی چند لکیروں یا ہوش کے چند اسٹروکس کے وسیلے سے ایک جامع اور ہمہ گیر اور متحرک تصویر لفظوں میں اتار دیتا ہے۔ کسی شخصیت کے ایسے عناصر جو مرکزی حوالوں کی حیثیت رکھتے ہوں۔ یا اس سے وابستہ ایسے واقعات جن سے شخصیت کے بھید کھلتے ہوں خاکہ نگار کا بنیادی سروکار انہی سے ہوتا ہے''۔ ۸

خاکہ نگاری کا فن سوانح نگاری اور انشائیہ نگاری سے ملتا جلتا ہے۔ سوانح میں ایک شخصیت کا مکمل اور مفصل احوال پیش کیا جاتا ہے۔ جس میں زندگی کے واقعات کو ترتیب وار بیان کیا جاتا ہے۔

انشائیہ میں مخصوص اسلوب کے تحت شخصیت کا بیان ہوتا ہے۔ خاکہ نگاری کی کئی قسمیں بھی ہوتی ہیں۔ جیسے تعارفی' سرسری' تاثراتی' بیانیہ' سنجیدہ' کرداری' سوانحی معلوماتی' اجتماعی' ذاتی یا خود نوشت اور انٹرویو وغیرہ۔

اردو میں خاکہ نگاری کی روایت:- خاکہ نگاری کی روایت اتنی ہی پرانی ہے جتنی کے فن تحریر کی۔ قدیم مذہبی کتابوں توریت وغیرہ میں اس کی جھلک ملتی ہے سترھویں اور اٹھارویں صدی میں سوانحی مرقعوں نے کافی مقبولیت حاصل کی۔ اٹھارویں صدی کے آخر تک خاکوں میں لب ولہجہ' عادات واطوار اور بذلہ سنجی کے عناصر جگہ پانے لگے تھے۔ انیسویں صدی میں رومانوی تحریک کے زیر اثر انشائیہ کا اسلوب فروغ پایا۔ سوانح نگاری کے ساتھ شخصی خاکوں کو بھی فروغ ملا۔ بیسویں صدی میں خاکوں میں نفسیاتی پہلو جگہ پانے لگے۔ اردو میں خاکہ نگاری مغرب کے زیر اثر آئی۔ اور اس کی تاریخ زیادہ قدیم نہیں ہے۔ خاکہ نگاری کے ابتدائی نمونے محمد حسین آزادؔ کی ''آب حیات'' میں ملتے ہیں۔ حالیؔ نے اپنی سوانحی تصانیف حیات سعدی (۱۸۸۲ء) یادگار غالب (۱۸۹۷ء) اور حیات جاوید (۱۹۰۱ء) کے ذریعہ اردو خاکہ نگاری کو راہ دکھائی۔ سوانحی خاکہ نگاری کو رواج ملا۔ مرزا فرحت اللہ بیگ' خواجہ حسن نظامی' عبدالرزاق کانپوری' رشید احمد صدیقی اور مولوی عبدالحق اہم خاکہ نگار گذرے ہیں۔ مرزا فرحت اللہ بیگ کا خاکہ۔ نذیر احمد کی کہانی کچھ ان کی اور کچھ میری زبانی'' ایک مثالی خاکہ ہے۔ مولوی عبدالحق نے اپنی تصنیف ''چند ہم عصر'' میں اپنے عہد کے چوبیس افراد کے خاکے یکجا کئے ہیں۔ یہ سب شخصی خاکے ہیں۔ تاہم انہوں نے خاکہ ''نام دیو مالی'' لکھ کر یہ واضح کیا کہ خاکے صرف مشہور شخصیتوں پر ہی نہیں لکھے جاتے بلکہ سماج کے پردہ میں پوشیدہ غیر اہم لیکن انسانیت کے اعلیٰ پیکر افراد پر بھی اچھے خاکے لکھے جاسکتے ہیں۔ فرحت اللہ بیگ' رشید احمد صدیقی اور مولوی عبدالحق نے خاکہ نگاری کی جو صحت مند روایات چھوڑیں تھیں انہی کو آگے بڑھاتے ہوئے اردو ادب میں کئی خاکہ نگار پیدا ہوئے جن میں قابل ذکر آغا حیدر حسین' شاہد احمد دہلوی' اشرف صبوحیؔ' سردار دیوان سنگھ مفتون جوش ملیح آبادی' خواجہ محمد شفیع دہلوی' مرزا محمود بیگ' مالک رام' منٹو' عصمت چغتائی' شوکت تھانوی' محمد طفیل' سید اعجاز حسن' کنھیا لال کپور شورش کاشمیری' فرقت کاکوری' فکر تونسوی' بیگم انیسؔ قدوائی' قرۃ العین

حیدرؔ انتظار حسین، مجتبیٰ حسین، ضمیر حسن دہلوی، چراغ حسن حسرت، خواجہ غلام السیدین، سید صباح الدین عبدالرحمٰن، بیگم صالحہ عابد حسین، مجید لاہوری، بیدی، کرشن چندر، ظ۔ انصاری، اوپندر اشک، بلونت سنگھ، حامد جلال، احمد بشیر، خواجہ احمد فاروقی، خلیق انجم، اسلم پرویز، ڈاکٹر عبادت بریلوی، سید ضمیر جعفری قدرت اللہ شہاب دکن میں اقبال متینؔ، سلیمان اطہر جاوید، اکبر علی بیگ، عوض سعید، بیگ احساس وغیرہ اہم خاکہ نگار ہیں۔ اردو خاکہ نگاری کا ایک اہم وصف یہ رہا کہ شخصیتوں کے بیان کے ساتھ اُن کے عہد کے سیاسی، سماجی وتہذیبی حالات بھی ان خاکوں میں محفوظ ہو گئے۔ اور یہ خاکے اپنے عہد کے تاریخی دستاویز بن گئے۔

اس طرح اردو میں خاکہ نگاری کا فن اور اس کی روایت پختہ ہے۔ اور اس روایت کو آگے بڑھانے والوں میں حبیبؔ حیدرآبادی بھی شامل ہیں جن کے خاکوں کا تجزیہ ذیل میں پیش ہے۔

حبیب حیدرآبادی کے خاکوں کا تنقیدی جائزہ:- حبیبؔ حیدرآبادی نے اپنا شخصی خاکہ لکھا۔ اس کے علاوہ اپنی اہلیہ صدیقہ اور دیگر شعرا اور ادیبوں اور آصف سابع میر عثمان علی خاں پر جو سوانحی مضمون لکھا اس میں بھی خاکہ نگاری کی خصوصیات پائی جاتی ہیں۔ حبیبؔ حیدرآبادی کے خاکوں کی تعداد زیادہ نہیں لیکن ان میں اردو خاکہ نگاری کی اہم خصوصیات پائی جاتی ہیں۔

اپنے بارے میں:- حبیبؔ حیدرآبادی کا پہلا خاکہ ''اپنے بارے میں'' کے عنوان سے ہے۔ یہ اُن کا شخصی خاکہ ہے جو اُن کی تصنیف ''انگلستان میں'' میں شامل ہے۔ لوگ دوسروں کو دیکھتے ہیں اور اُن کے بارے میں اچھی یا بُری رائے قائم کرتے ہوئے اُن پر یادگار خاکہ لکھ دیتے ہیں۔ لیکن حبیبؔ حیدرآبادی نے اپنے قلم سے اپنی ذات کا محاسبہ کیا ہے۔ خاکہ کے آغاز میں حبیبؔ حیدرآبادی نے لکھا کہ وہ ۱۶/اپریل ۱۹۲۹ء کو ایک غریب گھرانے میں پیدا ہوئے۔ والد شیخ محبوب قادری مدرس تھے۔ بچپن میں والد صاحب کے کاروبار میں ہاتھ بٹاتے تھے۔ اس ضمن میں وہ لکھتے ہیں:

''اسکول کی نوکری کے علاوہ میرے والد صاحب قبلہ کی برف کی دکان تھی جس کا نام ''حبیب برف لیمن ڈپو'' تھا۔ اس دکان پر میں صبح سے شام تک برف بیچا کرتا تھا۔ اسکول اور کالج کے اوقات میں تعلیم حاصل کرنا اور باقی وقت اپنے اور اپنے افراد خاندان کے لئے روٹی کمانا بس یہی دو کام تھے'' [9]

نظام کالج سے تعلیم کے حصول، خواجہ حسن نظامی، سید محمد بادشاہ حسینی، ڈاکٹر زور اور امجد حیدر آبادی سے فیض پانے بچپن کی علمی و ادبی سرگرمیوں، رضا کار تنظیم میں ان کی شرکت کے احوال بیان کرتے ہوئے حبیبؔ حیدر آبادی نے اس عہد کی تصویر کشی کی ہے جس میں پل بڑھ کر اُن کی شخصیت کی تعمیر ہوئی۔ اپنے دور کے حیدر آباد کو ہندو مسلم تہذیب کا گہوارہ قرار دیتے ہوئے حبیبؔ حیدر آبادی لکھتے ہیں:

''ایک عرصہ تک حیدر آباد ہندو مسلم اتحاد کا گہوارہ بنا رہا۔ نواب بہادر یار جنگ سروجنی نائیڈو کی اتنی عزت کرتے تھے کہ اُن کو ماں کہہ کر مخاطب کرتے تھے۔ ادارہ ادبیات اردو حیدر آباد نے علامہ اقبال اور مہاراجہ سرکشن پرشاد کی مراسلت ایک کتاب کی صورت میں شائع کی۔ جس کا نام ''شاد و اقبال'' ہے۔ اپنے ہر خط میں علامہ اقبال مہاراجہ کو ''میرے سرکار'' سے مخاطب کرتے تھے۔ کہنے کا مقصد یہ ہے کہ ان لوگوں کی نظر میں انسانیت سب سے بڑی چیز تھی۔۔۔ بعد میں ہوا کچھ ایسی بگڑی نفرت و اختلاف کے چشمے پھوٹے وہ زہر پھیلا کہ ساری فضاء مسموم ہو کر رہ گئی۔ اور پھر حیدر آباد پر پولیس ایکشن ہوا''۔ [۱۰]

حبیبؔ حیدر آبادی نے پولیس ایکشن اور تقسیم کے بعد کے احوال بیان کرنے کے بعد لکھا کہ ۱۹۵۲ء میں ان کی شادی صدیقہ سے ہوئی۔ مغنی تبسم کے ذریعہ ترقی پسند تحریک سے وابستہ ہوئے۔ پاکستان گئے۔ دو سال بعد ۱۹۵۷ء میں برطانیہ منتقل ہو گئے۔ جہاں کی زندگی نے اُنہیں اچھا خاصا ادیب بنا دیا۔ دیارِ غیر میں وطن کی یاد، تارکین وطن کے مسائل، مغربی دنیا میں مشرقی قدروں کی حفاظت، کردار کی تعمیر وغیرہ موضوعات پر حبیبؔ حیدر آبادی نے جذباتی انداز میں اظہار خیال کیا ہے انہوں نے لکھا کہ انگلستان جاتے وقت اُن کے ساتھ بیوی دو بیٹے رافع اور واسع چھوٹا بھائی قدیر ساتھ تھے۔ ستمبر ۱۹۶۱ء میں بیٹی سلمیٰ پیدا ہوئی۔ زندگی میں اعتدال پسندی کو اپنا شعار قرار دیتے ہوئے حبیبؔ حیدر آبادی لکھتے ہیں:

''زندگی کے ہر شعبے میں ہم نے اعتدال پسندی کا خیال رکھا ہے مشرق اور مغرب کی مفید اور اچھی قدروں کو اپنانے کی کوشش کی۔ اپنے مذہب اور دین کو اپنی زندگی کے لئے نعمت جانتے ہیں اور اپنی کامیابیوں اور کامرانیوں کا منبع سمجھتے ہیں۔ ہم نے مذہب کو وبال جان کبھی نہیں

بنایا۔ تنگ نظری تعصب اور احساس کمتری یا برتری کا شکار کبھی نہیں ہوئے۔ میرے تینوں بچوں نے قران مجید کو شروع سے آخر تک پڑھا ہے۔ اور اپنے دین کی عظمت سے واقف ہیں''۔۱۱

حبیبؔ حیدرآبادی نے اکثر اپنی تحریروں میں ان شخصیات کا ذکر کیا ہے جن سے انہوں نے فیض حاصل کیا۔ ان سے ملاقات کی۔ یا کسی وقت ان سے تعلق رہا ہو۔ چنانچہ اپنے شخصی خاکے میں بھی انہوں نے ڈاکٹر زورؔ کی شاگردی میں رہنے اور ادبی محفلوں میں شرکت کی بناء ڈاکٹر ذاکر حسین' پروفیسر یوسف حسین خاں پروفیسر محمد مجیب' مولوی عبدالحق اور کرشن چندر وغیرہ سے ملاقاتوں کا ذکر کیا۔ حبیبؔ حیدرآبادی کے تحریر کردہ اس خاکے میں خود اُن کی شخصیت کے علاوہ دیگر شخصیتوں کے احوال بھی دلچسپ انداز میں پائے گئے ہیں۔ یہ وہ شخصیتیں ہیں جن سے حبیبؔ حیدرآبادی کا تعلق رہا ہو۔ ان ہی شخصیتوں میں ایک پروفیسر مغنی تبسم ہیں۔ جو حبیبؔ حیدرآبادی کے بہنوئی ہوتے ہیں۔ مغنی تبسم کی خدمات کا تذکرہ کرتے ہوئے حبیبؔ حیدرآبادی لکھتے ہیں:

''صدیقہ کے بڑے بھائی ڈاکٹر مغنی تبسم ہندوستان کے مشہور ادیب شاعر اور تنقید نگار ہیں گذشتہ تیس سال میں نہیں معلوم انہوں نے کتنے ماہناموں کا اجراء کیا جدید شاعری کو مجھ جیسے عامیوں تک پہنچانے میں مغنی کا بڑا حصہ رہا ہے ''شعر و حکمت'' کا اجراء مغنی تبسم اور شہریار کا ایک بڑا کارنامہ رہا ہے۔ شعر و حکمت کا راشد نمبر ہندو پاک میں کافی مقبول ہوا۔۔۔ اُن کی کئی کتابیں منظر عام پر آچکی ہیں۔ جن میں سے ایک کتاب کا نام ہے۔ فانیؔ۔ حیات شخصیت اور شاعری''۔۱۲

مغنی تبسم کے تذکرے کے بعد حبیبؔ حیدرآبادی نے انگلستان میں فکر معاش کے لئے اپنی جدوجہد' اکاؤنٹنٹ کے عہدے پر ماموری' انگلستان میں لوگوں کے ساتھ روابط' سماجی خدمات' تنظیموں سے وابستگی' لائبریری کے لئے مودودی صاحب سے خط و کتابت کے بعد کتابوں کا حصول اور دوست احباب سے ملاقاتوں کی تفصیلات بیان کی ہیں۔ دوستوں کے ساتھ برتاؤ کے بارے میں حبیب حیدرآبادی نے جن خیالات کا اظہار کیا ہے اس سے اُن کے کردار کی اعلیٰ ظرفی ظاہر ہوتی ہے۔ لکھتے ہیں:

''میرے احباب کی خوشی میری اپنی خوشی ہوتی ہے ان کی خوشی میں دل بھر کر خوش ہوتا ہوں۔ اپنی خوشیوں کے خزانے میں جب احباب کی مسرتیں بھی شامل ہوجاتی ہیں تو زندگی بڑی

حسین اور دلکش لگتی ہے۔کسی نے کہا تھا کہ لوگوں کے غم میں حصہ لینا بہت آسان ہے۔اس لئے کہ تقاضائے بشری ہے۔لوگوں کی خوشی میں حصہ لینا اپنی اعلیٰ ظرفی کا ثبوت دینا ہوتا ہے۔اس حرص وہوس کی دنیا میں کون کس کو خوش دیکھنا چاہتا ہے۔کسی کی ترقیوں میں مدد کرنا تو دور کی بات ہے بلا وجہہ کسی آگے بڑھنے والے کی راہ میں رکاوٹیں پیدا کرنا یا ہمیشہ نکتہ چینی کرتے رہنا بعض لوگوں کی عادت ثانی بن جاتی ہے۔میرے رسولؐ نے دعا فرمائی تھی کہ اے اللہ! مجھے محسود ین میں بنا حاسدوں میں نہیں۔میری خوش قسمتی رہی کہ مجھے ہمیشہ پرخلوص اور نیک دوست ملتے رہے جب ایک بار میری کسی سے دوستی ہو جاتی ہے تو عمر بھر برقرار رہتی ہے''[۱۳]

حبیبؔ حیدرآبادی نے خاکے کے آخر میں اپنے بہنوی ڈاکٹر سید محبوب علی اور ایک دوست میر محسن علی خان کی کرم فرمائیوں کو خصوصیت سے یاد کیا ہے۔حبیبؔ حیدرآبادی کا یہ خاکہ خودنوشت سوانح ہے۔جس میں خلوص دل کے ساتھ انہوں نے برف کی دکان سے لے کر انگلستان تک اپنے سفر زندگی کو بیان کیا۔اور اس دوران اُن کے کردار کی عظمت اُجاگر ہوئی ہے۔دوران خاکہ حبیب حیدرآبادی نے جن شخصیات کا تذکرہ کیا اس سے ان کے دور کی یادیں تازہ ہو جاتی ہیں۔اس طرح حبیبؔ حیدرآبادی کا یہ سوانحی خاکہ اُن کی شخصیت سے پردہ اُٹھاتے ہوئے دیگر اہم شخصیات کے بارے میں بھی اہم وکارآمد معلومات فراہم کرتا ہے۔

آصف سابع :- حبیبؔ حیدرآبادی کے تحریر کردہ اگلے خاکے کا عنوان ''آصف سابع'' ہے ۔جس میں انہوں نے ریاست حیدرآباد کے آخری فرماں روا آصف سابع میر عثمان علی خاں کی شخصیت اور ریاست حیدرآباد کے لئے ان کی خدمات کو سراہا ہے۔خاکہ کے آغاز میں حبیب حیدرآبادی نے پولیس ایکشن سے ریاست حیدرآباد اور خود نظام کو ہونے والے عظیم نقصان کو جذباتی انداز میں پیش کیا۔اور لکھا کہ اگر نظام ۱۹۶۷ء کے بجائے پولیس ایکشن سے پہلے وفات پاتے تو ان کی موت ہندوستان و پاکستان اور عالم اسلام کے لئے عظیم سانحہ ہوتی۔اپنے عہد میں آصف سابع کی کیا پوزیشن تھی اسے بیان کرنے کے لئے حبیبؔ حیدرآبادی نے آصف سابع کا نام آداب والقاب کے ساتھ یوں پیش کیا۔

''ہزگز الٹڈ ہائی نس' اعلیٰ حضرت قدر قدرت سکندر شوکت دار حشمت' سلطان العلوم'

سلطان الشعرا آصف جاہ ہفتم نواب میر عثمان علی خاں بہادر خلد اللہ ملکہ وسلطنتہ شہریار دکن و برار حلیف سلطنت برطانیہ۔ مغل سلطنت کے ٹمٹھاتے چراغ کی حیثیت سے سلطنت اسلامیہ حیدر آباد کے حکمران تھے''۔ ۱۴؎

زوال حیدر آباد سے ہونے والے نقصانات' لوگوں کی نظام سے دوری اور حیدر آباد کی حفاظت کے لئے جان دینے نظام کے عزم کا تذکرہ کرنے کے بعد حبیبؔ حیدر آبادی نے آصف سابع کے مختصر حالات زندگی بیان کئے۔ اور لکھا کہ یہ ۵/اپریل ۱۸۸۶ء کو پیدا ہوئے۔ نامور اساتذہ سے اکتساب علم کیا۔ ۲۷ سال کی عمر میں تخت نشین ہوئے۔ آصف سابع کا سراپا بیان کرتے ہوئے حبیبؔ حیدر آبادی لکھتے ہیں:

''چھریرا بدن' نمود ونمائش سے بے پروا' سیدھا سادہ لباس سیدھی سادی غذا۔ اس کے باوجود دیکھنے والوں نے ان کو ان کے عہد حکمرانی میں اس طرح دیکھا کہ جلال شاہانہ کے ساتھ ہر نظر عقیدت مندانہ پا انداز''۔ ۱۵؎

آصف سابع کی اپنی والدہ سے عقیدت اُن کے انتقال پر جلوس جنازہ میں پیدل شرکت' جنازے کو کاندھا دینا۔ والدہ کی یاد میں عزاء خانہ زہرا کی تعمیر' اساتذہ کا احترام' جامعہ نظامیہ کے انتظامات میں دلچسپی' ریاست کے انتظامی امور میں اہم تبدیلیاں جیسے موضوعات پر حبیبؔ حیدر آبادی نے اس انداز میں معلومات پیش کیں کہ نظام کی شخصیت اور اُن کے کردار کے تمام پہلو قاری کی نظر کے سامنے آجاتے ہیں۔ نظام حیدر آباد نے حیدر آباد اور ریاست میں جو اہم تعمیراتی اور انتظامی کام کرائے وہ ایسا گراں قدر کارنامہ ہے کہ آج کے اس مشینی اور ترقی یافتہ دور میں دولت اور سہولت ہونے کے باوجود موجودہ دور کے حکمراں اس طرح کی خدمات فراہم کرنے سے قاصر ہیں۔ آصف سابع کے ترقیاتی کاموں کا تذکرہ کرتے ہوئے حبیبؔ حیدر آبادی لکھتے ہیں:

''۱۹۱۱ء میں جب سر برآرائے سلطنت ہوئے تو ملکی' تمدنی' تعلیمی ثقافتی' مالیاتی' تعمیراتی' آرائشی' زرعی اور سماجی مسائل میں دلچسپی لی اور اہم تبدیلیاں فرمائیں۔۔۔ ۱۹۲۹ء میں انڈسٹریل ٹرسٹ فنڈ قائم کیا۔ جس کے نتیجے کے طور پر آلوین میٹل ورکس اسٹارچ پراڈکٹ' تاج

گلاس ورکس، نظام شوگر فیکٹری سر پور پیپر ملز جیسے ادارے وجود میں آئے۔ ان ہی کے دور حکومت میں شہری اور زرعی نظام کو فروغ دینے نظام ساگر، حمایت ساگر جیسے بڑے تالاب بنوائے گئے۔ ڈنڈی پراجیکٹ محبوب نہر، ویرا پراجکٹ اور تنگبھدرا پراجکٹ ان ہی کے زمانے کی یادگاریں ہیں۔ کتب خانہ آصفیہ، جامعہ عثمانیہ عدالت عالیہ، سٹی کالج ٹاؤن ہال دور عثمانی ہی کی یادگار ہیں"۔ ۱۶؎

حبیب حیدرآبادی نے بہ ظاہر چند لفظوں میں آصف سابع کے کارنامے بیان کر دیئے۔ لیکن ایک ایک لفظ کے پیچھے ایک عظیم الشان یادگار رہے۔ چاہے وہ جامعہ عثمانیہ ہو یا عدالت العالیہ۔ حمایت ساگر ہو یا تنگبھدرا پراجکٹ یہ وہ ایسے کام ہیں جن سے میر عثمان علی خاں کا نام تاریخ میں ہمیشہ محفوظ رہے گا۔ اس خاکے میں حبیب حیدرآبادی نے آصف سابع کی فیاضی اوران کے تعاون سے چلنے والے اداروں کی تفصیلات اوران کی فیاضی کے گن گانے والی عظیم المرتبت شخصیتوں کے نام گنائے ہیں۔ خاکے کے آخر میں حبیب حیدرآبادی میر عثمان علی خان آصف سابع کو ایک تاریخ ساز شخصیت قرار دیتے ہوئے لکھتے ہیں:

"آج نہ ریاست ہے نہ والئی ریاست۔ لیکن جب تک ہندوستان کی تاریخ پڑھی اور پڑھائی جاتی رہے گی۔ حیدرآباد کا نام نظروں سے گزرتا رہے گا۔ اور عثمان علی خاں کی ذات گرامی مختلف عنوانات سے ماضی کی یاد دلاتی رہے گی۔ تاریخ ہمیشہ اپنے آپ کو دہراتی رہتی ہے۔ کیا عجب ہے کہ کل ایک ایسا حیدرآباد جنم لے جو ہندوستان کے نقشے ہی کو بدل کر رکھ دے"۔ ۱۷؎

حبیب حیدرآبادی کا تحریر کردہ یہ خاکہ ایک شخصی و کرداری خاکہ ہے۔ اس خاکے میں انہوں نے اپنے والئی ریاست آصف سابع میر عثمان علی خاں کی حیات پیش کرتے ہوئے اُن کے کارناموں پر خراج عقیدت پیش کیا۔ یہ ایک توصیفی اور مدحی خاکہ ہے۔ اصل میں خاکہ میں بیان کردہ شخصیت کے کارنامے ایک حیدرآبادی کے لئے لائق صد تحسین ہیں۔ اس لئے انہوں نے آصف سابع کی شخصیت کا کوئی تاریک پہلو اگر ہو بھی تو اُسے پیش نہیں کیا۔ خاکہ نگاری کے لئے ایسی شخصیات کا انتخاب کیا جاتا ہے جن کے کارنامے آنے والی نسلوں کے لئے مشعل راہ ثابت ہوتے ہیں۔ چنانچہ ان شخصیات کی خوبیوں پر توجہ دی جاتی ہے۔ اور شخصیت کو مثالی بنا کر پیش کیا جاتا ہے۔ اس خاکہ میں سراپا نگاری کے ذریعہ بھی حبیب حیدرآبادی نے خاکے کے لوازم پیدا کئے۔

یہ خاکہ مختصر ہونے کے باوجود جامع ہے۔ اور اس میں ایک شخصیت کا بھرپور تعارف پیش ہوا ہے۔

ن۔م۔راشد:- حبیب حیدر آبادی کے اگلے خاکے کا عنوان ''ن۔م۔راشد'' ہے۔ اس خاکہ میں اُنہوں نے جدید شاعری کے علمبردار شاعر ن۔م۔راشد کی شخصیت سے پردہ اُٹھانے کی کوشش کی ہے۔ خاکے کے آغاز میں حبیبؔ حیدر آبادی نے جدید شاعری سے اپنی بیزارگی اور قوالی و غزل کو حد سے چاہنے کا ذکر کیا۔ آگے اپنے دوست کے گھر ن۔م۔راشد کی آمد۔ اُن سے پہلی ملاقات 'ن۔م راشد کی بے ساختگی کے احوال بیان کئے۔ اور اُن کے کلام کو غور سے سننے کے بعد سمجھنے کی کوشش کا ذکر کیا ہے۔ ن۔م۔راشد کی شخصیت سے متاثر ہونے کا ذکر کرتے ہوئے حبیبؔ حیدر آبادی لکھتے ہیں:

''میں اب زندگی کی اس منزل میں ہوں جہاں ہیر و پرستی کی دہلیز پر قدم رکھنے کے خیال ہی سے طبعیت میں ایک انقباض پیدا ہوتا ہے ہاں جہاں خلوص و محبت کی جلوہ گری ہوتی ہے وہاں کرشمہ دامن دل می کشد کہ جا این جاست'' والا معاملہ ہو جاتا ہے اس بے نفس 'صاحب ذوق' خوش فکر اور بذلہ سنج انسان کا یہی خلوص تھا۔ جس نے اندر ہی اندر مجھ پر کچھ ایسا جادو کیا کہ میں ایک ہی ملاقات میں ان کا ہو گیا ان کی ملنساری' انکسار اور کسر نفسی کا دل پر اتنا گہرا اثر ہوا راشد صاحب کو اپنا لینے ہی میں دین و دنیا کی بہتری سمجھی''۔ ۱۸

حبیب حیدر آبادی نے اس خاکے کے آغاز میں جدید شاعری کے سمجھنے میں اپنی کوتاہی اور اس طرح کی بیزارگی کا اظہار کیا تھا۔ تاہم ن۔م۔راشد سے اُن کی ملاقات اور اُن کے کلام کی بغور سماعت کے بعد لفظ و معنی کی تہہ داری تک پہونچنے اور ن۔م راشد کی شاعری میں اپنی دلچسپی بڑھنے کا ذکر کیا۔ ن۔م راشد کے کلام پر رائے دیتے ہوئے حبیبؔ حیدر آبادی لکھتے ہیں:

''جہاں تک راشد صاحب کی شاعری کا تعلق ہے ہمہ دانی کا دعوی کئے بغیر ہمہ اوست کے مسلک کو اپناتے ہوئے مختصر طور پر اتنا کہہ دینا میرے لئے کافی ہے کہ اُن کے جذبات کی شوریدہ سری کی جمال لذت آدمی کو چھلک اُٹھنے پر مجبور کرتی ہے۔ کہیں اجتماعی درد اور اجتماعی المیہ آنسوؤں کے کرم کی بدولت اشکوں کے سحاب میں ڈھل کر تابندہ ستاروں کا ہجوم بن جاتا تو کہیں انا کے زخم خوردہ دست و پا پکار کر جسم کے ساحل آشفتہ سے کہتے'' اتنا بے صرفہ نہیں تیرا جمال''۔ ۱۹

ن۔م راشد کے فکر وفن پر لکھنے والے اہم نقادوں کے نام بیان کرتے ہوئے اور یونیورسٹی کے نصاب میں راشدؔ کی شاعری کی شمولیت کا تذکرہ کرتے ہوئے حبیبؔ حیدرآبادی نے اُنہیں ایک عظیم شاعر قرار دیا ہے راشد صاحب کی موت کو ادب کا ایک بڑا نقصان اور ذاتی طور پر ایک دوست کھودینے کے غم کے اظہار کے ساتھ حبیبؔ حیدرآبادی نے یہ مختصر خاکہ ختم کیا ہے۔ یہ ایک تاثراتی خاکہ ہے۔ جس میں حبیبؔ حیدرآبادی نے اپنی یادوں اور ن۔م راشدؔ کے بارے میں اپنی رائے پیش کوتے ہوئے ان کی شخصیت اور شاعری کو اُجاگر کرنے کی کوشش کی ہے۔ حبیبؔ حیدرآبادی کے اس خاکہ سے اردو کے ایک عام قاری کو ن۔م راشد کو سمجھنے میں ایک حد تک کامیابی ملتی ہے۔

رالف رسل اور ڈیوڈ میتھیوز:- حبیبؔ حیدرآبادی کا ایک اجتماعی خاکہ ''رالف رسل اور ڈیوڈ میتھیوز'' کے عنوان سے ہے۔ اس خاکہ میں انھوں نے اپنے دوعزیز انگریز دوستوں اور اردو سے محبت رکھنے والوں کا تعارف کرایا ہے۔ ان دونوں کو اردو کا محسن قرار دیتے ہوئے حبیب حیدرآبادی نے لکھا کہ ان کی کئی کتابیں منظر عام پر آچکی ہیں۔ اردو کے لئے ان کا کام گراں قدر ہے ۔لندن یونیورسٹی میں اسکول آف اورینٹل اینڈ آفریکن اسٹڈیز نامی ادارے سے ان کا تعلق ہے۔ اور یہ دونوں طلبا کو اردو پڑھاتے ہیں۔ رالف رسل کے اردو تحقیقی کاموں کا جائزہ لیتے ہوئے حبیب حیدرآبادی لکھتے ہیں:

''میرؔ‘ سوداؔ اور میر حسنؔ کی شاعری پر انہوں نے جو کتاب لکھی ہے کافی مقبول ہوئی۔ ڈاکٹر خورشید الاسلام کی شراکت سے انہوں نے غالبؔ کی زندگی‘ شاعری اور غالبؔ کے خطوط پر بھی کام کیا اور ان دونوں کی مشترکہ کتاب یونیسکو کی جانب سے شائع بھی ہوچکی ہے۔ اردو کے مبتدیوں کے لئے رسل صاحب نے ایک کتاب لکھی۔۔۔انہوں نے عزیز احمد کے ناول ''ایسی بلندی ایسی ہستی'' کا انگریزی میں ترجمہ بھی کیا ہے''۔[۲۰]

رالف رسل کی علمی وادبی خدمات کے تذکرہ کے بعد حبیبؔ حیدرآبادی نے اُن سے ملاقاتوں پر مبنی اپنی یادوں کو بیان کیا۔ ڈیوڈ میتھیوز کے بارے میں حبیبؔ حیدرآبادی نے لکھا کہ وہ شگفتہ مزاج اور منکسر المزاج ہیں۔ ان کی عظمت بیان کرتے ہوئے لکھتے ہیں:

''ڈیوڈ میتھیوز نے قلی قطب شاہ پر کام کیا ہے۔کئی کتابوں کے مصنف ہیں۔لندن یونیورسٹی کے اسکول آف اورینٹل اینڈ آفریکن اسٹڈیز میں اردو اور نیپالی پڑھاتے ہیں۔اُن کوئی زبانیں آتی ہیں۔حال ہی میں اُنہوں نے روسی زبان کا امتحان دیا اور امتیازی کامیابی حاصل کی۔ اردو کے علاوہ سنسکرت، ہندی، پنجابی، نیپالی، فرانسیسی، لاطینی روسی فارسی اور عربی زبانوں پر دسترس ہے اور یونیورسٹی کے طالب علم اُن کے گرویدہ رہتے ہیں۔بعض ادبی جلسوں میں بھی یہ شریک ہوتے ہیں۔اُن کے مضامین گہرے مطالعہ کا پتہ دیتے ہیں ڈیوڈ میتھیوز شعر بھی کہتے ہیں''۔۲۱

ڈیوڈ میتھوز کے اس تعارف کے ذریعہ حبیبؔ حیدرآبادی نے اُنہیں ایک قدآور علمی شخصیت کے طور پر متعارف کرایا ہے۔اُن کے بارے میں اپنی یادیں تو بیان نہیں کیں تاہم اپنے جڑواں خاکے کے اختتام پر انہوں نے اس خیال کا اظہار کیا کہ ''رالف رسل اور ڈیوڈ میتھیوز جیسے مستشرقین کو دیکھ کر گل کرسٹ اور گراہم بیلی کی یاد آجاتی ہے جنھوں نے اپنی بہترین صلاحتیں اردو کے لئے وقف کیں۔''رالف رسل'' اور ڈیوڈ میتھیوز کے بارے میں یہ تعارفی خاکہ لکھتے ہوئے حبیبؔ حیدرآبادی نے اردو ادب کی خدمات انجام دینے والے مستشرقین کی خدمات سے اردو والوں کو واقف کرانے میں اہم رول ادا کیا ہے۔اردو کے ادیبوں میں رالف رسل ایک جانا پہچانا نام ہے۔

سید معین الدین شاہ:۔ حبیبؔ حیدرآبادی کے تحریر کردہ اگلے خاکہ کا عنوان ''سید معین الدین شاہ'' ہے۔یہ خاکہ بھی اُن کی تصنیف ''انگلستان میں'' میں شامل ہے۔اس خاکے میں حبیبؔ حیدرآبادی نے انگلستان میں اردو انجمنوں کی روح رواں اور اپنے جگری دوست سید معین الدین شاہ کے بارے میں اپنی معلومات پیش کی ہیں۔خاکہ کے آغاز میں حبیبؔ حیدرآبادی نے لکھا کہ ۱۹۷۲ء میں لندن میں میں کل برطانیہ انجمن ترقی اردو قائم کی گئی۔سید معین الدین شاہ اس انجمن کے سکریٹری تھے۔اس انجمن کے زیر اہتمام غالبؔ کی صد سالہ برسی منائی گئی۔سید معین الدین شاہ کے زیر اہتمام سجنے والی اردو محفلوں کے احوال پیش کرتے ہوئے حبیبؔ حیدرآبادی لکھتے ہیں:

''شاہ صاحب کے جلسے خوش سلیقگی اور وضع داری میں اپنی مثال آپ ہوا کرتے تھے۔

مختلف ادیبوں، شاعروں اور دانشوروں کا انہیں تعاون حاصل تھا۔ اُن کی ماہانہ مجالس ''بزم نظم''، شب افسانہ، ''ڈرامہ''، محفل داستاں گوئی اور ''تحقیقی مقالات'' کے عنوان سے منعقد کی جاتی تھیں۔ ایک بار ''بزم نظم'' کی صدارت ڈاکٹر خورشید الاسلام نے کی تھی۔ محفل داستاں گوئی کی صدارت خالد حسن قادری نے کی تھی۔ تحقیقی مقالات کے موقع پر ڈیوڈ میتھیوز اور عقیل دانش نے حصہ لیا تھا۔ ایک محفل میں انوار انصاری کی بیگم اسماء انصاری نے بڑا اچھا مضمون پڑھا تھا۔ عام طور سے یہ محفلیں چسٹر ہال لندن میں منعقد ہوا کرتی تھیں۔ ان ہی کی ایک محفل میں عقیل دانش نے ''جوش اور انقلاب'' پر ایک مضمون پڑھا تھا۔ خود شاہ صاحب نے ''خان صاحب کی ذات عالی'' کے عنوان سے بڑا ہی دلچسپ اور طنزیہ خاکہ پیش کیا تھا۔ اُن کا مونٹ بیٹن ساقد' خرشچیف کی سی ٹوپی ہزاروں میں اُن کو ممتاز کیئے رکھتی ہے''۔۲۲

حبیبؔ حیدرآبادی نے اس خاکہ میں سید معین الدین شاہ کو اردو کے ایک خدمت گذار زندہ دل شخص کے طور پر پیش کیا۔ ایک شعری محفل میں سید معین الدین شاہ کی مسلسل ہوٹنگ اور صدیقہ شبنم کے کلام سنانے سے قبل ہوٹنگ نہ کرنے کی حبیبؔ حیدرآبادی کی درخواست اور سید معین الدین شاہ کا ہوٹنگ سے اجتناب جیسی تفصیلات کو اُنہوں نے اس انداز میں پیش کیا ہے کہ قاری کے ذہن میں سید معین الدین شاہ کی شخصیت کی دھندلی سی شبیہہ ابھر آتی ہے۔ انجمنوں کو زندہ رکھنا دل والوں کا کام ہوتا ہے۔ اراکین کے مالی تعاون کے بغیر کوئی بھی انجمن قائم نہیں رہ سکتی اور اراکین کی جیبوں سے سالانہ زر نکلوانا جوئے شیر لانے سے کم نہیں ہوتا ایسے میں انجمن ترقی اردو برطانیہ کو قائم رکھنے کے لئے سید معین الدین شاہ جو مساعی اختیار کرتے ہیں وہ تمام انجمنوں کے منتظمین کے لئے مشعل راہ ہے۔ حبیبؔ حیدرآبادی سید معین الدین شاہ کی تحریر کو یوں پیش کرتے ہیں:

''آپ کی انجمن کو مالی مشکلات اور روز افزوں گرانی کا مقابلہ کرنا پڑ رہا ہے۔ یہ بڑی غیر شاعرانہ حقیقت ہے کہ انجمن کو آپ کے مالی تعاون کی اتنی ہی ضرورت ہے جتنی قلمی تعاون کی ۔ایسی نازک صورت میں اپنے فرض رکنیت کو محسوس کرتے ہوئے ذیل کے کوپن کی خانہ پری کر کے درجہ اول کی ڈاک سے کچھ اس عجلت اور ذمہ داری سے ارسال کریں کے اگر آپ نے اس میں غفلت کی تو آپ کی بجلی کٹ جائے گی۔ بے شک آپ کے دل کا انجمن سے وہی کنکشن ہے

جو بجلی کے بل سے۔انجمن کی جان بچانا آپ کا مقدس فرض ہے''۔۲۳

حبیبؔ حیدرآبادی نے سید معین الدین شاہ کی پُر مزاح تحریر کا یہ اقتباس دیتے ہوئے یہ ظاہر کیا ہے کہ وہ کس قدر شوخ طبع' زندہ دل انسان تھے۔اور باتوں ہی باتوں میں کس طرح لوگوں سے کام نکلواتے تھے۔اپنی اسی طرح کی یادوں کے ساتھ انہوں نے اس خاکہ کا اختتام عمل میں لایا۔ایک دوست کی یادوں پر مبنی حبیبؔ حیدرآبادی کا تحریر کردہ یہ خاکہ برطانیہ میں کام کرنے والی اردو انجمنوں کی کارگذاری سے بھی پردہ اُٹھاتا ہے۔اور سید معین الدین شاہ کو ایک زندہ دل انسان کے طور پر پیش کرتا ہے۔

سکندر محمد خاں تاج بھوپالی:- حبیبؔ حیدرآبادی کے تحریر کردہ اگلے خاکہ کا عنوان ''سکندر محمد خاں تاج بھوپالی'' ہے۔اس خاکے میں اُنہوں نے انگلستان میں مقیم انجمن اردو انگلستان کے بانی' شاعر کے احوال بیان کیے۔جنہیں مشاعروں کے انعقاد سے خاص دلچسپی تھی۔ حبیبؔ حیدرآبادی نے لکھا کہ تاج صاحب کے منعقدہ مشاعروں میں سجاد ظہیر' فیض احمد فیض اور حفیظ جالندھری وغیرہ نے بھی شرکت کی تھی۔تاج صاحب کی پر گوئی کی مثال پیش کرتے ہوئے حبیبؔ حیدرآبادی لکھتے ہیں:

''تاج صاحب جیسا پُر گو میں نے بہت دیکھا ہے۔ایک شام میں اپنے کام سے واپس آکر کھانے کی ٹیبل پر بیٹھا ہی تھا کہ تاج صاحب کا فون آیا۔خیر خیریت دریافت کی۔اس کے بعد کہا کہ میں نے کچھ رباعیات لکھی ہیں اور فرمایا کہ اجازت ہو تو سناؤں میں نے حامی بھر دی۔ اُنہوں نے تقریباً ستر رباعیات ایک ساتھ سنا ڈالیں''۔۲۴

تاج صاحب کی اس عادت کے علاوہ شاعروں سے اُن کی نوک جھونک' شاگردوں کو کلام لکھ کر دینا ' مشاعروں میں شاگردوں کی اصلاح جیسی باتوں کے ذریعہ حبیبؔ حیدرآبادی نے تاج صاحب کی شخصیت کی مرقع کشی کی کوشش کی ہے۔حبیب حیدرآبادی کبھی اپنے خاکوں میں شخصیت سے متعلق واقعہ بیان کرتے ہوئے مزاح پیدا کرتے ہیں' تاج صاحب کی زور گوئی کا واقعہ بیان کرتے ہوئے لکھتے ہیں:

''تاج صاحب جب شعر سنانے پر آتے تو گھنٹوں سناتے رہتے برمنگھم میں مسعود

حسین اور دردانہ تاج کے مکان پر ایک مشاعرہ تھا۔ رات بھر محفل چلتی رہی۔ تاج صاحب نے رات کے دو بجے سے اپنا کلام سنانا شروع کیا اور صبح کے آٹھ بجے تک سناتے ہی چلے گئے۔ سامعین میں سے کسی کو ہوش نہ تھا کہ اُن کا کلام سنتا۔ بہت سے نیند کی آغوش میں چلے گئے۔ مگر تاج صاحب مسلسل رواں دواں رہے"۔۲۵

حبیبؔ حیدرآبادی نے تاج صاحب کی ایسی ہی شاعرانہ عادتوں کے بیان سے اپنے خاکے میں رنگ بھرا ہے۔

بریڈفورڈ کے ایک میاں بیوی:- حبیبؔ حیدرآبادی کا ایک دلچسپ خاکہ "بریڈفورڈ کے ایک میاں بیوی" ہے۔ جس میں انہوں نے برطانیہ میں اردو کی خدمت میں لگے ایک جوڑے مقصود الٰہی شیخ اور اُن کی اہلیہ فریدہ شیخ کی شخصیت کے بعض گوشے بیان کئے ہیں۔ ابتداء میں بریڈفورڈ کے احوال بیان کئے۔ اور اُسے پاکستانیوں کا گڑھ قرار دیا۔ وہاں موجود مقامی رنگ کے بارے میں حبیبؔ حیدرآبادی لکھتے ہیں:

"بریڈفورڈ پاکستانیوں کا گڑھ ہے۔ وہاں اردو بولنے والوں کی اکثریت ہے۔ بریڈفورڈ میں بہت سی دکانیں ایسی نظر آئیں گی جن پر اردو یا پنجابی کے بورڈ آویزاں ہیں۔ شیرمال، پایہ، زبان اور نہاری، ہریس اور حلیم، پلاؤ اور بریانی، کوفتے اور پسندے سادہ اور میٹھے پان ہر چیز یہاں مل جاتی ہے۔ اردو کی کتابوں کی کئی دکانیں ہیں۔ جن میں سب سے بڑی دکان رولیکس ٹریڈنگ کمپنی ہے"۔۲۶

حبیبؔ حیدرآبادی نے لکھا کہ رولیکس ٹریڈنگ کمپنی کے مالک دار صاحب کی وساطت سے اُن کی ملاقات حبیب بنک میں ملازم مقصود الٰہی شیخ اور بعد میں اُن کی اہلیہ فریدہ سے ہوئی، یوم اقبالؔ میں صدیقہ اور حبیبؔ صاحب کو ملنے والے دعوت نامہ، شیخ صاحب کی مہمان نوازی اور دیگر کئی جلسوں میں شرکت کے احوال حبیبؔ حیدرآبادی نے لکھے۔ مقصود الٰہی شیخ اور فریدہ شیخ کی کوششوں سے جاری پندرہ روزہ اخبار "راوی" کی اشاعت کو اردو صحافت کی بڑی خدمت قرار دیتے ہوئے حبیبؔ حیدرآبادی لکھتے ہیں:

"فریدہ شیخ کافی عرصے سے ایک پندرہ روزہ اخبار "راوی" نکال رہی ہیں۔ یہ ان دونوں میاں بیوی کا حوصلہ ہے کہ اس دیس میں جہاں صحافت ایک مسلسل دردسر ہے اردو کی

خدمت کے بھر پور جذبے کے ساتھ ''راوی'' کو مفید سے مفید تر اور کامیاب سے کامیاب تر بنا رہے ہیں۔ جب ''راوی'' کا اجراء ہوا اس کی قیمت فی پرچہ صرف ایک پنس تھی۔ اس ایثار اور قربانی سے کام کرتے ہوئے میں نے بہت ہی کم لوگوں کو دیکھا ہے''۔۲۷

حبیبؔ حیدرآبادی نے فریدہ شیخ کی صحافتی خدمات کی ستائش کرتے ہوئے اُنہیں حلقہ اہل سخن لندن کی طرف سے ملنے والے ایوارڈ کا تذکرہ کیا۔ اور ''راوی'' کے معیار کو بہتر بنانے تجاویز پر مبنی ایک خط کو پیش کیا جس میں اخبار کے رپورٹر کی جانب سے چند حیدرآبادی احباب کی دل شکنی کی گئی تھی۔ اپنی ہمدردانہ رائے پیش کرتے ہوئے حبیبؔ حیدرآبادی فریدہ شیخ ''راوی'' کے نام مکتوب میں لکھتے ہیں:

''اب جبکہ تارکین وطن کی آمد پر سخت پابندیاں لگادی گئی ہیں۔ نئے ادیب وشاعر تو یہاں آنے سے رہے تھوڑی بہت ادبی فضاء جو یہاں پر قائم ہے اگر اسے بھی اس قسم کی گری ہوئی رپورٹوں سے ختم کرنے کی کوشش کی جائے تو یہ ادبی خدمت تو نہیں ہوگی۔ ادیبوں اور شاعروں کی تخلیقات پر یقیناً بحث ہو سخت سے سخت تنقید ہو مگر شخصیات کو ملوث نہ کیا جائے۔ گزشتہ دو چار سال میں کئی ادیب اور شاعر اللہ کو پیارے ہو گئے۔ جو بھی اب ہمارے درمیان ہیں وہ غنیمت ہیں۔ میری نظر میں تو راوی دو دلوں کو قریب لانے کے لئے ہے''۔۲۸

اس خط کے ذریعہ جہاں حبیبؔ حیدرآبادی کی معتدل مزاجی و ہمدردی ظاہر ہوتی وہیں اردو کے تئیں خلوص کا اظہار ہوتا ہے۔ حبیبؔ حیدرآبادی دوسرے احباب کے ساتھ برطانیہ میں اردو کا فروغ چاہتے تھے۔ اور اس کام کو نقصان پہونچانے والی کسی بھی بات کی مخالفت کرتے ہوئے اُسے دور کرنے کی سنجیدہ کوشش کرتے رہے۔ اس طرح حبیبؔ حیدرآبادی نے اس خاکہ میں مقصود الٰہی شیخ اور اُن کی بیوی فریدہ شیخ کو محبان اردو کے طور پر پیش کیا ہے۔

ہماری شاعرہ بیگم صدیقہ:- حبیبؔ حیدرآبادی کا ایک دلچسپ خاکہ ''ہماری شاعرہ بیگم صدیقہ'' ہے۔ یہ خاکہ اُنہوں نے اپنی شریک حیات صدیقہ شبنمؔ کے بارے میں لکھا جو خود ایک اچھی شاعرہ ہیں۔ خاکہ کے آغاز میں حبیبؔ حیدرآبادی نے مزاحیہ انداز میں اُن شوہروں کی حالت بیان کی جو اپنی شاعرہ بیویوں کو ملنے والی داد پر چوٹ کھاتے رہتے ہیں۔

حبیب حیدر آبادی اسی کیفیت سے دو چار ہو کر لکھتے ہیں:

"یوں بھی کسی فنکار یا ادیبہ یا شاعرہ کا شوہر بننا اور بنے رہنا اپنے کردہ اور نا کردہ گناہوں کا خمیازہ بھگتنے کے برابر ہوتا ہے۔ اگر کسی محفل میں ایک شاعرہ غزل سرا ہوتی ہیں تو ایک شوہر کے لئے یہ پتہ چلانا مشکل ہو جاتا ہے کہ سامعین شعر کی داد دے رہے ہیں یا شاعرہ کی۔ اگر کوئی اجنبی کسی کو بیوی کی تعریف کرے اور مسلسل تعریفیں کرتا ہی چلا جائے تو کسی بھی مرد معقول کو غصہ آ سکتا ہے۔ اور تعریف کرنے والے کو اُس کی تعریفوں کی جزاء بہ شکل سزا کچھ تو دی ہی جا سکتی ہے مگر ایک شاعرہ کا شوہر اپنے دل پر پتھر رکھے ہوئے ہر کس و ناکس کو اپنی بیوی کی تعریف کرتے ہوئے دیکھنے پر سننے پر اور اُن کی ہاں میں ہاں ملانے پر اپنے آپ کو مجبور پاتا ہے۔ اسی لئے ہم نے دیکھا ہے کہ اکثر مشہور شاعرات کے شوہران گرامی وقت سے پہلے وہ سب کچھ ہو گئے جو انہیں نہیں ہونا چاہیے تھا"۔ ۲۹

حبب حیدر آبادی نے ایک مشاعرہ کے شوہر کے لئے کس باتوں کو مدنظر رکھنا چاہئے اُمور پر فلسفیانہ انداز میں بحث کی ہے صدیقہ شبنم کے دو اشعار پیش کرتے ہوئے اُنہوں نے لکھا کہ ان اشعار کا حوالہ دیتے ہوئے لوگ اُن کی طرف متوجہ ہو جاتے ہیں دو اشعار اس طرح ہیں:

ایک سایہ ہے تعاقب میں سدا رہتا ہے
ایک آسیب ہے دن رات ستاتا ہے مجھے

اُن سے مل کر زندگی کچھ اور بھی تنہا ہوئی
اب دکھوں کے سلسلے ہیں فاصلوں کے درمیاں ۳۰

شاعرہ بیوی کے شوہر ہونے کے نقصانات و فوائد بیان کرنے کے بعد حبیب حیدر آبادی نے اپنی بیوی صدیقہ کی شخصیت کے مختلف پہلو بیان کئے۔ شوہر کی تیمارداری، اُس کے لئے پکوانوں کی تیاری، بچوں کی تربیت جیسے امور میں صدیقہ کی شاعرانہ کیفیت کو حبیب حیدر آبادی نے دلچسپ اسلوب کے ساتھ بیان کیا ہے۔ صدیقہ کے کھانا بنانے کے انداز کے بارے میں حبیب حیدر آبادی لکھتے ہیں:

"ہماری شاعرہ بیگم کے ہاتھ کے کھانے بھی ہمیں بہت پسند ہیں۔ اکثر و بیشتر اُن کے

بنائے ہوئے لوازمات، بحر قافیہ اور ردیف کی پابندی کرتے ہیں اور پر لطف ہوتے ہیں۔ مرصع پکوان کا تعلق اُن کے موڈ پر رہتا ہے۔ جب وہ غزل کہنے کے موڈ میں ہوتی ہیں تو پکوان میں بھی وجدانی تاثر ملتا ہے۔ اور کھانا خود بہ خود پکتا ہی چلا جاتا ہے۔ اور یہاں تک پکتا ہے کہ پتیلے جلنے لگتے ہیں۔ سارا گھر دھواں دار ہو جاتا ہے۔ ایسا معلوم ہوتا ہے کہ ساری کائنات کو بھونا جارہا ہے۔ جب ہمارے لئے کھانا پکتا ہے تو پکاتے وقت اُن پر غزل کا موڈ طاری رہتا ہے جب دوست احباب کو مدعو کرتی ہیں تو شاعری کو بھول کر بہ ثبات ہوش و ہواس عبادت کی طرح پکوان میں مصروف ہو جاتی ہیں''۔ ۳۱

صدیقہ کی شخصیت کے اثرات کا ذکر کرتے ہوئے حبیبؔ حیدرآبادی نے لکھا کہ صدیقہ کے کہنے پر انہوں نے غصّہ کرنا چھوڑ دیا۔ اور جب کبھی وہ شاعری کے موڈ میں ہوتی ہیں تو اُنہیں چپ کا روزہ رہنے کے لئے مجبور کر دیتی ہیں۔ اس طرح حبیبؔ حیدرآبادی کی شخصیت اور اُنہیں خود شاعر اور ادیب بنانے میں صدیقہ کے ہاتھ ہونے کا ذکر خاکہ نگار نے کیا ہے۔ اس خاکہ میں حبیبؔ حیدرآبادی نے اپنی بیوی صدیقہ کے شاعری کے پہلو پر ہی زیادہ توجہ دی ہے۔

صوفی صاحب:- حبیبؔ حیدرآبادی کے تحریر کردہ ایک خاکہ کا عنوان ''صوفی صاحب'' ہے۔ اس خاکہ میں انہوں نے کسی کا نام لئے بغیر ایک صوفی کی شخصیت کو اُجاگر کرنے کی کوشش کی ہے۔ مزاحیہ انداز میں حبیبؔ حیدرآبادی نے ایک ماڈرن صوفی کو قارئین کے سامنے پیش کر دیا۔ اُن کے عادات و اطوار کے بارے میں لکھتے ہیں:

''موصوف بڑے جذباتی تھے۔ پل میں تولہ اور پل میں ماشہ، شام میں اپنے مخصوص دوستوں کو لے کر کسی قریبی پب میں چلے جاتے اور لاگر اور بئیر پیتے ہوئے تصوف کے رموز و اسرار پر گفتگو کرتے۔ نوجوان لڑکیوں کو تصوف کی طرف مائل کرنے پر تلے ہوئے تھے۔ جب کبھی اور جہاں کہیں موقع ملتا اُس سے ضرور فائدہ اُٹھاتے بیوی کی سخت مزاجی کی وجہ سے لڑکیوں کو گھر پر نہیں لاتے لیکن بیوی سے یہ کہہ کر کہ فلاں جگہ پر تصوف کا لیکچر ہے راتوں میں دیر تک باہر رہتے۔ بیوی کی سختی دن بہ دن اُن کو تصوف کی طرف مائل کرتی رہی''۔ ۳۲

حبیبؔ حیدرآبادی اپنے خیالی صوفی صاحب کی عادات بیان کرتے ہوئے لکھتے ہیں کہ وہ لوگوں

سے قرض لینا جانتے تھے دینا نہیں۔ لوگوں سے تصوف کی تبلیغ کے نام پر پیسے وصول کرتے۔ اور جو لوگ اُنہیں قرض نہیں دیئے اُن کے ضمیر مرجانے کی اطلاع دیتے ہوئے اُنہیں چلتی پھرتی نعشیں کہتے۔ حبیبؔ حیدرآبادی نے اُن کی تقریر کرنے کی عادت' تقریر کے دوران فنافی الوجود' ذات کی نفی جیسی اصطلاحات کا استعمال اُن کی بیوی سے نوک جھونک' صوفی صاحب کے آزادانہ خیالات وغیرہ کہ دلچسپ پیرائے میں بیان کیا ہے۔ صوفی صاحب جتنے آزاد خیال تھے اُن کی بیوی بھی اتنی ہی ماڈرن اور تیز مزاج تھیں۔ کراٹے جانتی تھیں۔ صوفی صاحب پر غصّہ کا اظہار کرتے ہوئے کہتی ہے:

''موصوفہ نے کہا کہ جب دیکھو یہ فنا اور نفی جیسے الفاظ استعمال کرتے ہیں۔ مجھے پتہ ہے کہ یہ مجھے اپنی زندگی سے نفی کرنا چاہتے ہیں۔ شادی ہوئے بیس سال ہوگئے۔ بیس دن بھی اس شخص نے مجھے خوش نہیں رکھا۔ سارا تصوف میرے لئے ہوتا ہے۔ ساری خساست اور تنگی میرے لئے ہوتی ہے شریعت کا سارا اطلاق مجھ پر کیا جاتا ہے خود طریقت کے حوالے ہوجاتے ہیں۔ دیکھو میرے ہاتھ کتنے خالی ہیں۔ سونا تو سونا چاندی کا ایک تار بھی میرے پاس نہیں ہے''۔ ۳۳

میاں بیوی کی نوک جھونک کے درمیان تصوف کی اصطلاحوں کو ذومعنیٰ الفاظ میں استعمال کرتے ہوئے حبیبؔ حیدرآبادی نے تصوف کا لبادہ اوڑھے اپنی مثال آپ ایک شخص کا احوال دلچسپ طریقے سے بیان کیا ہے۔ اس خاکہ میں صوفی' اُن کی بیوی اور بچوں کی بات چیت انوکھے انداز سے پیش کی گئی ہے۔

ماسٹر صاحب:- حبیبؔ حیدرآبادی کا ایک اور خاکہ ''ماسٹر صاحب'' ہے۔ اس خاکے میں حبیبؔ حیدرآبادی نے اپنے زمانہ طالب علمی کے ڈرل ماسٹر کی شخصیت کا نقشہ دلچسپ انداز میں بیان کیا ہے ماسٹر صاحب کا تعارف کراتے ہوئے حبیبؔ حیدرآبادی نے لکھا کہ اُن کے ہاتھ کی چھری بچوں پر چلتے چلتے کبھی اساتذہ پر اور کبھی اسکول کا معائنہ کرنے آئے عہدیداروں پر بھی چل جاتی۔ ماسٹر صاحب کی شخصیت کے مزید پہلو بیان کرتے ہوئے حبیبؔ حیدرآبادی لکھتے ہیں:

''مدرسہ کے بچے اُن کی کمزوری تھے۔ وہ ہر بچے کو ٹوٹ کر چاہتے تھے۔ اُس کے عادات واطوار اور لباس کا خاص خیال رکھتے تھے۔ بچوں کو سدھارنے میں اُن کی چھڑی بہت کام

آئی ۔ چوں کہ ماسٹر صاحب ایک ہی مدرسے میں تیس سال سے ملازمت کرتے آئے تھے اس لئے بہت سے طالب علموں کے والد صاحبان بھی ماسٹر صاحب کی چھڑی کا لطف اُٹھا چکے تھے ۔ ماسٹر صاحب کی چھڑی ذرا پرانی ہو جاتی تو کسی کھاتے پیتے گھرانے کے طالب علم سے فرمائش کرتے کہ وہ اپنے باپ سے کہہ کر اُسی سائز کی چھڑی خرید کر ماسٹر صاحب کو نذر کر دے ۔ نئی چھڑی جب تحفتاً آجاتی تو تحفہ دینے والے طالب علم ہی پر اُس کی مشق کی جاتی''۔ ۳۴؎

حبیبؔ حیدرآبادی ماسٹر صاحب کے احوال مزید بیان کرتے ہوئے لکھتے ہیں کہ وہ اچھے خاصے جراح بھی تھے ۔ ماسٹری اور جراحی دونوں خوب چلاتے تھے ۔ تین بیویاں تھیں چوتھی کا خانہ اس لئے خالی رکھا کہ اس سے بیویوں کو ڈرایا جائے ۔ ماسٹر صاحب بچوں کو پڑھاتے کم تھے اور اپنے نئے نئے تجربات کے لئے بچوں سے کام لیتے تھے ۔ عام مکھیاں اور شہد کی مکھیاں ایک ساتھ رہ سکتی ہیں یا نہیں دیکھنے کے لئے طلباء کو مکھیاں پکڑنے کے کام پر لگا دیتے ۔ جراحی میں بچوں کی ختنہ کرتے والدین سے جو پیسے لیتے اُنہیں ایک ڈبے میں جمع کرتے ۔ اور ہر ہفتہ اپنے گھر ادبی شعری محفل منعقد کرتے ۔ شعراء کی تواضع ان پیسوں سے کرتے برا شعر کہنے والوں کو گالیاں دیتے اور مٹی کی رکابی میں کھانا کھلاتے ۔ ادیبوں سے اپنی بکریوں اور مرغیوں پر مضامین لکھواتے ۔ شعراء کے ذریعہ مرغیوں کے انڈے فروخت کرواتے ۔ مرحومین کی تجہیز و تکفین کا انتظام کرواتے غرض ان عجیب و غریب مصروفیتوں میں اپنی زندگی بسر کرتے ۔ حبیبؔ حیدرآبادی نے ماسٹر صاحب کی ان خصوصیات کے ساتھ اپنے خاکہ میں مزاح کا عنصر پیدا کر دیا ۔ اُن کے قلم کے کمال کے سبب ماسٹر صاحب کی شخصیت مزید دلچسپ دکھائی دیتی ہے ۔ اس طرح اُن کا یہ خاکہ مزاحیہ خاکہ بن جاتا ہے۔

حبیب حیدرآبادی کی خاکہ نگاری کی خصوصیات:- حبیبؔ حیدرآبادی نے شعوری طور پر خاکہ نگاری کی طرف توجہ نہیں دی ۔ لیکن انشائیہ نما مضامین میں اپنے علاوہ جن شخصیات کا ذکر کیا ہے ۔ ان سے یہ مضامین اچھے خاصے خاکے بن گئے ۔ اُن کے تحریر کردہ خاکے اپنے بارے میں' آصف سابع' ن ۔ م راشد وغیرہ ایک طرح سے سوانحی مضامین ہیں جن میں بیان کردہ شخصیتوں کی زندگی کے کچھ احوال مل جاتے ہیں ۔ اس قسم کے مضامین کی اہمیت بیان

کرتے ہوئے پروفیسر مغنی تبسم لکھتے ہیں:

''اردو میں سوانح عمریاں بہت کم ہیں۔ خاص طور پر ایسی سوانح جو کسی شخص کے حین حیات لکھے گئے ہوں۔ اور جن کا مصنف اس کے شب و روز کے احوال کا راز داں ہو۔۔۔ عام طور پر ترقی یافتہ زبانوں میں قاموس الرجال یا سوانحی فرہنگیں مرتب کی جاتی ہیں۔ اردو میں ادیبوں اور شاعروں کے تذکرے اسی قبیل کی چیزیں ہیں۔ ادیبوں اور شاعروں کے علاوہ ان اشخاص کے بارے میں بہت کم کچھ لکھا جاتا ہے۔ جو زندگی کے دوسرے شعبوں میں اہم کارنامے انجام دیتے ہیں۔ مختصر سوانحی مضامین کے ذریعہ اس کمی کو کسی حد تک پورا کیا جاسکتا ہے''۔ ۳۵

حبیبؔ حیدر آبادی نے بھی اپنے خاکوں میں شعراء اور ادیبوں کے علاوہ آصف سابع کی شکل میں سربراہ مملکت' بریڈفورڈ کے میاں بیوی'' میں محبان اردو اور صحافی' صوفی صاحب' ماسٹر صاحب جیسے خاکے لکھ کر اردو میں متنوع شخصیات پر اظہار خیال کیا ہے۔

عام طور سے تخلیق کا اولین و بنیادی مقصد ترسیل ہوتا ہے۔ اور تخلیق کار چاہتا ہے کہ اس کی تخلیق کو کوئی پڑھے دیکھے اور سمجھے۔ ادبی تخلیقات کا بنیادی مقصد بھی قاری تک ادب پارے کی ترسیل ہوتا ہے۔ تاکہ قاری اسے پڑھ کر اپنی رائے قائم کر سکے۔ خاکہ نگاری بھی قارئین تک ایک شخصیت کے احوال پہنچانے کی کوشش ہوتی ہے۔ ایک قاری کسی شخصیت کا خاکہ کیوں پڑھنا چاہتا ہے۔ اس ضمن میں صابرہ سعید لکھتی ہیں:

''خاکہ جہاں ایک اچھے افسانے کی طرح قاری کیلئے تفریح طبع اور سکون قلب کا سامان مہیا کرسکتا ہے وہیں ایک اچھے دوست کا بدل بھی ہوسکتا ہے۔ جبکہ اس میں ڈرامائیت اور موضوعیت موجود ہو۔ ایک اچھے خاکے کی خاص خوبی یہ ہے کہ اس کے پڑھنے کے بعد قاری یہ کہہ اُٹھے کہ میں تو اس شخص سے واقف ہوں جس کا تعارف کرایا گیا ہے۔۔۔ عظیم شخصیتوں کے خاکوں کا مطالعہ نہایت عمدہ اور مستحسن جذبات پیدا کرتا ہے۔ انسان اُن کی صحبت میں بیٹھ کر اپنی خوبیوں اور خامیوں اور صلاحیتیوں کا اُن سے مقابلہ کرتا ہے۔ اور اس طرح خود اعتمادی حاصل کرتا ہے۔ اور لغزشوں سے بچنے کی کوشش کرتا ہے''۔ ۳۶

حبیبؔ حیدر آبادی نے بھی اپنے خاکوں میں جن شخصیات کا انتخاب کیا ہے۔ اُن کے کارنامے

یقیناً دوسروں کے لئے مشعل راہ ثابت ہو سکتے ہیں۔آصف سابع میر عثمان علی خاں کے کارنامے آج بھی حیدرآباد کے نقشے پر اُن کی عظیم خدمات کی یاد دلاتے ہیں۔حبیبؔ حیدرآبادی خود اپنے خاکے ذریعہ یہ واضح کرتے ہیں کہ جہد مسلسل سے انسان کہاں سے کہاں پہنچ سکتا ہے۔اس طرح اُن کے خاکوں کے ذریعہ پیش ہونے والی بعض دیگر شخصیات بھی قارئین کے لئے حرکت وعمل کا پیغام پیش کرتی ہیں۔ خاکہ نگاری اور قاری کے مابین تعلق کے علاوہ ایک اہم پہلو خاکہ کے لئے شخصیت کا انتخاب ہے۔عموماً اردو کے خاکہ نگاروں نے صرف مخصوص یا ایک ہی طرح کے افراد کو موضوع نہیں بنایا۔ان کے خاکوں میں ادیب شاعر' نقاد' رہنما' علماء مدبر' وزیر' سیاست داں' صحافی' مقرر' محقق' فلسفی' مترجم' مزاح نگار دوست وغیرہ شامل ہوتے ہیں زیادہ تر خاکہ نگاروں نے عظیم ہستیوں پر خاکے لکھے تاکہ اُن کی سیرت کی بے نقابی انسانی مشاہدات وتجربات میں اضافہ کر سکے۔عام اشخاص پر خاکے کم لکھے گئے۔کیوں کہ خاکہ نگار کو ایسی شخصیت کی تلاش ہوتی ہے۔جو زندگی کے کسی شعبہ میں اونچا مقام رکھتی ہو۔لیکن مولوی عبدالحق نے ''نام دیو مالی'' اور ''نور خاں'' جیسے عام انسانوں پر خاکے لکھ کر یہ ثابت کیا کہ خاکہ نگاری کے لئے شخصیت کا انتخاب دنیوی شان و شوکت کی بناء نہیں بلکہ انسانیت کے سبب قرار پایا ہے۔''چند ہم عصر'' میں وہ لکھتے ہیں:

''دولت مندوں' امیروں' بڑے لوگوں ہی کے حالات لکھنے اور پڑھنے کے قابل نہیں ہوتے بلکہ غریبوں میں بھی بہت سے ایسے ہوتے ہیں بہترین مطالعہ انسان ہے۔اور انسان ہونے میں غریب امیر کا کوئی فرق نہیں ہے''۔پھول میں گر آن ہے تو کانٹے میں بھی شان ہے''۔۳۷

موضوع کے انتخاب کے سلسلے میں حبیبؔ حیدرآبادی کے مختصر خاکوں کو دیکھا جائے تو اُنہوں نے اپنے دوست احباب اور اردو کے شاعر ادیب صحافیوں اور اردو کے خدمت گذاروں پر خاکے لکھے۔''اپنے بارے میں'' شخصی خاکہ ہے۔جبکہ اپنی بیوی صدیقہ کے بارے میں اور ''صوفی صاحب'' اور ''ماسٹر صاحب'' خاکوں میں اسلوب کے ذریعہ مزاح کی چاشنی پیش کی گئی ہے۔ آصف سابع کی شخصیت کا تعلق ادب سے نہیں ہے۔لیکن حبیبؔ حیدرآبادی نے اُنکا انتخاب اس لئے کیا کہ بہ حیثیت حیدرآبادی اور اردو کے ادیب ہونے کے ناطے جدید حیدرآباد کے معمار میر عثمان علی خاں کے کارنامے بیان کرنا اُنہوں نے فخر سمجھا۔اور اُن کے کارناموں کو اُن لوگوں تک

پہونچا دیا جو اُن کی تعمیر کردہ سہولتوں سے استفادہ تو کررہے ہیں لیکن ان سہولتوں کے معمار کو بھلا بیٹھے ہیں۔ اس طرح حبیبؔ حیدرآبادی نے اپنے خاکوں کے ذریعہ فروغ اردو کے لئے کام کرنے والوں اور ایک مسلم سربراہ مملکت کے کارناموں کو پیش کرتے ہوئے مثالی شخصیات کے کارنامے بیان کئے ہیں۔

خاکہ نگاری کے لئے شخصیت کے انتخاب کے بعد سب سے اہم مرحلہ خاکے کا مواد ہوتا ہے خاکے کے ذریعہ ایک شخصیت کا بھرپور تعارف مطلوب ہوتا ہے۔ اس کے لئے خاکے کی شخصیت کا تعارف' اس کے آباء واجداد کے حالات تاریخ پیدائش' ابتدائی زندگی میں تعلیم وتربیت' اساتذہ تعلیم کے مراحل' ملازمت' شادی' زندگی کے اہم واقعات' شخصیت کے کارنامے' شخصیت کی سیرت وگفتار' کردار عادات وطوار سے واقفیت ضروری ہے۔ مواد کے حصول کے لئے متعلقہ شخصیت اگر باحیات ہو تو اُس سے راست انٹرویو کے ذریعہ اُس کے بارے میں معلومات حاصل کی جاسکتی ہیں۔ اسی طرح اس کے افراد خانہ' دوست احباب' شخصیت کے لکھے ہوئے خطوط' ہم عصر شخصیتوں کے خطوط' شخصیت کے ساتھ بیتے ہوئے لمحات کی یادیں وغیرہ کے ذریعہ خاکے کے لئے کارآمد مواد حاصل کیا جاسکتا ہے اس ضمن میں حبیبؔ حیدرآبادی کے خاکوں پر نظر ڈالی جائے تو اُن کے دو خاکے ''اپنے بارے میں'' اور ''آصف سابع'' میں اُنہوں نے شخصیت کی تاریخ پیدائش' تعلیم' زندگی کے حالات وغیرہ مفصل بیان کئے ہیں۔ جبکہ دیگر خاکوں میں شخصیات کی زندگی کے چند ایک پہلوؤں کے ذریعہ خاکہ نگاری کی گئی ہے۔ 'بریڈفورڈ کے میاں بیوی'' میں صحافتی سرگرمیوں کو اُجاگر کیا گیا۔ ن۔م۔ راشد کے خاکے میں جدید شاعری کو اور ''ماسٹر صاحب'' میں ایک صاحب طرز ماسٹر کی شخصیت کو پیش کیا گیا ہے۔

خاکہ نگاری کی کامیابی کا ایک اور اہم عصر خاکے کا اسلوب ہے۔ دیگر اصناف ادب کی طرح خاکہ نگار کے اظہار کا ذریعہ بھی زبان ہوتی ہے خاکہ میں چوں کہ شخصیت کا تعارف ہوتا ہے ۔لہذا اس کا اسلوب بیانیہ ہونا چاہیے۔ بیان کی صناعی کے ذریعہ ہی خاکہ نگار کسی شخصیت کے معائب' محاسن' خوبیوں اور خامیوں اور اُس کی خدمات کو پیش کرسکتا ہے۔ اچھے خاکے میں اسلوب کی اہمیت کو بیان کرتے ہوئے صابرہ سعید لکھتی ہیں:

''خاکہ نویس خاکے کی ابتداء سے اس کے اختتام تک کسی جگہ حسن بیان کے رشتے کو ہاتھ سے جانے نہ دے۔ اگر اس سے ذرا سی چوک ہو جائے تو تاثر میں کمی واقع ہو جاتی ہے۔ اور خاکے میں انتشار پیدا ہو جانے کا امکان رہتا ہے دراصل انداز پیشکش ہی خاکے کی اہم خصوصیت ہے۔ انتخاب ترتیب وتشکیل کی صلاحیت سے اگر کوئی فن کار بہرہ ور نہیں تو وہ مواد کو ٹھیک طرح سے سمیٹ سکتا ہے نہ موضوع کی بہتر عکاسی ہی میں کامیاب ہو سکتا ہے مبہم انداز اور بے تکی صاف گوئی بھی اثر کو بگاڑ سکتی ہے۔ اس لئے اجتناب ضروری ہے۔ اگر کوئی خاکہ نویس کیمرے کی آنکھ سے دیکھنے اور مصور کے موقلم سے لکھنے کے فن سے ناواقف ہے تو اس کی تحریر موضوع کے مزار کا کتبہ تو بن سکتی ہے۔ اس کی زندگی کا آئینہ نہیں۔ اور اگر موضوع اور بیان دونوں دلکش ہوں تو خاکہ نگاری خوب ہوتی ہے''۔ ۳۸؎

خاکہ نگاری میں اسلوب کی اہمیت کے پیش نظر حبیبؔ حیدرآبادی کے خاکوں کا جائزہ لیں تو پتہ چلتا ہے کہ اُن کے خاکوں کی سب سے اہم خصوصیت اُن کا دلچسپ اسلوب ہے۔ جس نے خاکوں میں رنگ بھرا ہے۔ کبھی سوز وگداز، کبھی شوخی، کبھی عالمانہ رنگ، کبھی ناصحانہ رنگ کبھی شاعرانہ انداز یہ تمام باتیں اُن کے اسلوب کو پرکشش اور جاندار بنا دیتی ہیں۔ اُن کے خاکوں میں پائی جانے والی نیرنگی اُن کے اسلوب سے ظاہر ہوتی ہے۔ ذیل میں اُن کے خاکوں سے اُن کے دلچسپ اسلوب کو اُجاگر کرتے چند اقتباسات دیئے جاتے ہیں۔

''انگلستان میں قیام کے دوران اکثر تارکین وطن کی طرح ہم پر بھی بہت برے وقت آئے۔ کبھی ہم زندگی سے کھیلتے رہے تو کبھی زندگی ہم سے کھیلتی رہی۔ گورے کالے کا امتیاز ہر جگہ برتا جاتا تھا۔ ہر ہر قدم پر اس آفت سے نمٹنا پڑتا تھا ہر وقت یہی کوشش رہتی تھی کہ ہم میں کچھ ایسی خصوصیات ہوں جو ہم کو مقامی لوگوں سے ممتاز کریں۔ تاکہ یہاں کی زندگی کی مختلف جہتوں میں جو آزمائیشیں ہیں۔ اُن پر ہم پورے اُتریں (خاکہ۔ اپنے بارے میں)

''مجھے اچھی طرح یاد ہے کہ جب اُن کی والدہ محترمہ کا انتقال ہوا گرما کے دن تھے۔ موسم گرما کی چلچلاتی دھوپ میں کنکریٹ کی تپتی ہوئی سڑک پر دنیا کا مالدار ترین انسان اور ایک کروڑ اسی لاکھ نفوس پر حکمرانی کرنے والا' جنازے کو کندھا دیتے مسلسل پیدل چلتا رہا''۔

(خاکہ۔آصف سابع)

''اپنی ادبی بے بصری کے بازار میں علم کی پیوستگی شوق کے بے مائیگی کا یہ عالم تھا کہ حال تک جدید شاعری کو آوارہ راہبہ کے اوہام باطن کا عکس سمجھتا رہا''۔(خاکہ۔ن۔م۔راشد)

''اس وقفے کے درمیان میں نے شاہ صاحب اینڈ پارٹی کے ساتھ چائے پی۔چائے کے دوران میں نے آہستہ سے شاہ صاحب کے کان میں یہ بات کہی کہ بھائی عزت کا سوال ہے ۔آپ کی بھابی اس وقفے کے بعد فوری اپنی غزل پڑھنے والی ہیں۔بس دو چار منٹ صبر کرلیں۔ اُن کی غزل کے بعد ہوٹنگ جاری رہے۔اور میں خود بھی ہوٹنگ میں شریک رہوں گا۔شاہ صاحب نے معاہدے کو برقرار رکھا۔اپنی پارٹی سمیت انتہائی صبر وسکون اور زیرلب تبسم کے ساتھ صدیقہ کی غزل سنی اُس کے بعد سے لے کر اب تک شاہ صاحب میری اور صدیقہ کی غزل کو خاموشی سے سُن لیتے ہیں: (خاکہ۔سیدمعین الدین شاہ)

''دواخانے سے جب ہم مکان واپس ہوئے تو مزاج پُرسی کے لئے احباب نے زحمت کی۔دیکھتے کیا ہیں کہ بیمار کی مزاج پرسی کرنے والوں کی تواضع کبھی بریانی سے کی جارہی ہے تو کبھی گاجر کے حلوے سے۔ہماری مزاج پُرسی کرنے والے جانے سے پہلے ہماری شاعرہ کی غزل بھی سننے کی فرمائش کرتے اور یہ تھیں کہ مزے لے لے کر اپنی وہ غزل سناتیں جس میں ایک مصرعہ ہے ۔ایک آسیب ہے دن رات ستاتا ہے مجھے (خاکہ ہماری شاعرہ بیگم صدیقہ)۔

''ایک طرف اپنے دوستوں کو الو کے پٹھے کہتے ہیں۔دوسری طرف رات دن انہی میں گھرے رہتے ہیں۔اپنی باتوں سے دوستوں کو چونکاتے رہتے ہیں اور دوستوں کے متوقع ردعمل سے خود چونکتے رہتے ہیں۔دوستوں کو اُنہوں نے شطرنج بنالیا ہے۔ہروقت ایک نئی چال کی سوچ میں رہتے ہیں۔اپنے آفس کی لڑکیوں کا ذکر بڑے پیار سے کرتے ہیں کہتے ہیں دن بہ دن وہ تصوف کی طرف مائل ہورہی ہیں۔اور اُن کے چہرے اُن کی دوستی وقربت کی وجہ سے چمکتے جارہے ہیں وجود کا ذکر آتا ہے تو آفس کی لڑکیاں ان کے ذہن میں گھومتی ہیں۔فنا کا ذکر آتا ہے تو نظروں کے سامنے بیوی کھڑی نظر آتی ہے''۔(خاکہ۔صوفی صاحب)

''ماسٹر صاحب خاندانی جراح بھی تھے۔دن میں اسکول کی نوکری کرتے اور شام میں

اپنا مطب چلاتے ۔ بچوں کے ختنہ میں اُن کا بڑا نام تھا۔ اپنے مدرسے اور محلے کے بچے تو کیا دور دور سے لوگ اپنے بچوں کو لے کر ماسٹر صاحب کے ہاں ختنہ کروانے آتے ۔ چونکہ ماسٹر صاحب ایک ہی اسکول اور ایک ہی محلے میں گذشتہ تیس برس سے رہتے چلے آرہے تھے اس لئے نہ صرف ہمارے اپنے عہد کے طفلان مکتب بلکہ بچوں کی رگ رگ سے واقف تھے بلکہ اس کا سلسلہ ہمارے آباواجداد تک بھی پہنچا ہوا تھا''۔ (خاکہ۔ ماسٹر صاحب)

حبیبؔ حیدر آبادی کے خاکوں سے اخذ کردہ یہ اقتباسات اُن کے دلچسپ اور ہمہ رنگ اسلوب کی دلالت کرتے ہیں ۔ حبیبؔ حیدر آبادی نے جس نوعیت کی شخصیت خاکے کے لئے منتخب کی ۔ اسی نوعیت کے اسلوب کے ذریعہ اُس کی مرقع کشی کی ۔ اور اپنے اسلوب کے ذریعہ شخصیت کو متاثر کن انداز میں پیش کیا۔ حبیبؔ حیدر آبادی نے اپنے اسلوب میں جان ڈالنے کے لئے شعرا کا کلام بھی استعمال کیا۔ اپنی بیوی کے خاکہ میں اس شعر کے ذریعہ خیال کو پیش کرتے ہیں:

ے یار کو میں نے مجھے یار نے سونے نہ دیا
رات بھر طالع بیدار نے سونے نہ دیا

خاکہ نگاری میں کردار نگاری کی اہمیت اپنی جگہ مسلم ہے۔ خاکے میں بیان کردہ شخصیت کے خدوخال، حرکات وسکنات، لباس نفسیاتی اور ذہنی کیفیات وتغیرات کے مجموعہ سے شخصیت کا کردار بنتا ہے۔ خاکے میں کردار نگاری کی اہمیت بیان کرتے ہوئے صابرہ سعید لکھتی ہیں:

''خاکے میں خاکہ نگار کو اپنی فنکاری سے شخصیت کی دوبارہ تخلیق کرنی پڑتی ہے اس طرح کہ وہ خاکے کے کینوس پر متحرک بھی ہو۔ اور اُس کے نقوش ایسے گہرے ہوں کہ پڑھنے والے کا ذہن اسے مدت تک بھلا نہ سکے۔ اس مقصد کے لئے خاکہ نگار کسی شخصیت کے رنگ و روپ، وضع قطع اور عادات واطوار کی ایک جھلک دکھاتا ہے۔ یہ اجمالی تصویر اتنی جاذب نظر ہوتی ہے کہ پڑھنے والے کے ذہن پر نقش ہوجاتی ہے۔ اس لئے کردار نگاری میں شبیہہ نگاری کو بڑی اہمیت حاصل ہے شبیہہ نگار کے لئے ضروری ہے کہ انسانی شکل وصورت کے ساتھ اس کی فطرت کا رازدان بھی ہونا کہ وہ سیرت کو صورت کے ذریعہ نمایاں کرسکے''۔ ۳۹

حبیبؔ حیدر آبادی نے اپنے خاکوں میں جہاں تہاں شخصیتوں کے سراپے بیان کئے ۔ تاہم اُن

کے دو خاکے صوفی صاحب اور ماسٹر صاحب میں اُنہوں نے کردار نگاری پر بھرپور توجہ دی ہے۔ موضوع کے اعتبار سے یہ مزاحیہ خاکے ہیں لیکن ان میں حبیبؔ حیدرآبادی اپنے مقصد کے مطابق شخصیت کی کردار نگاری میں کامیاب ہوئے ہیں۔ دیگر خاکوں میں کردار نگاری کمزور ہے۔اور اُن خاکوں کے مطالعہ سے شخصیت کی واضح شبیہہ اُبھر کر سامنے نہیں آتی۔سید معین الدین شاہ کا سراپا بیان کرتے ہوئے مزاحیہ انداز میں حبیبؔ حیدرآبادی لکھتے ہیں:

''اُن کا مونٹ بیٹن سا قد۔خرشچیف کی سی ٹوپی ہزاروں میں اُن کو ممتاز کیے رکھتی ہے''۔ ۴۰

خاکہ نگار کبھی واقعات کے سہارے شخصیت سے متعلق کوئی پہلو اُجاگر کرنا چاہتا ہے۔ چنانچہ یہ واقعات شخصیت کو بہتر طور پر سمجھنے میں مدد دیتے ہیں۔حبیبؔ حیدرآبادی نے بھی اپنے خاکوں میں ضرورت کے تحت واقعات بیان کیے ہیں جو متعلقہ شخصیت کو مزید بہتر طور پر سمجھنے میں مدد دیتے ہیں سکندر محمد خاں کی زود خوانی کو بیان کرتے ہوئے حبیبؔ حیدرآبادی یہ واقعہ بیان کرتے ہیں:

''تاج صاحب شعر سنانے پر آتے تو گھنٹوں سناتے رہتے۔ برمنگھم میں سعود حسنین اور دردانہ تاج صاحب نے رات کے دو بجے سے اپنا کلام سنانا شروع کیا۔اور صبح کے آٹھ بجے تک سناتے ہی چلے گئے۔سامعین میں سے کسی کو ہوش نہ تھا کہ اُن کا کلام سنتا۔بہت سے نیند کی آغوش میں چلے گئے مگر تاج صاحب مسلسل رواں دواں رہے''۔ ۴۱

اس طرح کے واقعات حبیبؔ حیدرآبادی کے تقریباً تمام ہی خاکوں میں پائے جاتے ہیں۔جو قاری کی دلچسپی کو قائم رکھتے ہیں۔حبیبؔ حیدرآبادی کی خاکہ نگاری مجموعی طور پر بہتر ہے ۔مقدار سے قطع نظر معیاری اعتبار سے اُن کے خاکے اردو کے بعض اہم خاکوں کے ہم پلہ ہیں۔

حبیبؔ حیدرآبادی نے اردو زبان دانی اور اسلوب پر جس طرح کی گرفت دکھائی ہے اگر وہ مزید خاکے لکھتے تو اردو خاکہ نگاری میں نمایاں مقام حاصل کر لیتے تاہم غیر شعوری طور پر لکھے گئے اُن کے چند ایک خاکے اردو خاکہ نگاری میں اہم اضافہ ہیں۔اور برصغیر کے قاری کو انگلستان کی فضا اور وہاں کی شخصیات سے متعارف کراتے ہیں۔

حوالے

۱۔ سید حامد حسین ڈاکٹر۔ نثر اور انداز نثر۔ لکھنو ۱۹۸۴ء ص ۵۴
۲۔ شمیم حنفی پروفیسر۔ آزادی کے بعد دہلی میں اردو خاکہ۔ دہلی ۱۹۹۳ء ص ۹
۳۔ مشمولہ۔ اردو میں خاکہ نگاری'' صابرہ سعید۔ حیدرآباد ص ۶۴۔ ۶۲
۴۔ عوض سعید۔ خاکے۔ حیدرآباد ۱۹۸۵ء ص ۵۲ ص ۷۷ ص ۹۵
۵۔ خلیق انجم۔ مشمولہ۔ اردو میں خاکہ نگاری از صابرہ سعید۔ ص ۹
۶۔ صابرہ سعید۔ اردو میں خاکہ نگاری۔ ص ۱۱
۷۔ ڈاکٹر سید حامد حسین۔ نثر اور انداز نثر۔ ص ۵۶
۸۔ شمیم حنفی پروفیسر۔ آزادی کے بعد دہلی میں اردو خاکہ۔ ص ۱۱
۹۔ حبیب حیدرآبادی۔ انگلستان میں۔ ص ۴۹
۱۰۔ حبیب حیدرآبادی۔ انگلستان میں۔ ص ۵۱
۱۱۔ حبیب حیدرآبادی۔ انگلستان میں۔ ص ۵۴
۱۲۔ حبیب حیدرآبادی۔ انگلستان میں۔ ص ۵۵
۱۳۔ حبیب حیدرآبادی۔ انگلستان میں۔ ص ۵۹
۱۴۔ حبیب حیدرآبادی۔ انگلستان میں۔ ص ۸۴
۱۵۔ حبیب حیدرآبادی۔ انگلستان میں۔ ص ۸۶
۱۶۔ حبیب حیدرآبادی۔ انگلستان میں۔ ص ۸۷۔ ۸۸
۱۷۔ حبیب حیدرآبادی۔ انگلستان میں۔ ص ۸۸
۱۸۔ حبیب حیدرآبادی۔ انگلستان میں۔ ص ۹۱
۱۹۔ حبیب حیدرآبادی۔ انگلستان میں۔ ص ۹۳
۲۰۔ حبیب حیدرآبادی۔ انگلستان میں۔ ص ۱۳۷
۲۱۔ حبیب حیدرآبادی۔ انگلستان میں۔ ص ۱۳۸

۲۲ـ حبیبؔ حیدرآبادی۔انگلستان میں۔ ص ۱۹۶

۲۳ـ سید معین الدین شاہ۔بحوالہ۔انگلستان میں۔ ص ۱۹۸

۲۴ـ حبیبؔ حیدرآبادی۔انگلستان میں۔ ص ۲۰۰

۲۵ـ حبیبؔ حیدرآبادی۔انگلستان میں۔ ص ۲۰۰

۲۶ـ حبیبؔ حیدرآبادی۔انگلستان میں۔ ص ۲۰۱

۲۷ـ حبیبؔ حیدرآبادی۔انگلستان میں۔ ص ۲۰۲

۲۸ـ حبیبؔ حیدرآبادی۔انگلستان میں۔ ص ۲۰۴

۲۹ـ حبیب حیدرآبادی۔رہ ورسم وآشنائی۔ ص ۵

۳۰ـ صدیقہ شبنم بحوالہ رہ ورسم وآشنائی۔ ص ۷

۳۱ـ حبیب حیدرآبادی۔رہ ورسم وآشنائی۔ ص ۸

۳۲ـ حبیب حیدرآبادی۔رہ ورسم وآشنائی۔ ص ۶۹

۳۳ـ حبیب حیدرآبادی۔رہ ورسم وآشنائی۔ ص ۷۰

۳۴ـ حبیب حیدرآبادی۔رہ ورسم وآشنائی۔ ص ۷۴

۳۵ـ مغنی تبسم پروفیسر مشمولہ۔''خوش نفساں'' از اکبر علی بیگ پروفیسر۔اکتوبر ۱۹۸۳ء ص ۷

۳۶ـ صابرہ سعید۔اردو میں خاکہ نگاری۔ ص ۱۱ ـ ۱۲

۳۷ـ مولوی عبدالحق۔چند ہم عصر۔مشمولہ اردو ادب میں خاکہ نگاری۔ ص ۱۵

۳۸ـ صابرہ سعید۔اردو میں خاکہ نگاری۔ ص ۴۱

۳۹ـ صابرہ سعید۔اردو میں خاکہ نگاری۔ ص ۴۹

۴۰ـ حبیب حیدرآبادی۔انگلستان میں۔ ص ۱۹۶

۴۱ـ حبیب حیدرآبادی۔انگلستان میں۔ ص ۲۰۰

حبیبؔ حیدرآبادی بہ حیثیت مزاح نگار

حبیبؔ حیدرآبادی کی تحریروں میں پائے گئے مزاح کو دیکھتے ہوئے کہا جا سکتا ہے کہ وہ ایک اچھے مزاح نگار بھی ہیں۔ اُن کے انشائیوں، خاکوں اور مضامین میں جا بجا مزاح نگاری پائی جاتی ہے۔ خاص طور سے اُن کے انشائیے اردو کی اہم مزاحیہ تحریروں کے مماثل دکھائی دیتے ہیں ۔اردو کے ممتاز مزاح نگار مشتاق احمد یوسفی حبیبؔ حیدرآبادی کے قریبی رفیق کاروں میں تھے۔ حبیبؔ حیدرآبادی کی تحریروں میں مشتاق احمد یوسفی کی مزاح نگاری کا اثر پایا جاتا ہے۔ حبیبؔ حیدرآبادی کی تصنیف ''رہ و رسم آشنائی'' میں شامل بیشتر انشائیے مزاحیہ مضامین کے زمرے میں بھی شمار کئے جا سکتے ہیں۔ حبیبؔ حیدرآبادی کی مزاح نگاری جائزے سے قبل آیئے دیکھیں کہ مزاح کی تعریف کیا ہے۔ مزاح، طنز، ہجو پھکڑ پن، میں کیا فرق ہے۔ اور اردو میں مزاح نگاری کی روایت کس قدر مضبوط ہے۔

مزاح کیا ہے؟ ادب زندگی کا ترجمان اور آئینہ دار ہوتا ہے۔ ادب میں جذبات واحساسات کی پیشکشی نثر یا نظم کی کسی صنف کی صورت میں ہوتی ہے۔ زندگی کی وسعتیں بیکراں ہیں۔ ہر انسان کی سب سے بڑی خواہش یہ ہوتی کہ وہ اپنی زندگی چین وسکون اور خوشحالی سے گذار دے۔ لیکن زندگی فطرت کے قانون کے تابع ہے جس میں خوشی اور غم ساتھ ساتھ چلتے ہیں۔ انسانی زندگی میں کئی مواقع پر ناہمواریاں سامنے آتی ہیں۔ جس پر انسان اپنے ردّ عمل کا اظہار کرتا ہے جس میں غم، مایوسی، غصہّ وغیرہ کا جذبہ کار فرما ہوتا ہے۔ لیکن ایک مزاح نگار زندگی کی ان ناہمواریوں کو محسوس کرتا ہے۔ اور اُسے اظہار کے ایسے سانچے میں پیش کرتا ہے کہ زندگی کی ناہمواری کی خاطر خواہ ترسیل کرتے ہوئے قاری یا سامع کو ایک بات پر کچھ دیر کے لئے مسکرانے یا ہنسنے پر مجبور کرتا ہے۔ ہنسی، مسکراہٹ، فرحت وانبساط چند ایسی کیفیتیں ہیں جو انسان کو تھوڑی دیر کے لئے اپنا غم اور زندگی کی ناہمواری بھلا دینے پر مجبور کرتی ہیں زندگی کو بہتر طریقے سے

گذارنے کے لئے ہنسی لازمی ہے۔ اسی لئے کہا جاتا ہے کہ انسانی زندگی کے لئے ہنسی اتنی ہی ضروری ہے جیسے زندہ رہنے کے لئے سانس۔ زندگی کی ناہمواری پر ردعمل کے ذریعہ مزاح پیدا کرنے کے جو طریقے ہیں اُن کی اقسام کئی ہیں جیسے مزاح، طنز، ظرافت، پیروڈی، بذلہ سنجی، ہجو، استہزا، ہزل اور پھکڑ پن، تضحیک، فقرہ بازی، ضلع جگت، لطیفہ، تمسخر اور ریختی وغیرہ۔ مزاح کی ان تمام قسموں کے مطالعہ پر ذی شعور انسان تھوڑی دیر کے لئے ہنس پڑتا ہے۔ ہنسی دراصل انسان کے ایک ایسے جذبے کے اظہار کا نام ہے جب دوسروں کی کمزوریوں اور خامیوں کے تقابل کے بعد جذبہ افتخار یا احساس برتری کے طور پر وجود میں آتا ہے۔ ہنسی مسکرا کر یا زوردار قہقہہ نگار ظاہر کی جاتی ہے۔ مزاح کی وہ اقسام جن پر انسان عموماً ہنس پڑتا ہے۔ اُن میں اہم مزاح یا ظرافت ہے۔
مزاح کی تعریف کرتے ہوئے وزیر آغا لکھتے ہیں:

''مزاح کیا ہے؟ یہ زندگی کی ناہمواریوں کے اس ہمدردانہ شعور کا نام ہے جس کا فنکارانہ اظہار ہو جائے'' مزاح کی یہ توضیح دراصل مزاح کی تخلیق سے متعلق ہے۔ اور اس بات کا انکشاف کرتی ہے کہ مزاح نگار اپنی نگاہ دوربین سے زندگی کی ان ناہمواریوں اور مضحک کیفیتوں کو دیکھ لیتا ہے جو ایک عام انسان کی نگاہوں سے اوجھل رہتی ہیں۔۔۔ وہ ان سے محظوظ ہوتا ہے اور اس ماحول کو پسند بھی کرتا ہے۔ جس نے ان ناہمواریوں کو جنم دیا ہے۔ چنانچہ ان ناہمواریوں کا زاویہ نگاہ ہمدردانہ ہوتا ہے''۔ [1]

مزاح سے مزاح نگار اور قاری دونوں لطف اندوز ہوتے ہیں۔ ادب میں مزاح کئی طریقے سے پیدا کیا جاتا ہے جیسے واقعات کے ذریعہ، الفاظ کے ردوبدل و ناہمواری کے ذریعہ، کردار کے ذریعہ موازنہ کے ذریعہ، ذومعنی الفاظ کے ذریعہ، کسی کا حلیہ بگاڑ کے وغیرہ۔ الفاظ کے ردوبدل کے ذریعہ مزاح پیدا کرنے کی مثالیں بہت ہیں جیسے ''مجرم'' میں ''ج'' کا نقطہ نکال دینے سے'' محرم'' بن جاتا ہے۔ لفظوں کو آگے پیچھے کرتے ہوئے اکبرالہ آبادی نے بھرپور مزاح پیدا کیا تھا اُن کا اسی طرح کا ایک شعر یوں ہے۔

عاشقی کا ہو بُرا اُس نے بگاڑے سارے کام
ہم تو اے بی میں رہے اغیار بی اے ہو گئے (اکبرالہ آبادی)

مزاح کی دوسری قسم طنز ہے۔ جس میں ماحول سے برہمی اور نشتریت پائی جاتی ہے۔

طنز و مزاح میں پائے جانے والے فرق کو واضح کرتے ہوئے ڈاکٹر وزیر آغا لکھتے ہیں:

''طنز نگار جس چیز پر ہنستا ہے اُس سے نفرت کرتا ہے اور اُسے تبدیل کر دینے کا خواہاں ہوتا ہے۔ اس کے برعکس مزاح زندگی اور ماحول سے اُنس اور مفاہمت کی پیداوار ہے۔ مزاح نگار جس چیز پر ہنستا ہے اُس سے محبت کرتا ہے اور اُسے اپنے سینے سے چمٹا لینا چاہتا ہے۔ چنانچہ طنز میں جذبہ افتخار کسی نہ کسی صورت میں ضرور موجود ہوتا ہے دوسری طرف مزاح نگار اپنی ہنسی سے ٹوٹے ہوئے تار کو جوڑتا ہے اور بڑے پیار سے ناہمواریوں کو تھپکنے لگتا ہے۔ چنانچہ مزاح میں غالب عنصر ہمدردی کا ہوتا ہے''۔ ۲

طنز کے بارے میں کچھ اسی طرح کے خیالات پیش کرتے ہوئے ڈاکٹر شوکت سبزواری لکھتے ہیں:

''طنز ایک طرح کی تنقید ہے۔ ایک قسم کی عمل جراحی ہے۔۔۔طنز میں شدت اور تیزی ضروری ہے۔ اس کے نشتر کسی قدر نوکیلے ہوتے ہیں۔ طنز میں جتنی شدت ہوتی ہے۔ اتنا ہی کامیاب اور بھرپور سمجھا جاتا ہے لیکن طنز کی یہ شدت تیزی بے دردی اور تلخی ایک اچھے اور بُرے مقصد کے لئے ہوتی ہے''۔ ۳

طنز کے لئے اشاریت ضروری ہے۔ طنز اگر اشاروں میں کیا جائے تو اس کی ادبی شان باقی رہتی ہے۔ اور راست الفاظ میں کیا جائے تو وہ طنز کی دوسری قسم بن جاتا ہے۔ طنز کی دیگر اقسام میں پیروڈی بذلہ سنجی' ہجو' استہزاء' ہذل اور پھکڑ پن 'تضحیک' فقرہ بازی ضلع جگت' لطیفہ اور تمسخر وغیرہ ہیں۔

اردو میں طنز و مزاح کی روایت:- اردو ادب میں چونکہ پہلے شاعری اور بعد میں نثر نگاری کو فروغ ملا تو طنز و مزاح کے ابتدائی نقوش بھی شاعری میں نظر آتے ہیں۔ ایہام گو شعراء نے لفظوں کے پس پردہ طنز و مزاح پیش کیا۔ ناجی' آبرو' حاتم' سودا' میر وغیرہ کے کلام میں طنز و مزاح کے عناصر پائے جاتے ہیں۔ سودا کے ہجو یہ قصائد طنزیہ شاعری کی اچھی مثال ہیں۔ دبستان دہلی میں داخلیت کی شاعری ہوتی تھی اس لئے وہاں شاعری میں مزاحیہ عناصر کم پائے جاتے ہیں۔ اس کے برخلاف لکھنو میں خارجیت کا بول بالا تھا اس لئے طنز کے ساتھ مزاح بھی

وہاں کی شاعری میں جا بجا دکھائی دیتا ہے انشاء و مصحفی کے معرکوں کے علاوہ رنگین کی ریختی اُس دور کی یادگار ہیں۔ غالبؔ کے ہاں شوخی' اور ظریفانہ رنگ پایا گیا ہے۔ اُن کا ایک شعر ہے۔

یہ مسائل تصوف یہ ترا بیان غالبؔ
تجھے ہم ولی سمجھتے جو نہ بادہ خوار ہوتا (غالبؔ)

غالبؔ نے اپنی شاعری کے علاوہ مکتوب نگاری میں بھی ظرافت کو برتا۔ اُنہوں نے مکتوب نگاری کا جو نیا طرز اختیار کیا تھا اس کے بارے میں کہا جاتا ہے کہ ''غالبؔ نے مراسلہ کو مکالمہ بنا دیا''۔ اردو طنز و مزاح کا ایک نیا دور لکھنو سے جاری ہونے والے پرچہ ''اودھ پنچ'' نے شروع کیا۔ اس کے ایڈیٹر منشی سجاد حسین تھے۔ اودھ پنچ میں اکبر الہ آبادی' رتن ناتھ سرشار' تر بھون ناتھ' ہجر' سید محمد آزاد محمود علی بدایونی' تبسم ظریف' احمد علی کسمنڈوی' احمد علی شوق اور جوالا پرشاد برقؔ وغیرہ کی شعری ونثری تخلیقات شامل ہوتی تھیں۔ اودھ پنچ کی خدمات کے بارے میں انیسہ سلطانہ لکھتی ہیں کہ :

''اودھ پنچ نے جس انداز کی مزاحیہ صحافت اُردو میں رائج کی۔ وہ قابل قدر ہے۔ کارٹون چھاپنے کا رواج اس سے پہلے نہیں تھا۔ اُس نے کارٹون چھاپنا شروع کیا۔ اودھ پنچ کی ظرافت میں پھکڑ پن' فقرہ بازی بری طرح کھٹکتی ہے۔ لیکن اس میں سیاسی اور سماجی حالات پر اچھا طنز ملتا ہے اودھ پنچ کا یہ کارنامہ بھی بھلایا نہ جا سکے گا کہ اس نے تہذیبی' سیاسی' سماجی معاشی بحران کے زمانے میں ہنسنے اور ہنسانے کا فریضہ انجام دیا''۔ [۴]

اودھ پنچ کی مقبولیت کو دیکھتے ہوئے اُس دور میں طنز و مزاح پر مبنی کئی اخبار جاری ہوئے۔ جن میں پنجاب پنچ' لاہور پنچ' جالندھر پنچ' آگرہ پنچ اور دکن پنچ وغیرہ شامل ہیں۔

اردو کی طنزیہ شاعری میں ایک قد آور نام اکبر الہ آبادی کا ہے۔ جنہوں نے مغربی تہذیب کی یلغار سے مسلمانوں کو بچانے کی کوشش کی۔ وہ انگریزی تہذیب کے کٹر مخالف تھے اسی بناء پر اُنہوں نے سر سید احمد خاں کی بھی مخالفت کی تھی۔ وہ قوم کی اصلاح چاہتے تھے اور یہ کام ہنسی کے ذریعہ کرنا چاہتے تھے۔ اودھ پنچ کے دور کے بعد رومانی تحریک کے زیر اثر مہدی افادی' سجاد حیدر یلدرم' سلطان حیدر جوش' علی عباس حسینی' عظیم بیگ چغتائی اور فرحت اللہ بیگ وغیرہ نے شگفتہ انداز تحریر اختیار کرتے ہوئے اردو نثر کے دامن کو گل گلزار بنایا۔ بیسویں صدی کے سرکردہ

مزاح نگاروں میں کئی نام ایسے ہیں جو صاحب طرز کہلائے جاتے ہیں ان میں رشید احمد صدیقی' پطرس بخاری کنہیالال کپور' شوکت تھانوی' شفیق الرحمٰن' ابراہیم جلیس' فکر تونسوی فرقت کاکوروی' احمد جمال پاشاہ' مشتاق احمد یوسفی' کرنل محمد خاں' ابن انشا بھارت چند کھنہ' یوسف ناظم' خواجہ عبدالغفور' مجتبیٰ حسین وغیرہ مشہور ہیں۔

آج بھی طنز و مزاح کا کارواں جاری ہے۔ دکن میں ''شگوفہ'' رسالہ طنز و مزاح کو فروغ دینے میں نمایاں کردار ادا کر رہا ہے۔ نئے مزاح نگاروں کی حوصلہ افزائی ہو رہی ہے۔ نثر کے مقابلہ میں مزاحیہ شاعری عوام کی پسند بن گئی ہے۔

مشاعروں میں لوگ مزاحیہ شاعروں کو پسند کرتے ہیں اس کی وجہہ شائد یہ ہو کہ زندگی کی کڑوی حقیقتوں کو مزاح کے رنگ میں پیش ہوتے دیکھ کر لوگ شائد کچھ وقت کے لئے اپنے مسائل بھلا بیٹھتے ہوں۔ مزاحیہ شاعری کے معیار میں گراوٹ آئی ہے۔ اور اکثر سیاست داں مزاحیہ شاعری کے موضوع بننے لگے ہیں۔

حبیب حیدرآبادی کی مزاح نگاری:- حبیبؔ حیدرآبادی نے زندہ دل شخصیت پائی تھی۔ وہ یاروں کی محفل میں ہوں یا گھر پر اکثر اپنی باتوں سے پھلجھڑیاں چھوڑتے رہتے تھے۔ حبیبؔ حیدرآبادی کے بارے میں اُن کے دوست احباب نے جو تاثرات پیش کئے ہیں ان میں سبھی نے اُن کی شخصیت کی زندہ دلی کا اعتراف کیا ہے۔ اور اُن کی شخصیت کی یہی شگفتگی اُن کی تحریروں میں مزاح کا روپ اختیار کر لیتی ہے۔ چاہے وہ لندن کی زندگی کا حال ہو کہ اپنی گھریلو زندگی کا اُن کی ایک تصنیف ''برطانیہ کی سیاسی جماعتیں اور پالیمنٹ'' ہے۔ یہ ایک سیاسی نوعیت کی کتاب ہے لیکن اس کتاب میں بھی حبیب حیدرآبادی نے شگفتہ طرز تحریر اور مزاح نگاری کے مواقع نکال لئے۔ برطانیہ کی ایک مشہور خاتون وزیر اعظم مسز مارگریٹ تھیاچر کے بارے میں لکھتے ہیں:

''عام عورتوں کی طرح وہ بھی ایک نندّی عورت ہیں۔ اپنے شوہر کو اپنے پیچھے پیچھے لئے پھرتی ہیں۔ اپنے بچوں سے بڑی محبت کرتی ہیں''۔ [۵]

سیاسی نوعیت کے مضامین میں عام طور سے جذبات نگاری کی گنجائش نہیں رہتی۔ لیکن حبیب

حیدرآبادی نے برطانیہ کی سیاسی پارٹیوں کے حالات بیان کرتے ہوئے بعض پارٹیوں پر تنقید کی ہے۔اور اپنے شدید جذبات کا اظہار کیا ہے۔سوشیل ڈیموکریٹک پارٹی کی بے اُصولی کے بارے میں طنزیہ انداز اختیار کرتے ہوئے حبیبؔ حیدرآبادی لکھتے ہیں:

''سوشیل ڈیموکریٹک پارٹی کی پالیسی اور لائحہ عمل کیا ہے اور کیا نہیں ہے۔یہ بھی ایک معمہ ہے۔اس پارٹی کے اُصولوں سے واقف ہونے کے لئے مجھے چند کتابوں کی ضرورت تھی۔ ایک دن میں اپنی مقامی لائبریری گیا۔اور لائبریرین سے درخواست کی کہ وہ اس سلسلہ میں میری مدد کرے۔لائبریرین نے مجھ سے کہا کہ بھولے پاشا جس جماعت کو خود اپنی پالیسی اور طریقہ کار کا پتہ نہ ہو اس کے تعلق سے میں آپ کی کیا مدد کرسکتی ہوں۔آپ گھر جا کر خود اس پارٹی کی پالیسی بنالیں۔آپ جو بھی پالیسی بنائیں وہی پالیسی سوشیل ڈیموکریٹک پارٹی کی پالیسی ہوگی''۔ ۶

حبیبؔ حیدرآبادی نے اپنی تصنیف ''انگلستان میں'' میں برطانیہ کی ادبی محفلوں اور وہاں کے شعراء اور ادیبوں کا تذکرہ تفصیلی طور پر کیا ہے۔اس تذکرے میں وہ دوستوں کے احوال بیان کرتے ہیں۔کبھی اُن کے ظاہری سراپا کے بیان اور کبھی اُن کی عجیب وغریب عادتوں کے بیان سے اپنی بات میں مزاح پیدا کرنے کی کوشش کرتے ہیں۔اپنے دوست سید معین الدین شاہ کا سراپا مزاحیہ انداز میں بیان کرتے ہوئے لکھتے ہیں:

''اُن کا مونٹ بیٹن سا قد'خرشچیف کی سی ٹوپی' ہزاروں میں اُن کو ممتاز کیے رکھتی ہے''۔ ۷

سکندر محمد خاں تاج بھوپالی کی بے تحاشہ شعر سنانے کی عادت سے مزاح پیدا کرتے ہوئے حبیبؔ حیدرآبادی لکھتے ہیں:

''تاج صاحب جب شعر سنانے پر آتے تو گھنٹوں سناتے رہتے۔ برمنگھم میں سعود حسنین اور دردانہ تاج کے مکان پر ایک مشاعرہ تھا۔رات بھر محفل چلتی رہی۔ تاج صاحب نے رات کے دو بجے سے اپنا کلام سُنانا شروع کیا اور صبح کے آٹھ بجے تک سناتے ہی چلے گئے۔ سامعین میں سے کسی کو ہوش نہ تھا کہ اُن کا کلام سنتا۔ بہت سے نیند کی آغوش میں چلے گئے۔مگر تاج صاحب مسلسل رواں دواں رہے''۔ ۸

حبیبؔ حیدرآبادی کی تحریروں میں شگفتہ مزاح کے عناصر اُن کے انشائیوں اور خاکوں

میں پائے گئے ہیں۔ ’’انگلستان میں‘‘ تصنیف میں شامل مضامین بیانیہ نوعیت کے ہیں چنانچہ ان مضامین میں مزاحیہ رنگ کم دکھائی دیتا ہے۔ اُن کی تصنیف ’’رہ ورسم آشنائی‘‘ میں شامل انشائیے اور خاکے مزاح سے بھرپور ہیں۔ اُن کا انشائیہ اور خاکہ ’’ہماری شاعرہ بیگم صدیقہ‘‘ کا ہر جملہ مزاح پر مبنی ہے۔ ایک شاعرہ کے شوہر کی مظلومیت بیان کرتے ہوئے حبیبؔ حیدرآبادی لکھتے ہیں:

’’اگر کسی محفل میں ایک شاعرہ غزل سرا ہوتی ہیں تو ایک شوہر کے لئے یہ پتہ چلانا مشکل ہوجاتا ہے کہ سامعین شعر کی داد دے رہے ہیں یا شاعرہ کی‘‘۔ 9

حبیبؔ حیدرآبادی کی اہلیہ صدیقہ شبنم شاعرہ ہیں۔ اور حبیبؔ صاحب نے اپنی تحریروں سے یہ ظاہر کیا ہے کہ ایک شاعرہ کا شوہر احساس کمتری میں مبتلا ہوجاتا ہے۔ لیکن حبیبؔ صاحب اپنے مزاج کا بڑا پن ظاہر کرتے ہوئے اپنی بیوی کی تعریف کرتے ہیں اور اُن کی مختلف عادتوں کو بیان کرتے ہوئے مزاح پیدا کرنے کی کوشش کرتے ہیں۔ اُن کے پکوان کے انداز کو شاعری کی اصطلاحات کے ذریعہ بیان کرتے ہوئے حبیبؔ حیدرآبادی نے شگفتگی پیدا کی ہے۔ وہ لکھتے ہیں:

’’ہماری شاعرہ بیگم کے ہاتھ کے کھانے بھی ہمیں بہت پسند ہیں اکثر و بیشتر اُن کے بنائے ہوئے لوازمات‘ بحر قافیہ اور ردیف کی پابندی کرتے ہیں اور پرلطف ہوتے ہیں۔ مرصّع پکوان کا تعلق اُن کے موڈ پر رہتا ہے۔ جب وہ غزل کہنے کی موڈ میں ہوتی ہیں تو پکوان میں بھی وجدانی تاثر ملتا ہے۔ اور کھانا خود بہ خود پکتا ہی چلا جاتا ہے۔ اور یہاں ’’تک پکتا ہے کہ پتیلے جلنے لگتے ہیں۔ سارا گھر دھواں دار ہوجاتا ہے ایسا معلوم ہوتا ہے کہ ساری کائنات کو بھونا جارہا ہے جب ہمارے لئے کھانا پکتا ہے تو پکاتے وقت اُن پر غزل کا موڈ طاری رہتا ہے۔ جب دوست احباب کو مدعو کرتی ہیں تو شاعری کو بھول کر بہ ثبات ہوش وحواس عبادت کی طرح پکوان میں مصروف ہوجاتی ہیں‘‘۔ 10

حبیبؔ حیدرآبادی نے اپنی ہجرت کے بارے میں کئی مضامین میں اظہار خیال کیا ہے۔ اُن کے انشائیہ ’’ہماری ہجرت‘‘ میں طنز ومزاح کے پردے میں ایک سنجیدہ ذہن انسان کا دکھ درد بھی جھلکتا دکھائی دیتا ہے۔ برطانیہ میں ایک عرصہ کام کرنے اور قیام کے بعد بھی جب اُنہیں مہاجر کہا جاتا تو

وہ اپنے دکھ درد کو چھپا نہیں سکے اور مزاح کی آڑ میں اپنے جذبات کو یوں بیان کیا:

''انگلستان میں ہم گزشتہ تیس برس سے ہیں۔ سوٹ پہنتے ہیں ٹائی باندھتے ہیں۔ کبھی کبھی چھری کانٹے اور چمچے کا بھی استعمال کرتے ہیں مقامی لوگوں کی بری باتوں کو زیادہ اور اچھی باتوں کو کم اپنائے ہوئے ہیں پھر بھی مہاجر جیسا سلوک کرتے ہیں۔ اگر کسی ملک میں تیس برس زندگی گزارنے کے بعد بھی اپنے آپ پر مہاجر ہی کا لیبل لگانا پڑے تو ہماری جائے پیدائش کیا بری تھی جہاں ہمارے ملنے والے اور پڑوسی ہمیں اُن ہی میں سے ایک سمجھتے تھے''۔ ۱۱

ترک وطن کر کے برطانیہ جانے والوں نے جو مسائل جھیلے ہیں اُس کا کرب حبیبؔ حیدرآبادی کی تحریروں میں جا بجا ملتا ہے۔ ہندوستان اور برطانیہ کی زندگی کا تقابل کرتے ہوئے حبیبؔ حیدرآبادی دبے لفظوں میں زندگی کی کو طنزیہ انداز میں یوں پیش کرتے ہیں:

''ہمارے وطن میں قصّابوں کی دکان پر گوشت خریدنے کی جو عادت ہمیں پڑی ہوئی تھی تو ہم اُن گوشت کی دکانوں کا مقابلہ یہاں کے بڑے اسٹور سے کرتے۔ ان کتوں اور بلیوں پر ہمیں بڑا رشک آتا جن کی غذا کا اس ملک میں یہ اہتمام کیا جاتا ہو۔ ابتداء میں تو ہمارا ذہن بڑا پراگندہ رہا۔ عجیب وغریب سوالات ہمارے ذہن میں آتے رہے۔ مثلاً یہی کہ ایک غریب ملک کا انسان ہونے سے بہتر یہی ہے کہ ایک خوش حال ملک کا جانور بن جائیں تاکہ خوراک تو صاف ستھری ملتی رہے''۔ ۱۲

حبیبؔ حیدرآبادی کے طنز میں نشتریت نہیں بلکہ وہ دکھوں اور غموں میں اندر ہی اندر گھلتے رہتے ہیں اور اپنی شخصیت کی طرح مزاح میں بھی خود تکلیف اُٹھاتے ہیں۔ لیکن اپنی تکالیف کے بیان سے دوسروں کی ہنسی کا سامان کرتے ہیں یہ ایک بڑے فنکار کی نشانی ہے۔ شاعر اور شاعری ایسے موضوعات ہیں جن پر اکثر مزاح نگاروں نے طبع آزمائی کی ہے۔ حبیبؔ حیدرآبادی نے اپنی شاعری کو عنوان بناتے ہوئے دیگر شعراء پر بھی طنز کیا ہے۔ اپنے گہرے مشاہدے کا ثبوت دیتے ہوئے حبیبؔ حیدرآبادی نے شعراء کی ایک عام عادت کو یوں بیان کیا ہے:

''شاعر مشاعروں میں دوسرے شعراء کا کلام سننے نہیں جاتے بلکہ اپنی باری کا انتظار کرنے کے لئے جاتے ہیں۔ جیسے ہی وہ اپنے کلام سے سامعین کو فیض یاب کر دیتے ہیں

مشاعرے میں اُن کی آمد کا مقصد پورا ہو جاتا ہے۔ وہ دوسرے شعرا کا کلام سنے بغیر خوشی خوشی مشاعرے سے رخصت ہو جاتے ہیں''۔ ۱۳

حبیبؔ حیدرآبادی نے برطانیہ میں کئی ادبی انجمنوں کی سرگرمیاں دیکھیں وہاں انجمنوں کی بہتات اور ادیبوں کی ایک سے زیادہ وابستگی کو مزاح کو موضوع بناتے ہوئے حبیبؔ حیدرآبادی لکھتے ہیں:

''ہم تو وقت واحد میں ایک ہی انجمن کا سہارا لیتے ہیں۔ ہمارے بعض باہمت دوست ایک سے زیادہ بیویوں کی طرح ایک ہی وقت میں دو دو تین تین چار چار انجمنیں اپنے تصرف میں رکھتے ہیں۔ اور ٹھوس طریقے سے اپنی خدمت انجام دیتے ہیں''۔ ۱۴

حبیبؔ حیدرآبادی بنیادی طور پر صاف گو واقع ہوئے ہیں۔ اکثر اپنی ذات کو تختۂ مشق بناتے ہیں اور مزاح کی پھلجھڑیاں چھوڑتے رہتے ہیں۔ شادی کی دعوتوں میں شرکت کو مزاحیہ انداز میں پیش کرتے ہوئے لکھتے ہیں کہ :

''شادی کی ہر تقریب کو ہم آتش نمرود سمجھتے آئے ہیں۔ جان نہ پہچان والے دُلہا کو گلے لگا کر ہم خوُب خوُب مبارک باد دیتے ہیں۔ دُلہا کو مبارک باد ایسے دیتے ہیں جیسے اُس غریب کی شادی ہماری ہی سر پرستی میں ہو رہی ہو۔ ہماری اس عادت نے بڑی پختگی اختیار کر لی۔ اپنی اس عادت کے زیر اثر زندگی بھر اس قدر دلہوں سے ملتے رہے کہ اُن کے کپڑوں کی خوشبو ہمارے کپڑوں میں رچ بس گئی''۔ ۱۵

دعا مانگنا ایک خالص مذہبی معاملہ ہے۔ لیکن حبیبؔ حیدرآبادی اس موضوع سے بھی مزاح پیدا کر لیتے ہیں۔ دُعا دراصل کسی خواہش کی تکمیل کے لئے ہوتی ہے۔ اور انسان کی لامتناہی خواہشوں کے ساتھ اُسکی دعائیں بھی بدلتی رہتی ہیں۔ حبیبؔ حیدرآبادی اپنی دُعاؤں کے بارے میں لکھتے ہیں:

''اپنا معیار زندگی بڑھا لینے کی وجہ سے جب اپنی ملازمت سے گھر کے اخراجات پورے ہونے میں مشکل پیش آنے لگی تو دعا اُس کی کرتے رہے کہ بیوی بھی کام پر لگ جائے اور گھر کی آمدنی میں اضافہ ہو جائے بیوی کی آمدنی سے جب گھر میں ذرا معاشی فراغت حاصل ہوئی تو سماجی اور ادبی خدمات کی توفیق کے لئے دعائیں شروع کر دیں۔ اب ہم دعا کرتے ہیں کہ

پہلے ہمیں مقامی بلدیاتی ادارے کی کونسلری مل جائے پھر ممبر آف پالیمنٹ بنیں۔اُس کے بعد ہاؤز آف لارڈز میں پہنچ کر خاکسارانہ طریقے سے ملک وقوم کی خدمت کریں"۔ ۱۶

حبیبؔ حیدرآبادی نے مختصر جملوں اور فقروں کے ذریعہ بھی مزاح پیدا کیا ہے۔اُن کے انتخاب "ہمارے اقوال" میں شامل فقرے اُن کے گہرے مشاہدے کا پتہ دیتے ہیں۔حبیبؔ حیدرآبادی کے کہے چند اقوال اس طرح ہیں:

"بڑھاپے میں جوانی جیسی حرکات مت کرو۔مر جاؤ گے۔اچھا کھانا ملنے پر اتنا کھاؤ کے آنے والے تین دنوں تک کھانے کی ضرورت محسوس نہ ہو۔شادی کے لئے شادی کے قابل ہونا ضروری ہے۔رشوت آمدنی اور خرچ کے توازن کو برقرار رکھنے کا نام ہے۔دوستوں کو ہمیشہ دشمن سمجھو۔اُن کے یکا یک دشمن بن جانے پر نہ مایوسی ہوگی اور نہ ہی ملال"۔ ۱۷

انسان چاہتا ہے کہ اُس کی جوانی تادیر قائم رہے اور وہ نوجوان کہلائے۔لیکن دنیا کی ہر فانی چیز کی طرح جوانی بھی وقتی رہتی ہے۔اپنی عمر کو چھپانے میں عورتوں کے ساتھ ساتھ مرد بھی شامل ہو گئے ہیں۔اپنے آپ کو کم عمر ظاہر کرنے کے لئے لوگ کیا کیا کرتے ہیں۔اس ضمن میں حبیبؔ حیدرآبادی اپنے انشائیہ "ہم دادا بن گئے" میں لکھتے ہیں:

"چاہے جانے کے لئے عمر کا بڑا خیال رکھنا پڑتا ہے۔عمر کو چھپانے کے لئے بڑے جتن کرنے پڑتے ہیں۔کبھی سر کے بالوں کا رنگ بدلنا پڑتا ہے اور کبھی جامہ زیبی کو کام میں لانا پڑتا ہے کبھی چلنے کے انداز سے بھی مدد لی جاسکتی ہے۔سنتے ہیں کہ اگلے زمانے میں صرف عورتیں ہی اپنی عمر کو چھپایا کرتی تھیں۔اب عورتوں کے ساتھ مسلسل اُٹھتے بیٹھتے رہنے کا نتیجہ ہے کہ مردوں کو بھی اپنی عمریں راز میں رکھنا پڑتا ہے"۔ ۱۸

حبیبؔ حیدرآبادی نے اپنی تحریروں میں مغربی طرز زندگی پر طنز کیا ہے۔مغرب میں عورتوں کی ملازمت سے گھریلو زندگی پر پڑنے والے اثرات کا ذکر کرتے ہوئے بہ طور مثال حبیبؔ حیدرآبادی لکھتے ہیں :

"برطانیہ کے معصوم اور بے زبان شوہروں پر بڑا ترس آتا ہے۔جو کام ماؤں کے کرنے کے ہوتے ہیں۔انہیں بھی باپ انجام دیتے ہیں۔اپنے بچوں کو بوتل سے دودھ پلاتے

ہیں۔ راتوں میں بچے اگر روئیں تو انہیں کندھے پر ڈالے گھنٹوں ٹہلتے رہتے ہیں۔ شوہر بچوں کو بھی سنبھالتے ہیں اور اپنی بیویوں کو بھی''۔ ۱۹

شہری زندگی میں ظاہری چمک دمک زیادہ ہوتی ہے۔ اور حقیقی چین وسکون کم ہی ہوتا ہے۔ لوگ اپنے کام خود کرنے کے بجائے ملازمین سے کام کرانے کی فکر میں لگے رہتے ہیں۔ ہر کام کے لئے الگ نوکر مقرر ہوتا ہے۔ چنانچہ اپنی مرضی اور پسند کا ملازم ملنا لوگوں کی اولین ترجیح ہوتی ہے۔ لیکن اچھا ملازم بھی کسی کو قسمت سے ہی ملتا ہے۔ جب صاحب کسی ملازم کا انٹرویو لیتے ہیں تو کبھی ملازم صاحب کا انٹرویو لیتا ہے۔ ایسے ہی ایک ملازم کا حال بیان کرتے ہوئے حبیبؔ حیدرآبادی لکھتے ہیں:

''صاحب جب تک یہاں کا کوئی مینجر آپ کی مالی حیثیت کا صداقت نامہ نہ دے دے اور کوئی شریف آدمی آپ کے نیک چال چلن کی تصدیق نہ کر دے ہم آپ کی ملازمت کے لئے ہاں نہیں کہہ سکتے۔ ابھی ہم کچھ کہنے بھی نہ پائے تھے کہ امیدوار نے ایک اور بات پوچھی کہ صاحب آپ میاں بیوی دونوں ایک دوسرے سے جھگڑتے تو نہیں رہتے۔ کیوں کہ ایک دوسرے کا غیر ضروری غصّہ نوکروں پر اُتارا جاتا ہے''۔ ۱۹/۱

لوگ ہمیشہ اچھے کاموں کے آداب بیان کرتے ہیں۔ اور حبیبؔ حیدرآبادی جب مزاح کے موڈ میں ہوتے ہیں تو وہ ''گالیوں کے آداب'' بھی بیان کرنے لگتے ہیں چنانچہ وہ لکھتے ہیں:

''گالیاں اور گالی نما الفاظ دنیا کے ہر ادب کی طرح اردو ادب اور خصوصاً جدید اردو ادب کا ایک بیش بہا حصّہ بن چکے ہیں گالیوں کے لئے ضروری نہیں کہ گندے الفاظ ہی استعمال کئے جائیں بہت سے ثقہ الفاظ بھی موقع اور محل کے اعتبار سے بعض نازک مزاجوں کے لئے گالی کے مترادف قرار پاتے ہیں۔۔۔ کسی ادیب یا شاعر کی تخلیق کو اگر کوئی مہمل کہہ دے تو ادیب یا شاعر کے لئے لفظ مہمل ہی گالی کے مترادف ہوجاتا ہے اور اگر اس میں ہمت ہو تو وہ مارنے مرنے پر تیار ہوجاتا ہے''۔ ۲۰

حبیبؔ حیدرآبادی نے مزاحیہ کرداروں کی تخلیق بھی کی ہے۔ اُن کے دو مزاحیہ کردار صوفی صاحب

اور ماسٹر صاحب ہیں۔صوفی صاحب ماڈرن انسان تھے۔لوگوں سے قرض لینا اپنا پیدائیشی حق سمجھتے تھے۔اُن کے قرض لینے کی عادت کو بیان کرتے ہوئے حبیبؔ حیدرآبادی یوں مزاح پیدا کرتے ہیں:

''تبلیغ وتصوف کے لئے یہ اپنے دوستوں کی شرافت اور محبت کا امتحان لیتے پھرتے۔ کبھی کسی سے قرض لے لیا اور کبھی کسی سے ایک بار جب قرض لے لیتے تو قرض کو واپس کرنا توہین آدمیت سمجھتے۔اگر اُن کا کوئی دوست اُن سے اپنے دیے ہوئے قرض کی واپسی کا مطالبہ کرتا تو کہتے کہ عجیب انسان ہو۔اگر قرض کی واپسی کے بغیر تم زندہ نہیں رہ سکتے۔تو تم کو زندہ رہنے کا حق نہیں۔آدمی تھے بڑے دلچسپ اس لئے اُن کے سارے احباب اُن کو ایک بار قرض دے کر اپنے فرض کی تکمیل کردیتے تھے''۔ ۲۱

حبیبؔ حیدرآبادی نے تصوف کی اصطلاحات کو اپنے تخلیق کردہ کردار صوفی صاحب کی زبانی استعمال کرتے ہوئے بھرپو مزاح پیدا کیا ہے۔حبیب حیدرآبادی کا ایک اور مزاحیہ کردار ماسٹر صاحب ہے۔اس کردار کی عجیب وغریب عادتوں کے بیان سے مزاح پیدا کرتے ہوئے حبیب حیدرآبادی لکھتے ہیں کہ :

''ماسٹر صاحب کا پسندیدہ مشغلہ بکری اور اصیل مرغیاں پالنا تھا۔اُن کے صحن میں وقت واحد میں پچاس ساٹھ بکریاں اور سوڈیڑھ سو مرغیاں آسانی سے نظر آتی تھیں۔ماسٹر صاحب کی نظر میں بکریوں' اصیل مرغیوں اور دیگر جانوروں پر لکھی جانے والی تحریریں وقت کی اہم ضرورت تھیں ۔ماسٹر صاحب کے ادبی اصلاح خانے میں ترقی پسندی اور جدیدیت دبے پاؤں داخل ہوچکی تھی ۔ماسٹر صاحب ہر بڑے سے بڑے اور خوبصورت سے خوبصورت شعر کا اطلاق یا تو اپنی بکریوں پر کرتے تھے یا اپنی اصیل مرغیوں پر''۔ ۲۲

حبیبؔ حیدرآبادی کی تحریروں سے اخذ کردہ یہ اقتباسات یہ واضح کرتے ہیں کہ وہ ایک بلند پایہ مزاح نگار تھے۔اُن کا مزاح دھیما لیکن پراثر ہے۔قاری اُن کی تحریر کو پڑھ کر ہنسی میں لوٹ پوٹ تو نہیں ہوتا لیکن اُن کی تحریر سے ایسا مزہ حاصل کرتا ہے جیسے لوگ افیون سے نشہ حاصل کرتے ہیں ۔حبیبؔ حیدرآبادی کی مزاح نگاری کے بارے میں لندن سے بانو احمد لکھتی ہیں کہ:

''بہ ظاہر اُن کی تحریریں مسکراہٹوں اور قہقہوں کا مرقع ہیں اُنہوں نے شاعری۔ انجمن سازی۔ بیوی صدیقہ بیگم، ہجرت، وضعداری جیسے مضامین کے ہر عنوان سے پہلے لفظ ''ہمارا'' لگا کر بہت ہی چٹ پٹے اور چٹخارہ دار لوازمات قارئین کے دستر خوان پر سجادیے ہیں۔۔ اُن کو پڑھتے وقت کنھیا لال کپور، ملا رموزی رشید احمد صدیقی، عظیم بیگ چغتائی، شفیق الرحمٰن، شوکت تھانوی اور پطرس بخاری کی تحریریں یاد آنے لگتی ہیں''۔ ۲۳

حبیبؔ حیدرآبادی کی ظرافت کو غالبؔ کی ظرافت سے تشبیہہ دیتے ہوئے محمد یوسف الدین خاں لکھتے ہیں:

''غالبؔ کی ظرافت کی طرح حبیبؔ کی ظرافت کو ایک خندہ زیر لبی کہا جاسکتا ہے۔ اُن کی نثر پڑھ کر قاری مسکراتا ہے اور اکثر کھلا کھلا کر ہنس دیتا ہے۔ پاگلوں کی طرح قہقہے نہیں لگاتا۔ یہ اس لئے نہیں کہ اُن کے مزاح کی کوالٹی کمتر ہے بلکہ صرف اس لئے کہ بعض دفعہ مزاح میں شدت بھی کسی نہ کسی کی دل شکنی کا باعث ہوسکتی ہے۔۔۔ حبیبؔ کے مزاح سے پیدا ہونے والا تبسم دیرپا ہوتا ہے''۔ ۲۴

حبیب حیدرآبادی نے اپنی مزاح نگاری کے تانے بانے سماج سے حاصل کئے۔ سماج میں جو محرومیاں اور ناہمواریاں اُنہوں نے دیکھیں اُس پر افسوس کرنے کے بجائے اُنہوں نے مزاح کے پیرائے میں اُن پر اپنی رائے ظاہر کی چاہے وہ مغربی معاشرے کی مادی ترقی ہو یا شعر وادب کی انجمنیں، بچوں کی تربیت کا معاملہ ہو یا بیوی سے نبھانے کا حال۔ ایک باریک بین انسان کی طرح حبیبؔ حیدرآبادی نے حالات کا گہرائی سے مشاہدہ کیا اور اُنہیں اپنے شگفتہ اندازِ تحریر سے مزاحیہ انداز میں پیش کیا۔ سارے جہاں کا درد سمائے وہ خود مسکراتے رہے اور لوگوں کے لئے مسکرانے کا سامان کرتے رہے۔ اسی خیال کو پیش کرتے ہوئے لندن سے فیروزہ لکھتی ہیں کہ :

''حبیب صاحب کے انشائیوں میں ذاتی اور سماجی دُکھ یکجا ہوگئے ہیں۔ دکھوں کے تجربے نے غالبؔ کی طرح اُنہیں بھی ہنسی بخشی، یہ بھی عرفان ذات کی ایک قسم ہے۔ وہ اپنے تجربات کی بنیاد پر اپنے گردوپیش کے کرداروں کا مرقع پیش کرتے ہیں۔۔۔ حبیب صاحب بے حد منکسر المزاج، خلیق اور متواضع انسان ہیں۔ اُنہیں دیکھ کر یہ خیال بھی نہیں ہوسکتا کہ وہ کسی قسم کا

مذاق لکھنا تو درکنار برداشت بھی کر سکتے ہیں۔ معصومیت بھری مسکراہٹ لبوں پر فروزاں رہتی ہے۔ مگر گفتگو کا سلسلہ جیسے جیسے آگے بڑھتا چلا جاتا ہے وہ کھلتے جاتے ہیں۔ اور اُن کا یہ انداز خود ایک بڑے مزاح کی تشبیہہ بن جاتا ہے''۔ ۲۵

حبیبؔ حیدرآبادی کی مزاح نگاری کے بارے میں اُن کے رفیقوں کی آراء سے پتہ چلتا ہے کہ اُن کے مزاح کا تقابل اردو کے سرکردہ مزاح نگاروں سے کیا جا سکتا ہے۔ اُن کے مزاح میں شائستگی اور رکھ رکھاؤ ہے۔ عامیانہ موضوعات سے اُنہوں نے پرہیز کیا ہے۔ انشائیہ ''گالیوں کے آداب'' میں بھی اُنہوں نے کوئی بات ادب کے دائرے سے ہٹ کر نہیں کہی۔ مغربی تہذیب پر اظہار خیال کرتے وقت اُن کا قلم طنز میں ڈوب جاتا ہے لیکن دیگر موضوعات کو اُنہوں نے ہلکے پھلکے مزاح میں پیش کیا ہے۔ مزاحیہ تحریروں میں اُن کے اسلوب پر رشید احمد صدیقی کی چھاپ دکھائی دیتی ہے۔ جنہوں نے علی گڑھ کے ماحول میں پرورش پاتے ہوئے اپنی مزاح نگاری کو پروان چڑھایا تھا۔ لیکن انہیں برصغیر کے نامور شعراء اور ادیبوں سے فیض حاصل تھا یہی وجہ ہے کہ اُن کے اسلوب اور مزاح میں کوئی اجنبیت نہیں پائی جاتی اور اُن کی تحریروں کو پڑھنے سے اندازہ ہوتا ہے کہ برصغیر میں رہنے والے کسی ادیب کی تحریر ہو۔ مجموعی طور پر حبیبؔ حیدرآبادی ایک سنجیدہ مزاح نگار ہیں۔ جن کی تحریروں میں پائی جانے والی شگفتگی اُنہیں ایک منفرد مزاح نگار کے طور پر پیش کرتی ہے۔

حوالے

۱ وزیر آغا ڈاکٹر۔ اردو ادب میں طنز و مزاح۔ نئی دہلی ۱۹۸۱ء ص ۴۱ ۔ ۴۲

۲ وزیر آغا ڈاکٹر۔ اردو ادب میں طنز و مزاح۔ ص ۴۳

۳ شوکت سبزواری بحوالہ۔ حیدرآباد میں طنز و مزاح کی نشو نما۔ انیسہ سلطانہ۔ حیدرآباد ۱۹۸۶ء ص ۱۸

۴ انیسہ سلطانہ۔ حیدرآباد میں طنز و مزاح کی نشو نما۔ ص ۱۹

۵ حبیب حیدرآبادی۔ برطانیہ کی سیاسی جماعتیں اور پارلیمنٹ۔ ص ۲۴

۶ حبیب حیدرآبادی۔ برطانیہ کی سیاسی جماعتیں اور پارلیمنٹ۔ ص ۷۶

۷	حبیب حیدر آبادی۔ انگلستان میں۔	ص ۱۹۶
۸	حبیب حیدر آبادی۔ انگلستان میں۔	ص ۲۰۰
۹	حبیب حیدر آبادی۔ رہ ورسم آشنائی۔	ص ۵
۱۰	حبیب حیدر آبادی۔ رہ ورسم آشنائی۔	ص ۸
۱۱	حبیب حیدر آبادی۔ رہ ورسم آشنائی۔	ص ۱۱
۱۲	حبیب حیدر آبادی۔ رہ ورسم آشنائی۔	ص ۱۳
۱۳	حبیب حیدر آبادی۔ رہ ورسم آشنائی۔	ص ۲۰
۱۴	حبیب حیدر آبادی۔ رہ ورسم آشنائی۔	ص ۲۶
۱۵	حبیب حیدر آبادی۔ رہ ورسم آشنائی۔	ص ۴۰
۱۶	حبیب حیدر آبادی۔ رہ ورسم آشنائی۔	ص ۴۵
۱۷	حبیب حیدر آبادی۔ رہ ورسم آشنائی۔	ص ۴۷۔۴۸
۱۸	حبیب حیدر آبادی۔ رہ ورسم آشنائی۔	ص ۴۹
۱۹	حبیب حیدر آبادی۔ رہ ورسم آشنائی۔	ص ۶۲
۱۹/۱	حبیب حیدر آبادی۔ رہ ورسم آشنائی۔	ص ۶۲
۲۰	حبیب حیدر آبادی۔ رہ ورسم آشنائی۔	ص ۶۴
۲۱	حبیب حیدر آبادی۔ رہ ورسم آشنائی۔	ص ۶۹
۲۲	حبیب حیدر آبادی۔ رہ ورسم آشنائی۔	ص ۷۶
۲۳	بانو احمد۔ لندن۔ راوی۔ حبیب حیدر آبادی نمبر۔	ص ۱۰
۲۴	محمد یوسف الدین خان۔ راوی۔	ص ۱۳
۲۵	فیروزہ جعفر۔ روای۔	ص ۱۱

حبیبؔ حیدر آبادی کی تحریروں میں انگلستان کی جھلک

حبیبؔ حیدر آبادی نے اپنی زندگی کا بیشتر عملی دور انگلستان میں بسر کیا۔ ملازمت کی تلاش میں ۱۹۵۷ء میں وہ اپنے اہل خانہ کے ہمراہ انگلستان منتقل ہو گئے۔ اور ۱۹۸۹ء میں اُن کا انتقال وہیں ہوا۔ اس طرح زندگی کے ۳۲ سال اُنہوں نے انگلستان کی فضاؤں میں گذارے۔ وہ ایسے وقت ترک وطن کر کے انگلستان منتقل ہوئے۔ جبکہ وہاں تلاش روزگار کے لئے لوگوں کو محنت مزدوری پر مجبور ہونا پڑ رہا تھا۔ زندگی کی کشتی کو آگے بڑھانے کے لئے حبیبؔ حیدر آبادی نے بھی سخت جد وجہد کی۔ اپنے ملازمتوں کے بارے میں وہ لکھتے ہیں:

''یہاں آنے کے بعد بڑے پاپڑ بیلنے پڑے۔ مزدوری کرنی پڑی۔ گوداموں میں کام کرنا پڑا۔ بس کنڈکٹری کی۔ ٹکسی چلانی پڑی۔ کوئی کام ایسا نہیں ہوگا۔ جو میں نے یہاں آنے کے بعد نہ کیا ہو۔ صبح چار بجے سے رات کے بارہ بجے تک کئی مہینوں مسلسل کام کرنا پڑا'' ۱؎

ابتدائی دور کی مشکلات کے بعد جب حالات ساز گار ہوئے۔ کچھ معاشی فراغت ملی تو حبیبؔ حیدر آباد ی نے فکر معاش سے ہٹ کر تہذیبی وسماجی تقاضوں کی طرف رُخ کیا۔ اس ضمن میں وہ لکھتے ہیں:

''انگلستان آنے کے بعد ابتدائی زندگی تو پریشانیوں میں گذری جیسے جیسے وقت گزرتا گیا۔ حالات ساز گار ہوتے گئے۔ ہنگامہ پسندی تو طبعیت میں رچی ہوئی ہے۔ پھر عود کر آئی۔ جب معاشی حالت بہتر ہوئی اور مجھے چیف اکاؤنٹنٹ کا عہدہ ایک برٹش فرم میں ملا تو کچھ سماجی کاموں میں حصہ لینے کی ترغیب ہوئی ۔۔۔ چونکہ زندگی کا ایک بڑا حصہ اس ملک میں گزرا مجھے یہاں کی سماجی اور تہذیبی زندگی کا جائزہ بھی ہر موقع پر لینا پڑا۔ مختلف سماجی اداروں سے وابستگی رہی ۔۔۔ اپنے مضامین میں اپنے تجربات اور مشاہدات کو بیان کرنے کی کوشش کی ہے۔ چونکہ انگلستان میں مقیم ہوں۔ اس لئے یہاں کی زندگی کے مختلف گوشوں کا جائزہ لیتا رہا ہوں اور دو ایک مضامین کے علاوہ ان سارے مضامین میں اُن ہی واقعات یا اُن ہی اصحاب کا ذکر ہے جن سے کبھی نہ کبھی زندگی میں میرا واسطہ پڑا'' ۲؎

حبیبؔ حیدرآبادی کے یہ خیالات اس بات کی تصدیق کرتے ہیں کہ انگلستان میں قیام کا اثر اُن کی تحریروں پر بھی پڑا۔ کیونکہ اُن کے بیشتر مضامین میں کسی نہ کسی طرح انگلستان کا تذکرہ ملتا ہے۔ چاہے وہ انگلستان کی سیاست ہو یا تارکین وطن کے مسائل۔ انگلستان کی معاشرت ہو یا وہاں کی تہذیبی سرگرمیاں، اردو کی انجمنیں، شعرا، مشاعرے مذہبی ادارے وغیرہ موضوعات کے بیان میں انگلستان کی زندگی جھلکتی ہے۔ اُن کی ایک تصنیف کا نام بھی ''انگلستان میں'' ہے۔ اس تصنیف کے ابتدائی مضامین میں حبیبؔ حیدرآبادی نے انگلستان آنے والے تارکین وطن کے مسائل کو پیش کیا ہے۔ ''میرے تجربات'' گوشے میں شامل مضامین کو اس مقالے کے باب ''مضمون نگاری'' میں پیش کیا گیا ہے۔ زیرنظر باب میں حبیبؔ حیدرآبادی کی تصنیف ''انگلستان میں'' کے گوشہ ''انگلستان میں ادبی سماجی اور مذہبی سرگرمیاں'' کے تحت آنے والے مضامین اسکول آف اورینٹل اینڈ آفریکن اسٹڈیز، انگلستان کی مساجد، امام باڑے گردوارے اور منادر، انگلستان کی اردو صحافت، لندن میں قوالیاں اور موسیقی کی محفلیں، ساؤتھال، انجمن ترقی اردو برطانیہ، حیدرآباد دکن اسوسی ایشن اور اردو مجلس یو کے کا تنقیدی جائزہ پیش ہے۔ جبکہ حبیبؔ حیدرآبادی کے انشائیوں اور خاکوں پر مبنی تصنیف ''رہ ورسم وآشنائی'' میں شامل مضامین ''ہماری ہجرت'' اور ''سارے جہاں سے اچھا برطانیہ ہمارا'' وغیرہ کا تبصرہ بھی اس باب میں شامل ہے۔

حبیبؔ حیدرآبادی نے اپنی تصنیف ''انگلستان میں'' کے ایک گوشے میں انگلستان میں اردو کے ادیب اور شاعر کے تحت برطانیہ کے شعراء کا تذکرہ کیا ہے۔ ان مضامین کا جائزہ اس کتاب کے باب ''نقاد و تذکرہ نگار'' میں لیا گیا۔ حبیبؔ حیدرآبادی کے یہ تمام مضامین انگلستان کی سماجی، تہذیبی و معاشرتی زندگی کو پیش کرتے ہیں۔ ذیل میں ان کے ایسے ہی مضامین کا جائزہ پیش ہے۔

اسکول آف اورینٹل اینڈ آفریکن سٹڈیز:۔

انگلستان کی تعلیمی زندگی کو اُجاگر کرتا حبیبؔ حیدرآبادی کا مضمون ''اسکول آف اورینٹل اینڈ آفریکن اسٹڈیز'' ہے۔ اس مضمون میں حبیبؔ حیدرآبادی نے لندن یونیورسٹی کے ایشیائی اور آفریقی زبانوں کی تعلیم کے کالج کی حال بیان کیا ہے۔ حبیبؔ حیدرآبادی نے لکھا کہ ۱۹۱۶ء میں اس کالج کی بنیادی رکھی گئی۔ اس کالج کی لائبریری میں پانچ لاکھ سے زائد کتابیں ہیں دنیا کے

ستر سے زیادہ ممالک کے طالب علم یہاں پڑھتے ہیں۔کالج میں تعلیم کے طریقہ کار کے بارے میں حبیبؔ حیدر آبادی لکھتے ہیں:

''یہاں دنیا کی دوتہائی آبادی کی علمی پیاس بجھانے کی کوشش کی جاتی ہے۔ایشیاء اور آفریقہ کی بہت سی زبانوں کی تعلیم دی جاتی ہے۔گریجویشن کی سطح تک تعلیم ہوتی ہے۔ایم۔اے کرنے اور پی ایچ ڈی کے مواقع بھی مہیا کئے گئے ہیں۔مختلف زبانوں کا کورس چار سال پر مشتمل ہوتا ہے۔زبانوں کی تعلیم حاصل کرنے کے لئے یہ ضروری نہیں کہ طالب علم پہلے ہی سے وہ زبان جانتا ہو بالکل ابتداء سے تعلیم دی جاتی ہے۔طالب علم نے جس زبان میں گریجویشن کیا ہو وہ اس زبان بولنے پڑھنے اور لکھنے کے قابل ہوجائے۔اور اپنا ماضی الضمیر اُس زبان میں ادا کر سکے۔مذہبیات، قانون، لسانیات، تاریخ، جغرفیہ اور متعلقہ تہذیب وثقافت اور سوشیل سائنس کے مختلف شعبوں میں طالب علم داخلہ لے سکتے ہیں''۔[۳]

اسکول آف اورینٹل اینڈ آفریکن اسٹڈیز میں تعلیم کے طریقہ کار کے بیان کے بعد حبیبؔ حیدر آبادی نے کالج میں مختلف شعبوں اور اُن کے تحت پڑھائے جانے والے کورسز کی تفصیلات پیش کیں اُنہوں نے لکھا کہ ۱۹۸۰ء میں بیرونی طلباء کے لئے یہاں تعلیم کا خرچ ڈھائی ہزار پونڈ سالانہ تھا۔اُردو کے علاوہ دیگر مشرقی زبانوں میں تعلیم کے مواقع کا تذکرہ کرنے کے بعد حبیبؔ حیدر آبادی نے کالج کے شعبہ اردو کا تعارف اس طرح کرایا:

''یہاں کے اردو ڈپارٹمنٹ میں رالف رسل ہیں۔ڈیوڈ میتھوز ہیں۔خالد حسن قادری اور سی شیا کل ہیں۔ڈاکٹر زورؔ اور بیگم شائستہ اکرام اللہ نے پی۔ایچ۔ڈی کی ڈگری یہیں سے حاصل کی تھی۔انجمن ترقی اردو کے اجلاس یہیں ہوا کرتے تھے۔جبکہ رالف رسل اس کے صدر تھے۔ماہانہ اجلاس میں کئی دفعہ میری شرکت ہوتی رہی۔اس اسکول میں جانے سے جو خوشی ہوتی ہے وہ بیان سے باہر ہے''۔[۴]

کالج کے شعبہ اردو کے تعارف کے ساتھ ہی حبیبؔ حیدر آبادی کے اس مضمون کا اختتام ہوتا ہے۔اس مضمون میں حبیبؔ حیدر آبادی نے انگلستان میں افریقی اور ایشیائی زبانوں میں تعلیم کے ایک اہم اور سرکردہ تعلیمی ادارے کا تعارف پیش کیا ہے۔اس طرح کے مضامین بیرون ملک اعلی تعلیم

کے حصول کے خواہش مند طلباء کو مفید معلومات پہونچاتے ہیں۔ حبیبؔ حیدرآبادی نے انگلستان میں رہتے ہوئے ایشیاء کے طالب علموں کے لئے تعلیمی مواقع کے بارے میں یہ نہائت اہم معلوماتی مضمون تحریر کیا۔ اس مضمون میں انگلستان میں واقع دنیا کے ایک سرکردہ تعلیمی ادارے کی تفصیلات مل جاتی ہیں۔

انگلستان کی مساجد' امام باڑے' گردوارے اور منادر:- انگلستان کے مذہبی مقامات کے تعارف پر مبنی حبیبؔ حیدرآبادی کا ایک مضمون ''انگلستان کی مساجد امام باڑے' گردوارے اور منادر ہے۔ اس مضمون میں انہوں نے انگلستان میں بس جانے والے تارکین وطن کی مذہبی سرگرمیوں کا ذکر کیا ہے۔ انگلستان میں ہندوستان اور پاکستان سے کثیر تعداد میں مسلمان منتقل ہوئے تھے۔ اس لئے مسلمانوں نے وہاں اپنے قیام کے فوری بعد اپنی مذہبی عبادت گاہ مساجد کی تعمیر کی فکر کی۔ حبیبؔ حیدرآبادی نے لکھا کہ ابتداء میں لندن پارک کے قریب ایک بڑی مسجد تعمیر ہوئی۔ جس کی تعمیر میں مسلم ممالک نے حصہ لیا۔ اور نظام حیدرآباد نے پچاس ہزار پاؤنڈ کا عطیہ دیا تھا۔ لندن میں دیگر مقامات جیسے اسٹریتھم' بالھم وولچ' ویمبلے' ومبلڈن' ایسٹ لندن' بوسٹن اسٹیشن' برمنگھم' بریڈفورڈ مانچسٹر' نوٹنگھم' گلاسکو اور اڈنبرا وغیرہ میں مساجد کی تعمیر کا تذکرہ کیا۔ ان مساجد میں ہونے والی سرگرمیوں کے بارے میں حبیبؔ حیدرآبادی لکھتے ہیں:

''ہر جمعہ اور عید کے موقع پر کثرت سے مسلمان یہاں (لندن پارک کی مسجد میں) نماز پڑھنے کے لئے آتے ہیں۔ مسلم تقاریب بھی اس مسجد کے مختلف بڑے بڑے ہالوں میں منعقد ہوا کرتی ہیں بچوں کی مذہبی تعلیم کا بھی یہاں انتظام ہے۔ شادی بیاہ کی تقاریب بھی یہاں ہوا کرتی ہیں۔۔۔۔ برمنگھم میں بھی بہت بڑی مسجد بنائی گئی ہے۔ یہاں سیرت کانفرنس کا بھی انعقاد ہوا تھا۔ ہندوستان اور پاکستان کے مولوی' واعظ اور عالم یہاں آتے رہتے ہیں۔ تبلیغ کا سلسلہ جاری رہتا ہے''۔ 5

مساجد کے علاوہ امام باڑوں کا تذکرہ کرتے ہوئے حبیبؔ حیدرآبادی نے لکھا کہ بالھم ہیمر اسمتھ' آکٹن ٹاؤن ہال کے علاوہ انجمن حسینیہ ہونسلو اور ادارۂ جعفریہ کے زیر اہتمام محرم کی مجالس کا اہتمام کیا جاتا ہے۔ انگلستان میں سکھوں کے اثر و رسوخ کو ظاہر کرتے ہوئے لکھا کہ

پگڑی کے سبب اُنہیں ہلمٹ پہننے سے استثنٰی ملا ہوا ہے۔ انگلستان کے گردواروں میں مذہبی رسومات کے علاوہ سکھ اپنی شادیاں بھی وہیں کرتے ہیں۔ حبیبؔ حیدرآبادی نے اس مضمون میں ہندوؤں کے منادر اور اُن کی مذہبی سرگرمیوں کا تذکرہ کرنے کے بعد مضمون کے آخر میں ہائیڈ پارک کارنر کو قومی یکجہتی کا مرکز قرار دیتے ہوئے لکھا کہ:

''انگلستان میں تقریر و تحریر کی بڑی آزادی ہے۔ اس سے ہم لوگ کافی فائدہ اُٹھاتے ہیں۔ ہائیڈ پارک کارنر میں ہر اتوار کی سہ پہر کو ایک میلا سا لگتا ہے۔ جہاں ہر مکتب خیال اور ہر مکتب فکر کو آزادی سے تقریر کرتے ہوئے دیکھا جاسکتا ہے۔ یہاں مختلف پلیٹ فارم یا فورم ہو سکتے ہیں۔ ہندو مسلمان، سکھ عیسائی، یہودی ہر مذہب کے لوگ اپنے اپنے مذہب کا پرچار کرتے ہیں۔ سیاست پر بھی گرما گرم تقریریں یہاں ہوتی ہیں۔ لندن سے نکلنے والے اکثر جلوسوں کی ابتداء ہائیڈ پارک ہی سے ہوتی ہے۔ لوگوں کو یہاں نماز پڑھتے ہوئے بھی دیکھا جاسکتا ہے۔ ایک دو جنازے کی نمازیں بھی یہاں بڑے پیمانے پر اس پارک میں ہوئی تھیں''۔۶

حبیبؔ حیدرآبادی نے اس مضمون کے ذریعہ یہ واضح کیا کہ برطانیہ میں تارکین وطن کتنی بڑی تعداد میں موجود ہیں اور کس طرح اُنہوں نے اپنے مذہبی تشخص کو باقی رکھا۔ مذہبی مقامات کی کثیر تعداد میں تعمیر سے برطانیہ کی مذہب کے بارے میں آزادانہ پالیسی بھی اُجاگر ہوتی ہے۔

انگلستان کی اردو صحافت:- حبیبؔ حیدرآبادی کے اگلے مضمون کا عنوان ''انگلستان کی اردو صحافت'' ہے۔ اس مضمون میں اُنہوں نے انگلستان سے شائع ہونے والے اردو اخبارات ورسائل کا تعارف پیش کیا ہے۔ اور اردو صحافت کی علمی وادبی خدمات کا تذکرہ کیا ہے۔

حبیبؔ حیدرآبادی نے اس مضمون میں جن اخبارات کے نام اور ان کے مدیروں کا ذکر کیا ہے ان میں ''مشرق'' مدیر محمود ہاشمی'' ''ایشیاء'' مدیر قمر یوسف'' ''جنگ'' مدیر آصف جیلانی'' ''آزاد'' مدیر حبیب الرحمٰن'' '' ''ملت'' مدیر انعام عزیز'' ملاپ'' ''آفاق'' مدیر اُستاد بٹنگی'' راوی'' مدیر فریدہ شیخ'' '' ''حیات نو'' مدیر نقی تنویر'' ''سہ ماہی ادب'' مدیر سوہن راہی'' ''نشانہ'' مدیر ابرار ترمذی'' وغیرہ۔

لندن سے جاری ہونے والے اخبار ''جنگ'' کے بارے میں حبیبؔ حیدرآبادی لکھتے ہیں:

''روزنامہ ''جنگ'' بڑے عرصے سے لندن سے شائع ہوتا ہے۔ اور کافی تعداد میں

شائع ہوتا ہے۔آصف جیلانی اُس کے ایڈیٹر ہیں۔ حبیب بنک کے ایک استقبالیہ میں اُن سے میری ملاقات ہوئی تھی ۔ان کو میں نے قبول صورت، خوش پوشاک، خوش باش اور خوش نظر پایا۔ ہفتہ میں ایک بار ''جنگ'' کا ادبی ایڈیشن بھی شائع ہوتا ہے۔ جو بہت دلچسپ اور معلومات آفریں ہوتا ہے''۔ ۷

حبیبؔ حیدر آبادی نے اپنے اس مختصر مضمون میں انگلستان میں اردو صحافت پر طائرانہ نظر ڈالی ہے ۔انگلستان سے جاری ہونے والے ان اخبارات کی کثرت سے اندازہ ہوتا ہے کہ وہاں اردو کے قارئین کثیر تعداد میں موجود تھے۔

لندن میں قوالیاں اور موسیقی کی محفلیں:- حبیبؔ حیدر آبادی کے حالات زندگی سے یہ بات معلوم ہوتی ہے کہ اُنہیں قوالی بہت پسند تھی۔ چنانچہ زیر نظر مضمون میں اُنہوں نے لندن میں پروگرام کرنے والے برصغیر کے اہم قوالوں کا ذکر کیا ہے۔مضمون کے آغاز میں حیدر آباد کے مشہور قوال علی بخش کی وجد میں ڈوبی قوالیوں کے سننے کا حال بیان کیا کہ کس طرح گرہ لگا لگا کر رات بھر وہ ایک ہی قوالی سناتے تھے۔لندن میں اپنے احباب کے گھر پاکستان کے مشہور قوالوں غلام فرید صابری اور مقبول صابری کے کامیاب پروگرام کا تذکرہ کرتے ہوئے محفل سماں اور قوالی کی تائید میں اُنہوں نے حضور اکرم صلی اللہ علیہ وصلعم کے زمانہ کا یہ واقعہ پیش کیا:

''بخاری شریف کی صحیح حدیث کے مطابق رسول اللہؐ کے سامنے مدینہ کے انصار کی لڑکیاں دف بجا بجا کر گا رہی تھیں۔اور حضرت اُن کا گانا سُن رہے تھے۔اتنے میں حضرت عمرؓ وہاں آ گئے اور اُنہوں نے لڑکیوں کو گانے بجانے سے روکا۔اس پر رسول اللہؐ نے حضرت عمرؓ سے فرمایا کہ ان لڑکیوں کو گانے بجانے سے نہ روکو کہ آج اُن کی عید کا دن ہے۔اور ہر قوم کا ایک عید کا دن ہوتا ہے''۔ ۸

حبیبؔ حیدر آبادی نے لکھا کہ قوالی کا حقیقی لطف اُسی وقت آتا ہے جب کسی مخصوص محفل میں آداب کی رعایت کے ساتھ حمد و نعت کے بعد قوالی ہو۔اگر کسی بڑے ہال یا اسٹیج پر قوالی ہو تو وہ قوالی دردسر بن جاتی ہے۔حبیبؔ حیدر آبادی نے لکھا کہ انگلستان میں حیدر آباد کے مشہور قوال عزیز احمد وارثی، پاکستان کے قوال بہاء الدین۔گلوکاروں میں محمد رفیع، لتا، مہدی حسن، غلام

علی جگجیت سنگھ وغیرہ نے کامیاب پروگرام پیش کئے۔ پنڈت روی شنکر کے ستار اور اللہ رکھا کے طبلہ پروگرام کے تذکرہ اور ان پروگراموں کے انعقاد میں دلچسپی دکھانے والے احباب اطہر احمد للیتا احمد، ڈاکٹر محسن، ڈاکٹر صبیح اللہ، ڈاکٹر کمال الدین خاں محسن وغیرہ کا ذکر کرتے ہوئے حبیبؔ حیدر آبادی نے اپنے مضمون کا اختتام عمل میں لایا۔ قوالی سے اپنی غیر معمولی دلچسپی کے سبب حبیبؔ حیدر آبادی نے نہ صرف یہ مضمون لکھا بلکہ انگلستان میں منعقد ہونے والے قوالی کے پروگراموں وہاں آنے والے سرکردہ قوالوں اور قوالی کی مذہبی حیثیت کے بارے میں مفید معلومات فراہم کیں۔

ساؤتھال:- حبیبؔ حیدر آبادی کے اگلے مضمون کا عنوان ''ساؤتھال'' ہے۔ جیسا کے نام سے ظاہر ہے۔ یہ ایک مقام کا نام ہے جو انگلستان میں واقع ہے۔ حبیبؔ حیدر آبادی اس مقام کا تذکرہ اس لئے کرتے ہیں کہ وہاں کثیر تعداد میں ایشیائی واقع ہیں خاص طور سے ہندوستان و پاکستان کے لوگوں کی کثرت ہے۔ اور جہاں ایک علاقے کے لوگ بڑی تعداد میں جمع ہوں وہاں ان لوگوں کا تمدن خود بخود وجود میں آجاتا ہے۔ چنانچہ حبیبؔ حیدر آبادی مضمون میں لکھتے ہیں کہ ہندوستان، پاکستان یا امریکہ سے آنے والوں کو ساؤتھال ضرور لیجایا جاتا ہے۔ یہ علاقہ دہلی یا پنجاب کا حصہ لگتا ہے۔ دکانیں، ہوٹلیں، ترکاریاں، میوے، کتابوں کی دکانیں گلوکاروں کے ریکارڈز کی دکانیں، حکیم وغیرہ سب ہندوستانی طرز کی ہوتی ہیں۔ اجناس کی دکانوں اور ہوٹلوں میں ملنے والی ہندوستانی اشیا اور غذاؤں کے نام گنواتے ہوئے حبیبؔ حیدر آبادی لکھتے ہیں:

''اجناس کی دکانوں پر زعفران۔ دار چینی، کباب چینی، مرچ ہلدی، زیرہ، بوجوار، دھنیہ، کالی مرچ، گرم مصالحہ، پوٹلی کا مصالحہ، خشخاش، چرونجی، بادام، تل، زردہ، قوام چھالیہ، سپاری، چونا، کتھا، الائچی، لونگ، پان کا مصالحہ پھولے چنے، ہر قسم کے اچار، مربّے پیٹھے۔ شربت، زندہ طلسمات ہاضمہ کی چورن، سرمہ، خضاب، ریوڑیاں، نقل، نان، اصلی گھی۔ تیل وغیرہ فروخت ہوتے ہیں۔۔۔ کئی ایک ہوٹلیں اور رسٹورنٹ ہیں جہاں دم کا مرغ، تکّہ، کباب، بریانی، لقمی پلاؤ، نہاری، قورمہ، شیرمال، کلیجے زبان اور پایہ اور سب ہی لوازمات دستیاب ہوجاتے ہیں''۔9

حبیبؔ حیدر آبادی نے اس مضمون میں ساؤتھال کے مزید احوال بیان کرتے ہوئے لکھا کہ یہاں ایک دو ایشیائی کونسلرز بھی ہیں۔ اردو کے فروغ کے لئے کام کرنے والوں میں رحمت قرنی۔ بخش

لائل پوری، سوہن راہی اور راج کھیتی وغیرہ ہیں جو مشاعرے اور ادبی اجلاس منعقد کرتے ہیں برصغیر کے بنک، شادی کے ادارے، ہندوستانی طرز کی روایتی دھوم دھام والی شادیاں۔ مسلمانوں کے لئے حلال گوشت کی سہولت وغیرہ کی تفصیلات بیان کرتے ہوئے حبیبؔ حیدرآبادی لکھتے ہیں کہ ساؤتھال میں اچھے کھانوں کے ساتھ اچھی تفریح ہو جاتی ہے۔ اور لندن میں ہندوستان کی سیر کا مزہ آجاتا ہے۔ ساؤتھال لندن سے ۱۲ میل دور واقع ہے۔

انجمن ترقی اردو (برطانیہ) :- حبیبؔ حیدرآبادی کے انگلستان سے متعلق اگلے مضمون کا عنوان ''انجمن ترقی اردو (برطانیہ)'' ہے۔ اس مضمون میں اُنہوں نے برطانیہ میں اردو کے لئے کام کر رہی ایک سرکردہ انجمن کی سرگرمیاں بیان کی ہیں۔ اطہر راز کو انجمن کے روح رواں قرار دیتے ہوئے حبیبؔ حیدرآبادی نے لکھا کہ علی گڑھ یونیورسٹی کے تعلیم یافتہ بیرسٹر اشرف علی بشیری انجمن کے صدر رہے۔ انجمن کے تحت منعقد ہونے والی اہم تقاریب اور انجمن کے مقاصد بیان کرتے ہوئے حبیبؔ حیدرآبادی لکھتے ہیں:

''انجمن ترقی اردو (برطانیہ) ابتداء ہی سے بڑی عمدہ ادبی نشستوں کا اہتمام کرتی آئی ہے ہندوپاک سے آنے والے مشہور ادیبوں اور شاعروں کے اعزاز میں محفلوں کا انعقاد کرتی ہے۔ اسی انجمن نے اکبرؔ الہ آبادی اور الطاف حسین حالؔی کے یوم بڑے ہی شان دار طریقے سے منائے۔ فیض احمد فیضؔ حفیظ جالندھری، زہرا نگاہ جیسے مقبول شاعروں نے اس انجمن کے جلسوں میں شرکت کی ادبی فضاء کو صحت مند بنائے رکھنا اور ادب کے نئے رجحانات سے اُردو دانوں کو واقف کروانا۔ اس انجمن کے جلسوں کی خصوصیت رہی ہے''۔ ۱۰

حبیب حیدرآبادی نے لکھا کہ لوگ اردو کی خدمت کرنے والی انجمنوں کی مالی امداد نہیں کرتے۔ اس لئے انجمنیں زیر بار رہتی ہیں۔ انجمنوں کے لئے حکومت کی سرپرستی کی تجویز رکھتے ہوئے حبیبؔ حیدرآبادی لکھتے ہیں:

''ہندوستانی اور پاکستانی سفارت خانوں کے نمائندوں کو یہاں کی انجمنوں میں مدعو کیا جاتا ہے۔ ان کی عزت افزائی کی جاتی ہے۔ انہیں شہ نشینوں پر بٹھایا جاتا ہے۔ اُن کے حق میں تعریفی کلمات کہے جاتے ہیں۔ اس کے باوجود ان سفارت خانوں کا رویہ اردو کی انجمنوں کے

تعلق سے بڑا ہی مایوس کن رہا ہے۔۔۔اگر ہماری ساری ادبی انجمنیں ترقی اردو برطانیہ کی سر پرستی میں اپنا کام کرتی رہیں اور ساری انجمنوں کی نمائندگی انجمن ترقی اردو برطانیہ کرتی رہے تو شائد ہماری انجمنوں کے مالی مسائل کو حل کرنے میں مدد ملے''۔۱۱

اردو انجمنوں کی بقاء کے لئے حبیبؔ حیدرآبادی کی ہمدردانہ رائے اور جذبات کو دیکھتے ہوئے یہ اندازہ لگایا جاسکتا ہے کہ حبیبؔ حیدرآبادی برطانیہ میں اردو کے فروغ کے لئے کس قدر کوشاں رہتے تھے۔

حیدرآباد دکن اسوسی ایشن:۔ انگلستان کی ادبی انجمنوں کو متعارف کراتا حبیبؔ حیدرآبادی کا اگلا مضمون ''حیدرآباد دکن اسوسی ایشن'' ہے۔اس انجمن کا فائدہ بیان کرتے ہوئے حبیبؔ حیدرآبادی لکھتے ہیں کہ لندن کی مصروف زندگی میں لوگوں کو ایک دوسرے سے ملنے کا موقع نہیں ملتا۔جبکہ اس انجمن کے پروگرام میں شرکت سے یہ مقصد پورا ہوجاتا ہے انجمن کے قیام میں مرحوم احمد محی الدین، سکندر زماں خاں، امجد علی، مجید علی خاں، وجیہ داد خاں، مصطفیٰ علی خاں اور ریاض الدین وغیرہ کی کوششوں کا تذکرہ کرتے کرتے ہوئے حبیبؔ حیدرآبادی نے انجمن کے تحت منعقدہ ''شام اکبر''، عید ملن پارٹی، جلسہ میلاد النبیؐ اور سالانہ مشاعروں کے احوال بیان کئے۔انجمن کے لئے کام کرنے والوں میں مجید علی خاں، مصطفیٰ علی خاں، یوسف الدین، عزیز الدین، نذر مصطفیٰ وغیرہ کی خدمات کو بیان کیا۔اس مضمون میں حبیبؔ حیدرآبادی نے مختلف احباب سے ملاقاتوں اور تہذیبی وسماجی سرگرمیوں کی یادوں کو بیان کیا۔عبداللہ سلیم اور ڈاکٹر سلیم کے مکان پر منعقد ہونے والی دینی محافل کا حال بیان کرتے ہوئے حبیبؔ حیدرآبادی لکھتے ہیں:

''ان کے مکان پر بچوں کو باقاعدہ عربی کی تعلیم دی جاتی ہے سال میں ایک دوبار مذہبی جلسے منعقد کرتے ہیں۔اور مختلف اسلامی اور مذہبی عنوانات پر بچوں سے تقاریر کروائی جاتی ہیں۔ ان ہی کے مکان پر مہینے میں ایک بار تفسیر اور حدیث کا درس ہوتا ہے۔جس میں کافی لوگ شریک ہوتے ہیں''۱۲

حیدرآباد دکن اسوسی ایشن کے اجلاس میں ہونے والی ملاقاتوں اور احباب کے گھروں پر منعقد ہونے والے اجلاسوں اور محفلوں کی یادوں کے ساتھ حبیبؔ حیدرآبادی نے

اپنے اس مضمون کا اختتام کیا ہے۔

اردو مجلس یو۔ کے:۔ انگلستان کی ایک اور اردو ادبی تنظیم ''اردو مجلس یو۔ کے کا احوال حبیبؔ حیدرآبادی نے اس مضمون کے ذریعہ پیش کیا ہے۔ چنانچہ حبیبؔ حیدرآبادی نے لکھا کہ اس انجمن کا پہلا عام جلسہ ۸/اپریل ۱۹۷۸ء کو لندن کے الائینس ہال میں منعقد ہوا۔ جس میں رالف رسل، بیرسٹر غلام یزدانی، محمد عبدالباسط اور عباس زیدی وغیرہ نے شرکت کی۔ اردو مجلس کے قیام میں محمد عبدالباسط، بیرسٹر غلام یزدانی بیرسٹر انور حسین، سید مسعود علی، نقی تنویر اور نصیر اختر کی کوششیں رہیں۔ انجمن کے پہلے صدر بیرسٹر انور حسین انجمن میں دلچسپ تقاریر کے سلسلہ کا آغاز کرنے والے یاور عباس اور ان کی بیگم حمیدہ کی لیاقت بیان کرتے ہوئے حبیبؔ حیدرآبادی لکھتے ہیں:

''یاور عباس کا تعلق لکھنو سے ہے۔ اور بڑے ہی نستعلیق قسم کے آدمی ہیں۔ ادب پر گہری نظر ہے۔ اور ان کی تحریر میں بڑی شگفتگی پائی جاتی ہے۔ مختلف فلموں کے یہ پروڈیوسر اور ڈائرکٹر بھی رہ چکے ہیں۔ اور ان کی فلموں کو یہاں کافی مقبولیت حاصل ہے شعروشاعری سے بڑی دلچسپی ہے۔ محرم کی مجالس میں مرثیے بڑے ہی جذب اور کیفیت کے ساتھ پڑھتے ہیں۔ یاور عباس کی بیگم حمیدہ ہزار خوبیوں کی مالک ہیں۔ اُن کی علمی قابلیت کا میں معترف ہوں۔ حافظؔ، صائبؔ، خسروؔ اور رومیؔ کے ہزارہا شعر حمیدہ کو یاد ہیں'' ۱۳

اردو مجلس کے تحت جاری ہونے والے رسالہ ''حیات نو'' کی خدمات وغیرہ کے تذکرے کے ساتھ حبیبؔ حیدرآبادی کا یہ مضمون ختم ہوتا ہے۔

برطانیہ کی اردو انجمنوں اور تنظیموں کے تعارف پر مبنی یہ مختصر مضامین انگلستان کے تذکرے کے ساتھ وہاں جاری اردو سرگرمیوں کا بھرپور تعارف پیش کرتے ہیں۔ اردو قاری کے لئے گھر بیٹھے حبیبؔ حیدرآبادی نے برطانیہ کے اہم مقامات اور وہاں جاری تہذیبی وثقافتی سرگرمیوں کو پیش کر دیا ہے۔ ایک لمحہ کے لئے قاری یہ محسوس کر سکتا ہے کہ وہ ہندوستان یا پاکستان میں نہیں بلکہ برطانیہ میں ہے۔ اور وہاں اردو کی محفلوں سے لطف اُٹھا رہا ہے۔

ہماری ہجرت:۔ برطانیہ کی یادوں کا احاطہ کرتا حبیبؔ حیدرآبادی کا ایک مضمون ''ہماری ہجرت'' ہے۔ یہ مضمون اُن کی تصنیف ''رہ ورسم وآشنائی'' میں شامل ہے۔ اس مضمون میں حبیبؔ

حیدرآبادی نے طنز و مزاح کے پیرائے میں برطانیہ منتقل ہونے کے بعد اُن سے روا رکھے گئے برتاؤ کو بیان کیا ہے۔تارکین وطن کے طویل عرصہ قیام کے باوجود اُنہیں مہاجر کہنے پر اپنے شدید جذبات کا اظہار کرتے ہوئے حبیبؔ حیدرآبادی لکھتے ہیں:

''انگلستان میں ہم گذشتہ تیس برس سے ہیں۔سوٹ پہنتے ہیں۔ ٹائی باندھتے ہیں۔ کبھی کبھی چھری کانٹے اور چمچے کا بھی استعمال کرتے ہیں۔مقامی لوگوں کی بری باتوں کو زیادہ اور اچھی باتوں کو کم اپنائے ہوئے ہیں۔پھر بھی یہاں کی صحافت ہم کو مہاجر سے مخاطب کرتی ہے۔ یہاں کے لوگ ہم سے مہاجر جیسا سلوک کرتے ہیں۔ اگر کسی ملک میں تیس برس زندگی گذارنے کے بعد بھی اپنے آپ پر مہاجر ہی کا لیبل لگانا پڑے تو ہماری جائے پیدائیش کیا بری تھی۔جہاں ہمارے ملنے والے اور پڑوسی ہمیں اُن ہی میں سے ایک سمجھتے تھے۔ہم اپنے آپ کو یہ کہہ کر تسلی دیتے ہیں کہ سگ ہمسایہ صرف انگلستان ہی کے تارکین وطن نہیں ہیں بلکہ دنیا کے نقشے پر ایک ایسا ملک بھی ہے جہاں گذشتہ چالیس سال سے لوگ رہتے بستے چلے آرہے ہیں اور پھر بھی اپنے آپ کو مہاجر کہلانے یا سمجھنے پر مجبور پاتے ہیں''۔ ۱۴

حبیبؔ حیدرآبادی مزاحیہ انداز میں دکھ درد کو بیان کرتے ہوئے لکھتے ہیں کہ ایک دوست کا بیوی سے جھگڑا ہو گیا تھا وہ خودکشی کرنا چاہتا تھا لوگوں نے اُسے مشورہ دیا کہ انگلستان چلا جائے۔ انگلستان آنے کے بعد اُس نے دوستوں کو خط لکھا کہ جو بھی اپنی بیویوں سے شاکی ہو وہ فوراً انگلستان چلا آئے اس طرح لوگوں کی انگلستان ہجرت کا سلسلہ شروع ہوا۔اور حبیبؔ حیدرآبادی اوران کی اہلیہ معہ بچوں کے ساتھ انگلستان آگئے۔انگلستان میں زبان کے مسئلہ کے بارے میں حبیب حیدرآبادی لکھتے ہیں:

''ہم اردو میڈیم کے پڑھے ہوئے انگریزوں کی بات ہی سمجھ میں نہ آئے۔وہ بات کرتے تھے ہم ان کی صورت تکتے تھے۔وہ کہتے کچھ تھے۔ہم سمجھتے کچھ تھے۔ہماری انگریزی انگریزی قواعد میں لُت پُت ہوا کرتی تھی۔انگریز اپنی زبان کے استعمال میں بڑی حد تک آزاد رہتے ہیں۔انگریزی زبان اس پر انگریزی لہجہ۔وہ کہے اور سنا کرے کوئی کا اطلاق ہم پر ہوتا تھا۔ وہ روانی میں ایسے الفاظ استعمال کرتے تھے جن کے معنی ہمیں نہیں معلوم تھے''۔ ۱۵

حبیب حیدر آبادی اس مضمون میں انگلستان کی یادوں کو مزید بیان کرتے ہوئے مشرق و مغرب کی زندگی کا تضاد پیش کرتے ہیں۔ جب اُنہوں نے دیکھا کہ دکان میں صاف ستھرے ڈبوں میں کتوں اور جانوروں کی غذائیں ملتی ہیں۔ بیمار ہونے پر جانوروں کو گود میں بٹھا کر معائنہ کرایا جاتا ہے تو انہیں احساس ہوتا ہے کہ اپنے وطن میں انسانوں کو نہ یہاں کے جانوروں جیسی غذا نصیب ہے نہ علاج۔ حبیب حیدر آبادی برطانیہ میں ابتدائی ملازمتوں کے دوران افسران بالا سے مشرقی آداب کے تحت اُن کے رویے پر افسران کے حیران کن منفی رویے کو انگلستانی تہذیب قرار دیتے ہوئے کہتے ہیں۔ جن مشرقی آداب کو وہ انگلستان لائے تھے وہ اُن کے لئے سوہان روح بن گئے۔ انگلستان میں صرف کام سے سروکار رکھنے اور غیر ضروری باتوں سے اجتناب کی عادت پر تبصرہ کرتے ہوئے حبیب حیدر آبادی لکھتے ہیں:

''انگریز کو کام سے کام رہتا ہے۔ وہ صرف یہ چاہتا ہے کہ جس کام کے لئے ہمیں ملازمت دی گئی ہے وہ کام بس عمدگی سے انجام پاتا رہے۔ ہم چاہتے ہیں کہ سوائے کام کے باقی سب کچھ ہوتا رہے یہی بات بعض اوقات اس کے اور ہمارے درمیان تنازعہ پیدا کر دیتی ہے، ہم اپنے آفس میں نماز۔ روزہ، عید، بقر عید دسہرہ دیوالی، شادی بیاہ، کفن دفن، چھلہ، چھٹی، عقیقہ اور ختنہ کی بات کرنا چاہتے ہیں۔ وہ ہے کہ ان ساری باتوں کو شخصی باتیں قرار دے کر بس کام اور کام کے پیچھے خود بھی لگا رہتا ہے۔۔۔ ہم اپنے آپ کو یہ کہہ کر مطمئن کر لیتے ہیں کہ چوں کہ رنگ دار ہیں اس لئے وہ انگریز ہم سے زیادہ سے زیادہ کام لینا چاہتا ہے''[١٦]

حبیب حیدر آبادی انگلستان میں اپنے قیام کو ایک قیدی کی طرح تصور کرتے ہیں۔۔۔ وہ سمجھتے ہیں کہ ایک پرندے کی طرح دانے کی تلاش میں وہ یہاں آ گئے۔ لیکن اُن کی روح وطن میں بھٹکتی ہے۔ مشرقی اقدار پر عمل آوری کے لئے مشرقی ماحول کو ضروری قرار دیتے ہوئے کہتے ہیں کہ جب اُن کا انگلستان میں مشرقی قدروں کا اپنانا ہی مشکل ہوا جا رہا ہے تو اُن کے بچوں سے ان قدروں کی پاسداری کی کیسے امید رکھی جا سکتی ہے۔ اس طرح حبیب حیدر آبادی اُن کی انگلستان روانگی کو ہجرت سے موسوم کرتے ہوئے اُس کے نقصانات بیان کرتے ہیں۔

سارے جہاں سے اچھا برطانیہ ہمارا:- برطانیہ کے آزاد ماحول کی یاد دلاتا حبیب

حیدرآبادی کا ایک مضمون ''سارے جہاں سے اچھا برطانیہ ہمارا'' ہے۔ اس مضمون میں حبیبؔ حیدرآبادی مغربی معاشرے کی برائیاں بیان کرتے ہوئے لکھتے ہیں کہ یہاں انسان کے لئے غلط کام کرنا آسان ہے کوئی روک ٹوک نہیں۔ مقامی قانون جن باتوں سے منع کرتا ہے ان سے بچے رہنا چاہیئے۔ مذہبی اعتبار سے جن باتوں کو گناہ سمجھا جاتا ہے اگر وہ گناہ کسی سے سرزد ہو جائے بھی تو کوئی کچھ نہیں کہتا۔ اس طرح کی آزادی کی تصویر پیش کرتے ہوئے حبیبؔ حیدرآبادی لکھتے ہیں:

''گذشتہ تیس برس سے ہم برطانیہ میں مقیم ہیں۔ ہماری زندگی کے بہترین اور مثالی گناہ اسی سرزمین پر سرزد ہوئے۔ مذہبی گناہ تو اپنی جگہ سیاسی، سماجی، اخلاقی، معاشی، ادبی اور شعری گناہوں کی یہ پناہ گاہ بنی رہی۔ نہ اڑوس پڑوس کو اس کی فکر رہتی ہے کہ ہم کن کن گناہوں کے مرتکب ہوتے رہتے ہے اور نہ ہی یہاں کا معاشرہ ہم پر کوئی کڑی نظر رکھتا ہے جس کے ڈر سے ہم اپنے گناہوں کے رویے میں تبدیلی لائیں۔ جب معاشرہ کا ڈر ہی دل میں نہ رہے تو اپنے گناہوں کے انتخاب میں ہمیں آزادی بھی رہتی ہے اور قلبی اطمینان بھی''۔ [۱۷]

برطانیہ کے اسی ماحول میں اپنے آپ کو بچاتے ہوئے حبیبؔ حیدرآبادی مشرقی قدروں پر چلنے کی کوشش کرتے ہیں۔ برطانیہ میں معاشی ضرورت کے تحت تارکین وطن کی آمد اور اُن کے یہاں بس جانے کے احوال انہوں نے بیان کئے۔ برطانیہ میں ایشیائی باشندوں کو ملنے والی سہولتوں اُن کی مذہبی آزادی، مادری زبانوں کی تعلیم کے انتظام وغیرہ کو بیان کرتے ہوئے وہ برطانیہ میں ملنے والی بعض دوسری آزادیوں کے ثمرات اس طرح بیان کرتے ہیں:

''یہاں کے معاشرے کو رات دن بُرا بھلا کہنے کے باوجود یہ حقیقت ہے کہ یہاں ہر شخص فکر معاش سے ان معنوں میں آزاد ہے کہ اُسے کسی اور کے آگے ہاتھ پھیلانے کی سزا نہیں ملتی۔ بچوں کو اسکولوں میں داخلہ دلوانے کے لئے کسی بھی سفارش کی ضرورت نہیں پڑتی۔ بیماروں کو ڈاکٹروں کی خوشامد نہیں کرنی پڑتی۔ کسی بھی ایشیائی گھرانے کو ہم نے یہاں بے گھر نہیں دیکھا۔ اگر اپنا نہ ہو تو حکومت اُن کی رہائش کا انتظام کرتی ہے۔ عزت نفس اور حلال کمائی پر شریفانہ طریقے سے گذر بسر اگر کوئی کرنا چاہے تو اُس کے لئے برطانیہ ایک مثالی ملک ہے''۔ [۱۸]

برطانیہ کی تہذیبی و سماجی زندگی کے دونوں رُخ پیش کرتے ہوئے حبیبؔ حیدرآبادی نے اس

مضمون کا اختتام عمل میں لایا ہے۔

حبیبؔ حیدر آبادی کے تقریباً تمام ہی مضامین میں کہیں نہ کہیں انگلستان کا ذکر مل ہی جاتا ہے۔ انگلستان میں قیام کے تیس سال میں اُنہوں نے وہاں کی زندگی کو قریب سے دیکھا۔ اور اُس پر مشرقی اقدار کے حامل ایک سنجیدہ انسان کے طور پر اپنی رائے کا اظہار کیا۔ حبیبؔ حیدر آبادی تارکین وطن کی انگلستان میں آمد کو معاشی مجبوری قرار دیتے ہیں۔ مشرقی قدروں پر جمے رہنے میں دشواری' اولاد کا مغربی معاشرہ میں رنگ جانا انگلستان کی زندگی کی چند ایک خامیاں خیال کرتے ہیں۔ لیکن حبیبؔ حیدر آبادی کے مضامین سے یہ اندازہ بھی ہوتا ہے کہ تارکین وطن کی انگلستان میں آمد سے وہاں اردو کو فروغ حاصل ہوا۔ مذہب اسلام کی ترویج ہوئی۔ اور ایک کثیر جہتی معاشرہ تشکیل پاسکا۔ انگلستان کی زندگی' وہاں کی معاشرت' تہذیب وتمدن کے بارے میں انہوں نے مضامین کی شکل میں جو ذخیرہ چھوڑا ہے۔ وہ اردو میں ایک قیمتی سرمایہ ہے۔ اردو ادیبوں کے سفرناموں میں بیرونی ممالک کے بارے میں چیدہ چیدہ معلومات ملتی ہیں۔ لیکن حبیبؔ حیدر آبادی کے مضامین اور اُن کی تصنیف ''برطانیہ کی سیاسی جماعتیں اور پارلیمنٹ'' اردو میں انسائیکلو پیڈیا کا درجہ رکھتی ہیں۔

حوالے

۱۔ حبیبؔ حیدرآبادی۔ انگلستان میں۔ ص ۵۳

۲۔ حبیبؔ حیدرآبادی۔ انگلستان میں۔ ص ۵۵ ۔ ۵۷ ۔ ۶۰

۳۔ حبیبؔ حیدرآبادی۔ انگلستان میں۔ ص ۱۰۹

۴۔ حبیبؔ حیدرآبادی۔ انگلستان میں۔ ص ۱۱۱

۵۔ حبیبؔ حیدرآبادی۔ انگلستان میں۔ ص ۱۱۳

۶۔ حبیبؔ حیدرآبادی۔ انگلستان میں۔ ص ۱۱۵

۷۔ حبیب حیدرآبادی۔ انگلستان میں۔ ص ۱۱۷

۸	بحوالہ انگلستان میں ۔۔۔	ص ۱۲۰
۹	حبیبؔ حیدر آبادی۔ انگلستان میں۔	ص ۱۲۳
۱۰	حبیبؔ حیدر آبادی۔ انگلستان میں۔	ص ۱۲۷
۱۱	حبیبؔ حیدر آبادی۔ انگلستان میں۔	ص ۱۲۸
۱۲	حبیبؔ حیدر آبادی۔ انگلستان میں۔	ص ۱۳۱
۱۳	حبیبؔ حیدر آبادی۔ انگلستان میں۔	ص ۱۳۳ ۔ ۱۳۴
۱۴	حبیب حیدر آبادی۔ رہ و رسم و آشنائی۔	ص ۱۱
۱۵	حبیب حیدر آبادی۔ رہ و رسم و آشنائی۔	ص ۱۳
۱۶	حبیب حیدر آبادی۔ رہ و رسم و آشنائی۔	ص ۱۵
۱۷	حبیب حیدر آبادی۔ رہ و رسم و آشنائی۔	ص ۷۷
۱۸	حبیب حیدر آبادی۔ رہ و رسم و آشنائی۔	ص ۷۹

حبیبؔ حیدرآبادی کی سیاسی تحریریں

''برطانیہ کی سیاسی جماعتیں اور پارلیمنٹ'' کا تنقیدی جائزہ

حبیبؔ حیدرآبادی کی سیاسی تحریروں پر مبنی ایک کتاب ''برطانیہ کی سیاسی جماعتیں اور پارلیمنٹ'' ہے یہ کتاب اکیڈمی آف اردو اسٹڈیز لندن کے زیر اہتمام ۱۹۸۸ء میں ایجوکیشنل پبلشنگ ہاؤز دہلی سے شائع ہوئی۔ کتاب کی ترتیب و تزئین پروفیسر مغنی تبسم نے کی۔ کتابت محمد غالب نے اور سرورق کی تزئین عرفان ڈے اور جان چیالس نے کی۔ حبیب حیدرآبادی نے یہ کتاب اپنے بچوں رافع، واسع اور سلمیٰ۔ بہو سعیدہ اور داماد عرفان کے نام کی ہے۔ ۱۴۰ صفحات پر مشتمل اس کتاب کی قیمت ہندوستان میں ۵ے روپئے اور انگلستان میں پانچ پاؤنڈ رکھی گئی ہے۔

زیر نظر کتاب کے آغاز میں برطانیہ کے نامور رکن پارلیمنٹ ڈیوڈ اسٹیل کا انگریزی پیام شامل کیا گیا ہے جس کا اردو ترجمہ اس طرح ہے:

''برطانیہ کی سیاسی جماعتیں اور پارلیمنٹ'' ایک اہم کتاب ہے۔ اردو میں لکھی گئی اس کتاب سے ملک میں رہنے والے بے شمار ایشیائی باشندوں کو شائد پہلی مرتبہ برطانیہ کے سیاسی نظام اور پارٹیوں کے بارے میں واقفیت حاصل ہوگی۔ برطانوی جمہوریت کے پھلنے پھولنے اور جہاں تک ممکن ہو اس کی ہمہ گیریت کے لئے لازمی ہے کہ لوگ اس کے بارے میں جانیں۔ یہ وہ بنیادی اصول ہیں جن پر ہم قائم ہیں برطانیہ میں رہنے والوں کے لئے یہ اہم ہے کہ وہ ہمارے شاندار سیاسی دور کو سمجھیں برطانیہ میں اصلاحات سازی اور ایک ملک میں سب کی شراکت داری کے لئے ہم لبرل پارٹی والوں اور ہمارے اتحاد کو ممکنہ حد تک اہم رول ادا کرنا ہوگا''

شرحد ستخط

ڈیوڈ اسٹیل رکن پارلیمنٹ دارالعوام برطانیہ'' ۱ے

حبیب حیدرآبادی کی تصنیف ''برطانیہ کی سیاسی جماعتیں اور پارلیمنٹ'' میں ''مندرجات''

کے عنوان سے فہرست مضامین دی گئی ہے۔ اور انتساب اور حرف آغاز کے بعد دس مضامین شامل کتاب ہیں۔ جن کے عنوانات اس طرح ہیں۔ ۱) کنزرویٹیو پارٹی ۲) جون ۱۹۸۷ء کے انتخابات ۳) لیبر پارٹی ۴) لبرل پارٹی ۵) سوشل ڈیموکریٹک پارٹی ۶) برطانیہ کی کمیونسٹ پارٹی ۷) نیشنل فرنٹ ۸) برٹش پارلیمنٹ (حصّہ اول) ۹) برٹش پارلیمنٹ (حصّہ دوم) ۱۰) برٹش پارلیمنٹ کے رنگ دار ارکان۔

''حرف آغاز'' کے عنوان سے حبیبؔ حیدرآبادی نے اس کتاب کی اشاعت کے ضمن میں اپنے تاثرات بیان کئے ہیں۔ چنانچہ اس کتاب کی وجہہ تصنیف بیان کرتے ہوئے وہ لکھتے ہیں:

''گزشتہ ۲۸ سال سے میں انگلستان میں مقیم ہوں۔ ان گزشتہ تقریباً تین دہوں میں میں نے اس ملک کے کئی سیاسی اُتار چڑھاؤ دیکھے ہیں۔ سیاسی جماعتوں کی سرگرمیوں کا مطالعہ کیا ہے۔ یہاں کے کئی ایک سیاسی قائدین سے ملاقاتیں ہوئی ہیں۔ اکثروں سے تبادلہ خیال کا موقع بھی ملا ہے، جمہوریت کی بقاء اور اس کی نشونما میں یہاں کی سب ہی سیاسی جماعتوں نے حصہ لیا ہے اسی لئے برطانیہ کی اہم سیاسی جماعتوں کے قیام کا تاریخی پس منظر مختلف ادوار میں ان کی سرگرمیوں اور ان کے طریقہ کار کا میں نے اس کتاب ''برطانیہ کی سیاسی جماعتیں اور پارلیمنٹ'' میں طائرانہ جائزہ لیا ہے۔ اس عنوان پر اب تک اردو میں کوئی کتاب میری نظر سے نہیں گذری۔۔۔ مجھے امید ہے کہ میری یہ کتاب برطانیہ کی سیاسی سرگرمیوں کو سمجھنے میں مدد و معاون ہوگی'' ۲

''حرفِ آغاز'' کے بعد مضمون ''کنزرویٹو پارٹی'' کے عنوان سے اصل کتاب کا آغاز ہوتا ہے۔ کتاب پر تنقیدی جائزے سے قبل آیئے دیکھیں کہ دنیا کی تاریخ میں برطانیہ کا کیا مقام ہے۔ اور اس کی پارلیمنٹ کو کیوں شہرت حاصل ہے۔ زمانہ قدیم سے ہی برطانیہ دنیا میں ایک طاقت ور مملکت تصور کیا جاتا ہے۔ اپنے توسیع پسندانہ عزائم کو روبہ عمل لاتے ہوئے برطانیوی اقتدار پھیلتا گیا۔ اور براعظم ایشیاء، آفریقہ، یورپ اور آسٹریلیا میں اس کی نوآبادیات قائم ہوتی گئیں۔

برطانیہ کے وسیع تر اقتدار کو پیش نظر رکھ کر کہا جاتا تھا کہ برطانوی اقتدار میں کبھی سورج غروب نہیں ہوتا۔ دوسری جنگ عظیم کے بعد برطانیہ کا اقتدار اعلیٰ کمزور ہوتا گیا اور ہندوستان کے بشمول کئی ممالک یکے بعد دیگرے آزاد ہوتے گئے۔ برطانیہ کے نوآبادیاتی نظام سے چھٹکارا پانے والے

ممالک نے دولت مشترکہ کے عنوان سے ایک علیحدہ تنظیم قائم کی ۔اس تنظیم کے تحت ممالک کی تعداد سو سے زائد ہے۔اس سے اندازہ ہوتا ہے کہ مملکت برطانیہ کس حد تک پھیلی ہوئی تھی۔مملکت برطانیہ نے جہاں کہیں بھی اقتدار سنبھالا وہاں اپنی پارلیمنٹ اور جمہوریت کے اثرات چھوڑے۔ چنانچہ ہندوستان جنوبی آفریقہ' آسٹریلیا جیسے بڑے ممالک میں موجود جمہوری نظام حکومت برطانوی پارلیمنٹ کی ہی دین ہے۔اسی لئے برطانوی پارلیمنٹ کو''مادر پارلیمان'' کہا جاتا ہے۔ اس ضمن میں حبیب حیدرآبادی لکھتے ہیں:

''برطانیہ کی پارلیمنٹ دنیا بھر کی تمام پارلیمنٹوں کی ماں تسلیم کی جاتی ہے۔یہ ایک ایسا ادارہ ہے جو دنیا کے اکثر جمہوری اداروں کے لئے قابل مثال بنا رہتا ہے۔اس ادارے کی انہی جمہوری خوبیوں کی وجہہ سے دنیا تمام میں عزت کی جاتی ہے۔اور برطانیہ کو اپنے اس ادارے پر ناز ہے''۳؎

برطانیہ میں پارلیمانی نظام کافی عرصے سے قائم ہے۔ ۱۲۱۵ء میں پہلی مرتبہ وہاں پارلیمانی نظام کی شروعات ہوئی۔اور اقتدار پر جاگیرداروں' سرمایہ داروں اور صنعت کاروں کی اجارہ داری رہی تھی۔ایک عرصہ تک کسانوں اور محنت کش عوام کو اقتدار کی دہلیز سے دور رکھا تھا۔بعد میں مفاد پرستوں کی اجارہ داری ختم کرنے کے لئے لیبر پارٹی وجود میں آئی۔جس کے بانی کیئر ہارڈی تھے۔ ۱۸۹۵ء کے انتخابات میں اس پارٹی نے ۱۲۸ امیدوار کھڑے کئے تھے جس میں صرف بانی پارٹی ہی کامیاب رہے۔ برطانیہ میں پارلیمانی نظام کے آغاز کے حالات بیان کرتے ہوئے بی بی سی اردو سرویس کے آصف جیلانی لکھتے ہیں:

''برطانیہ میں پارلیمانی نظام' عوام کی جدو جہد کا ثمر نہیں ہے۔ بلکہ ۷۹۰ سال پہلے بادشاہ اور امراء(بیرنس) کے درمیان کشمکش' معرکہ آرائی اور خانہ جنگی کی دین ہے۔ ۱۲۱۵ء میں بادشاہ جان کے ظلم وستم اور استبداد کے خلاف جاگیرداروں اور امراء نے علم بغاوت بلند کیا تھا اور لندن پر قبضہ کر لیا تھا۔نتیجہ یہ کہ بادشاہ جان کو گھٹنے ٹیک دینے پڑے اور اسے اس تاریخی عہدنامہ پر اپنی مہر ثبت کرنی پڑی جسے میگنا کارٹا یعنی عظیم منشور کہا جاتا ہے اس منشور میں عوام کی آزادی اور ان کے حقوق کو تسلیم کرنے کا پیمان کیا گیا تھا۔۔۔۔ یہ برطانیہ کی پہلی بنیادی آئینی دستاویز تھی اس

کے بعد نہ تو کبھی کوئی تحریری آئین مرتب ہوا اور نہ اس کے لئے تحریک چلائی گئی۔''۴

آصف جیلانی نے اپنے مضمون میں برطانوی پارلیمنٹ کی اجمالی تاریخ بیان کی ہے۔ اور مضمون کے آخر میں اصلاحات کے لئے عوام کے اصرار کا تذکرہ کیا ہے۔ حبیبؔ حیدرآبادی کی کتاب ''برطانیہ کی سیاسی جماعتیں اور پارلیمنٹ'' میں شامل پہلے مضمون کا عنوان ''کنزرویٹیو پارٹی'' ہے۔ یہ ایک طویل معلوماتی مضمون ہے جس میں حبیبؔ حیدرآبادی نے کنزوویٹو پارٹی کے قیام اس کے اغراض و مقاصد اور مختلف ادوار میں اس پارٹی سے وابستہ اہم سیاستدانوں کے کارنامے اور پارٹی کے زیر قیادت مملکت برطانیہ کی داخلی اور خارجی ترقی کو بیان کیا ہے۔ حبیبؔ حیدرآبادی نے لکھا کہ کنزرویٹیو پارٹی ٹوری پارٹی کے نام سے مشہور ہوئی۔ اس پارٹی میں مختلف الخیال لوگ شامل رہے اس نے ہمیشہ دائیں بازو کی سیاست کی۔ کبھی بادشاہ کی طرف داری کی تو کبھی چرچ کی۔ قدامت پسندی اور روایات کی پاسداری کو کنزرویٹیو پارٹی کی اساس قرار دیتے ہو حبیب حیدرآبادی لکھتے ہیں:

''کسی بھی زمانے میں قدامت پسندوں اور روایات کو سینے سے لگانے والوں کی کمی نہیں رہی یہی وجہ ہے کہ وہ لوگ جو سیاسی سماجی اور معاشی تبدیلیوں سے گھبراتے رہے اپنے آپ کو کنزرویٹیو پارٹی سے وابستہ کئے رہے۔۔۔۔ گذشتہ تین چار سو سال میں انگلستان میں کئی پارٹیاں وجود میں آئیں اور وقت کے ساتھ نہ دے سکنے کی وجہ سے آہستہ آہستہ ختم ہو کر رہ گئیں۔ کنزرویٹیو پارٹی نے اپنی روایت پسندی کے چراغ کو نسل در نسل منتقل کیا۔ ہر آنے والی نسل نے اپنی گذشتہ نسل سے روشنی لی۔ اپنے تجربات کی روشنی کو آنے والی نسل کے حوالے کیا۔ یہی وجہ ہے کہ گذشتہ تین چار صدیوں میں کنزرویٹیو پارٹی کی ہئیت میں کوئی خاص تبدیلی نمودار نہیں ہوئی۔''۵

برطاینہ کی نوآبادیاتی پالیسی قدیم زمانے سے جاری تھی۔ مختلف ممالک پر قابض ہونے اور وہاں کے وسائل سے مملکت برطانیہ کو مضبوط کرنا برطانیہ کے حکمرانوں کا اہم مقصد رہا تھا۔ انیسویں صدی کے ختم تک برطانیہ سیاسی اور معاشی طور پر حریفوں میں گھر چکا تھا۔ چنانچہ کنزرویٹیو پارٹی کے لیڈر ڈزرائیلی اور دیگر سیاست دانوں نے اس مسئلہ سے چھٹکارہ پانے کے لئے برطانیہ کی نو آبادیاتی پالیسی کو مزید مستحکم کرنا شروع کیا۔ چنانچہ اس ضمن میں کنزرویٹیو پارٹی کے خیالات کی

ترجمانی کرتے ہوئے حبیبؔ حیدرآبادی لکھتے ہیں:

''ڈرزائیلی کو اس بات کا احساس تھا کہ برطانیہ کی شہنشاہیت کا دارومدار نوآبادیات پر ہے۔اسی لئے ۱۸۷۲ء میں اس نے کرسٹل پیلس میں یہ عہد کیا تھا کہ نوآبادیات پر برطانوی تسلط بہرحال قائم رہے گا۔ڈرزائیلی نے عوام کی ہمدردیاں یہ کہتے ہوئے حاصل کیں کہ ان کی بقاء کے لئے ان کے اپنے ملک سے محبت ضروری ہے اور اس محبت کا تقاضہ ہے کہ کنزرویٹیو پارٹی سے محبت ہو تا کہ کنزرویٹیو پارٹی برسراقتدار رہے اور نوآبادیات پر برطانیہ کا تسلط جاری وساری رہے۔'' [۶]

کنزرویٹیو پارٹی سے وابستہ برطانیہ کے اہم وزیراعظم سرونسٹن چرچل تھے جن کے زیرقیادت برطانیہ نے دوسری جنگ عظیم میں شرکت کی تھی.تاہم جنگ کے بعد کنزرویٹیو پارٹی کو شکست ہوگئی تھی.چرچل کی فلاحی خدمات کا احاطہ کرتے ہوئے حبیبؔ حیدرآبادی لکھتے ہیں کہ:

''سرونسٹن چرچل کے عہدوزارت میں یعنی ۱۹۴۰ء اور ۱۹۴۵ء کے درمیان حاملہ عورتوں کے لئے دودھ سستے داموں فروخت کرنے کا انتظام کیا گیا۔طبی سہولتیں ان کو فراہم کی گئیں۔وٹامن مفت دیئے جانے لگے۔چھوٹے بچوں کو سنگترے کا عرق اور دودھ بغیر معاوضے کے فراہم کیا جانے لگا۔۱۹۴۵ء میں فیملی الاؤنس جاری کیا گیا والدین کو بچوں کے لئے ہفتہ وار الاؤنس دیا جانے لگا۔دوسری جنگ عظیم کے دوران یہاں بےروزگاری نام کو نہیں تھی۔مزدوروں کی تنخواہیں اچھی خاصی تھیں۔عورتوں کو بھی کام ملنے میں دشواری پیش نہیں آتی تھی''۔[۷]

چرچل کی فلاحی خدمات کا احاطہ کرنے کے بعد حبیبؔ حیدرآبادی نے وہ عوامل بیان کئے جن کے سبب دوسری جنگ عظیم کے بعد کنزرویٹیو پارٹی کو شکست کا سامنا کرنا پڑا۔اور لیبر پارٹی اقتدار میں آئی۔کنزرویٹیو پارٹی کے عروج وزوال کی داستان جاری رکھتے ہوئے اس پارٹی کے پرچم تلے منتخب ہونے والے وزرائے اعظم اور ان کے دور اقتدار کی سیاسی سرگرمیوں کو حبیبؔ حیدرآبادی نے ایک مورخ کی طرح تفصیلی طور پر بیان کیا۔کنزرویٹیو پارٹی کی ایک فعال اور اہم وزیراعظم مسز مارگریٹ تھیاچر تھیں جو ایک ترکاری فروش کی بیٹی تھیں لیکن اپنی ذاتی مہارت سے ترقی کرتے ہوئے ۴ مئی ۱۹۷۹ء کو برطانیہ کی وزیراعظم بنیں۔مارگریٹ تھیاچر کو ایک آہنی ارادوں کی خاتون قرار دیتے ہوئے حبیبؔ حیدرآبادی یوں رقمطراز ہیں:

''انتخابات جیتنے کے لئے انہوں نے انتخابی تقاریر میں رنگ دار تارکین وطن کو اپنی ہائے ہائے میں شامل کرلیا۔اور رنگ داروں کا ذکر بڑی نفرت اور تحقیر سے کرنے لگیں۔۔۔۔ مارگریٹ تھیاچر کی ساری زہریلی تقاریر صرف انتخابات جیتنے کے لئے تھیں جیسے ہی وہ برسر اقتدار آ گئیں۔ ہندوستان کی وزیر اعظم اندرا گاندھی کی با اعتماد دوست بن گئیں۔۔۔۔ذاتی طور پر وہ ایک با اصول خاتون ہیں۔کسی سے دبنے یا ڈرنے والی خاتون نہیں ہیں جس بات کو وہ صحیح سمجھتی ہیں۔اس پر اٹل رہتی ہیں۔عام عورتوں کی طرح وہ بھی ایک ضدی عورت ہیں ۔۔۔۔روس' امریکہ اور یورپ میں اپنے خیالات پر سختی سے جمے رہنے کے باعث آہنی خاتون سے موسوم ہیں''۔[۸]

مارگریٹ تھیاچر کے طویل دور حکومت اور ان کی کارگزاریاں بیان کرتے ہوئے حبیبؔ حیدرآبادی نے اپنی کتاب ''برطانیہ کی سیاسی جماعتیں اور پارلیمنٹ'' کے پہلے مضمون ''کنزرویٹیو پارٹی'' کا اختتام کیا۔اس مضمون میں ۱۷۷۰ء تا ۱۹۸۰ء تقریباً دوسو سال کے درمیان کنزرویٹیو پارٹی کی تاریخ بیان کی ہے۔ برطانیہ کی سیاسی جماعتوں کے بارے میں اردو میں یہ منفرد مواد ہے جسے حبیبؔ حیدرآبادی نے اپنے مطالعے سے پیش کیا ہے۔اس مضمون میں حبیبؔ حیدرآبادی نے کنزرویٹیو پارٹی کے تحت منتخب ہونے والے برطانوی وزرائے اعظموں رابرٹ پیل۔ ڈزرائیلی۔جوزف چمبرلین لارڈ انڈلف۔ونسٹن چرچل۔اسٹانلے بالڈون۔ہیرالڈ مکملن۔ اڈورڈ ہیتھ اور مارگریٹ تھیاچر کے احوال مفصل بیان کئے۔

کتاب کے دوسرے مضمون کا عنوان۔''جون ۱۹۸۷ء کے انتخابات'' ہے۔یہ دراصل کنزرویٹیو پارٹی کے بارے میں سابقہ مضمون کا حصہ ہے۔اس مضمون میں حبیبؔ حیدرآبادی نے مارگریٹ تھیاچر کی مسلسل تیسری مرتبہ انتخابات میں کامیابی کی اہم وجوہات بیان کیں۔ان کی قیادت کو خراج تحسین پیش کیا اور دیگر عوامل کے علاوہ تارکین وطن اور سیاہ فام لوگوں کے لئے کنزرویٹیو پارٹی کی خدمات بیان کرتے ہوئے حبیبؔ حیدرآبادی لکھتے ہیں:

''ان انتخابات میں سب سے اہم اور تاریخی بات یہ رہی کہ تارکین وطن کو یہاں کے عوام نے اس قابل سمجھا کہ وہ پارلیمنٹ میں ان کی نمائندگی کریں۔انگلستان کی تاریخ میں پہلی دفعہ چار رنگ دار تارکین وطن مقامی لوگوں کو نمائندگی کے اعزاز سے نوازا گیا۔۶۰ سال کے بعد یہ

پہلا موقع ہے کہ برطانیہ کی پارلیمنٹ میں پھر سے کسی رنگ دار کی آواز سنائی دی ۔''9

حبیبؔ حیدرآبادی خود تارکین وطن میں سے ایک تھے۔ برطانیہ میں قیام کے دوران انہیں وطن کو پیش آنے والے مسائل کا اندازہ تھا۔ یہی وجہ ہے کہ پارلیمنٹ میں رنگ داروں کو نمائندگی ملنے پر انہوں نے اس مضمون کے ذریعہ اپنی مسرت کا اظہار کیا ہے۔

سیاسی موضوع پر مشتمل کتاب ''برطانیہ کی سیاسی جماعتیں اور پارلیمنٹ میں شامل تیسرے مضمون کا عنوان ''لیبر پارٹی'' ہے۔اس مضمون میں حبیب حیدرآبادی نے برطانوی سیاست کی ایک اہم پارٹی لیبر پارٹی کی سرگرمیوں کو بیان کیا ہے۔ مضمون کے آغاز میں انہوں نے لکھا کہ کس طرح نسل درنسل لوگ کنزرویٹیو یا لیبر پارٹی سے وابستگی کو جاری رکھے ہوئے تھے۔ دونوں پارٹیاں کس طرح تارکین وطن کی تائید حاصل کرنے کی کوشش کرتی ہیں۔اس مضمون میں گذشتہ مضامین کے برخلاف حبیبؔ حیدرآبادی ایک ادیب کا اسلوب اختیار کرتے ہیں۔کبھی وہ حکمرانوں کو سایۂ الٰہی قرار دیتے ہیں تو کبھی محنت کشوں کی تائید کرتے ہوئے گاندھی جی کے چرخے کو یاد کرتے ہیں کبھی حکیم اجمل خاں اور خواجہ حسن نظامی کی روایتوں کو بیان کرتے ہوئے برطانوی سیاست کی اونچ نیچ سمجھانے کی کوشش کرتے ہیں۔ برطانیہ میں محنت کشوں کے استحصال کی صورتحال بیان کرتے ہوئے حبیبؔ حیدرآبادی جذباتی ہوتے ہوئے لکھتے ہیں:

''۱۹۵۷ء میں جب میں نے انگلستان میں کام شروع کیا۔میری ہفتہ وار آمدنی سات پونڈ چودہ شلنگ تھی۔نوآبادیات سے سیاہ فام کارندوں کی آمد نے یہاں کے کارخانہ داروں کو کم معاوضہ دینے کے لئے اور حوصلے بڑھا دیئے۔ برطانیہ کے سرمایہ داروں کے ہاں غربت ایک ناقابل یقین کہانی کی صورت اختیار کرتی گئی۔ان کو یقین ہی نہیں آتا تھا کہ ہزاروں خاندانوں کے ہزاروں بچے سڑکوں پر ننگے پھرتے تھے' گلی کوچوں میں مرے ہوئے چوہے ان بچوں کا کھلونا بنے ہوئے تھے۔ ہندوستان کے علاوہ دنیا کے اکثر حصوں پر تصرف رکھنے والی قوم کے نونہال اپنے مستقبل سے بےخبر وقت کی دردناکی کا شکار بنے ہوئے تھے۔''10

برطانیہ میں محنت کشوں کی لیبر پارٹی کی تاریخ بیان کرنے کے دوران حبیبؔ حیدرآبادی نے برطانیہ کے سیاسی وسماجی حالات بیان کئے اور درمیان میں اپنے ذاتی احوال بھی پیش کرتے گئے

چنانچہ انہوں نے ۱۹۸۰ء میں اپنے دوست راشد آذر کی انگلستان میں آمد اور کارل مارکس کی قبر کی زیارت کا تذکرہ کیا۔ ٹریڈ یونینوں کی سرگرمیوں اور اسکاٹس لیبر پارٹی‘ لیبر ریپریزنٹیشن کمیٹی اور بالآخر لیبر پارٹی کے قیام کی تفصیلات اس مضمون میں دی گئی ہیں۔ لیبر پارٹی کو لبرل پارٹی کا ایک حصہ قرار دیتے ہوئے اور لیبر پارٹی کی کارگذاری کو بیان کرتے ہوئے حبیبؔ حیدرآبادی لکھتے ہیں:

”لیبر پارٹی نے اس وقت مزدوروں کی دست گیری کی جبکہ کنزرویٹیو پارٹی امیروں زمینداروں اور جاگیرداروں کے مفادات کی نگرانی کر رہی تھی۔ اور لبرل پارٹی متوسط طبقے کی خوش حالی میں مصروف تھی۔ لبرل پارٹی ہی سے تعلق رکھنے والوں نے لیبر پارٹی کی بنیاد رکھی تھی بجا طور پر یہ کہا جا سکتا ہے کہ لبرل پارٹی ہی کے بطن سے لیبر پارٹی پیدا ہوئی۔ لیبر پارٹی کے بانی اور پہلے صدر کیری ہارڈی کا تعلق ابتداء میں لبرل پارٹی ہی سے رہا تھا۔ لبرل پارٹی نے الکشن میں جب اسے اپنا امیدوار محض اس وجہ سے نہیں بنایا کہ اس کی مالی حالت ٹھیک نہیں تھی تو اس نے نہ صرف اپنے لئے بلکہ اپنے جیسوں کے لئے لیبر پارٹی بنائی۔ اسی لیبر پارٹی کی وجہ سے تعلیم غریبوں کے گھر تک پہونچی مزدوروں کے بچے یونیورسٹیوں میں تعلیم حاصل کرنے لگے۔ فیکٹریوں کے انتظامی ڈھانچے میں مزدوروں کے لئے جگہ نکلنے لگی۔ وہ فوج اور سیول سروس کے اعلیٰ عہدوں پر فائز کئے جانے لگے۔“[11]

اس اقتباس سے واضح ہوتا ہے کہ لیبر پارٹی حبیبؔ حیدرآبادی کی پسندیدہ پارٹی تھی۔ اس کی وجہ یہ ہے کہ یہ مزدوروں کی حامی پارٹی تھی۔ حبیبؔ حیدرآبادی نے بہ حیثیت تارک وطن روزگار کے حصول کے لئے کافی جدوجہد کی تھی۔ یہی وجہ ہے کہ وہ ایسی پارٹی کے حامی بن گئے جس نے مزدوروں کا خیال رکھا اور انہیں زندگی کے مختلف شعبوں میں آگے بڑھنے کا موقع فراہم کیا۔ حبیبؔ حیدرآبادی نے اس مضمون میں لیبر پارٹی کے ابتدائی دور کے قائدین کے کارناموں کو بیان کرنے کے بعد اس پارٹی کے پرچم تلے منتخب ہونے والے وزرائے اعظم لائیڈ جارج‘ رامزے میکڈونالڈ‘ کلیمنٹ ایٹلی‘ ہیو گیٹسکل‘ ہیرالڈ ولسن‘ جیمس کلیہان‘ مائیکل فٹ وغیرہ کا تذکرہ کیا۔ اور لیبر پارٹی کی کارگزاریوں اور برطانیہ میں ہونے والی سیاسی تبدیلیوں کو بیان کیا۔ مضمون کے آخر میں حبیبؔ حیدرآبادی نے اس امید کا اظہار کیا کہ ”لیبر پارٹی جب تک اپنے بنیادی

اغراض ومقاصد کو پیش نظر رکھے گی امید ہے کہ اس پارٹی کا مستقبل روشن اور تابناک ہے گا۔
مضمون ''لیبر پارٹی'' کے بعد حبیبؔ حیدر آبادی نے اگلے مضمون میں ''لبرل پارٹی'' کا تذکرہ کیا ہے۔ مضمون کے آغاز سے قبل لبرل پارٹی کے رہنما مسٹر ڈیوڈ اسٹیل کی تصویر بھی شائع کی، لبرل پارٹی کو برطانیہ میں موجود وھگ پارٹی کا سلسلہ قرار دیتے ہوئے حبیبؔ حیدر آبادی نے ۱۸۸۰ء کے برطانیہ کے سیاسی حالات بیان کئے جبکہ وہاں عورتوں کو رائے دہی کا حق حاصل نہیں تھا۔ اور مخصوص طبقہ کے لوگ ہی ووٹ دیتے تھے۔ سترھویں صدی عیسوی کے شاہی دور کی تفصیلات بیان کرتے ہوئے حبیبؔ حیدر آبادی نے تقریباً دوسو سال کی برطانوی سیاست کی جھلک پیش کی اور ان حالات کو بیان کیا جن کے تحت لبرل پارٹی وجود میں آئی۔ حبیب حیدر آبادی نے لکھا کہ وھگ پارٹی کو امیروں کی حمایت حاصل تھی۔ متوسط طبقہ کے افراد کی اس پارٹی میں شمولیت کے بعد اس کا نام لبرل پارٹی رکھا گیا۔ انسانی مساوات کے بارے میں لبرل پارٹی کے نظریہ کو پیش کرتے ہوئے حبیبؔ حیدر آبادی لکھتے ہیں:

''انیسویں صدی کے آخری ربع میں جبکہ برطانیہ کے ساتھ ساتھ یورپ کے اور مما لک نوآبادیات میں مسلسل اضافہ کر رہے تھے۔ گلاڈسٹون اور لبرل پارٹی نوآبادیات میں توسیع کو ستائیش کی نظر سے نہیں دیکھتے تھے۔ نوآبادیات کو اپنے قبضے میں رکھنے کے لئے نہ صرف اپنے ملک کے ٹیکسوں میں اضافہ کرنا پڑتا تھا بلکہ نوآبادیات کی حکومتیں بھی اپنے عوام پر ٹیکس کا بوجھ لاد دیتی تھیں۔ اسی ٹیکس کے دباؤ نے نوآبادیات کے عوام کو بھی برطانوی تسلط کی مخالفت پر اُکسا دیا۔ انسانی مساوات میں لبرل پارٹی یقین رکھتی تھی۔ وہ نہیں چاہتی تھی کہ غیر مما لک پر برطانوی بالا دستی رہے۔ وہ برطانیہ کے امیروں اور غریبوں میں معاشی توازن پیدا کرنے کی خواہاں تھی۔ آجر اور مزدور کے باہمی تعلقات میں بہتری دیکھنا چاہتی تھی''۔ ۱۲

لبرل پارٹی کے تذکرے میں حبیبؔ حیدر آبادی نے اس پارٹی کے دیگر قائدین کے علاوہ گلاڈسٹون، لائیڈ جارج، کیامبل بیانرمن اسکوتھ، بوگری منڈ وغیرہ کے احوال تفصیلی طور پر بیان کئے۔ وقت کے تقاضوں سے عدم آہنگی اور مثالی دنیا کی تلاش میں سرگرداں رہنے کو لبرل پارٹی کے زوال کی وجہ قرار دیتے ہوئے حبیبؔ حیدر آبادی نے اس مضمون کے آخر میں اس پارٹی کے

نوجوان قائد ڈیوڈ اسٹیل سے اس امید کا اظہار کیا کہ وہ اس پارٹی میں نئی جان ڈالیں گے۔

"برطانیہ کی سیاسی جماعتیں اور پارلیمنٹ" کتاب میں شامل اگلے مضمون کا عنوان سوشل ڈیموکریٹک پارٹی ہے۔اس مضمون کے آغاز سے قبل کتاب میں اس پارٹی کے ایک قائد ڈیوڈ اووین کی تصویر دی گئی ہے۔مضمون کے آغاز میں حبیبؔ حیدرآبادی نے برطانوی عوام کی سیاسی کاہلی کو ہدف تنقید بناتے ہوئے لکھا کے یہاں کے عوام سیاسی جماعتوں کے بنانے میں قدامت پسند اور سست واقع ہوئے ہیں حبیبؔ حیدرآبادی سوشیل ڈیموکریٹک پارٹی کے قیام کے عوامل بیان کرتے ہوئے لکھتے ہیں:

"لیبر پارٹی کے ایسے لیڈر جنہوں نے لیبر پارٹی کو عوام میں مقبول باوقار اور قابل اعتماد بنا کر حکومت کی باگ ڈور سنبھالی تھی۔اپنے بائیں بازو کے ساتھیوں کے ہاتھوں اپنے ذاتی اصولوں کی شکست وریخت کو دیکھ کر دل ہی دل میں اپنے آپ کو لیبر پارٹی سے دور ہوتے ہوئے دیکھ رہے تھے۔اقتدار اور لیڈری کا نشہ بھی کوئی معمولی نشہ نہیں ہوتا انسان کو ہر آن ایک نیا سرور بخشتا رہتا ہے لیبر پارٹی کے وہ افراد جو اپنے آپ کو مسلمہ لیڈر سمجھ رہے تھے اپنی آواز کو لیبر پارٹی کے نقار خانے میں طوطی کی آواز سمجھنے پر مجبور ہو گئے تھے۔اسی لئے انہوں نے وقت کی رفتار کو دیکھتے ہوئے اور اپنے آپ پر بھروسہ کرتے ہوئے ۲۶/ مارچ ۱۹۸۱ء کو سوشیل ڈیموکریٹک پارٹی کے نام سے ایک نئی سیاسی پارٹی تشکیل دی۔" ۱۳

سوشیل ڈیموکریٹک پارٹی کو بغیر لائحہ عمل کی بے سروپا پارٹی قرار دیتے ہوئے حبیبؔ حیدرآبادی نے اپنے ساتھ پیش آئے واقعہ کو دلچسپ انداز میں پیش کیا ہے۔وہ لکھتے ہیں:

"سوشیل ڈیموکریٹک پارٹی کی پالیسی اور لائحہ عمل کیا ہے اور کیا نہیں ہے یہ بھی ایک معمہ ہے۔اس پارٹی کے اصولوں سے واقف ہونے کے لئے مجھے چند کتابوں کی ضرورت تھی۔ ایک دن میں اپنی مقامی لائبریری گیا۔اور لائبریرین سے درخواست کی کہ وہ اس سلسلے میں میری مدد کرے۔لائبریرین نے مجھ سے کہا کہ بھولے پاشا جس جماعت کو خود اپنی پالیسی اور طریقہ کار کا پتہ نہ ہو اس کے تعلق سے میں آپ کی کیا مدد کر سکتی ہوں۔آپ گھر جا کر خود اس پارٹی کی پالیسی بنالیں۔آپ جو بھی پالیسی بنائیں وہی پالیسی سوشیل ڈیموکریٹک پارٹی پالیسی ہوگی"۔ ۱۴

سوشیل ڈیموکریٹک پارٹی کی اس بے یقینی حالت کو بیان کرنے کے باوجود حبیبؔ حیدر آبادی نے اپنے طور پر اس پارٹی کے نظریات بیان کرنے کی کوشش کی اور لکھا کہ یہ پارٹی بے روز گاری کو دور کرنا' ملک کی معشیت کو چھوٹے نفع بخش یونٹوں میں ڈھالنا' مواصلات اور ٹرانسپورٹ کے نظام کو بہتر بنانا اور رہائش' تعلیم اور صحت عامہ کی فراہمی پر زور دینا جیسے مقاصد کے حصول کے لئے کام کر رہی تھی۔ مضمون کے آخر میں حبیبؔ حیدر آبادی نے لیبرل پارٹی اور سوشیل ڈیموکریٹک پارٹی کے اتحاد کو ملک کے لئے فال نیک قرار دیا ہے۔

برطانیہ کی کمیونسٹ پارٹی'' کے عنوان سے اگلے مضمون میں حبیب حیدر آبادی نے برطانیہ میں قائم ہونے والی کمیونسٹ پارٹی کے احوال بیان کئے ہیں۔ کسی بھی ملک میں ایک نئی پارٹی کے قیام کو حالات کے تغیرات سے منسلک کرتے ہوئے فلسفیانہ انداز میں حبیب حیدر آبادی یوں رقمطراز ہیں:

'' جماعتیں لیڈروں کی طرح خود بہ خود پیدا نہیں ہوتیں۔ بنائی جاتی ہیں وقت کے ساتھ ساتھ انسانی ضروریات بھی بدلتی رہتی ہیں۔ ضروریات کے ساتھ ان کے حصول کے طریقوں میں بھی ردوبدل ہوتا رہتا ہے وہی لیڈر کامیاب لیڈر سمجھے جاتے ہیں جو عوام کے مزاج شناس ہوتے ہیں عوامی مسائل پر جن کی نظر رہتی ہے اسی طرح جماعتیں بھی اسی وقت تک وقت کا تقاضہ پورا کرسکتی ہیں۔ جب تک کے وہ اپنے بنائے ہوئے اصولوں پر گامزن رہتی ہیں۔ اور وقت کے ساتھ ساتھ اپنے اصولوں میں لچک پیدا کرتی چلی جاتی ہیں آسمانی صحیفوں کی طرح جماعتوں کے اصول اتنے اٹل نہیں ہوتے کہ ان میں ترمیم کی گنجائش ہی نہ ہو۔ جماعتیں اُسی وقت تک زندہ رہتی ہیں جب تک وہ عوام کی توقعات پر پورا اُترتی رہتی ہیں''۔ ۱۵

حبیبؔ حیدر آبادی نے جماعتوں کے بننے اور ٹوٹنے کی وجہہ بیان کرتے ہوئے برطانیہ میں کمیونسٹ پارٹی سے قبل اسی نوعیت کی قائم ہونے والی دیگر جماعتوں کے حالات بیان کئے۔ اور لکھا کہ یہ جماعتیں لنین اور مارکس کے نظریات کو پھیلانے لگیں۔ کمیونسٹ پارٹی کا قیام روس کے اکتوبر انقلاب کے بعد 19 جون ۱۹۲۰ء کو عمل میں آیا۔ اور کمیونسٹ ذہن کے حامل افراد سے کہا گیا کہ وہ لیبر پارٹی سے ناطہ توڑیں۔ کمیونسٹ پارٹی کے نمایاں خط وخال بیان کرتے

ہوئے حبیبؔ حیدر آبادی لکھتے ہیں:

کمیونسٹ پارٹی کے قیام نے اپنے اور دوسری پارٹیوں کے درمیان ایک خط فاصل کھینچا ۔۔۔۔مزدوروں کے تعاون سے اس پارٹی نے سیاسی قوت حاصل کرنے کا بیڑہ اُٹھایا۔عوامی لیڈروں کی رہبری اور عوام کے تعاون سے سرمایہ داری کی بیخ کنی کی ٹھانی ۔۔۔۔ برطانیہ کی کمیونسٹ پارٹی نے مارکسی نظریات کو اپنایا لینن کو دنیا بھر کے مزدور طبقے کا رہنما قرار دیا سوشلزم کو عام کرنے اور قابل عمل بنانے کے لئے انقلاب ہی ان کا مطمع نظر ٹھہرا۔مزدور طبقہ کی برتری اور اسی طبقے کی حکومت کو انہوں نے اپنی جماعت کا نصب العین قرار دیا۔''۱۶

کمیونسٹ پارٹی کے نصب العین کو بیان کرنے کے بعد حبیبؔ حیدر آبادی نے اس پارٹی کی خامیاں اور کمزوریاں بھی بیان کیں۔اس طرح اُنہوں نے تعریف وتوصیف کے ساتھ تنقیدی پہلو بھی اختیار کیا۔اور اپنی تحریر کو اعتدال پسند بنانے کی کوشش کی۔کمیونسٹ پارٹی پر تنقید کرتے ہوئے اُنہوں نے لکھا کہ اس پارٹی کے لوگوں میں کم علمی اور جذباتیت پائی جاتی تھی۔پارٹی نے روس کے حالات کو برطانیہ پر منطبق کرنے کی کوشش کی جس میں وہ ناکام رہے۔مضمون کے آخر میں حبیبؔ حیدر آبادی نے لکھا کہ یہ پارٹی برطانیہ میں لنین اور مارکس کے نظریات کو فروغ دینے میں ناکام رہی اور محدود پیمانے پر اپنی سرگرمیاں جاری رکھے ہوئے ہے۔

سیاسی موضوع پر تحریر کردہ کتاب ''برطانیہ کی سیاسی جماعتیں اور پارلیمنٹ'' میں شامل اگلے مضمون کا عنوان ''نیشنل فرنٹ'' ہے۔اس پارٹی کا تعارف کراتے ہوئے ابتداء میں حبیبؔ حیدر آبادی نے نیشنل فرنٹ پارٹی سے ان کے سابقہ پڑنے کے احوال بیان کئے اور کس طرح راتوں رات نیشنل پارٹی والوں نے ان کے مکان کی دیوار کو ڈھا دیا تھا۔اس پارٹی کا تقابل برصغیر کی شدت پسند پارٹیوں سے کراتے ہوئے حبیبؔ حیدر آبادی لکھتے ہیں:

''اس جماعت کے ارکان کی ذہنیت ہمارے ہندوستان اور پاکستان کے فرقہ پرستوں اور تفرقہ پروروں کی ذہنیت سے بہت مشابہ ہے۔جس طرح ہمارے یہاں ہندو مسلم 'شیعہ سنی' دیوبندی اور بریلوی' وہابی اور غیر وہابی کے جھگڑے من مانی اور مولویانہ بنیادوں پر ہوتے ہیں انہی سے ملتے جلتے نقاط نظر نیشنل فرنٹ کے بھی ہیں سب سے پہلے تو یہ اپنے آپ کو دنیا

بھر کے دوسرے تمام لوگوں سے بہتر سمجھتے ہیں۔ حب الوطنی کے جذبے میں سرشار نظر آتے ہیں نفرت نفرت اور نفرت ہی اس جماعت کے اساسی اُصول ہیں۔ دوسروں کو ذلیل کرنے میں اس جماعت کے ارکان کو لطف آتا ہے۔ منافرت کی آگ کو پھیلانے میں اُنہیں خوشی ہوتی ہے سماج کے ایک بڑے حصے سے کٹ کر اپنی انفرادیت کی بقاء کے لئے اُنہوں نے ایک نقطہ نظر اپنا لیا ہے۔''[17]

نیشنل فرنٹ کے نظریات تفصیلی طور پر بیان کرنے کے بعد حبیبؔ حیدر آبادی نے اس مضمون میں آگے لکھا کہ ۱۹۶۷ء میں نیشنل فرنٹ کا قیام عمل میں آیا۔ اس پارٹی کے قائدین کے حالات بیان کرنے کے بعد اُنہوں نے انگلستان میں مختلف مواقع پر ہونے والے دنگے فسادوں اور گڑبڑ میں نیشنل فرنٹ کے ملوث ہونے کے حالات بیان کئے۔ اس پارٹی کے طریقہ کار کے بارے میں وہ لکھتے ہیں:

''ہمارے ہاں اسلام خطرے میں ہے۔ یا ہندو مذہب خطرے میں ہے جیسے نعروں کے ذریعہ عوامی جذبات سے کھیلا جاتا ہے اور عوامی ہمدردیاں حاصل کی جاتی ہیں بالکل اسی طرح یہاں کے غیر مذہبی معاشرے میں انگلینڈ' خطرے میں ہے کا نعرہ لگایا جاتا ہے سادہ لوح عوام کے لئے یہ نعرہ اپنے اندر بڑی جاذبیت رکھتا ہے۔ پروپگنڈہ کچھ اس طرح سے کیا جاتا ہے کہ انگلستان کی بڑھتی ہوئی پریشانیوں کا سبب عوام کی نظر میں تارکین وطن یا رنگ دار لوگ قرار پاتے ہیں۔ عوام کی اکثریت نیشنل فرنٹ کے ''انگلینڈ خطرے میں ہے'' کے نعروں پر کان دھرتی ہے سوجھ بوجھ رکھنے والے لوگ بھی عارضی طور پر ہی سہی نیشنل فرنٹ کے زہریلے پروپگنڈہ کا شکار ہو جاتے ہیں[18]

نیشنل فرنٹ کے بارے میں اس مضمون میں حبیبؔ حیدر آبادی نے اپنے شدید جذبات کا اظہار کیا ہے ۔ اور تمام تارکین وطن کی طرف سے بات کرتے ہوئے ان کی حمایت میں اور نیشنل فرنٹ کی نفرت انگیز سیاست پر شدید چوٹیں کسیں ہیں۔ چنانچہ نیشنل فرنٹ کی زہر آلود سیاست سے اپنے آپ کو بچانے اور تارکین وطن کو متحد ہو جانے کا نعرہ دیتے ہوئے جذباتی انداز میں حبیبؔ حیدر آبادی لکھتے ہیں:

''عزت و آبرو کی خاطر جان دینا تو ایک تاریخی وطیرہ رہا ہے۔ ہم ایشیائی نیشنل فرنٹ کا

مقابلہ اسی وقت کر سکتے ہیں جب کہ ہم میں اتحاد و اتفاق ہو' اپنی بصیرت سے ہم پورا پورا استفادہ کرتے رہیں۔ اُن کے ہر ہر حربے کر انہی پر استعمال کرنا سیکھیں۔ ہماری اپنی زندگیوں کو ایمان و ایقان کی نعمتوں سے مالا مال کریں۔ ہندوستان' پاکستان' بنگلہ دیش افریقہ کے مختلف علاقوں سے آئے ہوئے ایشائی' ویسٹ انڈین اور افریقی سب ایک پلیٹ فارم پر جمع ہوں۔ نیک دل اور ہمدرد انگریزوں کے تعاون سے ہم سب اپنے عمل کے ذریعہ یہاں کے عوام پر واضح کریں کہ اب تاریخ لوٹ کر تو آنے والی نہیں۔ زمانہ بہت آگے بڑھ چکا ہے۔ ہماری موجودگی یہاں اب ایک تاریخی حقیقت بن چکی ہے۔ اس حقیقت سے انحراف میں ملک کی تباہی مضمر ہے وقت کا تقاضہ ہے کہ سب مل جل کر رہیں۔ ہماری حفاظت میں ملک کی عظمت پوشیدہ ہے۔۔۔۔ امید ہے کہ آنے والا کل تارکین وطن کے لئے یقیناً امید افزاء ہوگا۔" [19]

حبیبؔ حیدرآبادی کے تحریر کردہ اس اقتباس سے اندازہ ہوتا ہے کہ کس طرح وہ اپنے خیالات کی ترویج کرتے ہوئے تارکین وطن کو اتحاد کا سبق دے رہے ہیں۔ ایک مبلغ کی طرح وہ لوگوں کو اتحاد کی باتیں بتاتے ہیں۔ اور دوسری طرف مقامی لوگوں کو متنبہ کر رہے ہیں کہ برطانیہ میں ان کی جڑیں مضبوط ہیں اور انہیں وہاں سے کوئی بے دخل نہیں کر سکتا۔ برطانیہ میں قیام کے دوران انہوں نے زندگی کے لئے کافی جدوجہد کی تھی زمانے کے سرد گرم دیکھے تھے اور ایک عرصہ بعد اپنا مقام بنایا تھا۔ اس لئے وہ نیشنل فرنٹ جیسی متعصب جماعت کے خلاف صف آراء ہو گئے تھے اور اپنے جیسے تارکین وطن کو متحد ہونے کا نعرہ دے رہے تھے۔ حبیبؔ حیدرآبادی برطانیہ کی ایک سیاسی جماعت کا حال بیان کر رہے ہیں لیکن ان کی پر اثر تحریر اس بات کی غمازی کر رہی ہے کہ وہ ایک ادیب ہیں۔ جس کا اپنا منفرد اسلوب ہے۔ اس طرح کے اسلوب کے ذریعہ انہوں نے سیاست جیسے خشک موضوع میں بھی دلچسپی پیدا کر دی ہے۔

"برطانیہ کی سیاسی جماعتیں اور پارلیمنٹ" کتاب کے پہلے حصہ میں حبیب حیدر آبادی نے تفصیلی طور پر برطانیہ کی اہم سیاسی جماعتوں کی تاریخ اور ان سے متعلق اہم امور تحریر کئے۔ جبکہ دوسرے حصہ میں برٹش پارلیمنٹ (حصہ اوّل) اور برٹش پارلیمنٹ (حصہ دوم) کے عنوان سے مادر پارلیمان کہلائی جانے والی برطانوی پارلیمنٹ کا تعارف' اس کے ارکان کے

انتخاب کا طریقہ کار۔ پارلیمنٹ کے طریقہ کار' اختیارات' تشکیل اور برطانوی پارلیمنٹ کی مختصر تاریخ بیان کی ہے۔ ابتداء میں حبیبؔ حیدرآبادی نے اپنے مشاہدہ پارلیمنٹ کی بنیاد پر برطانیہ کی پارلیمنٹ کا نقشہ بیان کیا ہے اور پارلیمنٹ میں اسپیکر حزب مخالف اور برسر اقتدار ارکان کی نشستوں کی ترتیب بیان کی ہے۔ چنانچہ وہ لکھتے ہیں:

''ایک لمبے یا مستطیل کمرے کے ایک سرے پر درمیان میں اسپیکر کی کرسی رکھی ہوتی ہے۔ اسپیکر کے دائیں طرف برسر اقتدار پارٹی کے ارکان بیٹھتے ہیں پہلی صف میں وزیر اعظم اور دوسرے وزیر بیٹھتے ہیں ان کے پیچھے اُسی پارٹی کے ارکان پارلیمنٹ بٹھائے جاتے ہیں حکومت پر نکتہ چینی کرنے والے بٹھائے جاتے ہیں۔ حکومت پر نکتہ چینی کرنے والی پارٹی کو حزب اختلاف کا نام دیا جاتا ہے۔ اس طرف بھی پہلی صف میں مخالف پارٹی کے لیڈر اور عکسی کابینہ کے وزیروں کی جگہ ہوتی ہے۔ ان کے پیچھے مخالف پارٹی کے اور ارکان جگہ لیتے ہیں مخالفت میں ایک پارٹی بھی ہوسکتی ہے اور ایک سے زیادہ بھی۔ اس طرح برسر اقتدار پارٹی اور حزب مخالف کو پارلیمنٹ میں اس طرح بٹھایا جاتا ہے کہ وہ روبرو اور دوبدو خوب 'تو' 'تو' 'میں' 'میں' کرسکیں۔ اور دل کھول کر بحث و مباحثے میں حصہ لے سکیں۲۰؎

برطانوی پارلیمنٹ کے قانون ساز ادارے ہاؤز آف کامنز یا دارالعوام کی ترتیب بیان کرنے کے بعد حبیبؔ حیدرآبادی نے قدیم دور میں پارلیمنٹ کے لئے ارکان کے انتخاب کے طریقوں کو بیان کیا۔ اس مطالعہ سے پارلیمنٹ کی قدیم تاریخ پر روشنی پڑتی ہے اور اندازہ ہوتا ہے کہ برطانوی پارلیمنٹ کا یہ ادارہ کس قدر قدیم اور پختہ ہے۔ زمانہ قدیم میں پارلیمنٹ کے طریقہ کار کی تفصیلات بیان کرنے کے بعد حبیبؔ حیدرآبادی نے لکھا کہ برطانوی پارلیمنٹ کے تین عناصر ملکہ' دارالعوام ہاؤز آف کامنز اور دارالامراء یا ہاؤز آف لارڈز ہیں دارالعوام کے سارے رکن عوام کے منتخب کردہ ہوتے ہیں اور دارالامراء کے سارے ارکان حکومت کے نامزد کئے ہوتے ہیں۔ حبیبؔ حیدرآبادی نے برطانوی پارلیمنٹ کے عناصر بیان کرنے کے بعد لندن میں واقع سرکاری عمارتوں کا نقشہ ان الفاظ میں بیان کیا ہے۔

''دارلعوام اور دارالامراء دونوں ویسٹ منسٹر محل میں واقع ہے ویسٹ منسٹر پیلس جو ہاؤز

آف پارلیمنٹ کہلاتا ہے لندن کے مرکزی مقام پر واقع ہے اس کے ایک طرف دریائے ٹیمز ہے دوسری طرف مشہور عالم ویسٹ منسٹر ایبے Westminster Abbey ہے۔ برطانیہ کے وزیر اعظم کی سرکاری قیام گاہ نمبر دس ڈاؤننگ اسٹریٹ چند منٹ کے فاصلے پر ہے ملکہ برطانیہ کا محل بلنگھم پیلس بھی بہت قریب ہے۔ سینٹ جیمز پارک بھی نزدیک ہے۔ بگ بن Big Ben جو بہت بڑا گھنٹہ گھر ہے ویسٹ منسٹر پیلس کے ایک گوشے سے ملحق ہے وہائٹ ہال' اسکاٹ لینڈ یارڈ اور دوسرے سرکاری دفاتر بھی آس پاس ہیں''۔۲۱

برطانوی اقتدار کی اہم عمارتوں کے محل وقوع بیان کرنے کے بعد حبیبؔ حیدر آبادی نے برطانوی پارلیمنٹ کے اختیارات' رکن پارلیمان کے انتخاب کی شرائط۔اور پارلیمنٹ کی کار گذاری کے اصولوں کو تفصیلی طور پر بیان کیا ہے۔ برطانوی پارلیمنٹ کو ایک مثالی ادارہ قرار دیتے ہوئے حبیب حیدر آبادی وہاں کی جمہوریت کی ستائش کرتے ہیں۔اور جمہوریت کی کامیابی کو وہاں کی عوام کی کامیابی قرار دیتے ہوئے لکھتے ہیں کہ:

''برطانیہ کی جمہوریت اپنی مثال آپ ہے۔گزشتہ تین چا سو سال سے یہ قوم اپنے آپ کو جمہوریت کے لئے تیار کرتی آئی ہے جمہوریت کو موجودہ شکل میں لانے کے لئے اس ملک کے بہترین دماغ اپنی بہترین صلاحیتیں اپنے ملک وقوم کے لئے نذر کرتے رہے جمہوریت یہاں کسی ایک شخص یا ایک فرقے یا ایک مذہب یا ایک مخصوص طبقہ' فکر کی جاگیر نہیں ہے۔ برطانیہ کی ملکہ' ہاؤز آف کامنز اور ہاؤز آف لارڈ ز یہ تینوں مل کر پارلیمنٹ کا روپ دھارتے ہیں یہ تینوں ادارے ایک دوسرے کے تعاون کے بغیر کچھ بھی نہیں کر سکتے۔۔۔۔شاہی کے بغیر یہاں جمہوریت نہیں چل سکتی جمہوریت کے بغیر شاہی بے دست و پا نظر آتی ہے۔۔۔۔جمہوریت کو کامیاب بنانے کے لئے یہاں کے عوام کی ذہنی تربیت کی گئی۔۔۔۔برطانیہ کو جمہوریت میں کامیابی حاصل کرنے کے لئے تین سو سال سے زیادہ لگ گئے آج برطانیہ اپنے پارلیمانی نظام کی کامیابی پر مبارک باد کا مستحق ہے''۔۲۲

برطانیہ کے جمہوری نظام اور وہاں کی جمہوریت پسند عوام کی ستائش کرتے ہوئے حبیبؔ حیدر آبادی نے اپنا مضمون ''برٹش پارلیمنٹ'' حصہ اول ختم کیا۔ یہ مضمون برطانیہ کی جمہوریت اور

پارلیمنٹ کی ساخت طریقہ کار اور ارکان پارلیمنٹ کے بارے میں بھر پور معلومات رکھتا ہے۔ حبیبؔ حیدر آبادی نے اپنے مطالعہ سے اردو میں برطانیہ کے پارلیمانی نظام کو متعارف کرانے میں اہم کام کیا ہے۔ پارلیمنٹ کا طریقہ کار بھی تقریباً برطانوی پارلیمنٹ سے ملتا جلتا ہے۔ پارلیمنٹ کے دو ایوان ہیں۔ ہاؤز آف لارڈز کی جگہ ایوان بالا راجیہ سبھا ہے۔ اور ہاؤز آف کامنز کی جگہ ایوان زیریں لوک سبھا ہے شاہی کے مقابلہ میں صدر جمہوریہ ہیں۔ اس طرح ہندوستان اور برطانیہ کے پارلیمانی نظام کا تقابلی مطالعہ دونوں ممالک کی جمہوریتوں میں پائی جانے والی یکسانیت کی تلاش میں معاون ثابت ہوسکتا ہے۔ اور حبیبؔ حیدر آبادی کی کتاب ''برطانیہ کی سیاسی جماعتیں اور پارلیمنٹ'' اس تقابلی مطالعہ میں مضبوط کڑی کا کام دے گی۔

''برٹش پارلیمنٹ حصہ دوم'' مضمون زیر نظر کتاب کا اگلا مضمون ہے۔ اس مضمون میں حبیبؔ حیدر آبادی نے برطانوی پارلیمنٹ کی ویسٹ منسٹر پیلس میں واقع عمارت کی تاریخ بیان کی ہے۔ اور اس محل سے وابستہ یادوں کو' مختلف شخصیات کے ساتھ پیش آئے اہم واقعات کو تاریخ کی روشنی میں دستاویزی شکل میں پیش کیا ہے۔ ایک سیاسی مورخ کی طرح حبیبؔ حیدر آبادی برطانوی پارلیمنٹ کی اس عمارت میں پیش آئے ماضی بعید اور ماضی قریب کے اہم واقعات کو بیان کرتے چلے جاتے ہیں۔ ابتداء میں برطانوی پارلیمنٹ اور محل کی تعمیر اور گذشتہ دو تین سو سال کی شاہی حکومت کے دوران پیش آئے اہم واقعات بیان کئے گئے ہیں۔ پارلیمنٹ کی عمارت کو آگ لگ جانے اور اس کی از سر نو تعمیر کی تفصیلات بیان کرتے ہوئے حبیبؔ حیدر آبادی لکھتے ہیں:

''۱۶/ اکتوبر ۱۸۳۴ء کی رات پارلیمنٹ کی عمارت آگ کی نذر ہوگئی۔ قدیم عمارت اپنی تنگیٔ داماں کا ہمیشہ سے رونا روتی رہی تھی۔ ہاؤز آف لارڈز اور ہاؤز آف کامنز دونوں میں گنجائیش کم تھی۔ نئی عمارت کے لئے ۱۸۳۵ء میں حکومت نے نقشہ جات طلب کئے۔ اور اس کے لئے ایک مقابلہ منعقد کیا۔ ۹۷ ماہرین نے مقابلہ میں حصہ لیا۔ اور نقشہ جات داخل کئے۔ اپریل ۱۸۳۶ء میں سر چارلس بیری (Sircharles Barry) کا نقشہ پارلیمنٹ کی عمارت کیلئے منظور کیا گیا۔ اور اسے پہلے انعام کا مستحق قرار دیا گیا۔۔۔ موجودہ پارلیمنٹ سر چارلس بیری ہی

کے نقشے کے مطابق بنائی ہوئی ہے اس نقشے میں کچھ ترمیم کی گئی ۔۔۔ پارلیمنٹ کی نئی عمارت کی تعمیر آٹھ سال کے عرصہ میں مکمل ہوئی ۔ پندرہ لاکھ پاؤنڈز اس پر خرچ کیئے گئے ۔ ۱۸۵۲ء میں ملک وکٹوریہ نے پارلیمنٹ کی اس نئی عمارت کا افتتاح کیا۔عمارت کے نقشہ نگار ہیری کو لارڈ کا خطاب دیا گیا۔اس عمارت کی طرز تعمیر گوتھک کہلاتی ہے ۔۔۔ بگ بن پر ایک قندیل بھی لگی رہتی ہے ۔ جس وقت پارلیمنٹ کے اجلاس ہوتے رہتے ہیں۔اس قندیل کو روشن رکھا جاتا ہے'' ۔۲۳

برطانوی پارلیمنٹ کی عمارت کی تاریخ بیان کرتے ہوئے حبیبؔ حیدرآبادی نے قارئین کے روبرو اس عمارت کی مکمل لفظی تصویر پیش کردی ہے ۔ یہاں تک کے انہوں نے عمارت میں واقع کمروں کی لمبائی چوڑائی سیڑھیوں کی تعداد مختلف ستونوں اور دیواروں کی بلندی عملہ کے ارکان کی تفصیلات پارلیمنٹ میں موجود ساز وسامان زیب وزینت کی اشیاء انہیں بطور تحفہ دینے والے ممالک کی تفصیل مفصل طور پر بیان کردی ہے اور قاری گھر بیٹھے برطانیہ کی پارلیمنٹ کو اپنی نظروں کے سامنے محسوس کرتا ہے مضمون کے آخر میں اس عمارت کو برطانیہ کی عمارتوں کا تعمیری معجزہ قرار دیتے ہوئے حبیبؔ حیدرآبادی ان الفاظ میں عمارت کی تعریف کرتے ہیں:۔

''پارلیمنٹ کی عمارت برطانیہ کے لئے ایک تعمیراتی معجزہ سمجھی جاتی ہے روس کے شہنشاہ نکولس اول نے اسے دیکھ کر کہا تھا کہ پتھر میں خواب سمو دیا گیا ہے برطانیہ کی پارلیمنٹ کی عمارت اپنی تاریخ ‘خوبصورتی ‘شان وشوکت حسن وتعمیر اور محل وقوع کے اعتبار سے ایک ایسی عمارت ہے جس کو پس نظر میں رکھ کر سیاح اپنی تصویر اتروانے پر خوشی محسوس کرتے ہیں ۔ ہر لندن آنے والے کے البم میں اس عمارت کی تصویر دیکھی جاسکتی ہے'' ۲۳/۱

برطانوی پارلیمنٹ کی عمارت کو خراج پیش کرتے ہوئے حبیبؔ حیدرآبادی نے اپنا یہ مضمون ختم کیا ہے۔اس طرح دو حصوں میں حبیبؔ حیدرآبادی نے برطانیہ کی پارلیمنٹ کے طریقہ کار اور پارلیمنٹ کی عمارت کی تعمیر اور اسے وابستہ واقعات کو پیش کیا ہے۔ حبیبؔ حیدرآبادی کے یہ دو مضامین اہم معلومات سے پر ہیں ۔انہوں نے پارلیمنٹ سے وابستہ کئی گوشوں کو اُجاگر کیا ہے۔ اور سیدھے سادھے انداز میں پارلیمنٹ کی تاریخ بیان کردی۔

حبیبؔ حیدرآبادی کی تصنیف ''برطانیہ کی سیاسی جماعتیں اور پارلیمنٹ'' میں شامل

آخری مضمون کا عنوان ''برٹش پارلیمنٹ کے رنگدار ارکان ہے۔ یہ ایک مختصر مضمون ہے۔ جس میں انہوں نے برطانوی پارلیمنٹ کی نمائندگی کرنے والے غیر برطانوی افراد کا تذکرہ کیا ہے چنانچہ مضمون کے آغاز میں لکھا کہ دادا بھائی نوروجی پہلے رنگ دار شخص تھے جو ۱۸۹۲ء میں پارلیمنٹ کے لئے منتخب ہوئے۔ بیرونی ممالک کے باصلاحیت افراد کو پارلیمنٹ سے نمائندگی کا موقع دینے برطانیہ کے سیاسی نظام کی ستائیش کرتے ہوئے حبیبؔ حیدر آبادی لکھتے ہیں:

''انگلستان کی جمہوریت نے عوام میں یہ شعور پیدا کیا کہ باصلاحیت افراد کی ہمیشہ ہمت افزائی ہو۔اور اُن کی صلاحیتوں سے بھرپور استفادہ کیا جائے۔رنگ ونسل کا امتیاز اندر اندر کام تو کرتا رہتا ہے۔لیکن انگریز قوم کی یہ ایک خاص خصوصیت ہے کہ ابھرنے والے چاند ستاروں کو اپنے قومی مطلع پر چمکنے کی ضرور اجازت دیتی ہے''۔۲۴

برطانوی جمہوریت کی شخصیتوں کو پرکھنے اور انہیں موقع دینے کی پالیسی کو بیان کرنے کے بعد حبیب حیدر آبادی نے لکھا کہ برطانیہ کے انتخابات کٹھن ہوتے ہیں۔اور کسی امیدوار کا منتخب ہونا اس کی مقبولیت اور کردار پر مبنی ہوتا ہے۔انتخابات میں کسی قسم کی دھاندلی کی وباء کو رد کرتے ہوئے حبیب حیدر آبادی رنگ دار ارکان کے برطانوی پارلیمنٹ کے لئے انتخاب کی شرائط بیان کرتے ہوئے لکھتے ہیں کہ:

برٹش پارلیمنٹ کے لئے چنا جانا کسی بھی شخص کے لئے ایک اعزاز ہوتا ہے۔اس اعزاز کو حاصل کرنے کے لئے بڑے پاپڑ بیلنے پڑتے ہیں عوام میں مقبولیت حاصل کرنی پڑتی ہے۔ پارٹی کا اعتماد حاصل کرنا ہوتا ہے۔ وقت اور پیسہ دونوں کی قربانی کی ضرورت پڑتی ہے۔انتخابات کے وقت نہ یہاں کوئی دھاندلی ہوتی ہے اور نہ ہی ووٹ دینے والوں کو خریدا جاسکتا ہے۔صرف پارٹی کی پالیسی عوام کے آگے پیش کی جاتی ہے۔ پالیسی اور لیڈرشپ یہاں کے انتخابات کی روح بنے رہتے ہیں ۔۔۔۔ پارٹی کی لیڈرشپ یہ چاہتی ہے کہ انتخابات کے لئے صرف انہیں امیدواروں کو کھڑا کیا جائے جو صاحب کردار ہوں۔ باصلاحیت ہوں۔اور جن کی وجہ سے پارٹی کی لیڈرشپ اور پارٹی کی پالیسی صحیح طریقے سے عوام پر اثر انداز ہو اور ایک عام آدمی پارٹی کی پالیسی سے اتفاق کرے اور لیڈرشپ کو تسلیم کرے''۔۲۵

حبیبؔ حیدر آبادی نے اس مضمون میں دادا بھائی نوروجی کے علاوہ برطانوی پارلیمنٹ کے لئے نمائندگی کرنے والے دیگر بیرونی باشندوں سرمیانچر جی بھوان گری، شاپور جی سکلاٹ والا وغیرہ کی تفصیلات دی ہیں۔اس مضمون کے ساتھ ہی ان کی اس کتاب کا اختتام عمل میں آتا ہے۔

’’برطانیہ کی سیاسی جماعتیں اور پارلیمنٹ‘‘ تصنیف کا اجمالی جائزہ:-

حبیبؔ حیدر آبادی بنیادی طور پر انشا پرداز اور ادیب ہیں۔ برطانیہ میں مستقل سکونت اختیار کرنے کے بعد وہ کسی نہ کسی طرح فروغ اردو کے لئے کوشش کرتے رہے۔ان کی زندگی جدوجہد اور عمل سے معمور رہے۔ برطانیہ میں اپنے قدم مضبوطی سے جمانے کے لئے انہوں نے سخت جدوجہد کی۔ مسائل کا سامنا کیا۔ بالآخر وہاں جمنے میں کامیاب ہوگئے۔اور ’’جسٹس آف دی پیس‘‘ کا خطاب بھی حاصل کیا برطانیہ میں قیام کے دوران انہوں نے تارکین وطن کے مسائل کا قریب سے مشاہدہ کیا تھا۔سرکاری سطح پر حکومت سے ان کے مطالبات کیا تھے۔اور تارکین وطن اپنے مسائل کے حل کے لئے کس طرح کی حکومت چاہتے تھے۔کونسی سیاسی پارٹی ان کے مفادات کے تحفظ کے لئے مناسب تھی۔ان باتوں کا مطالعہ حبیب حیدر آبادی نے اپنے قیام برطانیہ کے دوران کیا۔اور اپنے سلسلہ وار مضامین کے تسلسل کو آگے بڑھاتے ہوئے برطانیہ کے سیاسی نظام اور پارٹیوں کے بارے میں بھی اظہار خیال کرنے لگے۔ چنانچہ ان کے یہ مضامین ایک موضوع پر ایک کتاب کے مواد کا ذخیرہ بن گئے۔اور ’’برطانیہ کی سیاسی جماعتیں اور پارلیمنٹ‘‘ کے عنوان سے کتابی شکل میں شائع ہوئے۔ برطانیہ کے سیاسی نظام پر اردو میں یہ کتاب دستاویز کی حیثیت رکھتی ہے۔اس کتاب میں سیاست، تاریخ، ادب، فلسفہ، مزاح اور تنقید سب کچھ شامل ہے۔ سیاسی جماعتوں کی تاریخ، پارٹیوں کے وزرائے اعظموں کی تفصیل، پارٹیوں کے سیاسی نظریات، برطانیہ کی تمدنی وعمرانی زندگی، وغیرہ کو حبیبؔ حیدر آبادی نے دلچسپ اور سادہ اسلوب میں اس انداز میں پیش کیا کہ قاری موضوع کی اجنبیت کے باوجود کتاب کے مطالعے کے دوران اپنے آپ کو بور محسوس نہیں کرتا۔حبیبؔ حیدر آبادی تارکین وطن، ایشیائی باشندوں کے نمائندے کے طور پر ابھرتے ہیں اور سیاسی پارٹیوں کی تنقید وتعریف صرف ان کا اپنا خیال نہیں بلکہ تمام تارکین وطن کی رائے کو وہ اپنی طرف سے پیش کرتے ہیں۔نیشنل فرنٹ پارٹی پر جس غصہ و

تنقید کا انہوں نے اظہار کیا وہ ان کی شخصی رائے نہیں بلکہ تمام تارکین وطن کے جذبات کا اظہار ہے۔ چنانچہ نیشنل فرنٹ کی تخریب کاری کا ایک واقعہ بیان کرتے ہوئے وہ لکھتے ہیں:

جولائی ۱۹۸۱ء میں ساؤتھال میں زبردست ہنگامہ ہوا۔ دوسو سے زیادہ پولیس والے زخمی ہوئے۔ برطانیہ کی وزیراعظم مسز مارگریٹ تھیچر اور وزیر داخلہ مسٹر ولیم وہائٹ را کے بیان کے مطابق نیشنل فرنٹ کے ارکان ساؤتھال میں اس لئے جمع ہوئے تھے کہ وہاں کے مقیم ایشیائیوں کے جذبات سے کھیلیں اور غنڈہ گردی کا مظاہرہ کریں۔ ساؤتھال میں چونکہ ایشیائیوں کی کثرت ہے۔ ان کی اپنی مدافعتی اور حفاظتی تدابیر نے نیشنل فرنٹ کے سرمنڈوں کے سارے منصوبے خاک میں ملا دیئے۔ ساؤتھال کے ایشیائیوں نے ڈٹ کر مقابلہ کیا۔ جس پب میں نیشنل فرنٹ کے سرمنڈے جمع ہوئے تھے۔ اس کو جلا کر ڈھیر کر دیا۔ پولیس نے سرمنڈوں کی حفاظت کرنی چاہی۔ ساؤتھال کے ایشیائیوں نے پولیس پر پتھراؤ کیا۔ پولیس کے کافی لوگ زخمی ہوئے''۔ ۲۶

اس اقتباس سے ظاہر ہوتا ہے کہ حبیبؔ حیدرآبادی وطن سے دور اپنے ہم وطنوں کے ساتھ کس طرح اظہار یگانگت کا جذبہ رکھتے ہیں ان کی اس کتاب میں حبیبؔ حیدرآبادی کے سیاسی نظریات بھی جھلکتے ہیں۔ کسی نظام کی تائید کرنا اور کسی کی تنقید کرنا نظریاتی وابستگی کو اُجاگر کرتی ہے۔ چنانچہ اپنے مضمون لیبر پارٹی میں انہوں نے اپنے آپ کو اس پارٹی سے وابستہ قرار دیا ہے۔ وہ لکھتے ہیں:

''جب سے میں انگلینڈ آیا ہوں۔ میری ہمدردیاں لیبر پارٹی کے ساتھ رہی ہیں نہ صرف فکری اور نظریاتی طور پر اس پارٹی کے اصولوں سے متفق رہا بلکہ عملی طور پر گذشتہ ربع صدی سے اس پارٹی کا رُکن بھی رہا ہوں''۔ ۲۷

لیبر پارٹی سے اپنی وابستگی کا اظہار کرتے ہوئے حبیبؔ حیدرآبادی نے واضح کیا کہ وہ مزدوروں کے استحصال کرنے والوں کے خلاف ہیں اور سرمایہ دارانہ نظام انہیں قابل قبول نہیں۔ بلکہ وہ مزدوروں کی حمایت کرتے ہوئے اشتراکیت کے علمبردار بننا چاہتے ہیں۔

حبیبؔ حیدرآبادی نے اپنی اس تصنیف میں اپنے رواں اور دلچسپ اسلوب نگارش سے جان ڈال دی ہے۔ یوں تو سیاست ایک خشک موضوع ہوتا ہے۔ وہ بھی اردو زبان میں

برطانیہ کی سیاست کا مطالعہ۔ برطانیہ کے بادشاہوں کے ناموں میں پائی جانے والی یکسانیت سے اظہارِ بے رخی کرتے ہوئے پریم چند نے اپنے افسانہ ''بڑے بھائی صاحب ''میں لکھا تھا کہ برطانیہ والوں کو لوگوں کے نام بھی نہیں سوجھتے۔ جارج نام کے کئی بادشاہ گزرے ہیں۔ پنجم ہفتم وغیرہ۔ اسی طرح برطانیہ کی سیاسی پارٹیوں کے حالات اس قابل نہیں کہ اردو کے قارئین ان میں اپنی دلچسپی کا سامان تلاش کریں۔ لیکن حبیبؔ حیدر آبادی کا دلچسپ انشا پردازانہ اُسلوب برطانیہ کی سیاست جیسے خشک موضوع میں بھی دلچسپی اور جان ڈال دیتا ہے۔ چنانچہ حبیب حیدر آبادی نے اپنی کتاب ''برطانیہ کی سیاسی جماعتیں اور پارلیمنٹ'' میں کہیں مزاح اور کہیں فلسفیانہ خیالات اور کہیں واقعات کے بیان سے اسلوب کو دلکش اور پرکشش بنایا ہے۔ غریبوں کے استحصال پر اپنے خیالات کو ایک مفکر اور فلسفی کے طور پر پیش کرتے ہوئے حبیب حیدر آبادی لکھتے ہیں کہ:

'' غریبوں کا استحصال دنیا کے ہر حصے اور ہر عہد میں ہوتا رہا ہے استحصال کے لئے کسی خاص ملک، قوم رنگ یا نسل کی قید کبھی نہیں رہی۔ ہر ملک اور قوم کے سرمایہ دار اور بااثر لوگوں نے اپنے ہی غریب ہم وطنوں ہم مذہبوں اور اپنے ہی معاشرے کے بے کسوں اور مجبوروں کو اپنی حرص و ہوس کی آگ کو ہوا دینے کے لئے ایندھن کے طور پر استعمال کیا۔ چین کی دیوار ہو کہ مصر کے اہرام زارِ روس کے محلات ہوں کہ شاہجہاں کا تاج محل ان سب کی تعمیر، خوب صورتی، حسن اور دلکشی کے پیچھے ہزاروں لاکھوں بے بسوں کی خاموش محنت اور ان سے کم سے کم معاوضے پر بیگار رہا ہے۔ یہی وجہ ہے کہ ان کی بے زبانی اور بے چارگی آج بھی اہل نظر سے ہمدردیوں کا خراج وصول کرتی ہے''۔ ۲۸

زیر نظر تصنیف میں حبیبؔ حیدر آبادی نے کہیں طنز اور کہیں کہیں مزاح کے ذریعہ بھی بات کو بیان کیا ہے۔ برطانیہ کے صنعت کاروں کی رکاوٹ ڈالنے کی عادت کو مزاحیہ انداز میں ایک واقعہ کے ذریعہ تشبیہہ دیتے ہوئے وہ لکھتے ہیں:

''حکیم اجمل خان کی ایک روایت میں نے حضرت مولانا خواجہ حسن نظامی مرحوم سے سنی تھی کہ دہلی میں حکیم صاحب کے ایک دوست تھے جو سرطان یعنی کینسر کا علاج کیا کرتے تھے۔ انہوں نے سرطان جیسے موذی مرض سے کئی مریضوں کو نجات دلائی۔ حکیم اجمل خاں نے اپنے دوست سے درخواست کی کہ اس دوا کا نسخہ لکھوا دیں۔ اُن کے دوست نے انکار کیا اور سرطان کے

نسخے کو عمر بھر راز ہی میں رکھا اور اپنی موت کے ساتھ سرطان کی شفا بھی اپنے ساتھ لیتے چلے ۔ یہی رویہ یہاں کے صنعت کاروں کا بھی تھا۔ صنعت سیکھنے والوں کی راہ میں ایک ہزار ایک روڑے اٹکایا کرتے تھے‘‘۔ ۲۹

سیاست اور مذہب دو جدا جدا باتیں ہیں۔ دنیا کی بیشتر مملکتوں میں مذہب کو سیاست سے الگ رکھا گیا ہے۔ بعض شاہی حکومتوں میں مذہب کی بنیاد پر حکومتیں قائم ہیں۔ برطانیہ میں بھی حکومت پر چرچ کا کافی اثر رہا ہے۔ حبیبؔ حیدر آبادی نے اپنی اس کتاب میں برطانوی سیاست کو بیان کرتے ہوئے بعض مقامات پر مذہبی خیالات کا بھی اظہار کیا ہے چنانچہ مال دار طبقے کو خدا کی عطا یاد دلاتے ہوئے لکھتے ہیں:

’’حکمرانوں کو سب ہی قوموں نے اللہ کا سایہ قرار دیا۔ ظل الٰہی کہلانے لگے۔ مال و دولت کو اللہ کی نعمت قرار دیا گیا۔ جن لوگوں کو یہ نعمت ملی وہ معاشرے میں قدر و منزلت کی نگاہوں سے دیکھے گئے۔ جو بے زر رہے وہ معاشرے میں ہمیشہ نظروں سے دیکھے گئے۔ امارت و غربت کی کہانی بہت پرانی ہے۔ ہر ملک اور ہر معاشرے کی کہانی ایک دوسرے سے مختلف ہونے کے باوجود بہت سی باتوں میں مشترک بھی ہوتی ہے یہاں صرف برطانیہ کی غربت پیش نظر ہے۔ یہاں کی غربت کو دور کرنے کے لئے جن لوگوں نے اپنی زندگیاں وقف کیں ان ہی کا تذکرہ یہاں مقصود ہے‘‘۔ ۳۰

حبیبؔ حیدر آبادی زیر نظر تصنیف میں مورخ بھی دکھائی دیتے ہیں برطانیہ کی سیاسی پارٹیوں کے احوال بیان کرتے ہوئے وہ ایک مورخ کی طرح برطانیہ کی تاریخ بھی بیان کرتے جاتے ہیں۔ پہلی جنگ عظیم کے زمانے کے احوال بیان کرتے ہوئے حبیبؔ حیدر آبادی لکھتے ہیں:

’’ ۱۹۰۳ء میں جوزف چمبرلین نے کنزرویٹیو پارٹی سے استعفی دے دیا۔ ۔۔۔ ۱۹۱۴ء میں پہلی جنگ عظیم کا آغاز ہوا۔ مئی ۱۹۱۵ء میں اسکویتھ نے کنزرویٹیو پارٹی کو حکومت میں شامل کیا۔ لائیڈ جارج نے اختلافات کے باعث اسکویتھ نے وزارت عظمی سے استعفی دے دیا۔ بادشاہ نے لائیڈ جارج کو دعوت دی کہ وہ وزارت کی تشکیل کرے۔ نومبر ۱۹۱۸ء میں جنگ ختم ہوئی۔ ملک میں نئے انتخابات ہوئے۔ آخری بار ایک لبرل وزیر اعظم نمبر دس

ڈاؤننگ اسٹریٹ میں داخل ہوا‘‘۔۳۱؎

حبیبؔ حیدرآبادی بنیادی طور پر ادیب ہیں۔ مورخ یا سیاسی تجزیہ نگار نہیں۔ چنانچہ ادیب ہونے کے ناطے ان کا مشاہدہ وسیع اور گہرا ہے۔ برطانوی پارلیمنٹ کی عمارت کی تفصیلات بیان کرتے ہوئے انہوں نے باریک بینی اور گہرے مشاہدے کا ثبوت دیا ہے۔ برطانوی پارلیمنٹ کی جزئیات بیان کرتے ہوئے وہ لکھتے ہیں:

’’پارلیمنٹ کا احاطہ ۱۱۸ ایکٹرز مین پر مشتمل ہے۔اس عمارت میں سب چھوٹے بڑے کمرے ملا کر ایک ہزار ایک سو دس کمرے ہیں۔مختلف جگہوں پر پھیلی ہوئی ۱۲۶ سیڑھیاں ہیں ۳۵ لفٹ مہیا کی گئی ہیں۔ایک سرے سے دوسرے سرے تک تقریباً دو میل لانبے وارانڈے ہیں۔ اس عمارت سے ملحق تین ٹاور ہیں۔کلاک ٹاور کی لمبائی ۳۱۶ فٹ ہے۔سنٹرل ٹاور کی اونچائی ۳۰۰ فٹ اور وکٹوریہ ٹاور کی بلندی ۳۲۳ فٹ ہے ۶۳۰ ارکان پارلیمنٹ کے علاوہ تقریباً چارسو لارڈز کی خدمت کے لئے دو ہزار سے زائد عملہ مصروف کار رہتا ہے۔وکٹوریہ ٹاور میں تقریباً تیس لاکھ دستوری اور قانونی ستاویزات موجود ہیں پندرھویں صدی کے ختم سے آج تک جتنے قانون بھی پارلیمنٹ نے منظور کئے ہیں۔ان سب کی اصل کاپیاں ٹاور میں بحفاظت تمام رکھی ہوتی ہیں۔ یہ ریکارڈ آفس ۳۲ ہزار مربع فیٹ پر مشتمل ہے‘‘۔۳۲؎

مندرجہ بالا خصوصیات کے پیش نظر حبیب حیدرآبادی کی تصنیف ’’برطانیہ کی سیاسی جماعتیں اور پارلیمنٹ‘‘ دلچسپی کی حامل بن جاتی ہے۔اس کتاب میں حبیبؔ حیدرآبادی نے اپنے بیان کردہ موضوع کا خاطر خواہ مواد فراہم کیا۔اور اسے دلچسپ اسلوب کے ساتھ پیش کرتے ہوئے اپنی انشا پردازانہ انفرادیت کا اظہار کیا۔اس کتاب پر تبصرہ کرتے ہوئے لندن سے صفیہ صدیقی لکھتی ہیں:

’’برطانیہ کی سیاسی جماعتیں اور پارلیمنٹ‘‘ موضوع کے اعتبار سے اہم اور منفرد تخلیق ہے۔میرے خیال میں انگریزی میں بھی انگلستان کے طرزِ حکومت کے بارے میں اتنی آسان اور ہلکی پھلکی کتاب نہ ملے گی۔اس کتاب میں برطانیہ کے سیاسی نظام کا تفصیلی جائزہ لیا گیا ہے لیکن اس میں غیر ضروری تفصیلات قطعی نہیں ہیں۔۔۔۔ اس کتاب کو پڑھ کر بہت سی نئی معلومات حاصل ہوتی ہیں۔۔۔۔ مجھے یقین ہے کہ یہ کتاب نہ صرف انگلستان کے اردوداں طبقہ کے لئے

مفید ثابت ہوگی بلکہ ہندو پاک اور دوسرے ملکوں میں رہنے والے اردو داں بھی اس سے مستفید ہوسکیں گے۔ انگلستان سے اردو میں افسانوی مجموعے اور شعری مجموعے تو اکثر شائع ہوتے رہتے ہیں۔ لیکن اس قدر جامع اور علمی تصنیف غالبًا پہلی بار شائع ہوئی ہے۔۳۳

صفیہ صدیقی کے خیالات سے اندازہ ہوتا ہے کہ یہ کتاب اردو میں کس قدر انفرادیت کی حامل ہے۔ موضوع کی افادیت کے علاوہ حبیبؔ حیدر آبادی کے دلچسپ اور پر لطف اسلوب کے سبب بھی یہ کتاب قارئین کے لئے دلچسپ اور معلومات میں اضافہ کا باعث رہے گی۔ اردو کے سیاسی ادب میں یہ کتاب اہم اضافہ ہے۔ اور سیاسیات وسماجیات کے طالب علم اس کتاب سے اپنی معلومات میں بیش بہا اضافہ کر سکتے ہیں۔ برطانیہ کی سیاسی جماعتوں کے احوال اور پارلیمنٹ کی تاریخ اور اس کے طریقہ کار کو اردو قارئین سے متعارف کرانے میں حبیبؔ حیدر آبادی نے نمایاں رول انجام دیا ہے۔

حوالے

۱ ڈیوڈ اسٹیل۔ مشمولہ۔ برطانیہ کی سیاسی جماعتیں اور پارلیمنٹ از حبیب حیدر آبادی ص۴۔ دہلی ۱۹۸۸ء

۲ حبیب حیدر آبادی۔ برطانیہ کی سیاسی جماعتیں اور پارلیمنٹ ص۵

۳ حبیب حیدر آبادی۔ برطانیہ کی سیاسی جماعتیں اور پارلیمنٹ ص۵

۴ آصف جیلانی۔ مضمون برطانوی پارلیمان کی ۷۹۰ سالہ تاریخ مشمولہ روزنامہ سیاست ۔۴۔ مئی ۲۰۰۵ء سپلمنٹ

۵ حبیب حیدر آبادی۔ برطانیہ کی سیاسی جماعتیں اور پارلیمنٹ ۔ ص۶۔۷

۶ حبیب حیدر آبادی۔ برطانیہ کی سیاسی جماعتیں اور پارلیمنٹ ۔ ص۱۰

۷ حبیب حیدر آبادی۔ برطانیہ کی سیاسی جماعتیں اور پارلیمنٹ ۔ ص۱۶

۸ حبیب حیدر آبادی۔ برطانیہ کی سیاسی جماعتیں اور پارلیمنٹ ۔ ص۲۴

۹ حبیب حیدر آبادی۔ برطانیہ کی سیاسی جماعتیں اور پارلیمنٹ ۔ ص۳۰

۱۰ حبیب حیدر آبادی۔ برطانیہ کی سیاسی جماعتیں اور پارلیمنٹ ۔ ص۳۹

۱۱ حبیب حیدر آبادی۔ برطانیہ کی سیاسی جماعتیں اور پارلیمنٹ ۔ ص۵۷

۱۲ حبیب حیدر آبادی۔ برطانیہ کی سیاسی جماعتیں اور پارلیمنٹ ۔ ص۶۵

۱۳۔ حبیب حیدر آبادی۔ برطانیہ کی سیاسی جماعتیں اور پارلیمنٹ۔ ص۷۳

۱۴۔ حبیب حیدر آبادی۔ برطانیہ کی سیاسی جماعتیں اور پارلیمنٹ۔ ص۷۶

۱۵۔ حبیب حیدر آبادی۔ برطانیہ کی سیاسی جماعتیں اور پارلیمنٹ۔ ص۸۰

۱۶۔ حبیب حیدر آبادی۔ برطانیہ کی سیاسی جماعتیں اور پارلیمنٹ۔ص۸۸۔ص۸۹

۱۷۔ حبیب حیدر آبادی۔ برطانیہ کی سیاسی جماعتیں اور پارلیمنٹ۔ ص۹۲۔۹۳

۱۸۔ حبیب حیدر آبادی۔ برطانیہ کی سیاسی جماعتیں اور پارلیمنٹ۔ ص ۹۲

۱۹۔ حبیب حیدر آبادی۔ برطانیہ کی سیاسی جماعتیں اور پارلیمنٹ۔ ص۱۰۳

۲۰۔ حبیب حیدر آبادی۔ برطانیہ کی سیاسی جماعتیں اور پارلیمنٹ۔ ص۱۰۴

۲۱۔ حبیب حیدر آبادی۔ برطانیہ کی سیاسی جماعتیں اور پارلیمنٹ۔ ص۱۰۷

۲۲۔ حبیب حیدر آبادی۔ برطانیہ کی سیاسی جماعتیں اور پارلیمنٹ۔ ص۱۱۸۔۱۱۹

۲۳۔ حبیب حیدر آبادی۔ برطانیہ کی سیاسی جماعتیں اور پارلیمنٹ۔ ص۱۲۶۔۱۲۷

۲۳/۱۔ حبیب حیدر آبادی۔ برطانیہ کی سیاسی جماعتیں اور پارلیمنٹ۔ ص ۱۲۸

۲۴۔ حبیب حیدر آبادی۔ برطانیہ کی سیاسی جماعتیں اور پارلیمنٹ۔ ص۱۲۸

۲۵۔ حبیب حیدر آبادی۔ برطانیہ کی سیاسی جماعتیں اور پارلیمنٹ۔ ص۱۲۹۔۱۳۰

۲۵۔ حبیب حیدر آبادی۔ برطانیہ کی سیاسی جماعتیں اور پارلیمنٹ۔ ص۱۲۹۔۱۳۰

۲۶۔ حبیب حیدر آبادی۔ برطانیہ کی سیاسی جماعتیں اور پارلیمنٹ۔ ص۱۰۱

۲۷۔ حبیب حیدر آبادی۔ برطانیہ کی سیاسی جماعتیں اور پارلیمنٹ۔ ص۳۲

۲۸۔ حبیب حیدر آبادی۔ برطانیہ کی سیاسی جماعتیں اور پارلیمنٹ۔ ص۳۳۔۳۴

۲۹۔ حبیب حیدر آبادی۔ برطانیہ کی سیاسی جماعتیں اور پارلیمنٹ۔ ص۳۵

۳۰۔ حبیب حیدر آبادی۔ برطانیہ کی سیاسی جماعتیں اور پارلیمنٹ۔ ص۳۴

۳۱۔ حبیب حیدر آبادی۔ برطانیہ کی سیاسی جماعتیں اور پارلیمنٹ۔ ص۶۹

۳۲۔ حبیب حیدر آبادی۔ برطانیہ کی سیاسی جماعتیں اور پارلیمنٹ۔ ص۱۲۷

۳۳۔ صفیہ صدیقی۔ مضمون شگفتگی حبیب۔ مشمولہ ہفتہ وار۔ راوی۔ لندن۔ ص۱۲

حبیب حیدرآبادی بہ حیثیت مترجم

حبیب حیدرآبادی ایک بلند پایہ انشاء پرداز، شاعر و ادیب ہونے کے علاوہ ایک اچھے مترجم بھی تھے۔ انگلستان میں طویل عرصہ قیام نے جہاں اُن کی انگریزی دانی میں نکھار پیدا کیا وہیں اُن کے اندر چھپے ادیب، انشا پرداز نے اُنھیں انگریزی سے اردو میں ترجمے کی ترغیب دلائی ۔ ہندوستان میں زمانہ قیام کے دوران وہ مشہور صوفی بزرگ خواجہ حسن نظامی کی صحبتوں سے بھی فیضیاب ہوتے رہے۔ اس کا نتیجہ یہ نکلا کہ اُن کی ذہنی تربیت میں مذہب اسلام کا بھی دخل ہوا۔ چنانچہ ۱۹۷۲ء میں انگلستان میں اُن کی بیٹی سلمیٰ نے اُنھیں کتب خانے سے ایک عیسائی انگریز John Bagot کی انگریزی تصنیف The Life and Times of Muhammad لا کر دی تو اُنھوں نے اس کتاب کا مطالعہ کیا۔ حبیب حیدرآبادی کو مصنف کا اظہار بیان پسند آیا۔ اور اُنھیں تحریک ملی کہ اس کتاب کا اردو میں ترجمہ کیا جائے۔ اس موقع پر حبیب حیدرآبادی اپنے خیالات پیش کرتے ہوئے لکھتے ہیں:-

"۱۹۷۲ء کی بات ہے۔ میری بیٹی سلمیٰ مقامی کتب خانے سے ایک کتاب لے آئی۔ جس کا عنوان ت The Life and Times of Muhammad۔ پڑھنے کے بعد مجھ سے کہا کہ میں بھی اس کتاب کو پڑھوں مجھے اُن کا طرزِ اظہار پسند آیا۔ عیسائی ہونے پر نازاں بھی ہیں۔ اور اسلام کے بھی مدح سرا۔ سلمیٰ بیٹی جو انگلستان ہی میں پیدا ہوئی۔ اب اس بات پر مصر تھی کہ میں اس کتاب کو اردو میں پیش کروں" [۱]

حبیب حیدرآبادی کے ان خیالات سے اندازہ ہوتا ہے کہ اُن کی بیٹی سلمیٰ اصل میں اس کتاب کے ترجمہ کی محرک بنی۔ اور اُسی کے اصرار پر حبیب حیدرآبادی نے کتاب کے ترجمے کا آغاز کیا ۔ اس موقع پر اُنھوں نے فرانس میں مقیم مشہور حیدرآبادی مفکر اور مبلغ اسلام ڈاکٹر حمید اللہ سے بھی مشورے اور تجاویز طلب کیں۔ ڈاکٹر حمید اللہ نے دیارِ غیر میں رہ کر فروغ اسلام کے لئے بے لوث کام کیا۔ بے شمار کتابیں تصنیف کیں۔ اور سینکڑوں لوگ اُن کے ہاتھ پر مشرف بہ اسلام ہوئے۔ اُن کے بارے میں مشہور ہے کہ وہ شہرت اور ریاکاری سے بہت بچتے تھے۔ چنانچہ حبیب

حیدر آبادی اس کتاب کے ترجمے کے ضمن میں اُن سے حاصل کردہ مشوروں پر عمل کرتے رہے. ڈاکٹر حمید اللہ کے دیے گئے مشوروں کے بارے میں وہ لکھتے ہیں.

''خدا کے فضل و کرم سے اس کتاب کا ترجمہ آج بتاریخ ۲۷ جون ۱۹۷۳ء یوم چہار شنبہ رات کے ایک بجے مکمل ہوا.اس کتاب کے ترجمے میں تقریباً ایک سال کا عرصہ لگا۔اس کی طباعت و کتابت کا کام جناب سید قاسم محمود کی توجہ سے یکم جنوری ۱۹۸۷ء کو شروع ہوا۔اور فروری ۱۹۸۹ء میں ختم ہوا۔ جناب شاہ مصباح الدین شکیل نے نظر ثانی اور پروف ریڈنگ کا کام انجام دیا'' [۳]

حبیبؔ حیدر آبادی کی تحریر سے اندازہ ہوتا ہے کہ اس کتاب کے ترجمے اور اشاعت کے درمیان تقریباً پندرہ سال کا عرصہ لگ گیا۔تاہم اُنہوں نے ایک عیسائی مستشرق کے سیرت طیبہ کے کام کو مسلمانوں اور اردو دانوں سے واقف کرانے کے جذبے کے تحت ترجمہ کا جو کام کیا وہ بالآخر شائع ہو کر لوگوں تک پہنچ گیا۔

حبیبؔ حیدر آبادی کی جانب سے ترجمہ کردہ کتاب ''محمد الرسول اللہ صلی اللہ علیہ وصلعم'' کے عنوان سے چھپ کر شائع ہوئی ۔جیسا کہ حبیبؔ حیدر آبادی نے لکھا کتاب کے ناشر محمد مقیم قریشی ہیں ۔جو کراچی پاکستان سے تعلق رکھتے ہیں ۔اس طرح ۵۵۹ صفحات پر مشتمل ضخیم کتاب عظمیٰ پرنٹرس، سٹیزن پبلشرز، شیش محل بلال اسٹریٹ کراچی پاکستان سے ۱۹۸۹ء میں شائع ہوئی ۔کتاب کا ہدیہ ۲۰۰ روپئے ہے.کتاب کے آغاز میں عرض ناشر کے عنوان سے محمد مقیم قریشی کے خیالات ہیں.اس کے بعد حبیب حیدر آبادی کا لکھا تعارف ہے۔تعارف کے بعد اصل کتاب The life Times of Muhammad (رسول اللہ صلی اللہ علیہ وصلعم کا زمانہ اور زندگی) کا ترجمہ شروع ہوتا ہے۔تاہم حبیبؔ حیدر آبادی کی ترجمہ کی ہوئی اس کتاب کے تنقیدی جائزے سے قبل دیکھا جائے گا کہ ترجمہ کسے کہتے ہیں.ترجمہ کی ضرورت کیا ہے.اس کے فوائد کیا ہیں.اور مذہبی کتب کے ترجمے کے اُصول و مقاصد کیا ہیں۔

ترجمہ کی ضرورت:۔ انسان ایک سماجی جانور ہے. یہ سماج کا پروردہ ہے .اور سماج کے بغیر انسانی زندگی کا وجود مشکل ہے۔انسان خود سے اپنی تمام ضروریات کی تکمیل نہیں کرسکتا۔ اس کے لئے اُسے دوسرے لوگوں کی مدد درکار ہوتی ہے۔اور وہ زبان کے وسیلے سے اپنے

خیالات دوسروں تک پہونچاتا ہے .اور اپنی ضروریات کی تکمیل کی کوشش کرتا ہے۔اس طرح زبان خیالات کے اظہار کا ذریعہ بنتی ہے .انسان اپنی ضرورت کے تحت خیال ظاہر کرتا ہے۔ ایک سماج اور ایک علاقے میں عموماً دو تین زبانیں بولی اور سمجھی جاتی ہیں۔جس طرح یہ دنیا وسیع اور عریض ہے ۔ اسی طرح انسان کی ضروریات بھی پھیلی ہوئی ہیں ۔چند صدیوں قبل تک بھی انسان اپنے قبیلے‘ اپنے گاؤں اور ملک تک محدود رہتا تھا۔اور خطہء ارض پر بسنے والی دوسری اقوام سے نہ اُس کا کوئی رابطہ ہوتا تھا اور نہ اسے کسی طرح کے رابطے کی ضرورت تھی ۔سائنس کی ترقی کے ساتھ حمل ونقل‘ ترسیل اور دیگر عوامی رابطے کے ذرائع وجود میں آئے۔آج دنیا چھوٹے دائرے میں سمٹ آئی ہے۔لوگ ایک دوسرے کو سمجھنے‘ ایک دوسرے کی دریافتوں سے فائدہ اُٹھانے‘ آپسی تجارت اور لین دین کے ذریعہ اپنی زندگی کو خوب سے خوب تر بنانے کی ضرورت کو محسوس کرنے لگے ہیں۔لیکن اس مقصد کے حصول کے درمیان زبان حائل رہی۔کیونکہ دنیا میں ایک علاقے سے دوسرے علاقے اور ایک ملک سے دوسرے ملک میں سینکڑوں زبانیں اور بولیاں موجود ہیں ۔ مختلف زبانوں پر ہر انسان کا عبور رکھنا ممکن نہیں.لیکن دوسرے علوم اور دوسری تہذیبوں کی ترقی سے استفادہ حاصل کرنا سب کے لئے ضروری ہے۔چنانچہ ہر ملک اور ہر زبان کے ماہرین علوم میں ایک ایسا طبقہ وجود میں آتا گیا جو دنیا کی دو یا دو سے زائد زبانوں پر عبور رکھتا تھا۔اور ایک زبان کے علم کو دوسری زبان میں ترجمہ کے ذریعہ منتقل کرتے ہوئے تہذیبوں کو جوڑنے کا کام کرتا گیا.اسی بات کو اُجاگر کرتے ہوئے شہباز حسین لکھتے ہیں:

ذرائع آمدورفت میں وسعت اور سرعت آجانے کی وجہ سے دنیا کی مختلف زبانیں بولنے والوں میں ارتباط اور اختلاط روز بروز بڑھتا جارہا ہے .اور ایک دوسرے کو سمجھنے اور سمجھانے کے لئے ضرورتاً ایک دوسرے کی زبان سیکھنی پڑتی ہے اور ملوکیت میں وہ افراد یا طبقے ہمیشہ ممتاز رہے جنہوں نے حاکموں کی زبان سیکھنے میں سبقت کی۔حاکموں نے بھی محسوس کیا کہ امن واستحکام کے لئے صرف زور بازو ہی کافی نہیں ہے۔دلوں کو بھی مسخر کرنے کی ضرورت ہے اور اس کے لئے محکوم قوموں کی زبان اور ثقافت سے آشنائی ضروری ہے۔اجنبیت اور مغائرت کو کم کرنے کے لئے ترجموں کا بڑا ہاتھ رہا ہے۔علم کی وسعت اور علمی وسائنسی دریافتوں کی کثرت سے بنی نوع

انسان کو فائدہ پہونچانے میں ترجموں نے بڑی مدد کی ہے'' ۴؎

ترجمے کی ضرورت اور اہمیت کے بعد دیکھیں کہ ترجمہ کا مفہوم کیا ہے۔ اور اس کے اُصول کیا ہیں۔ اور مترجم کی صفات کیا ہیں۔

ترجمہ کا مفہوم:۔ ترجمہ کا بنیادی مفہوم یہی ہے کہ ایک زبان میں پیش کردہ خیالات کو دوسری زبان میں اسطرح منتقل کرنا کہ اصل زبان کا مفہوم ترجمہ کی ہوئی زبان میں مکمل اور واضح طور پر منتقل ہو جائے۔ یعنی ایک زبان کے مفہوم کو دوسری زبان میں پیش کرنا ترجمہ کہلاتا ہے۔ ترجمے کے مفہوم کو واضح کرتے ہوئے شہباز حیسن لکھتے ہیں:

''ترجمہ بڑا مشکل کام ہے۔ یہ نگینہ جڑنے کا فن ہے۔ جو بڑی مہارت اور ریاضت چاہتا ہے۔ ایک زبان کے معانی اور مطالب کو دوسری زبان میں اس طرح منتقل کرنے کے لئے کہ اصل عبارت کی خوبی اور مطلب جوں کا توں باقی رہے دونوں زبانوں پر یکساں قدرت کی ضرورت ہوتی ہے. جو عام طور پر کمیاب ہوتی ہے ترجمے بہت ملتے ہیں۔ اچھے ترجمے خال خال ہیں اس کی وجہہ یہ ہے کہ ہر وہ شخص جو دو زبانیں جانتا ہے۔ بزعم خود مترجم بن بیٹھتا ہے اور ایسے ایسے گل بوٹے کھلاتا ہے کہ ترجمے کی اہمیت اور افادیت مجروح ہو جاتی ہے. اور ترجموں پر سے اعتبار اُٹھ جاتا ہے'' ۵؎

ترجمے کے بارے میں یہ بات واضح ہوئی ہے کہ یہ ایک طرح کا فن ہے. جس طرح دیگر فنون کے ماہر خداداد صلاحیتوں کے حامل ہونے کے ساتھ ساتھ اس فن پر مہارت حاصل کرنے کی کوشش کرتے ہیں۔ اسی طرح ایک اچھے ترجمے کے لئے بھی مترجم کو چند خصوصیات کا حامل ہونا ضروری ہے۔

مترجم کی صفات:۔ مترجم کو دونوں زبانوں پر مہارت رکھنا ضروری ہے۔ جس شعبہ میں ترجمہ ہو رہا ہو۔ اس شعبہ کی اصطلاحات سے واقفیت رکھنی چاہئیے۔ اس کے علاوہ ادبی ترجموں میں دونوں زبانوں کے تہذیبی وثقافتی پس منظر سے بھی واقفیت ضروری ہے۔ مترجم کی ذمہ داریوں کا احساس دلاتے ہوئے جمیل جالبی لکھتے ہیں کہ :

''ترجمے کا کام یقیناً ایک مشکل کام ہے۔ اس میں مترجم مصنف کی شخصیت' فکر اور اسلوب سے بندھا ہوتا ہے۔ ایک طرف اس زبان کا کلچر جس کا ترجمہ کیا جا رہا ہے اسے اپنی

طرف کھینچتا ہے۔ اور دوسری طرف اس زبان کا کلچر جس میں ترجمہ کیا جارہا ہے اسے اپنی طرف کھینچتا ہے۔ مترجم کو دونوں کا وفادار رہنا پڑتا ہے۔ یہ دوئی خود مترجم کی شخصیت کو توڑ دیتی ہے۔ لیکن یہ تو ہر مترجم کا مقدر ہے. اس دوئی سے اسلوب کی سطح پر خصوصیت کے ساتھ اس زبان کو فائدہ پہونچتا ہے جس میں ترجمہ کیا جارہا ہے اس زبان میں نئے اسالیب کے بہت سے امکانات پیدا ہو جاتے ہیں۔ اردو جملے پر تقریباً ڈیڑھ سو سال سے انگریزی زبان کے جملوں اور اسالیب کا گہرا اثر پڑ رہا ہے۔ اسالیب کی یہ تبدیلی دراصل کلچر کی تبدیلی کا نتیجہ ہوتی ہے ایک زبان کا جملہ جب دوسری زبان میں جم کر ترجمہ ہو جائے تو اُس کے معنٰی ہوتے ہیں کہ دو کلچروں کا وصل ہو گیا ہے۔"[6]

ترجمے کے اُصول کے بارے میں یہ بنیادی ضابطہ رکھا گیا ہے کہ ترجمہ لفظی نہ ہو بلکہ مفہوم کی ادائیگی پر مشتمل ہو۔ بعض اوقات ایک زبان میں کہے گئے محاورے کا مفہوم دوسری زبان میں کچھ اور الفاظ میں استعمال ہوتا ہے۔ اگر لفظی معنٰی پر توجہ کی جائے تو مفہوم کچھ کا کچھ ہو جائے گا۔ انگریزی کا ایک محاورہ "Icing on the cake" ہے ۔ جو سونے پہ سہاگہ کے مفہوم کو ادا کرتا ہے۔ اس محاورہ کا لفظی ترجمہ کیک پر چڑھائی جانے والی شکر کی کریم ہے۔ لیکن اسی مثال سے یہ بات واضح ہو جاتی ہے کہ ترجمے کے ضمن میں مفہوم کی کتنی اہمیت ہے۔ اسی پہلو کو اُجاگر کرتے ہوئے شہباز حسین لکھتے ہیں:

"ترجمے کے سلسلے میں بنیادی اور اولین شرط یہ ہے کہ جس زبان سے ترجمہ کرنا ہو۔ اور جس زبان میں ترجمہ کرنا ہو. دونوں پر قدرت حاصل ہو۔ صرف اسی حد تک نہیں کہ دونوں زبان کے مطالب سمجھ میں آجائیں بلکہ زبان کی ساخت۔ مزاج اور اُس کے تہذیبی پس منظر سے بھی اچھی آگاہی ہو۔...... یہ بات یاد رکھنا چاہیئے کہ ترجمہ لفظ کا نہیں مفہوم کا کیا جاتا ہے. یا دوسرے لفظ میں یوں کہہ سکتے ہیں کہ اگر کسی بات کو اپنی زبان میں کہتے تو کس طرح کہتے"[7]

سائنسی زبان کے ترجموں میں اصطلاحات کے ترجمے کی مشکلات پیش آتی ہیں. حیدرآباد میں جامعہ عثمانیہ کے قائم کردہ دارالترجمہ میں اصطلاحات سازی کا بہت اہم کام ہوا۔ اور اس کی وضع کردہ اصطلاحات برصغیر میں سائنسی علوم کو اردو میں منتقل کرنے میں مددومعاون ثابت ہوئیں۔ ادبی ترجمے میں لسانی وثقافتی پس منظر سے واقفیت ضروری ہے۔ اس ضمن میں پروفیسر قمر رئیس

لکھتے ہیں:

''مترجم کو دو زبانوں اور دو قوموں کے درمیان لسانی اور ثقافتی سفیر کا نام دیا گیا ہے اس لئے کسی بھی زبان کی تصنیف کو کامیابی سے اپنی زبان میں منتقل کرنے کے لئے پہلی شرط یہی ہے کہ اصل تصنیف کی زبان، اُس کے ادب اور اُس کی قومی تہذیب سے نہ صرف واقفیت بلکہ دلچسپی اور ہمدردی ہو۔ دوسری اہم شرط اپنی زبان پر اُس کی قدرت اور نئے خیالات کے اظہا کے لئے نئے الفاظ ۔ترکیبیں اور اصطلاحیں وضع کرنے کی استعداد ہے۔ تیسری ضرورت اصل تصنیف کی زبان سے ایسی گہری واقفیت ہے کہ وہ اس کی باریکیوں، نفاستوں اور تہ داریوں کو بخوبی سمجھ سکے۔ چوتھی یہ کہ اصل تصنیف، جس عہد اور جس موضوع سے تعلق رکھتی ہے اس عہد کی زندگی اور زبان اور اس موضوع کی اہم تفصیلات سے مترجم کی واقفیت ہو۔ اور آخری لیکن سب سے اہم شرط ادبی ترجمہ کی صلاحیت دلچسپی اور شوق وانہماک ہے''۸؎

ادبی ترجموں کے علاوہ اکثر علمی و مذہبی ترجمے کئے جاتے ہیں۔ ترجمہ کی اہمیت کے پیش نظر کہا جاتا ہے کہ ترجمہ علم کی وہ کنجی ہے. جس کے ذریعہ علوم وفنون کے خزانے سب کے لئے کھل جاتے ہیں ۔اب ترجمے تخلیق کا درجہ پا رہے ہیں.

ترجمے کی سب سے مشکل قسم تخلیقی ادب کا ترجمہ ہے. اور نثر کے مقابلے میں نظم کا ترجمہ نظم میں کرنا انتہائی مہارت چاہتا ہے. تخلیقی ترجمے کے بارے میں جمیل جالبی لکھتے ہیں:

''ترجمے کی یہ شکل سب سے زیادہ مشکل ہے. ایسے ترجمے سے زبان و بیان کو ایک فائدہ پہنچتا ہے کہ زبان کے ہاتھ بیان کا ایک نیا سانچہ سامنے آجاتا ہے دوسرے جملوں کی ساخت ایک نئی شکل اختیار کر کے اپنی زبان کے اظہار کے سانچوں کو وسیع کر دیتی ہے۔ اب جبکہ زبانوں کے رشتے زیادہ وسیع ہو کر ایک دوسری سے قریب تر ہو رہے ہیں. ضرورت اس امر کی ہے کہ مترجمین بھی اظہار کے سانچوں اور جملوں کی ساخت کا خاص طور پر خیال رکھ کر زبان کو نئے تقاضوں اور نئے امکانات سے روشناس کریں''۹؎

اردو میں ترجمے کی روایت:۔ دنیا کی دیگر زبانوں کی طرح اردو میں بھی انگریزی، عربی، فارسی، سنسکرت اور دیگر زبانوں کے ادب اور علوم کے تراجم کی روایت ہے. ہندوستان میں مغلیہ

دور میں سنکرت سے فارسی زبان میں تراجم ہوتے رہے انگریزوں کی ہندوستان میں آمد کے بعد انگریزی سے مقامی زبانوں میں تراجم کا سلسلہ شروع ہوا۔فورٹ ولیم کالج میں قدیم ہندوستانی ادب کا جدید آسان اردو میں ترجمہ ہوا کرتا تھا۔لہٰذا اس کالج کے تحت انگریزی سے کسی کتاب کا ترجمہ اردو میں نہیں ہوا۔انگریزی سے اردو میں ترجمہ شدہ پہلی کتاب بنجمن شیلر کی ''انجیل مقدس'' ہے جو ۱۷۷۸ء میں شائع ہوئی ۱۰۔

''دارالترجمہ کے اراکین نے ان اصولوں اصطلاحوں اور نمونوں سے پورا فائدہ اُٹھایا ۔جو اُن کے پیش روافراد اور اداروں کی محنت اور اختراعی قوت کا ثمرہ تھے۔اس کے باوجود یہ حقیقت ہے کہ مغربی علوم کے ترجمے اور اصطلاح سازی کے ذریعہ دارالترجمہ نے اردو کو دانش جدید سے مالا مال کرنے میں جو گرانقدر خدمات انجام دی ہیں اُن کی مثال ہندوستانی زبانوں کی تاریخ میں شائد ہی مل سکے۔''۱۱

ترجمہ کی اس ابتدائی کوشش کے علاوہ امراء اور نوابین کی دلچسپی سے اردو میں ترجموں کا سلسلہ چل پڑا۔حیدرآباد کے نواب فخرالدین خان شمس الامراء کی کوشش سے بعض رسائل کا ترجمہ ہوا۔دلی کالج میں پرنسپل بوتروکی رہنمائی میں ۱۸۴۱ء میں ورنا کلر ٹرانسلیشن سوسائٹی کا قیام عمل میں آیا۔ عبدالحق نے بعض علوم کی نصف درجن کتابوں کا ۱۸۴۰ء میں ترجمہ کرایا۔دلی کالج کی ترجمے کی روایت کو سرسید کی سائنٹفک سوسائٹی اور انجمن ترقی اردو نے آگے بڑھایا۔اردو میں ترجمہ کا باضابطہ اور منظّم کام حیدرآباد میں قائم کردہ جامعہ عثمانیہ میں ہوا۔اس یونیورسٹی کا قیام ۱۹۲۰ء میں عمل میں آیا۔اور اردو کو ذریعہ تعلیم بنایا گیا مغرب کے جملہ علوم وفنون کو اردو میں پڑھانے کے لئے اردو میں کتابوں کی ضرورت کے پیش نظر جامعہ عثمانیہ میں دارالترجمہ کا قیام عمل میں آیا۔اس ادارہ کے سررشتہ تعلیم وترجمہ میں آرٹس، سائنس، انجنیرنگ اور طب کی تقریباً ۵۰۰ کتابوں کا اردو میں ترجمہ عمل میں آیا۔اس جامعہ میں اردو جیسی ہندوستانی زبان میں اعلیٰ تعلیم دینے کا یہ پہلا تجربہ تھا جو بحیثیت مجموعی کامیاب رہا تھا.دارالترجمہ جامعہ عثمانیہ میں دوطرح کے مترجمین ہوا کرتے تھے ۔ایک مستقل دوسرے اُجرت پر کام کرنے والے۔ترجمے کی تکمیل کے بعد کسی ماہرفن سے اُس پر نظرثانی کرائی جاتی تھی۔ترجمہ کے دوران وضع کردہ اصطلاحات کو مجلس وضع اصطلاحات سے

رجوع کیا جاتا تھا. دارالترجمہ میں کئی علمی وادبی شخصیتوں نے کام کیا۔ دارالترجمہ نے بلاشبہ اردو علم وادب کے دامن کو مالا مال کیا۔ دارالترجمہ کی خدمات کو خراج پیش کرتے ہوئے قمر رئیس لکھتے ہیں:

''ترجمہ کے محرک عوامل میں بہت سے اسباب کارفرما ہوتے ہیں. ان میں ایمان وعقیدہ یا فکر ونظر کی اشاعت کا رجحان سب سے زیادہ حاوی ہوتا ہے انسانی کمزوری ہے کہ اپنے افکار سے عالم کو رو شناس ہی نہیں کرانا چاہتا بلکہ منوانا بھی چاہتا ہے۔ یا اپنے حلقہ خیال کو وسیع تر بنانے کی مہم جوئی میں سرگرداں اور خدمت دین یا خدمت خلق کے ذوق سے سرشار ہوتا ہے اس مخصوص لٹریچر کی نشر و اشاعت میں پوری تن دہی سے مصروف کار دکھائی دیتا ہے۔''[۱۲]

جامعہ عثمانیہ کے دارالترجمہ کی چھوڑی روایات اس قدر ٹھوس تھیں کہ ہندوستان میں ترجمے کا کام چل پڑا۔ گارساں وتاسی کے خطبات کا ترجمہ ہوا۔ انجمن پنجاب لاہور کے تحت آزادؔ اور حالیؔ نے انگریزی نظموں کا اردو ترجمہ کیا۔ رومانی تحریک سے متاثرہ ادیبوں نے انگریزی کے علاوہ ترکی ادب کے تراجم بھی کیئے۔ سجاد حیدر یلدرم، عبدالرحمٰن بجنوری، مولانا ابوالکلام آزاد۔ ڈاکٹر عابد حسین۔ ڈاکٹر یوسف حسین خان۔ پروفیسر مجیب وغیرہ نے ترجمہ کے فن کو فروغ دیا۔ ترقی پسند تحریک اور حلقہ ارباب ذوق کے ادیبوں نے بھی انگریزی کے علاوہ دنیا کی دیگر سرکردہ زبانوں کے شہ پاروں کو اردو میں منتقل کرنے کا کام کیا۔ ان ادیبوں میں عزیز احمد۔ منٹو۔ سجاد ظہیر۔ ابن انشاء۔ میراجی۔ ظ۔ انصاری۔ قرۃ العین حیدر۔ خلیق انجم اور انور عظیم قابل ذکر ہیں. ترجمہ کا ایک فائدہ یہ ہوا کہ کالیداس، عمر خیام، اقبال اور ٹیگور کی عظمت کا اعتراف ترجموں کی بدولت ہی ہوا۔ آزادی کے بعد اشاعتی اداروں کے ذریعہ ترجمہ نگاری نے ایک رجحان کی شکل اختیار کی. اخبار۔ ریڈیو اور تدریسی ضرورتوں کے تحت اردو ترجموں کی مانگ میں اضافہ ہوا ٹیلی ویژن کی بڑھتی مقبولیت نے ترجمہ کی قدردانی میں اضافہ کیا ہندوستان میں مختلف جامعات میں ترجمہ کے شعبے قائم ہو رہے ہیں۔ ترجمے کی مشینیں وجود میں آ گئیں۔ اس طرح اردو ترجمہ کا مستقبل تابناک دکھائی دیتا ہے۔

مذہبی کتب کے تراجم:۔ ادبی وعلمی ترجموں کے علاوہ اردو میں ایک اہم ذخیرہ مذہبی کتب کے تراجم کا ہے. ان میں بھی قران وحدیث کے تراجم قابل ذکر ہیں. اسلام ایک آفاقی مذہب ہے. جو کلام الٰہی قران شریف اور حضور اکرم صلی اللہ علیہ وصلعم کے ارشادات پر

مبنی احادیث کے ذریعہ اپنے ماننے والوں کو دین و دنیا کے اُصول سکھاتا ہے. تبلیغ اسلام کے فریضہ کو ادا کرنے والوں نے اسلام کے پیغام کو عام کرنے کے لئے قران کے ترجمہ وتفسیر پر زور دیا۔ چنانچہ قران شریف کے دنیا کی اکثر بڑی زبانوں میں تراجم شائع ہوئے۔ مذہبی کتابوں کے تراجم کے پس پردہ محرکات بیان کرتے ہوئے مولوی عبدالحق لکھتے ہیں:

''مذہبی کتب کے تراجم کی اسی غرض وغایت کے پیش نظر قران شریف کے ترجمہ اور تفسیر کے لئے اُصول تفسیر کے ضابطے مقرر ہوئے۔ علامہ سیوطیؒ شاہ ولی اللہ امام مالک امام ابن تیمیہ مفتی محمد شفیع صاحب ابوالاعلی مودودی ابوالکلام آزاد وغیرہ نے قران شریف کے ترجمے کئے۔ قران شریف کے بعد احادیث شریف کے تراجم پر توجہ کی گئی۔ صحاح ستہ بخاری شریف ترمذی شریف مسلم شریف موطا امام مالک امام نووی وغیرہ احادیث کے مجموعوں کا اردو میں ترجمہ ہوا۔ مولانا بدر عالم میرٹھی کی خدمات احادیث کتب کے ترجمے میں اہم ہیں۔ مولانا محمد زکریا شیخ الحدیث نے تبلیغی نصاب یا فضائل اعمال کے عنوان سے حکایات صحابہ فضائل نماز فضائل رمضان فضائل ذکر فضائل تبلیغ فضائل قران فضائل درود شریف سے متعلق احادیث کو جمع کیا۔ یہ کتاب براہ راست کسی کتاب کا ترجمہ نہیں بلکہ احادیث کے تراجم پر مبنی ہے. کہا جاتا ہے کہ موجودہ دور میں قران کے بعد سب سے زیادہ شائع ہونے والی اور پڑھی جانے والی یہی کتاب فضائل عمال ہے۔ کتب احادیث کے ترجموں کے علاوہ وظائف کے مجموعے کی مشہور کتاب حصن حصین مولانا محمد عاشق الٰہی کی مسنون دعائیں وغیرہ کتب کے تراجم بھی مقبول عام ہیں۔ جمعہ کے خطبات کو اردو میں پیش کرنے کی غرض سے مجدد الف ثانی۔ شاہ ولی اللہ شاہ اسمٰعیل شہید مولانا اشرف علی تھانوی اور مولانا حسین احمد مدنی کے خطبات کے تراجم مشہور ہیں. اسلام کے اصولوں پر مبنی فقہ کی کتابوں کے تراجم بھی ہوئے۔ تاریخ فقہ اسلامی۔ فتاوٰی عالمگیری فتاوٰی عزیزیہ وغیرہ کے اردو میں تراجم ہوئے۔ اسلامی کتب کے ترجموں میں اہم کام سیرت النبی صلی اللہ علیہ وصلعم پر مبنی کتب کے ترجمے کا ہے۔ پیغمبر اسلام کی سیرت سارے عالم کے لئے سرچشمہ فیض ہے۔ اس کام کی اہمیت بیان کرتے ہوئے مولوی عبدالحق لکھتے ہیں:

''اسلامی آئین وآثار میں قران واحادیث کے بعد تاریخ وسیرت کو فوقیت حاصل ہے.

سیرت نگاروں کو اس موضوع سے جو والہانہ عقیدت رہی ہے۔ اس کی نظیر قلب مومن کے سوا دوسری جگہ ناپید ہے۔ اس گراں قدر اور بے مثل خدمت ادب سے پوری انسانیت زیر بار ہے سیرت نگاروں نے اسے سیرت یا سوانح نگاری کے اعلیٰ ترین فن کی صورت ہی نہیں بخشی بلکہ اسے انسانی علم وادب کی معراج بنا دیا۔ سیرت رسول سیرت کائنات عالم ہے۔ اس سیرت پاک کے شایانِ شان بھی یہی تھا کہ زندگی کے تمام احوال کوائف جلوت وخلوت کے سارے پہلو، شب و روز کی پوری تفصیلات، ذکر وفکر کے تمام اقوال واسالیب اس طرح محفوظ ہو جائیں کہ رہتی دنیا کے لئے رشد وہدایت کا سرچشمہ فیض بنے رہیں۔'' ۱۳۱

اردو میں سیرت نگاری کے تراجم میں شبلی کی سیرۃ النبی، نعیم صدیقی کی ''محسن انسانیت'، غلام رسول مہر کا ترجمہ سیرت ابن ہشام وغیرہ مشہور ہیں۔ سیرت نگاری کے تراجم کے بعد سیرت صحابہ کی کتابیں حیات الصحابہ، سیرت ابوبکرؓ حضرت عمرؓ۔ حضرت عثمانؓ، حضرت علیؓ وغیرہ کے تراجم کیے گئے۔

مذہبی کتب کے تراجم کی کڑی کے طور پر مستشرقین کی سیرت طیبہ پر لکھی گئی تصانیف کے تراجم ہیں۔ اسی سلسلے کی ایک کڑی حبیب حیدر آبادی کی زیر نظر تصنیف ''محمد الرسول اللہ صلی اللہ علیہ وصلعم ہے۔ جو انگریز مستشرق Sir Glub John Bagot کی انگریزی تصنیف The Life and Times of Muhammad کا اردو ترجمہ ہے۔ اس طرح اردو میں ترجمہ کی روایت صحت مند ہے۔ اور مذہبی کتب کے تراجم اردو ترجمہ کو ٹھوس بنیاد فراہم کرتے ہیں۔

حبیب حیدر آبادی بحیثیت مترجم:۔ ترجمہ کے فن اور اردو میں اس کی روایت کی تفصیلات کے بعد اب دیکھا جائے گا کہ حبیبؔ حیدر آبادی نے بحیثیت مترجم اپنی تصنیف ''محمد الرسول اللہ صلی اللہ علیہ وصلعم'' میں کیا خوبیاں پیش کی ہیں جیسا کہ گذشتہ صفحات میں لکھا جا چکا ہے حبیب حیدر آبادی نے ایک انگریز مستشرق The Life and Times of Muhammad مصنف John Bagot کی تصنیف کا اردو ترجمہ ''محمد الرسول اللہ صلی اللہ علیہ وصلعم'' کے عنوان سے کیا ہے۔ زیر نظر کتاب کا آغاز ''عرضِ ناشر'' کے عنوان سے کتاب کے ناشر محمد مقیم قریشی کے خیالات سے ہوتا ہے۔ جس میں اُنہوں نے اس کتاب کی اشاعت کے عوامل بیان کیے۔ حبیبؔ حیدر آبادی کا تعارف اور اُن کی تصانیف کی تفصیل دینے کے بعد محمد مقیم

قریشی کتاب کی وجہہ تصنیف بیان کرتے ہوئے لکھتے ہیں:

''اس کتاب ''محمد الرسول اللہ'' کا اردو ترجمہ انہوں نے اپنی بیٹی سلمی کی فرمائیش پر کیا تھا۔ وہ سرطان کے مریض تھے۔ اور اس کا اردو ترجمہ کتابی صورت میں دیکھنے کے بڑے متمنی تھے۔ ہم نے اپنی طرف سے کوئی کوتاہی نہیں کی۔ اور مسودہ موصول ہوتے ہی اس کو اشاعت وطباعت کی کٹھالی میں ڈال دیا تھا۔ لیکن جتنی مدّت میں یہ تیار ہو کر آئی۔ محترم حبیبؔ حیدر آبادی اللہ کو پیارے ہوئے۔ اس کا مجھے بے حد قلق ہے۔ اللہ انہیں اپنے جوارِ رحمت میں جگہ دے۔ اور اُن کے اس کام کو شرفِ قبولیت بخشے۔'' ۱۴؎

عرض ناشر کے بعد حبیبؔ حیدر آبادی کا لکھا پیش لفظ ہے۔ جس میں اُنہوں نے زیر نظر کتاب کے مصنف گلب پاشا کا تفصیلی تعارف پیش کیا اور لکھا کہ پہلی جنگ عظیم کے بعد عرب علاقوں میں لارنس آف عربیہ کی طرح گلب پاشا کا نام مشہور ہوا۔ گلب پاشا عربوں کا دیا ہوا لقب ہے ان کا اصل نام جان بیگٹ (John Bagot) ہے۔ وہ انگلستان کے شہر پرسٹن میں ۱۶ اپریل ۱۸۹۷ء کو پیدا ہوئے ان کا انتقال ۱۷ مارچ ۱۹۸۶ء کو ہوا۔ ان کے والد فوجی تھے۔ اُنہوں نے بھی فوجی تربیت حاصل کی ابتداء میں برطانوی فوج میں خدمات انجام دیں بعد میں عراق اور اردن میں اہم فوجی عہدوں پر فائز رہے۔ حبیبؔ حیدر آبادی گلب پاشا کی عرب علاقوں میں گذاری جانے والی زندگی کو بیان کرتے ہوئے لکھتے ہیں:

''عرب سرزمین کا یہ خطہ (اردن) ہمیشہ سے خانہ بدوشوں کی آماجگاہ بنا رہا۔ آج بھی وہاں ہزاروں کی تعداد میں خانہ بدوش موجود ہیں۔ اردن چھوٹے چھوٹے قصبوں اور دیہاتوں پر مشتمل ہے۔ جن کی تعداد اٹھارہ سو کے قریب ہے سینکڑوں قبیلے وہاں آباد ہیں۔ ان ہی خانہ بدوشوں اور بدوی قبیلوں کے درمیان گلب پاشا نے اپنی زندگی گزاری۔ ان کو عرب بادشاہوں۔ قبیلے کے سرداروں' مذہبی رہنماؤں عالموں کے ساتھ ساتھ عرب عوام کے ساتھ بھی گھل مل کر رہنے کا موقع ملا۔'' ۱۵؎

گلب پاشا کی عرب ممالک میں خدمات بیان کرنے کے بعد حبیب حیدر آبادی نے ان کی تصانیف کی تفصیل پیش کی جو اس طرح ہے۔

۱۔ عرب دستے کی کہانی - ۱۹۴۸ء

۲۔ برطانیہ اور عرب صحرائی جنگ میں	۔	۱۹۵۹ء
۳۔ عرب سلطنتیں	۔	۱۹۶۳ء
۴۔ شام لبنان اور اردن	۔	۱۹۶۷ء
۵۔ رسول اللہ کا زمانہ اور زندگی	۔	۱۹۷۰ء
۶۔ امن اور مقامات مقدسہ	۔	۱۹۷۱ء
۷۔ قسمت کے دھنی فوجی	۔	۱۹۷۳ء

گلب پاشا کی تصانیف کے نام پیش کرنے کے بعد حبیبؔ حیدر آبادی نے اس کتاب کے مطالعے کی ان کی بیٹی سلمیٰ کی فرمائش کا تذکرہ کیا۔ اور ترجمے کے سلسلے میں ڈاکٹر حمید اللہ سے لئے گئے مشورے اور گلب پاشا سے اس کتاب کے ترجمے کی اجازت ملنے کی تفصیل بیان کی۔

حبیبؔ حیدر آبادی کے لکھے گئے پیش لفظ کے بعد اصل کتاب کا ترجمہ شروع ہوتا ہے۔ جس میں گلب پاشا کا لکھا ہوا تعارف اور عرضِ مصنف کے بعد حسب ذیل عنوانات کے تحت مواد پیش کیا گیا ہے۔ ''عرب اور اس کے لوگ''۔ شاہانِ عرب' مکہ اور قریش' پیغمبرانہ دعوت' آزمائش کا زمانہ' حبشہ کو ہجرت' بیعت عقبہ' انصار اور مہاجرین' غزوہ بدر' جنگ احد' حملے اور مسلمانوں کے لئے قواعد وضوابط' خندق' حدیبیہ' خیبر اور موتہ' مکہ پر قبضہ' بوٹ حنین' ہجرت مدینہ' بت پرستوں کو انتباہ' فتوحات' اسلام کا پھیلاؤ' بحیثیت مذہب' اختتام۔ زیر نظر کتاب کے تعاف میں گلب پاشا نے اس کتاب کی تصنیف کے مقاصد اور عربوں کے ساتھ اُن کے میل جول کو بیان کیا ہے۔ مسلمانوں سے اپنی اُنسیت کے بارے میں وہ لکھتے ہیں:

''میرا اپنا موقف یہ ہے کہ میں اپنے عیسائی ہونے پر خوش ہوں۔ اور مسلمانوں کے ساتھ مجھے ہمیشہ سے اُنس رہا ہے۔ ہمیشہ سے میں نے مسلمانوں سے محبت کی ہے۔ خدائی منصب کو اپنے آپ پر مسلط کر کے دوسروں کے تعلق سے فیصلے صادر کرنا میرا کام نہیں ہے میری کوشش یہی رہی ہے کہ عربوں کے تعلق سے جو کچھ بھی میں جانتا ہوں اسے بیان کر دوں۔ فیصلے صادر کرنے سے میں نے احتراز کیا ہے۔ اس لئے کہ میں اپنے آپ کو اسی کام کے لئے ناموزوں سمجھتا ہوں۔''[۱۶]

عرضِ مصنف کے عنوان سے گلب پاشا نے اپنی کتاب ''حضور اکرم صلی اللہ علیہ وصلعم کا زمانہ اور زندگی'' کے ماخذات اور کتاب لکھنے کے دوران پیش آئے دیگر عوامل کا ذکر کیا ہے۔ چنانچہ اُنہوں نے عربوں کے ناموں کے سلسلے میں انگریزی پڑھنے والوں کو پیش آنے والی دشواریوں کا ذکر کیا۔ اور عربی ناموں کے طریقہ کار کی وضاحت کی۔ حضور اکرم صلی اللہ علیہ وصلعم کے اسم گرامی کے مفہوم کو پیش کیا۔ اور عربوں کے ناموں کی ایک اہم روایت کنیت کی وضاحت کی۔ اس ضمن میں وہ لکھتے ہیں:

''بعض اوقات ایسا بھی ہوتا ہے کہ جب کسی عرب کے یاں پہلا لڑکا پیدا ہوتا ہے تو لڑکے کا باپ لڑکے کے نام کو اپنی کنیت یا نام کا جزو بنا لیتا ہے۔ جیسے محمد رسول اللہ صلی اللہ علیہ وصلعم کے صاحبزادہ قاسمؓ کے پیدا ہونے کے بعد حضورؐ نے اپنی کنیت ابوالقاسم یعنی قاسم کا باپ قرار دی تھی۔ بعض اوقات کنیت نام پر ایسی حاوی ہو جاتی ہے کہ ذاتی نام کو لوگ بالکل بھول جاتے ہیں اور کنیت نام پر غالب ہو جاتی ہے۔ اس کی مثال حضرت ابوبکرؓ ہیں جن کا اصلی نام غالباً عتیق تھا۔ عتیق کے نام سے حضرت ابوبکرؓ کو کوئی بھی نہیں جانتا'' [1]

گلب پاشا نے عرض مصنف کے عنوان کے تحت آگے اس کتاب کے مصادر بیان کئے اور لکھا کہ مسلم مورخین نے روایتوں کے سہارے واقعات کو محفوظ کیا۔ انہوں نے بدوی عربوں کے حافظے کی بھی داد دی کہ تیرہ سو سال قبل کے واقعات بھی سینہ بہ سینہ واقعات سند کے ساتھ انہوں نے محفوظ رکھے۔ گلب پاشا نے لکھا کہ حضور اکرم صلی اللہ علیہ وصلعم کی سیرت۔ قرآن۔ سوانح، اور احادیث کے ذریعہ پہنچے ہیں۔ چنانچہ انہوں نے قران کے اعجاز سیرت ابن اسحٰق وابن ہشام، علم حدیث، بخاری ومسلم کے کارنامے وغیرہ پر تفصیلی روشنی ڈالی۔ اپنے تحقیقی اور عالمانہ مضمون میں گلب پاشا نے مذاہب عالم کو متعارف کرانے میں یورپ کی خدمات کا تذکرہ پروفیسر سید نواب علی کی تصنیف سیرت رسول اللہ کے حوالے سے کیا۔ اور مستشرقین یورپ کو مدد دینے والی کتابوں محمد بن اسحٰق کی کتاب ''المغازی'' ابن سعد کی کتاب ماخذ طبقات اور محمد ابن جریر الطبری کی تاریخ الامم والملوک کا تعارف پیش کیا۔ اس کے بعد انہوں نے یورپی مستشرقین نوااگی، ڈاکٹر کراہل، ڈاکٹر آرنلڈ پروفیسر مارگولیث وغیرہ کی سیرت طیبہ پر لکھی گئی کتابوں اور اس موضوع پر

ہونے والے کاموں کا ذکر کیا۔ مستشرقین دراصل وہ لوگ ہیں جنہوں نے اسلام کا بغور مطالعہ کیا۔ اور اس پر معرکتہ الآرا کتابیں لکھیں۔ ان کا تعلق دراصل مغربی ممالک سے ہے۔ ان میں سے بیشتر نے اسلام قبول نہیں کیا لیکن اپنی کتابوں، تحقیق اور نظریات سے بحث ومباحث کے دروازے کھولے۔ ذیل میں چند مستشرقین کے اسلام اور قران کے بارے میں نظریات پیش کئے جاتے ہیں۔ ایک خاتون متشرق لیڈی ایولن کبولڈا اپنی تصنیف' رحمت اللعالمین میں لکھتی ہیں:

''اکثر لوگ مجھ سے پوچھتے ہیں تم کب اور کیوں مسلمان ہوئیں اس کا جواب میں صرف یہی دے سکتی ہوں کہ اس وقت کا میں ٹھیک تعین نہیں کرسکتی کہ کب میرے دل پر اسلام کی صداقت کا نور پرتوفگن ہوا۔ مجھے تو ایسا معلوم ہوتا ہے کہ میں ہمیشہ سے ہی مسلمان ہوں۔ میرا یہ کہنا کچھ بے جا بھی نہیں ہے بات یہ ہے کہ صرف اسلام ہی دین فطرت ہے۔ اگر کوئی بچہ اپنی حالت پر چھوڑ دیا جائے تو اُس کی نشونما اسلام ہی پر ہوگی''۔ ۱۸

مشہور مستشرق سیموئیل جانسن قران کے بارے میں اپنی رائے دیتے ہوئے لکھتا ہے کہ:

''اگر وہ شاعری نہیں ہے اور یہ کہنا بھی مشکل ہے کہ وہ شاعری ہے یا نہیں مگر شاعری سے بہت بالاتر ہے۔ وہ کوئی تاریخ یا سوانح عمری بھی نہیں ہے وہ بدھ مذہب کی کتاب سترا کے مانند علم کلام و علم مطلق کی کوئی کتاب بھی نہیں ہے۔ وہ عقلمند اور بے وقوف معلموں کو درس دینے والی افلاطون کی عظیم الشان کانفرنس بھی نہیں ہے۔ وہ ایک پیغمبر کی آواز ہے اور ایسی عالمگیر اور بروقت آواز کہ زمانہ کی تمام آوازیں خوشی خوشی یا بادل ناخواستہ اس کی ہمنوا ہو جاتی ہیں۔ اور اس کی صدائے باز گشت محلوں میں ریگستانوں میں شہروں میں اور سلطنتوں میں سنائی دیتی ہے قران دنیا کو تسخیر کرنے کے لئے اولاً چند دلوں کو روشن کرتا ہے پھر وہ ایک ایسی استعماری قوت میں نمودار ہوتا ہے جو یونان و ایشیاء میں نشونما پائی ہوئی معاشرت یعنی مسیحی یورپ کے پرخچے اُڑا دیتی ہے''۔ ۱۹

کارلائل تھامسن ایک اور یورپی مستشرق گذرا ہے۔ وہ انگلستان کا مایہ ناز ادیب مورخ فلسفی تھا۔ ۴ رڈسمبر ۱۷۹۵ء کو پیدا ہوا اور ۱۸۸۱ء میں اس کا انتقال ہوا۔ وہ سنگتراش کا بیٹا تھا۔ تلون مزاج تھا۔ ۱۸۳۷ء میں انقلاب فرانس کتاب لکھی۔ ہیروز اینڈ ہیرو ورشپ کے عنوان سے ۱۸۴۰ء میں لکچر دیئے۔ اپنی تصنیف سید الانبیاء مترجم محمد اعظم خان میں پیغمبر اسلام کے بارے میں

لکھتا ہے کہ:

''عربوں کے حق میں اسلام گویا ظلمت میں نور کا ظہور تھا۔ جس کے اثر سے ملک عرب پہلے پہل بیدار ہوا۔ ایک غریب گلہ بان قوم جو ابتدائے آفرینش سے ریگزاروں میں گمنام پڑی پھر رہی تھی۔اس کی ہدایت کے لئے ایک ہیرو پیغمبر کے لباس میں ایسا پیام دیکر بھیجا گیا جس پر وہ ایمان لا سکے۔ دیکھو اب وہ گمنام چرواہے دنیا میں مشہور ہو جاتے ہیں۔ ایک صدی کے اندر عرب کا سکہ دہلی سے غرناطہ تک جاری ہو گیا۔ اور اس کی شجاعت و ذہانت کا آفتاب مدت تک ایک عالم پر ضوفشانی کرتا رہا۔ ایمان ایک بڑی اور جاں بخش نعمت ہے جہاں کوئی قوم ایمان لائی کہ اس کی تاریخ عظمت و رفعت کی داستانوں سے معمور ہوئی۔ عربوں کی قوم آنحضرتؐ کی ذات اور ایک صدی کی مدت بس۔ یہ معلوم ہوتا ہے گویا ایک چھوٹی سی چنگاری ایسے تودۂ عظیم پر گری جو بہ ظاہر محض انبار خاکستر تھا مگر دیکھنا وہ انبار آتشگیر مادہ ثابت ہوا۔ جس کے شعلے دہلی سے غرناطہ تک بلند ہوئے۔ اور آسمان سے باتیں کرنے لگے۔ میں پہلے کہہ چکا ہوں کہ بڑا انسان ایک برق آسمانی ہوتا ہے اور باقی سب لوگ تودہ ہیزم کی طرح اس کے منتظر رہتے ہیں۔ جنہیں وہ آنِ واحد میں شعلہ روشن بنا دیتا ہے۔''[۲۰]

یورپی مستشرقین کے ان خیالات سے اندازہ ہوتا ہے کہ وہ اسلام کے بارے میں جدا جدا لیکن ایک حد تک مثبت نظریہ رکھتے تھے۔ گلب پاشا بھی ایک یورپی مستشرق ہیں۔ وہ عرض مصنف میں علم حدیث کے فروغ کی وجوہات بیان کرتے ہوئے لکھتے ہیں:

''آج بھی اسلامی ممالک میں کسی بھی جج کے سامنے حضور صلی اللہ علیہ وسلم کا ارشاد یا عمل بطور سند پیش کیا جا سکتا ہے اور یہ سند اسلامی قانون کی نظر میں قابل قبول ہوتی ہے اس اچھی بات کا بدقسمتی سے یہ نتیجہ نکلا کہ بے ایمان اور ضمیر فروش لوگ ہر اس بات کو جس میں ان کا اپنا مفاد وابستہ تھا۔ حضورؐ کی ذات گرامی سے منسوب کرتے گئے۔ تاکہ ایک طرف قانون کی گرفت سے آزاد ہوں۔ اور دوسری طرف عوام کی نظروں میں با عزت رہیں۔ سونے پر سہاگہ یہ ہوا کہ سیاسی جماعتوں نے اپنی وضع کردہ پالیسیوں کو روبہ عمل لانے کے لئے بہت سی باتیں جو ان کی اپنی من مانی تھیں۔ حضور صلی اللہ علیہ وصلعم کی ذات گرامی سے منسوب کر دیں تاکہ حضور صلی اللہ علیہ وصلعم کا

نام لے لے کر وہ اپنی ہوس اقتدار کی آگ کو تیز سے تیز کریں اس کا لازمی نتیجہ جو نکلا وہ یہ کہ حضور صلی اللہ علیہ وصلعم کے ارشادات کو لوگ جانچنے لگے۔ اس بات کی کوشش کرتے رہے کہ واقعی جو بات حضور صلی اللہ علیہ وصلعم سے منسوب کی جارہی ہے حضورؐ نے ارشاد فرمائی بھی تھی یا نہیں اس بات کو جانچنے اور پرکھنے کے لئے ایک خاص فن کی ابتداء ہوئی جس کو فن حدیث کہا جاتا ہے فن حدیث کے علماء اور اماموں نے اس بات کی سخت کوشش کی کہ وضع کردہ اور جھوٹی باتیں جو حضور سے منسوب کردی گئی ہیں انکو حضور صلی اللہ علیہ وصلعم کے ارشادات سے الگ کردیا جائے۔ اس کوشش میں سخت محنت کر کے ایک حد تک کامیاب ہونے والوں میں بخاری اور مسلم ہیں جو بے حد قابل اعتبار اور انتہائی مشہور اور مقبول ہوئے ہیں۔''[۱۲]

گلب پاشاہ کے انگریزی متن اور حبیبؔ حیدر آبادی کے اردو ترجمہ کا تقابلی جائزہ :-

گلب پاشا کے ان خیالات سے اندازہ ہوتا ہے کہ انہوں نے تاریخ اسلام کا کس قدر گہرائی سے مطالعہ کیا تھا۔ چنانچہ عرض مصنف میں انہوں نے سیرت رسول صلی اللہ علیہ وصلعم پر کام کرنے والے اہم مورخوں کی تفصیل دیتے ہوئے اپنی کتاب کے مصادر کا تذکرہ کیا۔ زیر نظر باب میں حبیب حیدر آبادی کا بحیثیت مترجم جائزہ لیا جارہا ہے۔ اور اس جائزے کے لئے ضروری ہے کہ گلب پاشا کی کتاب The Life and Times of Muhammad کے انگریزی متن کا مقابلہ حبیبؔ حیدر آبادی کے اردو ترجمے ''محمد الرسول اللہ'' سے کیا جائے۔ گلب پاشا چونکہ مشرق وسطیٰ کے ممالک میں رہے تھے۔ اور ان کی یہ تصنیف انگریزی میں تھی۔ اس لئے اصل انگریزی کتاب کا حصول ایک مشکل امر رہا۔ ایک محقق کو مواد کی فراہمی کے تمام ذرائع اختیار کرنے چاہئیں۔ چنانچہ راقم نے حیدر آباد کے قدیم وجدید تمام کتب خانوں میں اس کتاب کے حصول کی کوشش کی۔ حیدر آباد کے دو قدیم کتب خانوں آصفیہ لائبریری اور جامعہ عثمانیہ کی لائبریری کے کٹیلاگ میں اس کتاب کا نام موجود نظر آیا۔ لیکن اصل کتاب مفقود ہے۔ ہنری مارٹن انسٹیٹیوٹ کی لائبریری میں گلب پاشاہ کی چند دیگر تصانیف ہیں۔ لیکن یہ کتاب نہیں مل سکی۔ پٹنہ کی خدا بخش لائبریری میں بھی یہ کتاب نہیں ملی۔ مشرق وسطیٰ اور برطانیہ میں موجود احباب سے بھی کتاب کے حصول میں کوئی خاطر خواہ تعاون نہیں ملا۔ چنانچہ اس کتاب کے بارے

میں معلومات کے حصول ایک واحد ذریعہ انٹرنیٹ رہ گیا تھا۔ بلا شبہ انٹرنیٹ قدیم وجدید ہر طرح کی معلومات کا ایک آسان اور اہم ذریعہ ہے لیکن اس میں بھی کچھ پابندیاں ہیں۔ انٹرنیٹ میں تلاش کے بعد گلب پاشا کی اس کتاب کا حوالہ مل گیا۔ برطانیہ کے ایک پبلشر نے اس کتاب کو محدود تعداد میں فروخت کرنے کا اشتہار دیا ہے۔ اور حوالے کے طور پر کتاب کی فہرست ابواب اور باب اوّل کے چند صفحات کا عکس دیا ہے۔ چنانچہ راقم نے ان محدود صفحات پر مشتمل انگریزی متن انٹرنیٹ کی ویب سائٹ WWW.amazon.com سے حاصل کیا۔ اور ان صفحات کی مدد سے حبیبؔ حیدر آبادی کے اردو ترجمے کا تقابلی مطالعہ کیا ہے۔ کتاب کے پہلے باب کے آغاز میں گلب پاشا حضور اکرم صلی اللہ علیہ وصلعم کے اونٹنی پر بیٹھ کر دئے گئے خطبے کا منظر بیان کرتے ہوئے لکھتے ہیں:

گلب پاشا کی انگریزی تحریر:

It was March 632 the plain of Arafat out side Mecca was coverd as far as the eye could see with a constantly moving mass of human beings, some on foot, some sitting on the backs of their camels, the sky was clear, the sun was shining and the day would have been warm and pleasant but for the pall of dust which hungover the jostling, tramping and fidgeting crowd. All round the plain where this vast mass of humanity was gathered the bare arid rock strew

حبیب حیدر آبادی کا ترجمہ:-

''۶۳۲ء سن اور مہینہ مارچ کا تھا۔ عرفات کا میدان تھا۔ ہر طرف لوگ ہی لوگ تھے۔ کوئی اونٹ پر سوار تھا۔ تو کوئی زمین پر ہی بیٹھا ہوا تھا۔ مطلع صاف تھا۔ سورج اپنی منور شعاعوں سے لوگوں کے لئے فیض کا سامان فراہم کر رہا تھا۔ عرفات کے اطراف پہاڑیاں ہی پہاڑیاں

تھیں۔ان پہاڑیوں کے درمیان ساری دنیا سے الگ تھلگ ایک اجتماع اپنے مخصوص مشاغل میں منہمک تھا''۲۲

حبیبؔ حیدرآبادی کے اس ترجمے کا جائزہ لینے سے اندازہ ہوتا ہے کہ انہوں نے سیدھی سادھی زبان میں مفہوم کو ادا کرنے کی کوشش کی۔دوسرے جملے میں میدان عرفات کے جائے وقوع مکہ معظّمہ کا ذکر نہیں کیا۔کیوں کہ حبیبؔ حیدرآبادی جانتے تھے کہ ایک مسلمان اس بات سے واقف ہے کہ میدان عرفات کہاں واقع ہے۔ Asfar as eye could see ایک محاوراتی فقرہ ہے جس کا ترجمہ ''حد نظر تک'' ہوتا ہے۔لیکن حبیب صاحب نے لکھا کہ ''ہر طرف لوگ ہی لوگ'' تھے۔انگریزی کے بعض جملوں کا ترجمہ انہوں نے حذف ہی کر دیا جیسے۔ Constantly moving mass of human beings کا ترجمہ دکھائی نہیں دیتا۔آگے جملوں میں شاعرانہ انداز بھی اختیار کیا۔ The day would have been warm and pleasant کا ترجمہ کرتے ہوئے لکھا کہ ''سورج اپنی منور شعاعوں سے لوگوں کے لئے فیض کا سامان فراہم کر رہا تھا۔آگے پہاڑیوں کے منظر کے بیان میں بھی الفاظ کی کمی بیشی کے ساتھ حبیبؔ حیدرآبادی نے اصل مفہوم کو برقرار رکھتے ہوئے بات آگے بڑھانے کی کوشش کی ہے۔گلب پاشا خطبہ دینے کے لئے موجود حضور اکرم صلی اللہ علیہ وصلعم کا سراپا پیش کرتے ہیں۔

گلب پاشا کی انگریزی تحریر:۔

A man rode forward on a camel and a sudden hush fellupon the vast multitude. He was of middle height, with a thick beared in which appeared already a few streaks of grey. The hair around his temples was also begining to run white, His eyes were slightly bloodshot, Perhaps from the glare of the Arabian sun. His mouth was rather larger then the average but when he smiled his face assumed an attractive air of benevolence.

حبیبؔ حیدر آبادی کا اردو ترجمہ:۔

''اللہ کا ایک بندہ اونٹ پر آگے بڑھتا ہے۔تھوڑی سی بلندی پر اپنا اونٹ لے جاتا ہے میانہ قد۔ریش مبارک میں چند سفید بال زلف سیاہ میں بھی کچھ سپیدی کے آثار' آنکھیں شائد عرب کی گرمی کی وجہہ سے سرخ' چہرہ کشادہ' مسکراتے تو ایسے جیسے فضا مسکرا رہی ہے۔اور جاذب نظر اتنا کہ ہر ایک کا دل موہ لے'' ۲۳

پہلے پیراگراف کے مقابلے میں اس پیراگراف کا تقابلی مطالعہ کریں تو اندازہ ہوتا ہے کہ ترجمہ کرنے کے دوران حبیبؔ حیدر آبادی نے اپنی طرف سے کچھ کمی بیشی نہیں کی بلکہ مہارت سے اس انداز میں ترجمہ کیا کہ ان کا ترجمہ تخلیق لگتا ہے۔انگریزی کا یہ جملہ کہ The hair around his temples was also begining to run white کا ترجمہ ''زلفِ سیاہ میں بھی کچھ سپیدی کے آثار'' سے لگتا ہے کہ اس ترجمہ میں حبیبؔ حیدر آبادی بحیثیت شاعر اور ادیب بھی جھلکنے لگے ہیں .اُسی طرح When he smiled his face assumed an attractive air of benevolence. کا ترجمہ ''مسکراتے تو ایسے جیسے فضا مسکرا رہی ہو'' کرتے ہوئے اصل انگریزی عبارت سے زیادہ اردو ترجمے میں شاعرانہ خوبی پیدا کر دی ہے۔حبیبؔ حیدر آبادی نے حضور اکرم صلی اللہ علیہ وصلعم کے خطبہ حجۃ الوداع کا ترجمہ جس انداز سے کیا ہے اُس سے خطابت کی صفات صاف جھلکتی ہیں۔چنانچہ خطبہ کی انگریزی عبارت کا ترجمہ کرتے ہوئے وہ لکھتے ہیں:

''آپس میں شیر و شکر کی طرح مل جل کر رہو۔اپنے ہمسایوں کے حقوق کی حفاظت اور نگرانی کرو۔ان کی جائیداد اور ان کی عزت و آبرو کا ہمیشہ خیال رکھو۔آپس کی دشمنی اور آپس کے اختلافات کو بھول جاؤ۔عربی عجمی میں بنیادی طور پر کوئی فرق نہیں ہے۔استحصال چاہے کسی نوعیت کا کیوں نہ ہو بہر حال ختم ہو جانا چاہیے۔عورتوں کا پورا پورا خیال رکھو۔ان عورتوں پر مہربان رہو

جن کی ذمہ داری خدائے تعالی نے تمہارے سپرد کررکھی ہے۔ان کے لئے جن کے تم ذمہ دار ہو ۔ضروریات زندگی کی کفالت کرتے رہو۔میں تمہارے درمیان خدا کی کتاب قران چھوڑ رہا ہوں ۔اگر تم اس کو اپنے ہاتھوں میں مضبوطی سے تھامے رکھو تو خدا تم کو کبھی گمراہ نہیں کرے گا۔"۲۴

خطبے کے بعد جب حضور اکرم صلی اللہ علیہ وصلعم نے سامنے موجود مجمع سے تکمیل دین کے اپنے کام کی گواہی لی۔اس منظر کو پیش کرتے ہوئے گلب پاشاہ لکھتے ہیں:

گلب پاشا کی انگریزی تحریر:۔

The immense crowd broke out into loud shouts. You have ful filled it o, essenger of god. The camel rider spread out his hands, elbows bent Palms up ward. Then rising his eyes to Heaven he called out three times O god youare witness, O god you are witness - O tness- There was a giant negro began to Got you are

wichant the call to prayer

حبیب حیدر آبادی کا اردو ترجمہ:۔

"مجمع سے جواب ملتا ہے کہ ہاں آپ نے اپنے مشن کی تکمیل کردی ہے۔لوگوں سے یہ جواب ملنے پر مجمع کو مخاطب کرنے والے نے اپنے دونوں ہاتھ آسمان کی طرف اُٹھائے۔اور فرمایا۔"خدایا تو بھی گواہ رہو"۔تین بار آپ نے اسی جملے کو دہرایا۔ایک لمحے کے لئے عرفات کے میدان پر سناٹا چھا گیا۔اور اُس کے بعد ایک قدآور حبشی نے نماز کے لئے اذان دینی شروع کی"۔ ۲۵

ترجمے کے اس حصے کا مطالعہ کرنے سے اندازہ ہوتا ہے کہ حبیب حیدر آبادی نے سیدھے سادھے انداز میں مفہوم بیان کردیا۔جبکہ اصل انگریزی عبارت میں جذباتی انداز اختیار کیا گیا تھا۔گلب پاشا زیر نظر کتاب کے پہلے باب عرب اور اس کے لوگ میں عربوں کے تمدن اور ان کی سماجی زندگی کا منظر بیان کرتے ہوئے صحرائے عرب میں ہونے والی بارش کے جغرافیائی حالات بیان کیے ہیں۔چنانچہ وہ اس خطے کو لانے والی بارش کی ہواؤں اور خطے کا محل وقوع بیان

کرتے ہوئے لکھتے ہیں:

گلب پاشا کی انگریزی تحریر:۔

The peninsula of Arabia is surrounded on three sides by water, the Red sea on the west. The Persian gulf on the east, and the Arabian sea on the south. It consists of a range of mountains extending down the whole eastern side of the Red sea, and two thirds of the way up the southern coast from Aden in the direction of Muscat. The Hijaz mountains are extended north wards up through modern Jordan, Syria and Lebanon at the eastern end of Mediterranean rain can reach. Arabia from either of two directions . Firstly from the Atlantic and the Mediterranean, from November to March, when moist winds which blow northwards from the Indian ocean on to the southern coasts of Arabia. Unfortunately however the mountains of Syria, Lebenon, Jordan and Palestine which face the Mediterranean, arrest the great majority of the rain coming from that direction while the mountains of south Arabia stop the rain laden monsoons which blow in from the Indian ocean.

حبیبؔ حیدرآبادی کا اردو ترجمہ:۔

''جزیرہ نمائے عرب تین طرف سے پانی سے گھرا ہوا ہے مغرب میں بحر احمر ہے۔

مشرق میں خلیج فارس اور جنوب میں بحیرۂ عرب پہاڑوں کی ایک لمبی قطار ہے جو مشرقی جانب بڑھتی چلی گئی ہے اس کا دو تہائی حصہ عدن سے ہوتے ہوئے مسقط کی جانب چل نکلا ہے۔ دوسری طرف حجازی پہاڑوں کا سلسلہ شمال کی طرف بڑھتا چلا گیا۔ اور موجودہ اردن' شام اور لبنان سے ہوتے ہوئے بحیرۂ روم کے مشرقی کونے تک پہنچ گیا۔ بارش کے لئے آسمان پر بادل عموماً دو رُخ سے آتے ہیں۔ ایک تو اٹلانٹک اور بحیرۂ روم کی طرف سے جس کا سلسلہ نومبر سے مارچ تک چلتا رہتا ہے۔ دوسرا رُخ بحیرۂ ہند کی طرف ہے جس کی وجہ سے جزیرۂ نمائے عرب کے جنوبی ساحلوں پر بارش ہوا کرتی ہے۔ بدقسمتی سے اردن شام' لبنان اور فلسطین کے پہاڑی سلسلے اُن بادلوں کو جو بحیرۂ روم کی طرف سے آتے ہیں عرب کے اندر جانے سے روک لیتے ہیں بحیرۂ ہند سے آنے والے بادلوں کی مزاحمت جنوبی عرب کے پہاڑ کرتے ہیں۔'' ۲۶

ترجمہ کے اس حصے میں حبیبؔ حیدر آبادی نے انگریزی ناموں کا اردو متبادل موزوں انداز میں لکھا ہے جیسے Peninsula کے لئے جزیرہ نما' Redsea کے لئے بحر احمر Persian Gulf کے لئے خلیج فارس Mediterranean کے لئے بحیرۂ روم وغیرہ۔

ترجمے کے سلسلے میں اصطلاحات کے استعمال کے بارے میں شہباز حسین لکھتے ہیں:

''ترجمہ کے سلسلے میں سب سے پہلی مشکل اصطلاحات کے سلسلے میں پیش آتی ہے۔ یہ مشکل سائنسی علوم کے سلسلے میں زیادہ محسوس ہوتی ہے کیوں کہ اصطلاح ایک معین معنی دیتی ہے۔ اور اس کے لئے ایسا متبادل لفظ ہونا چاہئے جو وہی مخصوص معنی دیتا ہو۔۔۔ اصطلاحات سازی کے سلسلے میں بعض ماہرین کا کہنا ہے کہ اصطلاحات کا ترجمہ نہیں کرنا چاہئے۔ ان کا کہنا ہے کہ انگریزی زبان کی اصطلاحوں کو تقریباً بین الاقوامی اصطلاحوں کا درجہ حاصل ہوگیا ہے۔ لہذا ان کو جوں کا توں اپنالینا چاہیے۔ لیکن یہ صورت حال قابل عمل نہیں ہے۔ کیوں کے اصطلاحوں سے جو مشتقات بنتے ہیں۔ ان کو اردو میں جوں کا توں اپنا لینے سے بڑی قباحت پیدا ہو جائے گی۔ اس کہ علاوہ اب اصطلاحوں کی اتنی کثرت ہوگئی ہے کہ اردو میں ان کے بے محابا استعمال سے عبارت بڑی عجیب وغریب ہو جائے گی۔ لہذا انہیں انگریزی اصطلاحوں کو اپنانا چاہئیے جو آسانی سے اردو میں کھپ سکیں۔'' ۲۷

اصطلاحوں کے بارے میں شہباز حسین کے پیش کردہ خیالات کی روشنی میں حبیبؔ حیدر آبادی کے ترجمے کا جائزہ لیں تو اندازہ ہوتا ہے کہ انہوں نے بھی ایک کامیاب مترجم کی طرح انگریزی اصطلاحوں کا اردو میں کامیاب متبادل تلاش کیا ہے۔ اور ترجمے کو پختہ اردو زبان میں روانی کے ساتھ پیش کیا ہے۔ حبیب حیدر آبادی سیرت نبوی صلی اللہ علیہ وصلعم پر ایک انگریز کی جانب سے لکھی گئی کتاب کا ترجمہ کر رہے تھے۔ انہیں علم تھا کہ ایک غیر مسلم لاکھ علم و عقیدہ رکھنے کے باوجود اس موضوع سے مناسب انصاف نہیں کرسکتا ہے۔ چنانچہ نزاعی موضوعات کی وضاحت کرتے ہوئے انہوں نے دوران ترجمہ اپنے طرف سے وضاحتیں بھی کی ہیں کیوں کہ اُنہیں احساس ہے کہ اردو کتابوں کا قاری جذباتی ہوتا ہے۔ اور وہ عقیدہ کے معاملے میں کسی قسم کی بداحتیاطی برداشت نہیں کرسکتا۔ گلب پاشا نے حضور صلی اللہ علیہ وصلعم کی مکی زندگی کے ایک واقعہ کا تذکرہ کیا جس میں سورۂ نجم کی آیات کی تفسیر کے ضمن میں بتوں کے ناموں اور ان کی تعریف کو حضورؐ سے منسوب کر کے فتنہ پھیلایا گیا تھا۔ گلب پاشا نے طبری اور واقدی جیسے مورخین کے حوالے سے یہ بات لکھی تھی۔ حبیبؔ حیدر آبادی واقدی کی اصلیت بیان کرتے ہوئے دوران ترجمہ وضاحت کرتے ہیں کہ:

''دوسرے مورخین کی طرح گلب پاشا نے بھی قدیم اسلامی مفسرین اور مورخین کے رشحات قلم کو پیش نظر رکھا ہے۔ جو بات انہوں نے بیان کی ہے وہ بلا حوالے نہیں ہے۔ بلکہ اس کی سند ہے۔ اگر ہم میں سے کسی کو گلب پاشا کے حوالے اور سند سے اختلاف ہو تو غلطی گلب پاشا کی نہیں بلکہ ان قدیم اسلامی مورخین کی ہے جن کے قلم سے نکلی ہوئی تحریریں آج سینکڑوں سال بعد بھی بعض اوقات ہمارے عقیدے اور جذبات کو مجروح کرتی ہیں'' (حبیب) ۲۸

اس طرح کی وضاحتیں دیتے ہوئے حبیبؔ حیدر آبادی نے سیرت نبوی صلی اللہ علیہ وصلعم کے مطالعہ کرنے والے اردوداں اور مسلم قارئین کے لئے اہم مذہبی فریضہ ادا کیا ہے۔ گلب پاشا کی تصنیف کے مکمل ترجمے کے جائزے سے یہ اندازہ ہوتا ہے کہ حبیبؔ حیدر آبادی نے ترجمے کے لئے ایسا اسلوب اختیار کیا کہ یہ کتاب ترجمہ نہیں بلکہ تخلیق لگتی ہے۔ ایک ترجمہ نگار کی اسی خصوصیت کی دلالت کرتے ہوئے پروفیسر قمر رئیس لکھتے ہیں:

''دیانت دارانہ ترجمہ کا کام تخلیق کے مقابلہ میں زیادہ نازک' پیچیدہ اور ذمہ دارانہ ہوتا ہے۔اس میں دو رائیں نہیں کہ ہر تخلیقی فن پارہ میں کچھ ایسے عناصر ہوتے ہیں۔ جو دوسری زبان (خاص طور پر ایک مختلف تہذیبی ماحول کی پروردہ زبان) میں بجنسہ منتقل نہیں کئے جا سکتے۔اس معذوری کے باوجود یہ حقیقت ہے کہ جہاں تک مواد اور نفس موضوع کا تعلق ہے اصل تصنیف کے تخلیقی جوہر کو دوسری زبان میں قابل لحاظ کامیابی کے ساتھ پیش کیا جا سکتا ہے۔اس طرح کہ قارئین ترجمہ کے آئینہ میں اصل تصنیف کی فکری اور فنی اہمیت کو نہ صرف محسوس کر سکیں بلکہ محظوظ بھی ہوں۔''۲۹

پروفیسر قمر رئیس نے ترجمہ میں تخلیقی تاثر کی موجودگی کی جو بات کہی ہے وہ حبیبؔ حیدر آبادی کے ترجمے میں صاف ظاہر ہوتی ہے۔حبیبؔ حیدر آبادی نے سیرت نبوی صلی اللہ علیہ وصلعم جیسے موضوع سے اس کی تمام نزاکتوں کے ساتھ انصاف کیا ہے۔عربی اور اسلامی روایتوں' تاریخ اسلام کے واقعات اور قران وحدیث کے بارے میں ملحوظ رکھے جانے والے احتیاط کے ساتھ روانی سے اردو کے ایک پختہ اسلوب میں ترجمے کو پیش کیا ہے۔حضور اکرم صلی اللہ علیہ وصلعم کے گلب پاشا کے ذریعہ بیان کردہ اوصاف حمیدہ کو سلیس اردو میں پیش کرتے ہوئے حبیبؔ حیدر آبادی لکھتے ہیں:

''حضورؐ میں بلا کی کشش اور جاذبیت تھی۔آپ کی بذلہ سنجی' آپ کی شگفتہ مزاجی آپ کا شائستہ مذاق افراد خاندان سے محبت' اپنے اصحاب سے حسن اخلاق صحابہ کی باتوں سے لطف اندوزی' ہر ایک سے برادرانہ اور مساویانہ سلوک' لطف ومحبت سے اپنے قریبی رفیق کو اپنے دئے ہوئے نام سے پکارنا' مخلصین سے مشورہ حضورؐ کے اوصاف حسنہ تھے۔ ساتھ ہی اسی قسم کی خصوصیات مرکزی علاقوں میں رہنے والے عربوں کا خاصہ تھیں۔''۳۰

مندرجہ بالا اقتباس کے اسلوب سے اندازہ ہوتا ہے کہ حبیبؔ حیدر آبادی نے سلیس انداز میں انگریزی عبارت کا بامحاورہ ترجمہ کیا ہے۔حبیبؔ حیدر آبادی نے اپنی زندگی کا بیشتر عملی زمانہ انگلستان میں گذارا تھا لیکن ٹھیٹ اردو اسلوب پر ان کی گرفت ان کی اردو دانی میں کمال کا ثبوت دیتی ہے۔اس طرح انہوں نے گلب پاشا کی تصنیف The Life

کا ''محمد الرسول اللہ'' کے عنوان سے کامیاب ترجمہ and Times of Muhammad پیش کرتے ہوئے اردو کے ترجمہ شدہ ادب اور مذہبی تصانیف میں گراں قدر اضافہ کیا ہے۔اور ایک انگریز مصنف کی سیرت نبویؐ پر لکھی گئی کتاب کو اردو داں قارئین تک پہونچانے کا ذریعہ بنے ہیں حبیبؔ حیدر آبادی کے ترجمے سے سیرت نبویؐ کی اردو کتابوں میں ایک انگریز John Bagot کی تصنیف کا بھی اضافہ ہوگیا۔اس طرح کے تراجم لوگوں کے خیالات کو ایک دوسرے تک پہونچانے میں معاون ہوتے ہیں۔ترجمے سے قطع نظر حبیبؔ حیدر آبادی کا یہ کام ان کے اسلوب کے مطالعہ کی راہیں بھی کھولتا ہے۔مجموعی طور پر حبیبؔ حیدر آبادی کا یہ ترجمہ ایک کامیاب ترجمہ ہے۔اور انگریزی سے اردو میں ترجمہ کرنے والوں کی فہرست میں ان کا نام بھی قدر کی نگاہوں سے دیکھا جائے گا۔

حوالے

۱۔ حبیب حیدر آبادی محمد رالرسول اللہ سیٹرن پبلشر کراچی ۱۹۸۹ء۔ ص ۱۱

۲۔ حبیب حیدر آبادی محمد رالرسول اللہ ۔ ص ۱۱

۳۔ حبیب حیدر آبادی محمد رالرسول اللہ ۔ ص ۵۵۹

۴۔ شہباز حسین مضمون ۔ترجمہ کی اہمیت۔مشمولہ۔ترجمہ کا فن اور روایت قمر رئیس۔ دہلی۔۱۹۷۶ء۔ص ۱۸۷۔ص ۱۸۸

۵۔ شہباز حسین ترجمہ کا فن اور روایت ص ۱۸۸

۶۔ جمیل جالبی مقدمہ ارسطو سے ایلیٹ تک۔

۷۔ شہباز حسین۔مضمون۔ترجمہ کی اہمیت۔مشمولہ۔ترجمہ کا فن اور روایت۔ ص ۱۹۲

۸۔ قمر رئیس ۔مقدمہ ۔ترجمہ کا فن اور روایت ۔ ص ۱۱۔ ص ۱۲

۹۔ جمیل جالبی ۔مقدمہ۔ارسطو سے ایلیٹ تک۔ ص ۱۰

۱۰۔ شہباز حسین۔ترجمہ کی اہمیت۔مشمولہ ترجمہ کا فن اور روایت۔ ص ۱۸۹

۱۱۔قمر رئیس ۔مقدمہ۔ترجمہ کا فن اور روایت۔	ص۲۴
۱۲۔عبدالحق ۔ مشمولہ۔ترجمہ کا فن اور روایت۔	ص۲۵۳
۱۳۔عبدالحق ۔ مشمولہ۔ترجمہ کا فن اور روایت۔	ص۲۵۶
۱۴۔محمد مقیم قریشی بحوالہ محمد رالرسول اللہؐ حبیب حیدر آبادی۔	ص۸
۱۵۔حبیب حیدر آبادی۔پیش لفظ۔محمد رالرسول اللہ	ص۱۰
۱۶۔گلب پاشا۔محمد الرسول اللہؐ۔	ص۱۸
۱۷۔گلب پاشا۔محمد الرسول اللہؐ۔	ص۱۹۔۲۰
۱۸۔ لیڈی ایولن کبولڈ۔رحمت اللعالمین۔بیورو آف اسلامک پبلکشینز	۱۹۶۴ء ۔ص۲
۱۹۔سیموئیل تھامسن مشمولہ رحمت اللعالمین۔	ص۶۳۔۶۴
۲۰۔کارلائل تھامسن۔سید الانبیا	ص۸۷۔۸۸
۲۱۔گلب پاشاہ۔ محمد الرسول اللہ	ص۲۳
۲۲۔حبیب حیدر آبادی۔محمد الرسول اللہ	ص۳۱
۲۳۔حبیب حیدر آبادی۔محمد الرسول اللہ	ص۳۱
۲۴۔حبیب حیدر آبادی۔محمد الرسول اللہ	ص۳۳
۲۵۔ حبیب حیدر آبادی۔محمد الرسول اللہ	ص۳۲
۲۶۔ حبیب حیدر آبادی۔محمد الرسول اللہ	ص۳۲۔۳۳
۲۷۔ شہباز حسین ۔ مشمولہ ترجمہ کا فن اور روایت۔	ص۱۹۱۔۱۹۲
۲۸۔ حبیب حیدر آبادی۔محمد الرسول اللہ	ص۱۴۷
۲۹۔قمر رئیس۔مقدمہ۔ترجمہ کا فن اور روایت۔	ص۱۴
۳۰۔حبیب حیدر آبادی۔محمد الرسول اللہ	ص۴۲۱

حبیبؔ حیدر آبادی بہ حیثیت شاعر

حبیبؔ حیدر آبادی ایک بلند پایہ انشاپرداز‘ خاکہ نگار‘ نقاد کے علاوہ ایک اچھے شاعر بھی تھے۔ ان کا کلام کئی دیوانوں پر مشتمل نہیں ہے۔ بلکہ اُن کا کل شعری سرمایہ چند ایک غزلوں‘ نظموں اور قطعات پر مشتمل ہے۔ جو ان کی تصنیف ’’انگلستان میں‘‘ کے آخر میں ’’میری شاعری‘‘ کے عنوان سے دیا گیا ہے۔

شاعر اور شاعری :- شاعری دراصل ایک خداداد صلاحیت ہے۔ قدرت نے جس شخص کی فطرت میں موزونئ طبع رکھی ہے وہ خود بہ خود شعر گنگنانے لگتا ہے۔ وہ شاعری کے لئے کسی مکتب میں داخلہ نہیں لیتا اور نہ ہی بحروں اور اوزانوں کا حساب کتاب سیکھتا ہے۔ اپنے مطالعہ سے وہ ضرور اپنے فن کو نکھار سکتا ہے۔ ایک شاعر اور غیر شاعر کے فرق کو واضح کرتے ہوئے صالحہ عابد حسین لکھتی ہیں:

’’ہمارے ہاں جو شخص ایک اچھا سا تخلص رکھ لے۔ کچھ تک بندی کر سکے یا پرانے شاعروں کے کلام میں کچھ ردّ و بدل کر کے اسے اپنا سکے‘ عام طور پر لوگ اسے شاعر مان لیتے ہیں۔ اہل ذوق ہیں جو شاعر اور ناشاعر میں تمیز کر سکتے ہیں لیکن کیا شاعر بن جانا ایسا آسان ہے؟ نہیں۔ تخیل کی تیزی نظر کی باریکی‘ حسن اور تناسب کی پرکھ‘ احساس کی شدت خصوصاً محبت اور خودی کے جذبات کی فراوانی‘ ان اجزاء کی ترکیب سے شاعر بنتا ہے۔ اگر کسی انسان میں یہ ساری کی ساری خصوصیات بہ یک وقت موجود نہیں تو وہ اور سب کچھ ہو سکتا ہے مگر شاعر نہیں ہو سکتا۔ اس کے لئے ان خصوصیات کا ہونا لازمی ہے اور شاعر و متشاعر میں ہم اسی سے فرق کر سکتے ہیں‘‘۔[1]

اردو میں اپنی تنقیدی کتاب ’’مقدمہ شعر و شاعری‘‘ کے ذریعہ باضابطہ تنقید نگاری کا آغاز کرنے والے الطاف حسین حالؔی شاعری کے لئے موزونی طبع کو ضروری قرار دیتے ہیں چنانچہ وہ لکھتے ہیں:

''ہمارے ملک میں فی زمانہ شاعری کے لئے صرف ایک شرط یعنی موزوں طبع ہونا درکار ہے۔ جو شخص چند سیدھی سادھی متعارف بحروں میں کلام کلام موزوں کر سکتا ہے۔ گویا اس کے شاعر بننے کے لئے کوئی حالت منتظر باقی نہیں رہتی۔ معمولی مضامین معمولی تشبیہوں اور استعاروں کا کسی قدر ذخیرہ اس کے لئے موجود ہی ہے۔ جس کو متعدد صدیوں سے لوگ دہراتے چلے آئے ہیں۔ اور اتفاق سے وہ موزوں طبع بھی ہے۔ اب اس کے لئے اور کیا چاہیے۔ مگر فی الحقیقت شعر کا پایہ اس سے بمراتب بلند تر ہے''۔ ۲

حالیؔ شعر کے لئے وزن اور قافیہ کو لازمی قرار دیتے ہیں اور شاعری کے لئے تخیل' کائنات کا مطالعہ اور تفحص الفاظ کو ضروری شرطیں قرار دیتے ہیں۔ ادب چونکہ سماج کا آئینہ دار ہوتا ہے۔ اس لئے وہ شاعری کو بھی سوسائٹی کے تابع قرار دیتے ہیں۔ ان کے مطابق جیسی سوسائٹی ہوگی وہاں ویسے شاعر وجود میں آئیں گے۔ لیکن غالبؔ' اقبال جیسے شعراء کی مثالیں دیکھ کر کہا جا سکتا ہے کہ شاعری ایک وجدانی کیفیت بھی ہے جو سماج اور سوسائٹی سے مبراء اپنا ایک الگ ہی رنگ رکھتی ہے۔ اس خیال کی تائید کرتے ہوئے صالحہ عابد حسین ڈاکٹر عابد حسین کے حوالے سے لکھتی ہیں:

''اگر زمانہ انتشار کا ہے۔ معاشرت کا شیرازہ بکھر چکا ہے۔ فرد کا رشتہ جماعت سے ٹوٹ گیا ہے۔ سب اپنے اپنے حال اور اپنی اپنی فکر میں ہیں تو شاعر بھی باہر کی دنیا سے آنکھ بند کر کے اندر کی دنیا میں ڈوب جاتا ہے اس کا تخیل اور اس کا مشاہدہ نفس کے دائرے کو اپنی جولانی کے لئے تنگ پاتا ہے تو اس واردات کو جو اس کے قلب پر گذرتی ہے بڑھا چڑھا کر بیان کرتا ہے اور اس میں نئی نئی باریکیاں پیدا کرتا ہے۔ یہاں تک کہ مشاہدے کی قید ہی ٹوٹ جاتی ہے۔۔ محض خیال کے جادو سے وہ ایک طلسم حیات باندھتا ہے۔ اور اس میں مگن رہتا ہے۔ اس کی نظریں حسن اور تناسب کو ڈھونڈتی ہیں۔ مگر وہ عالم فطرت اور عالم معاشرت کی طرف آنکھ اُٹھا کر بھی نہیں دیکھتا بلکہ اپنے مذاق کے مطابق ایک خیالی پیکر حسن تراشتا ہے''۔ ۳

شاعری اس وجدانی کیفیت سے قطع نظر ہر زمانے میں چھوٹے بڑے شاعر پیدا ہوتے رہے ہیں ۔ شاعری دراصل ایک قسم کی نقالی بھی ہے۔ فنون لطیفہ کی اقسام شاعری' مصوری' سنگتراشی' رقص' موسیقی وغیرہ میں فنکار جو خیال پیش کرتے ہیں وہ ایک قسم کی نقل ہوتے ہیں۔ جبکہ ان کے فن کا

نقش اوّل قدرت اور فطرت ہے جس کے فیضان سے وہ اپنے فن کے ذریعہ نقش ثانی پیش کرتے ہیں۔

اردو شاعری کی روایت:- شاعر اور شاعری کی ان جہات کے بعد شاعری کی تاریخ پر نظر ڈالیں تو پتہ چلتا ہے کہ انسان ابتدائی آفرینش سے اپنی موزونی طبع کا کسی نہ کسی طرح اظہار کرتا رہا ہے۔ زبانوں کے وجود میں آنے کے بعد ان میں پہلے شاعری ہوئی بعد میں نثر کہی گئی۔ عربی اور فارسی شاعری کی ایک قدیم تاریخ ہے۔ عربوں میں شعراء کی بہت اہمیت تھی۔ سبعہ معلقہ کا شاعر امراء القیس مشہور عرب شاعر تھا۔ فارسی میں حافظ کا دیوان مشہور ہے۔ اردو شاعری عربی اور فارسی کے اثر سے شروع ہوئی۔ محمد قلی قطب شاہ، وؔلی، میر، غالبؔ، مومنؔ، مصحفیؔ، آتش، ناسخؔ، انیسؔ، دردؔ، جگر، جوشؔ، فراقؔ، اقبالؔ، ناصر کاظمی، اردو کے نامور شعرا مانے جاتے ہیں۔ اردو شاعری بھی تحریکوں سے متاثر رہی۔ ابتداء میں عربی و فارسی کے موضوعات بیان ہوئے۔ عشق، تصوف، غم جاناں، غم دوراں کے بیان کے بعد جب زندگی مسائل سے دوچار ہوئی تو شاعری میں بھی روزمرہ زندگی کے مسائل پیش کیئے گئے۔ ادب برائے ادب اور ادب برائے زندگی کے نظریہ کے تحت شاعری کی گئی۔ ترقی پسند تحریک، جدیدیت مابعد جدیدیت چند ایسی اصطلاحیں ہیں جس نے اردو شاعری کے موضوعات اور ہیت میں نئے تجربے کرائے۔ آج اردو شاعری مقدار اور معیار کے اعتبار سے ویسی نہیں رہی جیسے میرؔ و غالبؔ، حالؔی و اقبالؔ کے دور میں تھی لیکن پھر بھی مایوسی کی کیفیت نہیں۔

اردو شاعری کی روایت کے اس پس منظر میں آیئے دیکھیں کہ حبیبؔ حیدرآبادی کی شاعری اپنا تعارف کس طرح کراتی ہے۔ ان کے کلام پر سرسری نظر ڈالنے سے اندازہ ہوتا ہے کہ انہوں نے شوقیہ شاعری کی۔ اردو شاعری کے مروجہ موضوعات کو اپنے طور پر پیش کرنے کی انہوں نے کوشش کی ہے۔ ان کے کلام میں ۲۳ غزلیں ۸ نظمیں۔ اور ۶ قطعات ہیں۔

حبیب حیدرآبادی کی غزل گوئی:- حبیبؔ حیدرآبادی کا یہ مختصر کلام دیوان کی شکل میں بہ اعتبار ردیف ترتیب سے شائع نہیں کیا گیا۔ پہلی غزل امام حسینؓ کی تعریف میں لکھی گئی ہے۔ کیوں کہ غزل کے فارم میں قافیے اور ردیف کی پابندی کے ساتھ دس اشعار پر مشتمل غزل نما اشعار ہیں۔ قافیے پا۔ جا۔ بُلا۔ دکھا۔ سکھا ہیں۔ جبکہ ردیف تے ہیں حسینؓ ہے۔ اشعار میں واقعہ کربلا کے موضوعات کا اعادہ کیا گیا ہے۔ امام حسینؓ کی قربانی کو خراج پیش کرتے ہوئے حبیبؔ

حیدرآبادی لکھتے ہیں:

؎ حق پرستی کا سبق دنیا کو دینے کے لئے
کیسے کیسے زخم اپنے دل پر کھاتے ہیں حسینؓ ؂۴

اس موضوعاتی غزل کے بعد حبیبؔ حیدرآبادی کے کلام میں روایتی انداز کی غزلیں ملتی ہیں۔ ان کے کلام کا اجمالی طور پر جائزہ لیا جائے تو پتہ چلتا ہے کہ سیدھی سادھی بحروں میں انہوں نے اردو غزل کے روایتی موضوعات، عشق، غم جانان، غم دوراں، زندگی کے نشیب وفراز، اور انسانیت کے تذکرے کئے ہیں ان کی شاعری داخلی شاعری ہے۔ سوز وگداز کے ساتھ ساتھ زندہ دلی کے نمونے بھی ان کے کلام میں پائے جاتے ہیں۔ حبیبؔ حیدرآبادی کا عشق پاکباز ہے۔ اور اس میں عشق حقیقی کی جھلک ملتی ہے۔

؎ جب سے ترے جلو میں جگہ پا رہا ہوں میں
اپنے سے دور دور ہوا جا رہا ہوں میں ؂۵

؎ ہم نے لاکھ کوشش کی تجھ سے بچ نکلنے کی
پاؤں لڑکھڑا اُٹھے جب تری گلی آئی ؂۶

؎ اُس کے رخ پر نقاب ہے شاید
آج تاروں میں روشنی کم ہے ؂۷

شاعر کا محبوب دنیا کا حسین ترین فرد ہے۔ وہ اپنے محبوب کی تعریف میں مبالغہ آرائی سے بھی گریز نہیں کرتا۔ چنانچہ حبیبؔ حیدرآبادی لکھتے ہیں:

زندگی اردو شاعروں کا محبوب موضوع رہا ہے۔ زندگی بے کراں ہے تو اس کے مسائل بھی پھیلے ہوئے ہیں۔ چنانچہ حبیبؔ حیدرآبادی نے اپنی شاعری میں جابجا زندگی کی مختلف جہتوں کو بیان کیا ہے۔ عشق کی راہ میں اکثر رکاوٹیں آتی ہیں۔ اور عاشق پر جنوں کی سی کیفیت طاری ہو جاتی ہے۔ لوگ اس پر ہنسیں یا نہ ہنسیں لیکن شاعر کو اپنے آپ پر ہنسی آتی ہے:

؎ زندگی کی راہوں میں وہ بھی اک گھڑی آئی
مجھ کو اپنی حالت پر دیر تک ہنسی آئی ؂۸

لوگ دنیا میں آتے ہیں اور چلے جاتے ہیں۔ لوگوں کے آنے اور جانے سے زندگی کا کارواں نہیں رکتا۔

ے زندگی کے ہنگامے کب کسی پہ موقوف
یوں کسی کے جانے سے کب کوئی کمی آئی ۹؂

انسان اپنی زندگی کو خوب سے خوب تر بنانے کی آرزو میں اپنا سب کچھ لگا دیتا ہے۔ لیکن اسے اطمینان حاصل نہیں ہوتا زندگی کی اس بے اطمینانی کو ظاہر کرتے ہوئے حبیبؔ حیدر آبادی کہتے ہیں:

ے تزئین زندگی میں کٹی زندگی تمام
پھر بھی حیات زیروزبر ہے میں کیا کروں ۱۰؂

زندگی کچھ لوگوں کے لئے پھولوں کا سیج ہوتی ہے۔ لیکن دنیا میں اکثریت ایسے لوگوں کی ہے جن کی راہوں میں کانٹے ہی کانٹے ہیں۔ اور اس طرح کے لوگ زندگی کے مسائل سے نمٹنے میں اپنے صبح وشام صرف کر دیتے ہیں:

ے زندگی کا ہر لمحہ کشمکش کا پیکر ہے
اس طرح سے ہم اپنی صبح وشام کرتے ہیں ۱۱؂

زندگی کی بے ثباتی طے شدہ امر ہے لیکن لوگ عارضی زندگی میں بھی اونچے اونچے اور دیرپا منصوبے بناتے رہتے ہیں۔ ایسے ہی لوگوں کے رویے کو حبیبؔ حیدر آبادی یوں بیان کرتے ہیں:

ے زندگی کی بے ثباتی کا تصور ہے ادھر
اور ادھر وہ چاند پر تصویر کھنچوانے لگے ۱۲؂

زندگی کے مختلف روپ ظاہر کرتے حبیبؔ حیدر آبادی کے چند اشعار اس طرح ہیں:

ے ہر وقت زندگی کے تقاضے نئے رہے
ہر گام زندگی کو نئی کہکشاں ملی ۱۳؂

ے معمول زندگی ہیں مری بے قراریاں
کیوں آرہے ہو تم بھی نظر بے قرار سے ۱۴؂

ے مسکراتی ہے گیت گاتی ہے

زندگی پھر فریب کھاتی ہے ۱۵

زندگی کے اس مفصل بیان سے اندازہ ہوتا ہے کہ حبیبؔ حیدرآبادی کو زندگی سے پیار تھا اور اسے انہوں نے قریب سے دیکھنے کی کوشش کی تھی۔ شاعری عرفانِ ذات بھی ہوتی ہے۔ شاعر دنیا کے تذکرے کرنے کے علاوہ کبھی کبھی اپنی ذات کے آئینے میں بھی اپنے آپ کو پیش کرتا ہے۔ حبیب حیدرآبادی اپنے بارے میں کہتے ہیں۔

ے حد نظر جو اپنی بدلتی چلی گئی
حد ہے کہ اپنے آپ سے شرما رہا ہوں میں
ے اپنے ہی قد و خال بدلتے سے دیکھ کر
عبرت کی سرزمیں میں دھنسا جا رہا ہوں میں
ے کچھ اس خیال سے کہ زمانہ نیا کہے
روشن حقیقتوں کو بھی جھٹلا رہا ہوں میں ۱۶

چاک گریباں اردو شاعری کا مقبول عام موضوع رہا ہے۔ حبیبؔ حیدرآبادی کہتے ہیں:

ے دامن ہے چاک چاک۔ گریباں ہے تار تار
پھر بھی ہیں خوش کہ کچھ تو ملا کوئے یار سے ۱۷

الطاف حسین حالؔی نے مقدمہ شعر و شاعری میں غزل کے موضوعات کے بیان کے سلسلے میں ''چاک گریباں'' کے عنوان سے ایک دیوان سے ۱۲۳ اشعار پیش کیے۔ اور اس پر تبصرہ کرتے ہوئے لکھا کہ:

''جس دیوان سے ہم نے یہ ایک مضمون کے ۱۲۳ اسلوب بیان نقل کیے ہیں یہ کچھ اوپر دو سو صفحہ کا دیوان ہے جب ایک مختصر دیوان کا یہ حال ہے تو اردو کے تمام دیوانوں میں دیکھنا چاہیئے کہ یہی ایک مضمون کتنی شکلوں میں باندھا گیا ہوگا۔ اور اگر فارسی کے دوائین کو بھی ان میں شامل کرلیا جائے تو میں خیال کرتا ہوں کہ اسی ایک مضمون کے اشعار سے کئی ضخیم جلدیں تیار ہوسکتی ہیں۔ حالانکہ مضمون ایسا تنگ ہے کہ اس میں ایک دو اسلوب سے زیادہ گنجائش نہیں معلوم ہوتی۔ ۱۸

حالؔی نے چاک گریباں' موضوع کی شعرائے اردو کے ہاں تکرار پر تنقید کرتے ہوئے میرؔ کا اسی

موضوع پر یہ شعر پیش کیا۔

ے اب کے جنوں میں فاصلہ شائد نہ کچھ رہے
دامن کے چاک اور گریباں کے چاک میں (میرؔ)

حالیؔ نے اس امید کا اظہار کیا کہ بعد کے زمانے کے شعراء میں اس موضوع پر کسی اور شاعر نے اس سے بہتر شعر کہا ہو۔ حبیبؔ حیدرآبادی نے اس موضوع پر صرف ایک شعر ہی کہا ہے۔ اور محبوب کی گلی سے ملنے والے چاک گریباں کو اپنے لئے تحفہ غنیمت سمجھا۔ اس طرح کے اشعار سے اندازہ ہوتا ہے کہ انہوں نے اردو کے سربرآوردہ شعراء کے موضوعات کو اپنے کلام میں پیش کرنے کی کوشش کی ہے۔ ''چاک گریباں'' کے علاوہ اردو غزل کے دیگر موضوعات ساغر و مینا۔ بجلی' آشیانہ وغیرہ بھی ملتے ہیں۔ چنانچہ حبیبؔ حیدرآبادی کہتے ہیں:

ے جام و مینا تو ترے اب ہیں منا نہ ساقی
دھول اُڑتی ہے ذرا دیکھ تو میخانے سے

ے کج کلاہی نے مری دن یہ دکھایا آخر
کام ساقی سے ہے' رندوں سے' نہ پیمانے سے

ے اُدھر بجلی ادھر صیاد کا ڈر
ہے کس کس کی نظر میں آشیانہ ۱۹؎

حبیبؔ حیدرآبادی نے اپنی زندگی کے آخری کئی سال برطانیہ میں گذارے تھے۔ اس لئے اُن کی شاعری میں یورپ کے تذکرے بھی ملتے ہیں۔

ے شام لندن ہو یا صبح دکن
یاد اُن کی بہت ستاتی ہے ۲۰؎

ے مشینی زندگی میں بھی ہے باقی زندگی دل کی
ہم انگلستان میں شعر و سخن کی بات کرتے ہیں ۲۱؎

برطانیہ میں رہتے ہوئے حبیبؔ حیدرآبادی مشینی زندگی گزار رہے تھے۔ لیکن اُن کے اندر کا شاعر و ادیب اس مشینی زندگی کو بھی شعر و ادب کی تسکین کے ساتھ گذارنا چاہتا ہے۔ چنانچہ وہ کہتے ہیں:

ے صنعتی زندگی میں شعر و ادب
کام آتے ہیں دل لگی کے لئے ۲۲

موضوعات کی رنگارنگی سے قطع نظر حبیبؔ حیدرآبادی کی غزلیں فنّی اعتبار سے بھی پختگی کی حامل ہیں۔ میرؔ کے بارے میں یہ بات مشہور ہے کہ اُن کا کلام سہل ممتنع ہے۔ اُسی طرح حبیب حیدرآبادی نے بھی سیدھے سادھے انداز میں مفہوم کو خوبی کے ساتھ ادا کیا ہے۔ چھوٹی بحر میں کہی گئی ان کی غزلیں اس خیال کی دلالت کرتی ہیں۔ ان کے یہ اشعار سہل ممتنع لگتے ہیں۔

ے مسکراتی ہے گیت گاتی ہے
زندگی پھر فریب کھاتی ہے ۲۳

ے زخم کچھ اور بڑھ گئے ہیں یہاں
ہم تو آئے تھے کچھ کمی کے لئے ۲۴

ے اُس کے رُخ پر نقاب ہے شاید
آج تاروں میں روشنی کم ہے ۲۵

سہل ممتنع کی خصوصیت کے علاوہ حبیبؔ حیدرآبادی نے اپنے کلام میں تشبیہات، استعارے، مبالغہ آرائی سے بھی کام لیا ہے انسانوں کو جنگل میں اڑنے والے سوکھے پتوں سے تشبیہہ دیتے ہوئے حبیبؔ حیدرآبادی کہتے ہیں۔

ے سوکھے پتے جیسے ہوا میں اڑتے پھرتے ہوں آوارہ
ایسا ہی کچھ عالم ہے یاں، انسانوں کے جنگل میں ۲۶

محبوب کی خوبصورتی کو تشبیہہ کے انداز میں پیش کرتے ہوئے کہتے ہیں:

ے چشمِ غزل دیکھ کر گل کا نکھار دیکھ کر
آپ کا آ گیا خیال باغ و بہار دیکھ کر ۲۷

محبوب کے حسن کی تعریف میں مبالغہ آرائی سے کام لیتے ہوئے کہتے ہیں:

ے اس کے رُخ پر نقاب ہے شائد
آج تاروں میں روشنی کم ہے ۲۸

حبیبؔ حیدر آبادی کی غزل گوئی کا مجموعی طور پر جائزہ لیا جائے تو یہ کہا جا سکتا ہے کہ انہوں نے موضوعات اور ہئیت میں کوئی نئے تجربے نہیں کئے ۔ بلکہ غزل کے روایتی موضوعات کو سادہ و سلیس انداز میں پیش کیا ہے۔ اُن کے ہاں عشق حقیقی کے جذبے پائے جاتے ہیں۔ وہ محبوب کی گلی سے گریبان چاک کرا کر آنے کو اپنے لئے اعزاز سمجھتے ہیں۔ اُن کی شاعری حسرت ویاس کی شاعری نہیں تاہم وہ اپنے اور کائنات کے غم کو پیش کرتے ہیں۔ زندگی ان کی غزل گوئی کا اہم موضوع ہے جس پر اُنہوں نے کئی اشعار کہے۔ حبیبؔ حیدر آبادی کے مختصر کلام کو دیکھ کر اُن کا مقابلہ اردو کے کسی نامور شاعر سے تو نہیں کیا جا سکتا تاہم اتنا ضرور کہا جا سکتا ہے کہ وہ دبستان دہلی کے شعراء سے متاثر تھے۔ اور اُن کی شاعری داخلیت کی شاعری ہے۔ جس میں انیسویں صدی کی دہلی کی غزل کے تمام لوازمات تلاش کئے جا سکتے ہیں۔

حبیب حیدر آبادی کی نظم نگاری:- غزلوں کے علاوہ حبیبؔ حیدر آبادی نے چند ایک آزاد نظمیں بھی کہی ہیں۔ اُن کی پہلی آزاد نظم کا عنوان ''کیا اب بھی میں وہی ہوں'' ہے۔ یہ ایک طویل نظم ہے جس میں اشاروں کنایوں میں حبیبؔ حیدر آبادی نے بدلتے زمانے کے ساتھ اقدار کی تبدیلیوں کو بیان کرتے ہوئے اپنے آپ سے سوال کرتے ہیں کہ میں پہلے جس حال میں تھا کیا اب بھی اُسی حال میں ہوں۔ زندگی کی بدلتی قدروں کے بارے میں حبیبؔ حیدر آبادی لکھتے ہیں:

اقدار زندگی میں تبدیلیاں بھی آئیں
فکر و نظر میں اپنی کچھ پہلیاں بھی آئیں
ہر ہر قدم پہ تھوڑی مجبوریاں بھی آئیں
پھر بھی سنبھل سنبھل کر آئینہ دیکھتا ہوں

میں دل سے پوچھتا ہوں
کیا اب بھی میں وہی ہوں'' ۲۹

نظم میں آگے شاعر کہتا ہے کہ زمانہ بدل گیا۔ زمانے کے طور طریق بدلے۔ انداز فکر بدل گیا۔ حتی کہ اس کے چہرے کے نقش و نگار بھی بدل گیا۔ لیکن شاعر اس شش و پنج میں مبتلا ہے کہ

وہ بدلا یا نہیں۔لیکن زمانے کے دستور کے حساب سے انسان کو بدلنا ہی ہوگا۔روزانہ کوئی اپنی ایک حالت میں نہیں رہ سکتا بچہ جوان ہوگا۔جوان بوڑھا ہوگا۔تبدیلی زندگی کی ایک سچائی ہے۔اسی سچائی کا اعتراف کرتے ہوئے حبیبؔ حیدر آبادی نظم کے آخر میں اعتراف کرتے ہیں:

''جینے کی آرزو میں ہر دم بدل رہا ہوں
خود اپنے آپ کی میں تضحیک کر رہا ہوں
تبدیلیوں سے ہر سو دوچار ہو رہا ہوں
آئینہ دیکھنے سے اب عار ہو رہا ہے
ڈر ہے کہ آئینہ میں صورت نظر نہ آئے

دُزیدگی سے پھر بھی
آئینہ دیکھتا ہوں
میں دل سے پوچھتا ہوں
کیا اب بھی میں وہی ہوں ۳۰

اس طرح حبیبؔ حیدر آبادی نے ماضی اور حال کی کیفیت بیان کرتے ہوئے اس نظم میں اپنی ذات کا احتساب بڑی خوبی سے کیا ہے۔

حبیبؔ حیدر آبادی کی اگلی نظم کا عنوان ''کل رات'' ہے یہ ایک مختصر نظم ہے۔اور آزاد نظم کے پیرائے میں لکھی گئی ہے۔اس نظم میں اُنہوں نے رات کے وقت ایک ایسے انسان کی حالت بیان کی ہے جو سونا چاہتا ہے۔لیکن نیند اُس سے کوسوں دور ہے۔رات میں جب سب سوتے ہیں تو انسان کی اپنی زندگی کی یادیں اس کا ساتھ دیتی ہیں۔چنانچہ شاعر اپنے ماضی یوں یاد کرتا ہے۔

کیسی کیسی یادوں کے قافلے چلے آئے
میری عمر رفتہ کو ناپتے چلے آئے

عمر پائے رفتہ کی
جنبش نظر میں تھیں۔کاہشیں نظر میں تھیں۔کاوشیں نظر میں تھیں۔
اختلاط کے جلوئے اتصال کے نکتے

چاہتوں کے کاشانے' رنجشوں کے ویرانے

سب کی یاد آتی تھی ۳۱؎

شاعر کو اپنے ماضی کی یادیں بے چین کردیتی ہیں۔ وہ ان یادوں سے پیچھا چھڑانا چاہتا ہے۔ جس کے لئے نیند ضروری ہے۔ لیکن نیند آتی نہیں۔ چنانچہ شاعر نیند کے لئے خواب آور گولیوں کا استعمال کرتا ہے۔ بالآخر وہ نیند کی وادیوں میں گم ہوجاتا ہے اوراُس کی یادیں بھی کہیں کھوسی جاتی ہیں:

ان عذاب یادوں سے جان اب چھڑانی تھی

بے محل سی باتوں کو محو خواب کرنا تھا

نیند کی حقیقت کو ہم رکاب کرنا تھا

اُٹھ کے اپنے بستر سے نیند کی دوا کھائی

ذہن کے دریچے سب بند ہوگئے آخر

سوچنے کی راہیں بھی تنگ ہوگئیں آخر

نیند کو تو آنا تھا وہ بھی آگئی آخر ۳۲؎

حبیبؔ حیدرآبادی نے یہ نظم شائد اپنی بیماری کے زمانے میں لکھی ہوگی جبکہ وہ سرطان جیسے موذی مرض میں مبتلا تھے۔ اور درد کم کرنے اور چین سے سونے کے لئے نیند کے انجکشن لیا کرتے تھے۔ اس طرح اس نظم میں اُنہوں نے اپنے دکھ درد کو پیش کیا۔

حبیبؔ حیدرآبادی کی ایک مختصر نظم ''پڑوسی'' ہے۔ لفظ پڑوسی میں بہت کچھ مفہوم پوشیدہ ہے۔ انسان چاہتا ہے کہ اس کا پڑوس اچھا ہو۔ لوگ مل جُل کر رہیں وقت ضرورت ایک دوسرے کے کام آئیں۔ لیکن مشرقی ممالک کے مقابلے میں مغرب میں پڑوسی کا مفہوم کچھ اور ہی ہوتا ہے۔ وہاں کوئی ایک دوسرے کی خبر نہیں رکھتا۔ سب اپنے کام میں مصروف۔ مشینی زندگی گذارتے ہیں ایسے پڑوس اور پڑوسی کی شکایت کرتے ہوئے حبیبؔ حیدرآبادی اپنی پانچ مصرعوں والی نظم کے ذریعہ ایک تاثر دینے کی کوشش کرتے ہیں۔ اُن کی نظم اس طرح ہے:

مرے پڑوس میں سب اجنبی ہیں میرے لئے

گذشتہ بارہ برس میں ''ہلو'' ہوا دو بار
وہ میرے نام سے مجھ کو تو جانتے ہی نہیں
میں اُن کے نام سے واقف نہیں ہوا اب تک
ہمارے پالتو کتے تو روز ملتے ہیں

آخری مصرعہ نظم کی جان ہے۔ اور طنز کرتے ہوئے حبیبؔ حیدر آبادی لکھتے ہیں کہ انسان کو انسان سے ملنے کی فرصت نہیں۔ انسان سے جانور ہی بہتر ہیں۔ جو اپنی آوازوں کے ذریعہ روز ایک دوسرے کی خیریت پوچھ لیتے ہیں۔ یہ نئی زندگی کا ایک المیہ ہے جسے حبیبؔ حیدر آبادی نے بڑی خوبصورتی سے اپنی نظم میں پیش کیا ہے۔

حبیبؔ حیدر آبادی کی ایک تین مصرعوں والی نظم ''ایک تاثر'' ہے۔ جس میں اُنہوں نے انسان کی مشینی زندگی پر طنز کیا ہے۔ چنانچہ وہ کہتے ہیں:

صبح کام پر جانا، شام کام سے آنا
تھک تھکا کے سو جانا
کیسی زندگی ہے یہ؟ ۳۳؎

بالکل مختصر الفاظ میں حبیبؔ حیدر آبادی نے دنیا کے اُن بیشتر انسانوں کا نقشہ کھینچا ہے جو شب و روز ایک طرح کی زندگی گذارتے ہیں۔ گھر اور ملازمت کے مقام کے درمیان چکر لگاتے رہتے ہیں۔ اس نظم کے پس پردہ حبیبؔ حیدر آبادی یہ کہنا چاہتے ہیں کہ انسان کے لئے ان دو کاموں کے علاوہ بھی اور بہت کچھ کرنا ہے۔ وہ ایک شاعر اور ادیب ہیں۔ اور چاہتے ہیں کہ روز روز کے چکر سے الگ ہو کر کبھی فطرت کا کبھی زندگی کا لطف اُٹھایا جائے۔ کچھ اور کاموں میں اپنا وقت لگایا جائے۔ تا کہ ذہنی آسودگی حاصل ہو۔ اس طرح وہ اس نظم کے ذریعہ تبدیلی کی دعوت دیتے ہیں۔ حبیبؔ حیدر آبادی کی شاعری کے انتخاب میں شامل آخری نظم کا عنوان ''اور بھی باتیں'' ہے۔ یہ نظم اُنہوں نے ۱۹۶۴ء میں کہی تھی۔ اس نظم میں وہ ماضی کی حسین یادوں کا اعادہ کرتے ہیں۔ اور حال کی دشواریوں اور پریشانیوں کا تذکرہ کرتے ہوئے کہتے ہیں کہ اب زندگی کا وہ مزہ

نہ رہا جو پہلے تھا۔انسان کو اپنا ماضی عزیز ہوتا ہے۔اور حال میں اکثر اپنے ماضی کو یاد کرتا رہتا ہے۔ چنانچہ حبیب حیدرآبادی اپنے ماضی کو یاد کرتے ہوئے کہتے ہیں:

کبھی تھا نالۂ بلبل کبھی تھا ذکر چمن
کبھی بہار کی باتیں کبھی خزاں کی لگن
کبھی تمہاری ادائیں کبھی شراب کہن
اور اس پہ طرفہ تماشا کہ یاد آئے وطن

تمہارا حسن نظر ہے کہ کھل گئیں آنکھیں
تمہارے غم سے گراں تر ہیں اور بھی باتیں ۳۴؎

ماضی کی باتوں کے تذکرے کے بعد شاعر کہتا ہے کہ اُسے کانٹوں بھری زندگی میں بھی لذت آنے لگی ہے۔ حادثات سے الفت ہوگئی ہے۔اسے اب نہ ہجر کا دکھ ہے نہ وصل کا مزہ حاصل ہے اسی طرح گذرنے والی زندگی کو بیان کرتے ہوئے نظم کے آخر میں وہ کہتے ہیں:

گزر رہی ہیں محبت میں اس طرح راتیں
تمہارے پہلو بہ پہلو ہیں اور بھی باتیں ۳۵؎

حبیبؔ حیدرآبادی کی یہ چند نظمیں ہیں جن سے ان کی شعری فکر کا اندازہ ہوتا ہے۔ان نظموں میں خود احتسابی جھلکتی ہے۔ نئے زمانے کی ٹوٹتی قدروں پر طنز دکھائی دیتا ہے۔ان کی آزاد نظموں میں بھی وزن دکھائی دیتا ہے۔

حبیب حیدرآبادی کا متفرق کلام:- حبیبؔ حیدرآبادی کے شعری سرمایے میں غزلوں اور نظموں کے علاوہ چند قطعات بھی ہیں۔پہلے قطعہ میں وہ نئے زمانے کا تذکرہ زور و شور سے کرتے ہیں ۔اور اپنے آپ کو اس نئے زمانے سے ہم آہنگ کرنے کے لئے تیار کرتے ہیں ۔حبیبؔ حیدرآبادی کا قطعہ اس طرح ہے:

نیا شجر ہے نئی ٹہنیاں نئے پتے
نئی زمین میں بالیدگی کی شان نئی
مرا وجود مجھے بار بار کہتا ہے

تغیرات زمانہ کی آن بان نئی ۳۶

دوسرے قطعہ میں حبیبؔ حیدر آبادی زندگی میں پائی جانے والی یاس و نا اُمیدی کو بیان کرتے ہوئے کہتے ہیں:

فکر فردا مجھ کو لے کر اُڑ رہی ہے چارسو
ہر متاع زندگی بکھری پڑی ہے چارسو
اک مجسم خوف بنتے جارہے ہیں رات دن
یاد کی کالی گھٹا چھائی ہوئی ہے چارسو ۳۷

اپنے آپ کا احتساب کرتے ہوئے حبیبؔ حیدر آبادی کا ایک اور قطعہ ہے جس میں انہوں نے اپنی ذات کے بکھر
جانے کا تذکرہ کچھ یوں کیا ہے:

خود کو تقسیم کر چکا ہوں میں
دل یہ کہتا ہے مر چکا ہوں میں
بٹ چکا ہوں میں کتنے حصوں میں
ایک تھا اب بکھر چکا ہوں میں

حبیبؔ حیدر آبادی کے دستیاب یہ تین قطعات اس بات کی غمازی کرتے ہیں کہ اُنہوں نے اپنی ذات پر جو بیتی اور جو مشاہدات اُنہوں نے دیکھے اُسے شعر کے سانچے میں ڈھالنے کی کوشش کی۔اُن کے یہ قطعات بھی اُن کی داخلی شاعری کا ایک حصہ ہیں۔

حبیبؔ حیدر آبادی کی شخصیت کے بارے میں یہ مشہور ہے کہ اُن میں حس مزاح بہت زیادہ تھی وہ بذلہ سنج اور زندہ دل آدمی تھے۔اپنے دکھ درد کو بھی دبا کر اُنہوں نے لوگوں کو ہنسایا۔اور خود بھی ہنستے رہے۔اُن کی سنجیدہ شاعری کے علاوہ اُن کے نمونہ کلام میں دو تین مزاحیہ قطعات بھی ملتے ہیں۔جن سے اُن کی پر مزاح شخصیت پر روشنی پڑتی ہے۔پہلے مزاحیہ قطعے میں تین مصرعے سنجیدہ نوعیت کے ہیں جنہیں پڑھنے کے بعد قاری کے دل و دماغ پر موضوع کی سنجیدگی طاری ہو جاتی ہے۔لیکن چوتھے مصرعے کے مطالعے کے بعد وہ اپنی ہنسی پر قابو نہیں

رکھ سکتا۔ حبیب حیدرآبادی کا مزاحیہ قطعہ یوں ہے:

اُسے پانے کی خواہش ہو تو تن من سب ہی کھو دیجئے
فنا ہو کر مقام عبدیت سے ہاتھ دھو دیجئے
مقام کبریائی اب بیان کرنے ہی والا تھا
مری بیوی نے چپکے سے کہا برتن تو دھو دیجئے۔ ۳۸؎

لوگ شادی سے پہلے اپنے دل و دماغ میں صرف شادی کا خیال اور اپنی ہونے والی بیوی کا تصور لئے پھرتے ہیں۔ لیکن شادی کے بعد جب اُنہیں آٹے دال کا بھاؤ معلوم ہوتا ہے تو اکثروں کی بیوی انہیں دردِ سر لگتی ہے۔ اور لوگ بیوی کو دور بھگانے کے منصوبے بناتے ہیں۔ ایسے ہی بیوی گزیدہ کی طرف سے حبیبؔ حیدرآبادی مزاحیہ انداز میں قطعہ لکھتے ہیں:

چاند پر بیوی کا جانا چاہیئے
جا کے پھر واپس نہ آنا چاہیئے
دل اگر گھبرائے واں اُن کا حبیبؔ
یاں سے بچوں کو بھجانا چاہیے ۳۹؎

بیوی کے ناز نخرے برداشت کرتے کرتے تنگ آ جانے والے شوہر گھر میں ایک عدد بیوی رکھتے ہوئے پھر ایک شادی کی تمنا رکھتے ہیں۔ ایسے ہی خیال والے ایک شوہر کے خیالات پیش کرتے ہوئے حبیبؔ حیدرآبادی کہتے ہیں:

دل کی بستی پھر بسانا چاہیے
اور اک شادی رچانا چاہیے
عمر کیا ہے ایک ضمنی بات ہے
حوصلے دل کے بڑھانا چاہیے۔ ۴۰؎

حبیبؔ حیدرآبادی کے یہ تین مزاحیہ قطعات ہیں۔ جن سے اُن کے ہلکے پھلکے مزاح کا پتہ چلتا ہے۔ اور ان کی زندہ دلی کا اندازہ ہوتا ہے۔ زندگی کے مسائل پر طنز و مزاح کہنے کے بجائے اُنہوں

نے مزاحیہ شاعری کے مقبول موضوع بیوی وشوہر کی نوک جھونک پر اظہار خیال کیا۔ اُن کے مزاح سے پھکڑ پن کا احساس نہیں ہوتا۔ بلکہ قاری کے لئے تفریح طبع کا باعث بنتا ہے۔ مجموعی طور پر حبیبؔ حیدرآبادی ایک اچھے شاعر کے طور پر اُبھر کر آتے ہیں۔ اگر زندگی نے اُن کے ساتھ وفا کی ہوتی تو وہ اپنے شعری سرمایے میں ضرور اضافہ کرتے لیکن اُن کا موجود سرمایہ شاعری مقدار میں کم ہونے کے باوجود معیار میں اونچا ہے۔ اور اُن کا مقابلہ اردو کے کئی نامور شعراء کے کلام سے کیا جاسکتا ہے لندن میں حبیبؔ حیدرآبادی کے ایک دوست سید معین الدین شاہ نے ''راوی'' میں شائع شدہ اپنے مضمون ''حبیبی حبیبی'' میں حبیبؔ حیدرآبادی کے کلام سے چند منتخب اشعار پیش کیے ہیں جو اس طرح ہیں۔

؎ اس مشینی زندگی میں کون کس کا آشنا
جب بھی آئینے میں دیکھا خود کو بیگانے لگے

؎ زندگی کی راہوں میں وہ بھی اک گھڑی آئی
مجھ کو اپنی حالت پر دیر تک ہنسی آئی

؎ اسیر آرزو اور لب کشائی کیا تماشہ ہے
تمہارا غم میری مجبوریوں کا نام ہے شائد

؎ اپنی منزل کی طرف ہم جب کبھی جانے لگے
کیسے کیسے وسوسے دل میں جنم پانے لگے

؎ میں مثل ریگ فسانہ ہوں اپنے ساحل کا
مرے وجود کے عنوان بدلنے والے ہیں

؎ مدت سے آرزو ہے ملیں اپنے آپ سے
دنیا کے کاروبار میں مہلت کہاں ملی

؎ معمولِ زندگی ہے مری بے قراریاں
کیوں آرہے ہو تم بھی نظر بے قرار سے

؎ دل چاہتا ہے تذکرۂ یار چھیڑ دیں

فرصت ملے ذرا جو غمِ روزگار سے

ے خواب شائد سب کے اک جیسے نہ ہوں
جس کو دیکھو ہے سہما ہوا

ے آگے نکل گئے تھے ذرا اپنے آپ سے
ہم کو حبیب خود کی طرف لوٹنا پڑا

ے میں جب بستر سے اُٹھتا ہوں تو یوں محسوس ہوتا ہے
میرے اندر کی دنیا رات بھر سوتی نہیں شائد

ے چند باتیں ہیں جنہیں عمر ہی سمجھاتی ہے
تم مری عمر کو پہنچو تو سمجھ جاؤ گے

ے اس جسم کے ساحل پر بظاہر تو سکوں ہے
پر روح کے سیلاب میں پہچان بہت ہیں

ے ہم نے لاکھ کوشش کی تجھ سے بچ نکلنے کی
پاؤں لڑکھڑا اُٹھے جب تری گلی آئی

ے آپ سے مل کے ہم کو پتہ یہ چلا
کب سے نظروں سے اوجھل تھے شمس و قمر

(حبیبؔ حیدر آبادی۔ بحوالہ راوی لندن)

حبیبؔ حیدر آبادی کے کلام کا یہ انتخاب اُن کے شعری موضوعات کی نیرنگی کو ظاہر کرتا ہے۔

حوالے

۱ے صالحہ عابد حسین۔ یادگار حالی۔ دہلی ۱۹۸۶ء ص ۱۳۱

۲ے الطاف حسین حالی۔ مقدمہ شعر و شاعری۔ لکھنو ۱۹۸۸ء

۳ے عابد حسین۔ مضامین عابد۔ بحوالہ یادگار حالی۔ ص ۱۳۰

۴ے حبیب حیدر آبادی۔ ''انگلستان میں'' ص ۲۶۶

۵۔ حبیب حیدرآبادی۔ ''انگلستان میں'' ص ۲۷۲

۶۔ حبیب حیدرآبادی۔ ''انگلستان میں'' ص ۲۶۸

۷۔ حبیب حیدرآبادی۔ ''انگلستان میں'' ص ۲۹۴

۸۔ حبیب حیدرآبادی۔ ''انگلستان میں'' ص ۲۶۸

۹۔ حبیب حیدرآبادی۔ ''انگلستان میں'' ص ۲۶۹

۱۰۔ حبیب حیدرآبادی۔ ''انگلستان میں'' ص ۲۷۵

۱۱۔ حبیب حیدرآبادی۔ ''انگلستان میں'' ص ۲۷۷

۱۲۔ حبیب حیدرآبادی۔ ''انگلستان میں'' ص ۲۸۲

۱۳۔ حبیب حیدرآبادی۔ ''انگلستان میں'' ص ۲۸۵

۱۴۔ حبیب حیدرآبادی۔ ''انگلستان میں'' ص ۲۸۷

۱۵۔ حبیب حیدرآبادی۔ ''انگلستان میں'' ص ۲۹۲

۱۶۔ حبیب حیدرآبادی۔ ''انگلستان میں'' ص ۲۷۲ ۔ ص ۲۷۳

۱۷۔ حبیب حیدرآبادی۔ ''انگلستان میں'' ص ۲۸۷

۱۸۔ الطاف حسین حالؔی۔ مقدمہ شعر و شاعری۔ ص ۱۳۵

۱۹۔ حبیب حیدرآبادی۔ ''انگلستان میں'' ص ۲۸۸۔۲۸۹

۲۰۔ حبیب حیدرآبادی۔ ''انگلستان میں'' ص ۲۹۳

۲۱۔ حبیب حیدرآبادی۔ ''انگلستان میں'' ص ۲۷۸

۲۲۔ حبیب حیدرآبادی۔ ''انگلستان میں'' ص ۲۹۲

۲۳۔ حبیب حیدرآبادی۔ ''انگلستان میں'' ص ۲۹۲

۲۴۔ حبیب حیدرآبادی۔ ''انگلستان میں'' ص ۲۹۰

۲۵۔ حبیب حیدرآبادی۔ ''انگلستان میں'' ص ۲۹۴

۲۶۔ حبیب حیدرآبادی۔ ''انگلستان میں'' ص ۲۷۰

۲۷۔ حبیب حیدرآبادی۔ ''انگلستان میں'' ص ۲۷۴

۲۸ـ	حبیب حیدرآبادی۔ ''انگلستان میں''	ص	۲۹۴
۲۹ـ	حبیب حیدرآبادی۔ ''انگلستان میں''	ص	۲۹۶
۳۰ـ	حبیب حیدرآبادی۔ ''انگلستان میں''	ص	۲۹۸
۳۱ـ	حبیب حیدرآبادی۔ ''انگلستان میں''	ص	۲۹۹
۳۲ـ	حبیب حیدرآبادی۔ ''انگلستان میں''	ص	۲۹۹
۳۳ـ	حبیب حیدرآبادی۔ ''انگلستان میں''	ص	۳۰۰
۳۴ـ	حبیب حیدرآبادی۔ ''انگلستان میں''	ص	۳۰۱
۳۵ـ	حبیب حیدرآبادی۔ ''انگلستان میں''	ص	۳۰۲
۳۶ـ	حبیب حیدرآبادی۔ ''انگلستان میں''	ص	۳۰۳
۳۷ـ	حبیب حیدرآبادی۔ ''انگلستان میں''	ص	۳۰۳
۳۸ـ	حبیب حیدرآبادی۔ ''انگلستان میں''	ص	۳۰۴
۳۹ـ	حبیب حیدرآبادی۔ ''انگلستان میں''	ص	۳۰۴
۴۰ـ	حبیب حیدرآبادی۔ ''انگلستان میں''	ص	۳۰۴

حبیبؔ حیدر آبادی کا اسلوب نگارش

گذشتہ ابواب میں حبیبؔ حیدر آبادی کو بہ حیثیت مضمون نگار' انشائیہ نگار' خاکہ نگار' مزاح نگار اور ادیب و شاعر کے طور پر پیش کیا گیا زیر نظر باب میں اُن کے اسلوب نگارش کا جائزہ پیش ہے۔ادب کی اصطلاح میں کسی کی تحریر کی مخصوص و منفرد خصوصیات کو اسلوب کہتے ہیں۔ نامور ادیب و شعراء کی ایک پہچان اُن کا اسلوب بھی ہے۔اردو میں پریم چندر اپنے افسانوں میں دیہاتی عناصر کے سبب' رشید احمد صدیقی علی گڑھ کے بیان کے سبب' سر سید احمد خاں اپنے اصلاحی نظریات کے سبب اقبال خودی' شاہین۔ مردمومن جیسی اصطلاحوں کے استعمال کے سبب میرؔ غم و یاس و دل و دلّی کے تذکروں کے سبب' غالبؔ اپنی شگفتگی کے سبب' پروین شاکر لفظ ''خوشبو'' کی تکرار کے سبب سعید شہیدی بجلی نشیمن جیسے اشاروں کے استعمال کے سبب پہچانے جاتے ہیں۔ اُردو کا ایک عام قاری میرؔ کے یہ اشعار سُنے

دل کی ویرانی کا کیا مذکور ہے
یہ نگر سو مرتبہ لوٹا گیا

دلی میں آج بھیک بھی ملتی نہیں اُنہیں
تھا کل تلک دماغ جنہیں تخت و تاج کا

مرے آگے ترا جب کسو نے نام لیا
دل ستم زدہ کو ہم نے تھام تھام لیا

تو قاری شاعر کا نام معلوم نہ ہونے کے باوجود اگر اُس کی اردو کے شعر و ادب پر تھوڑی بہت نظر بھی رہی ہو تو وہ بے اختیار کہے گا کہ یہ تو میرؔ کے اشعار لگ رہے ہیں۔کیوں کہ دل' دلی اور عشق کے غم کے فسانے میرؔ کے اسلوب کی خاص پہچان ہیں۔اسلوب کے بارے میں اردو کے

دیگر نامور شعراء، ادیبوں انشائیہ نگاروں، نقادوں وغیرہ کا یہی حال ہے جو اپنے مخصوص طرزِ نگارش سے پہچانے جاتے ہیں۔ چنانچہ کسی لکھنے والے کے طرز تحریر کی منفرد باتیں اور انداز کو اسلوب کہا جاسکتا ہے۔ ماہرین لسان نے اسلوب کی کئی تعریفیں کی ہیں۔ اور اسلوب کے تشکیل پانے کے عوامل پیش کئے ہیں۔

اسلوب کیا ہے؟ اسلوب کو انگریزی میں Style کہا جاتا ہے۔ اور عام لفظوں میں کسی مصنف کے طرز بیان یا طرز نگارش کو اسلوب کہتے ہیں۔ ماہرین ادب نے اسلوب کی کئی طرح سے تعریفیں پیش کی ہیں۔ آکسفورڈ انگلش ڈکشنری میں اسلوب کے بطور اسم ۲۸ معنی اور بطور فعل ۶ رمعنی دیئے گئے ہیں۔ مرزا خلیل بیگ نے اپنی تصنیف ''زبان اسلوب اور اسلوبیات'' میں مغربی ماہرین ادب کی پیش کردہ اسلوب کی تعریفیں پیش کی ہیں جس میں لکھا ہے کہ:

''مشہور فرانسیسی مصنف اور نیچری(Naturalist) بفون (۱۷۰۷ء۔۱۷۸۸ء) کا کہنا ہے کہ ''اسلوب ہی خود انسان ہے'' بفون کی اس بات کی وضاحت کرتے ہوئے انگریزی نثر نگار اور مورخ گبن (۱۷۳۷ء ۔ ۱۷۹۴ء) نے کہا ہے کہ ''اسلوب کردار یا شخصیت کا عکس ہے''۔ انگریزی کے معروف ادیب اور ہجو نگار سوئفٹ (۱۶۶۷ء۔۱۷۴۵ء) کے نزدیک ''مناسب الفاظ کا مناسب جگہوں پر استعمال ہی اسلوب کی سچی تعریف ہے۔ امریکی انشاپرداز اور شاعر ایمرسن (۱۸۰۳ء۔۱۸۸۲ء) کے مطابق ''انسان کا اسلوب اُسکی ذہنی آواز ہے''۔ مشہور جرمن فلسفی شوپنہار (۱۷۸۸ء۔۱۸۶۰ء) کا قول ہے کہ '' اسٹائل خیال کا سایہ ہے''۔ اطالوی فلسفی اور مدبر کروچے (۱۸۶۶ء۔۱۹۵۲ء) کا کہنا ہے کہ ''جب اظہار وجدان کی برابری کرے تو اسٹائل وجود میں آتا ہے''۔ [1]

پروفیسر آل احمد سرور نے بیانیہ نثر کے اسلوب کو بیان کا طریقہ قرار دیا ہے۔ وہ ادبی زبان میں ''حسن بیان'' ضروری سمجھتے ہیں اور اس میں بھی ندرت، نیاپن اور انفرادیت چاہتے ہیں۔ اسلوب کی تشکیل میں عام طور سے تین عناصر کارفرما ہوتے ہیں۔ ایک مصنف کی انفرادی خصوصیت دوسرے عام انسانی رویہ اور تیسرے خیال اور زبان کی خصوصیات۔ اسلوب کی پہلی خصوصیت میں مصنف کی انفرادیت ہے۔ یعنی ہر مصنف کا زبان و بیان کے استعمال کے سلسلے میں مخصوص

انداز ہوتا ہے جو اُسے دوسرے مصنفین سے ممتاز رکھتا ہے۔ یہی وجہ ہے کہ مخصوص طرز کے اسلوب کی نقالی مشکل ہے۔ سعادت حسن منٹو نے اپنے افسانوں میں جو اسلوب اختیار کیا ہے وہ مشکل سے ہی کوئی دوسرا افسانہ نگار نقل کر سکتا ہے۔ مزاح نگاری میں مشتاق احمد یوسفی، کرنل محمد خاں، پطرس بخاری وغیرہ سب اپنے اپنے اسلوب کے مالک ہیں۔ ان مزاح نگاروں نے زبان وبیان کے استعمال کا جو طریقہ اختیار کیا ہے اُس کی نقل کرنا دوسروں کے لئے ممکن نہیں۔ اسلوب کی دوسری قسم میں مصنف کا رویہ کارفرما ہوتا ہے۔ مصنف جس ماحول میں اُٹھتا بیٹھتا ہے۔ وہ ماحول اُسکی بول چال، رہن سہن، وضع قطع، عادات واطوار کو ایک شکل دیتا ہے۔ اور یہ عوامل کسی نہ کسی طرح اسلوب پر بھی اثر انداز ہوتے ہیں۔ اردو میں شمالی ہند کے مصنفین اور جنوبی ہند کے مصنفین کے اسلوب میں ماحول کے اثرات پائے جاتے ہیں۔

اسلوب کی تیسری قسم میں خیال اور زبان کی خصوصیات ہوتی ہیں۔ کوئی مصنف یا شاعر زبان وبیان کے مخصوص الفاظ کو مخصوص انداز میں استعمال کرتے ہوئے اپنے منفرد اسلوب کی صورت گری کرتا ہے۔ کسی تخلیق کی تنقید کی طرح اسلوب کی پرکھ کی بھی کچھ اصطلاحیں موجود ہیں اور جدا جدا اسلوب کے لئے سادہ، بے تکلف، موزوں، خوش آہنگ، شگفتہ، خوب صورت، مرصع اسلوب کے نام دئے جاتے ہیں۔

حبیبؔ حیدر آبادی کے اسلوب کی خصوصیات:-

حبیبؔ حیدر آبادی کا اسلوب اُن کی تصانیف ''انگلستان میں'' رہ ورسم آشنائی، برطانیہ کی سیاسی جماعتیں اور پارلیمنٹ اور رسول اللہ صلی اللہ علیہ وسلم کا زمانہ وزندگی۔ میں پائی گئی تحریروں سے واضح ہوتا ہے۔ ان کی تصنیف ''انگلستان میں'' میں شامل مضامین مختلف موضوعات کے دائرے میں لکھے گئے۔ جن میں میرے تجربات، یادیں، انگلستان میں ادبی سماجی اور مذہبی سرگرمیاں، انگلستان میں اردو کے ادیب اور شاعر وغیرہ گوشے ہیں۔ ''میرے تجربات'' گوشے میں حبیبؔ حیدر آبادی نے انگلستان میں تارکین وطن کے مسائل کو سادہ اور بیانیہ انداز میں پیش کیا ہے لیکن کہیں کہیں مسائل کے بیان میں پایا جانے والا سوز وگداز اُن کے اسلوب میں تاثر اور کشش پیدا کر دیتا ہے۔ ہندوستان سے اعلیٰ تعلیم حاصل کرنے والے روپیوں کی خاطر کس طرح برطانیہ میں عمومی

کام کرنے کے لئے تیار ہو جاتے تھے اس پر درد بھرے انداز میں حبیبؔ حیدرآبادی لکھتے ہیں :

''ہندوستانیوں کو یہاں کی ہفتہ وار یا ماہانہ آمدنی اُن کی توقع سے کہیں زیادہ معلوم ہوتی تھی۔ اس لئے جو معاوضہ بھی اُن کو دیا جاتا اسی میں وہ خوش رہا کرتے تھے۔ اور ادنیٰ کام بھی جو ہم لوگوں کے سپرد کیا جاتا تھا۔ وہ تشکر و امتنان کے جذبات کے ساتھ انجام دیتے تھے۔ یہی وجہ ہے کہ ہمارے پاس کے گریجویٹ ایم۔ اے ایل ایل بی اور اعلیٰ تعلیم یافتہ ایک عرصہ تک ہوٹلوں میں برتن صاف کرتے یہاں کی فیکٹریوں میں جاروب کشی کیا کرتے' بسیں چلاتے' کنڈکٹری کرتے اور ہر وہ کام کرتے تھے جس کو مقامی انگریز یا تو کرنا نہیں چاہتے یا پھر زیادہ اُجرت پر کرتے تھے۔ جہاں ہم لوگوں کو ادنی قسم کے کام دئے جاتے تھے وہیں ہماری اُجرتیں بھی مقامی لوگوں کے مقابلے میں بہت کم ہوا کرتی تھیں''۔ [1]

مندرجہ بالا اقتباس سے اندازہ ہوتا کہ حبیبؔ حیدرآبادی ایک مورخ کی طرح حالات وواقعات کو بیان کرتے جاتے ہیں۔ درمیان میں اُن کے جذبات بھی جھلکتے ہیں۔ جس سے اُن کے اسلوب میں سوز و گداز پیدا ہوتا ہے۔ شعرا اور ادیبوں کے بارے میں لکھے گئے مضامین میں حبیبؔ حیدرآبادی نے' ادبی اصطلاحوں' زبان و بیان کی لطافتوں اور عربی آیات واشعار کے حوالوں سے اسلوب کو جاندار بنانے کی کوشش کی ہے اور ایسے مواقع پر اُنہوں نے نثر میں شاعری کی ہے۔ امیر خسرؔو کی یاد میں لکھے گئے مضمون کا ایک اقتباس حبیبؔ حیدرآبادی کے ادبی اسلوب کی جانداری کو یوں ظاہر کرتا ہے :

''خدا کے عطا کرنے اور بخشنے کے طریقے بھی مختلف ہیں عطا کی جلوہ گری غیریت کے دوراہے پر نہیں ہوتی بلکہ اپنائیت کے سنہرے جزیرے پر ہوتی ہے وہاں ہوتی ہے جہاں حسن ازل حیات مجسم کو وقت کے دھاروں میں بہا نہیں لے جاتی بلکہ اپنے آپ کو عشقیہ تفکر اور غم آگہی کے سپرد کر دیتی ہے۔ خودی کی قندیل خود بہ خود روشن ہونے لگتی ہے۔ کہیں یہ فطرت کا تقاضہ بن جاتی ہے کہیں اکتسابی صورت اختیار کر لیتی ہے۔ اسی خودی کی قندیل کی روشنی کی تمنا نے موسیٰ کو طور کی زیارت کروائی۔ عیسیٰؑ کو صلیب پر چڑھوایا۔ کرشن جی سے بنسی بجوائی۔ محمد رسول اللہ صلی اللہ علیہ وصلعم پر قران اُتروایا۔ علیؓ کے لئے یا لیتنی کنت ترابا کہلوایا۔ حسینؓ کے خون سے کربلا کی مٹی کو

رنگین کروایا۔ گرونانک صاحب سے وحدت کے گیت سنوائے''۔ ۳

حبیبؔ حیدر آبادی نے اپنا سادہ اور رواں اسلوب اپنی دیگر دو تصانیف ''برطانیہ کی سیاسی جماعتیں اور پارلیمنٹ'' اور ترجمہ کی کتاب ''محمد رسول اللہ صلی اللہ علیہ وصلعم کا زمانہ اور زندگی'' میں بھی استعمال کیا ہے۔ سیاسی موضوع پر اُن کی کتاب ''برطانیہ کی سیاسی جماعتیں اور پارلیمنٹ'' ہے۔ جس میں برطانیہ کی سیاسی پارٹیوں اور پارلیمنٹ کی تاریخ بیانیہ انداز میں پیش کی گئی ہے۔ لیکن اس کتاب میں بھی حبیب حیدر آبادی نے اپنی انشا پردازی کی جھلک دکھائی ہے۔ اور قارئین کے لئے دلچسپی کا سامان فراہم کیا ہے۔ برطانیہ کی سیاسی جماعت نیشنل فرنٹ کے رنگ دار تارکین وطن پر ڈھائے گئے مظالم کے خلاف رائے عامہ استوار کرتے ہوئے حبیبؔ حیدر آبادی ایک مصلح قوم کی طرح لکھتے ہیں:

''مرتا کیا نہیں کرتا۔ زندگی کسے پیاری نہیں ہوتی۔ عزت و آبرو کی حفاظت کی خاطر جان دینا تو ایک تاریخی وطیرہ رہا ہے۔ ہم ایشیائی نیشنل فرنٹ کا مقابلہ اُسی وقت کر سکتے ہیں جب کے ہم میں اتحاد و اتفاق ہو۔ اپنی بصیرت سے ہم پورا پورا استفادہ کرتے رہیں۔ اُن کے ہر ہر حربے کو انہی پر استعمال کرنا سیکھیں۔ ہماری اپنی زندگیوں کو ایمان و یقین کی نعمتوں سے مالا مال کریں۔۔۔ نیک دل اور ہمدرد انگریزوں کے تعاون سے ہم سب اپنے عمل کے ذریعے یہاں کے عوام پر واضح کریں کے اب تاریخ لوٹ کر تو آنے والی نہیں۔ زمانہ بہت آگے بڑھ چکا ہے ہماری موجودگی یہاں اب ایک تاریخی حقیقت بن چکی ہے۔ اس حقیقت سے انحراف میں ملک کی تباہی مضمر ہے وقت کا تقاضہ ہے کہ سب مل جُل کر رہیں۔ ہماری حفاظت میں ملک کی عظمت پوشیدہ ہے۔۔۔ مقامی انگریزوں کی مدد سے ہی ہم نیشنل فرنٹ کو نیچا دکھا سکتے ہیں۔ امید ہے کہ آنے والا کل تارکین وطن کے لئے یقیناً اُمید افزاء ہوگا''۔ ۴

مندرجہ بالا اقتباس میں حبیبؔ حیدر آبادی ایک مبصر اور معلم کے طور پر دکھائی دیتے ہیں جبکہ اس کتاب کے دیگر صفحات پر اُن کی شگفتہ انشا پردازی جھلک دکھاتی رہتی ہے۔ ڈزرائیلی کے بارے میں لکھتے ہیں کہ ''پیدائشی یہودی تھا۔ ناول نگار تھا۔ انتہائی ذہین تھا۔ اور سونے پر سہاگہ یہ تھا کہ ابن الوقت تھا''۔ کوئلے کے کانوں کے مزدوروں کی ہڑتال پر حکومت کی نا اہلی بیان کرتے ہوئے

لکھتے ہیں کہ ''یہاں یہ سب کچھ ہو رہا تھا اور مسز مارگریٹ تھیچر سوئزرلینڈ اور آسٹریلیا میں اپنی چھٹیاں منا رہی تھیں۔ '' ڈگلس ہوم کے بارے میں لکھا کہ '' خاموش شرمیلے وضع دار اور رکھ رکھاؤ کے آدمی۔ موجودہ صدی کی سیاست اُن کے بس کی بات نہیں تھی۔ '' مارگریٹ تھیچر کے بارے میں لکھتے ہیں کہ '' عام عورتوں کی طرح وہ بھی ایک ضدی عورت ہیں۔ اپنے شوہر کو اپنے پیچھے پیچھے لئے پھرتی ہیں۔ غرض اس کتاب میں حبیبؔ حیدرآبادی کا اسلوب شگفتہ دکھائی دیتا ہے۔ اس کتاب کے اسلوب کے حوالے سے محمد یوسف الدین خاں رقم طراز ہیں :

'' موضوع اور اس کی وسعت کے پیش نظر آپ شائد یہی توقع کریں گے کہ اس کتاب کی زبان شائد پروفیسر مجیب کی زبان ہوگی یا اس کا انداز ڈاکٹر حمید اللہ کا انداز ہوگا۔ لیکن کمال یہ ہے کہ یہاں بھی وہی اُن کے انشائیوں کا اسٹائل ملے گا۔ اور وہی مجلسی گفتگو کے انداز ملیں گے۔ اس کتاب میں کہیں بھی وہ علم سیاسیات کے مبصر کے طور پر نہیں اُبھرتے اگر وہ ایسا کرتے تو اُن کی یہ کتاب بھی اُسی قبیل کی دوسری کتابوں کی طرح یا تو طوقوں میں سجادی جاتی یا پھر کتب خانوں کی الماریوں کی زینت بنی رہتی''۔ ۵

حبیبؔ حیدرآبادی کی ایک تصنیف '' محمد رسول اللہ صلی اللہ علیہ وصلعم کا زمانہ اور زندگی '' ہے۔ یہ دراصل ترجمہ شدہ کتاب ہے۔ لیکن ایک تصنیف کا درجہ رکھتی ہے۔ اس کتاب میں حبیبؔ حیدرآبادی نے رواں اور سلیس زبان میں ترجمہ پیش کیا ہے اور قاری کو کہیں بھی احساس نہیں ہوتا کہ وہ انگریزی سے اردو میں ترجمہ شدہ کوئی کتاب پڑھ رہا ہے۔ حبیب حیدرآبادی نے بامحاورہ انداز میں موضوع کی مناسبت سے اسلوب اختیار کیا۔ حضور اکرم صلی اللہ علیہ وصلعم کے نواسوں حضرت حسنؓ اور حسینؓ کے بچپن کے بارے میں لکھتے ہیں :

'' حضور صلی اللہ علیہ وصلعم کی صاحبزادی سیدہ فاطمہؓ کی شادی حضرت علیؓ ابن ابی طالب سے ہوئی تھی۔ حضرت فاطمہؓ کے بطن سے دو صاحبزادے تولد ہوئے۔ ایک کا نام حسنؓ تھا اور دوسرے کا حسینؓ۔ چونکہ حضور صلی اللہ علیہ وصلعم کی اولاد میں یہی دولڑکے تھے۔ اس لئے حضور صلعم علیہ وصلعم ان کو بہت عزیز رکھتے تھے۔ اپنے آپ کو ان دونوں کے لئے بالکل وقف کر چکے تھے۔ حضورؐ کو ان کے ساتھ کھیلنے سے زیادہ کسی اور بات میں خوشی نہیں ہوتی تھی۔ نماز کے دوران

حضور صلی اللہ علیہ وصلعم جب سجدہ میں جاتے تھے تو یہ دونوں صاحبزادے حضورؐ کی گردن پر بیٹھ جاتے تھے یا آپ کی پشت پر سوار ہو جاتے تھے۔ اور نماز کے دوران آپ صلی اللہ علیہ وصلعم نے اپنی پشت پر بیٹھ جانے سے کبھی بھی بے صبری کا اظہار نہیں کیا۔ حسنؓ اور حسینؓ کو اُن کے دل بھر نے تک پیٹھ پر بیٹھنے دیتے تھے۔ اپنے سجدوں کو طویل کرتے جاتے تھے'' ۔٦

حبیبؔ حیدر آبادی نے اس کتاب میں سیرت کے واقعات بیان کئے ہیں۔ اس لئے اسلوب میں روانی اور تسلسل ضروری ہے۔ اور اُنہوں نے واقعات کو اسی روانی سے بیان کیا۔ حضور اکرم صلی اللہ علیہ وصلعم کی سیرت سے متعلق واقعات کے بیان میں موقع کی مناسبت سے جیسے اردو الفاظ استعمال کرنے چاہیں اُسی طرح کے الفاظ کا انتخاب کرتے ہوئے اُنہوں نے اپنے اسلوب میں جان ڈالی ہے۔ حبیبؔ حیدر آبادی کے اسلوب کی شان اُن کی تصنیف ''رہ و رسم آشنائی'' میں ملتی ہے۔ یہ کتاب انشائیوں اور خاکوں کے مجموعہ پر مشتمل ہے۔ اور انشائیے اُسی وقت کامیاب سمجھے جاتے ہیں جب تک اُن میں اسلوب کی چاشنی نہ ہو۔ حبیب حیدر آبادی نے رومانیت اور ادب لطیف کے طرز پر اپنے دلکش اسلوب سے ان انشائیوں کو وقار بخشا۔ اُن کے رنگین دلچسپ اور شگفتہ اسلوب کی چند مثالیں پیش ہیں :

''ہمیں منکسر المزاج بنانے کا سہرا ہماری بیگم کے سر جاتا ہے۔ سراپا آگ کو خاک بنانے میں اور پھر اس مشت خاک کو خاکسار بنانے میں اُن کا بڑا حصہ رہا ہے۔ خاکساری یوں ہی نہیں آجاتی اس کے لئے بڑی خاک چھاننی پڑتی ہے۔ بڑے ریاض کی ضرورت پڑتی ہے اپنے نفس پر بڑا جبر کرنا پڑتا ہے اقبال کا شاہین بننا پڑتا ہے۔ جسے پہاڑوں کی چٹانوں پر نہیں بلکہ پہاڑ یوں سے گھری وادیوں میں بسیرے کی ضرورت پڑتی ہے ۔ (ہماری انکساری)

''ماں باپ کا دور حکمرانی ختم ہوا۔ بیوی نگران اعلی بن گئیں۔ اُن کا سلوک ہمارے ساتھ ایسا رہا جیسے اسرائیل کا عربوں کے ساتھ۔ عربوں کے پاس پیسہ ہے۔ حکومت ہے۔ سبھی جانتے ہیں مگر ہر ایک کو یہ بھی پتہ ہے کہ کون کس سے ڈرتا ہے۔ شادی کیا ہوئی۔ کیوں؟ کیسے؟ کب؟ اور کہاں؟ جیسے سوالیہ الفاظ کی بوچھار سے ہماری زندگی جنوبی آفریقہ کے کالوں جیسی ہوگئی '' (ہماری وضع داری)

''اپنی عمر کے حوالے سے اگر ہماری زندگی کے شب وروز کا جائزہ لیا جائے تو متن میں ساری کی ساری جدید اور آزاد شاعری کی جھلکیاں نظر آتی ہیں۔ زندگی کو کلاسیکل شاعری بنائے رکھنے کی ارادی کوششوں کے باوجود زمانے کی رفتار فکر ونظر کو مختلف دھاروں پر بہالے جاتی ہے۔ صاف ستھری فکر ابہام کے دریچوں کو وا کرتی ہے۔ ہر آنے والا ایک نئے تجربہ کو دعوت دیتا ہے۔ اس تجرباتی کیفیت میں ہم سے بھی آئے دن غلطیاں سرزد ہوتی ہیں (ہم دادا بن گئے)

''ازدواجی زندگی میں اگر ایک فریق یعنی شوہر یا بیوی کی طبعیت خراب ہو یا مزاج ناساز ہو تو لوگ اسے بھی دوسرے فریق کی زیادتی کا نتیجہ سمجھتے ہیں۔ ہماری بیگم کو دردسر کی اکثر شکایت رہتی ہے۔ اُن کے احباب یہ سمجھتے ہیں کہ اُن کے مستقل دردِسر کا باعث ہماری ذات بنی ہوئی ہے۔ اور جب بھی وہ ہم سے ملتے ہیں، ہمیں غصہ کی نظروں سے دیکھتے ہیں۔ اُن کو نزلہ ہو کہ زکام یا بخار سب کا نزلہ ہم پر گرتا ہے'' (ہماری شاعرہ بیگم صدیقہ)

حبیبؔ حیدرآبادی کے انشائیوں کے یہ اقتباسات اُن کے اسلوب میں پائی جانے والی شگفتگی، تازگی، روانی اور شعریت کو ظاہر کرتے ہیں۔ حبیبؔ حیدرآبادی کی نثر کی خوبیاں بیان کرتے ہوئے محمد یوسف الدین خاں لکھتے ہیں :

''حبیبؔ کی نثر کی ایک خاص خوبی اور بھی ہے۔ اُن کے انشائیے جہاں اپنے فن کے معیار پر پورے اُترتے ہیں۔ وہیں اُن میں مجلسی گفتگو کا لطف ورنگ بھی موجود ہے کسی بھی انشائیے کو ملاحظہ فرمائیے یوں لگتا ہے کہ آپ کسی محفل میں حبیبؔ سے محوِ گفتگو ہیں۔ وہی برسبیل تذکرہ شگوفے، کبھی کبھی موضوع سے ذرا گریز، اور ایک آدھ لطیفے کے بعد دوبارہ موضوع پر آجانا لفظوں کی جادوگری، بے ڈھنگیوں کا بے تکلف اظہار۔ یہ کیفیتیں جہاں اُن کی محفلوں کی ہیں۔ وہیں یہ اُن کی تحریروں میں بھی موجود ہے''۔ ؎

حبیبؔ حیدرآبادی نے اپنے اسلوب کی تعمیر میں اشعار کا استعمال کیا، فقرے استعمال کئے، تشبیہات استعمال کی ہیں اور چھوٹے واوسط جملوں کے ذریعہ بات کو پیش کیا ہے۔ اپنی بات کو واضح کرنے کے لئے اُنہوں نے جو اشعار استعمال کئے اُن میں سے چند یہ ہیں۔

؎ یار کو میں نے مجھے یار نے سونے نہ دیا

رات بھر طالع بیدار نے سونے نہ دیا (آتشؔ)

ے ایک سایہ ہے تعاقب میں سدا رہتا ہے
ایک آسیب ہے دن رات ستاتا ہے مجھے (صدیقہؔ)

ے اُن سے مل کر زندگی کچھ اور تنہا ہوئی
اب دکھوں کے سلسلے ہیں فاصلوں کے درمیان (صدیقہؔ)

مشکل ہے بہت صاحب ایماں ہونا
کچھ کھیل نہیں ہے حق پر قرباں ہونا
یاں مثل حسین سر قلم ہوتا ہے
امجدؔ آساں نہیں مسلماں ہونا (امجدؔ حیدر آبادی)

ے ہے جستجو کہ خوب سے ہے خوب تر کہاں
اب ٹھہرتی ہے دیکھئے جا کر نظر کہاں (حالیؔ)

ے دیار عشق میں اپنا مقام پیدا کر
نیا زمانہ نئے صبح و شام پیدا کر
خدا اگر دل فطرت شناس دے تجھ کو
سکوت لالہ' وگل سے کلام پیدا کر
مرا طریق امیری نہیں فقیری ہے
خودی نہ بیچ غریبی میں نام پیدا کر (اقبالؔ)

حبیبؔ حیدر آبادی نے بعض مرتبہ جملوں میں تشبیہہ بھی استعمال کی ہے۔ایک جگہ لکھتے ہیں "بیوی نگران اعلیٰ بن گئیں۔اُن کا سلوک ہمارے ساتھ ایسا رہا جیسے اسرائیل کا عربوں کے ساتھ۔اسی طرح اُنہوں نے شاعری کی اصطلاحوں قافیہ ردیف' تصوف کی اصطلاحوں فنا' مراقبہ' وحدت الوجود وغیرہ کو استعمال کرتے ہوئے اسلوب میں شگفتگی پیدا کی ہے۔

"ہمارے اقوال کے نام سے اُنہوں نے جو فقرے لکھے وہ بھی اُن کے اسلوب کی انفرادیت کو ظاہر کرتے ہیں۔"رشوت آمدنی اور خرچ کے توازن کا نام ہے" فقرے کو اُنہوں نے اپنے

مضامین میں ایک سے زیادہ مرتبہ استعمال کیا ہے۔ حبیبؔ حیدر آبادی نے مذہب اسلام سے اپنی گہری وابستگی کا ثبوت دیتے ہوئے مضامین میں جگہ جگہ قرانی آیات کا بھی حوالہ دیا۔ جوان کے اسلوب کو معتبر بناتا ہے۔ واقعات کا استعمال اسلوب میں دلچسپی قائم کرتا ہے۔ اپنی کتاب 'برطانیہ کی سیاسی جماعتیں اور پارلیمنٹ'' میں صنعت کاروں کے منفی رویے پر تنقید کرتے ہوئے حبیبؔ حیدر آبادی نے اسلوب میں واقعات کا سہارا لیا اور لکھا کہ :

''حکیم اجمل خاں کی ایک روایت میں نے حضرت مولانا خواجہ حسن نظامی مرحوم سے سنی تھی کہ دہلی میں حکیم صاحب کے ایک دوست تھے جو سرطان یعنی کینسر کا علاج کیا کرتے تھے۔ اُنہوں نے سرطان جیسے موذی مرض سے کئی مریضوں کو نجات دلائی۔ حکیم اجمل خاں نے اپنے دوست سے درخواست کی کہ اس دوا کا نسخہ لکھوا دیں۔ ان کے دوست نے انکار کیا۔ اور سرطان کے نسخے کو عمر بھر راز ہی میں رکھا اور اپنی موت کے ساتھ سرطان کی شفا بھی اپنے ساتھ لیتے چلے گئے۔ یہی رویہ یہاں کے صنعت کاروں کا بھی تھا۔ صنعت سیکھنے والوں کی راہ میں ایک ہزار ایک روڑے اٹکایا کرتے تھے''۔ ۸

سیاسی موضوع میں اسلوب کے ذریعہ دلچسپی پیدا کرنا ایک مشکل کام ہے۔ لیکن اردو قارئین کے لئے حبیبؔ حیدر آبادی نے برطانیہ کی سیاست کو سمجھانے ہندوستانی تہذیب سے مطابقت رکھنے والے واقعہ کو بیان کیا۔ اور اپنی تکنیک سے اسلوب میں جان ڈالی۔ مجموعی طور پر حبیبؔ حیدر آبادی کا نثری اسلوب شگفتہ اور نکھرا ہوا ہے۔ اُن کے اسلوب پر رشید احمد صدیقی' مشتاق احمد یوسفی اور خواجہ حسن نظامی کے اسلوب کی چھاپ دکھائی دیتی ہے۔ اُنہوں نے بیشتر مواقع پر اپنے دلچسپ و پر لطف اسلوب کی مدد سے عمومی موضوعات میں بھی جان ڈال دی۔ اپنے اسلوب کی رنگا رنگی کے سبب وہ اردو کے اہم نثر نگاروں میں خاص مقام رکھتے ہیں۔

نثر کے ساتھ حبیبؔ حیدر آبادی نے مختصر سا شعری سرمایہ بھی چھوڑا ہے۔ اُن کے شعری اسلوب کا جائزہ لیں تو اندازہ ہوتا ہے کہ اُن کی شاعری میں دبستان دہلی کی خصوصیت' داخلیت' جذبات نگاری' عشق' غم جاناں' غم روزگار کے اظہار کی کیفیت ملتی ہے۔ چھوٹی بحروں میں اُنہوں نے دہلی کے نمائیندہ شعرا کے اسلوب میں اچھی شاعری کی ہے۔ اُن کے یہ اشعار اُن کے شعری

اسلوب کی طرف رہنمائی کرتے ہیں۔

شمع روشن اگر نہ ہو یہ دل
زندگی کیا ہے اک جہنم ہے

ہم پہ اپنا وجود بھاری ہے
پھر بھی مرتے ہیں زندگی کے لئے

سازِ ہستی تو اپنی جگہ ایک ہے
کوئی نغمہ سرا ہے کوئی نوحہ گر

وقت رُکتا نہیں کسی کے لئے
کیا مصیبت ہے آدمی کے لئے

سُنائیں کس کو کس اُمید پر ہم
حبیبؔ اپنی تباہی کا فسانہ

حبیبؔ حیدرآبادی کے یہ اشعار اُن کے کلام میں پائے جانے والے سوز وگداز کو ظاہر کرتے ہیں۔اور اُن کے شعری اسلوب کی داخلیت کی طرف جُھکاؤ کو پیش کرتے ہیں۔حبیبؔ حیدرآبادی نے شعروشاعری کا کوئی بڑا ذخیرہ نہیں چھوڑا لیکن اُن کا دستیاب کلام اُنہیں سوز وگداز کے شاعر کے طور پر پیش کرتا ہے اور ہم کہہ سکتے ہیں کہ اُن کا شعری اسلوب دبستان دہلی کے شعراء سے میل کھاتا ہے۔ رشید احمد صدیقی کی پہچان جس طرح علی گڈھ رہی ہے۔اُسی طرح حبیبؔ حیدرآبادی بھی اپنی تحریروں میں انگلستان کے تذکرے اور وہاں کی اردو سرگرمیوں کے بیان کی بدولت لازم وملزم قرار دئے جاسکتے ہیں۔اور جب بھی انگلستان میں اردو کے ادیبوں کا تذکرہ آئے گا۔اُس وقت حبیبؔ حیدرآبادی کا نام ضرور لیا جائے گا۔

حوالے

۱ مرزا خلیل بیگ۔ "زبان اسلوب اور اسلوبیات۔ علی گڈھ ۱۹۸۳ء ۔ص ۱۵۸

۲ حبیبؔ حیدر آبادی۔ انگلستان میں۔ ص ۱۳

۳ حبیبؔ حیدر آبادی۔ انگلستان میں۔ ص ۶۸

۴ حبیب حیدر آبادی۔ برطانیہ کی سیاسی جماعتیں اور پارلیمنٹ۔ص ۱۰۳

۵ محمد یوسف الدین خاں۔ راوی۔ بریڈفورڈ۔ حبیبؔ حیدر آبادی نمبر۔ص ۱۳

۶ حبیب حیدر آبادی۔ محمد رسول اللہ صلی اللہ علیہ وصلعم کا زمانہ اور زندگی۔ص ۴۸۳ ۔ ۴۸۴

۷ محمد یوسف الدین خان۔ راوی۔ ص ۱۳

۸ حبیبؔ حیدر آبادی۔ برطانیہ کی سیاسی جماعتیں اور پارلیمنٹ۔ ص ۳۵

حبیبؔ حیدرآبادی مشاہیر کی نظر میں

حبیبؔ حیدرآبادی اپنی ذات میں ایک انجمن تھے۔ دیارِ غیر میں انہوں نے نہ صرف اپنے نام کے جُز ''حیدرآبادی'' سے حیدرآبادی تہذیب کی نمائندگی کی۔ بلکہ عملی طور پر وہ شمع اردو تھے۔ اور برطانیہ میں چراغ اردو کی لو بڑھاتے رہے۔ اُن پر نچھاور ہونے والے پروانے نہ صرف برطانیہ میں تھے بلکہ برصغیر میں مختلف شعبہ ہائے حیات سے تعلق رکھنے والی شخصیتیں ان کے حلقہ احباب میں شامل تھیں۔ زندگی میں وہ لوگوں کو اپنی زندہ دلی سے لبھاتے رہے۔ اور وفات کے بعد اپنی یادوں کے سہارے لوگوں کے دلوں میں بسے رہے۔ اُن کی موت پر اور خود ان کی زندگی میں مشاہیر ادب نے ان کی حیات شخصیت اور کارناموں پر دل کی گہرائیوں سے اظہار خیال کیا۔ ذیل میں ان کے کرم فرماؤں کے تاثرات دیئے جارہے ہیں۔ یہ وہ تحریریں ہیں جو ایک محبّ اردو کی وفات پر اردو والوں نے لکھی ہیں۔

پروفیسر مغنی تبسم

حبیبؔ حیدرآبادی ایک بے مثال شخصیت کا نام ہے۔ ایسی ہی کئی شخصیتوں کے بارے میں میرؔ نے کہا تھا۔

ے مت سہل ہمیں جانو پھرتا ہے فلک برسوں
تب خاک کے پردے سے انساں نکلتے ہیں

حبیبؔ حیدرآبادی واقعی ایک غیر معمولی انسان تھے۔ ایسے صاحب دل پر خلوص شگفتہ مزاج اور ہمدرد انسان خال خال ہی نظر آتے ہیں۔ وہ اپنے نام کے ساتھ حیدرآبادی کی نسبت یوں ہی نہیں لگاتے تھے۔ وہ قدیم حیدرآبادی تہذیب کا مکمل نمونہ اور یادگار تھے۔ بچپن ہی سے انہیں مشائخین

کرام' بزرگان دین' علماء ادبا' اور عمائدین کا ماحول ملا تھا۔ اور اس ماحول کی بہترین خصوصیات انکی شخصیت میں جذب ہوگئیں۔ حبیبؔ صاحب فطری اور پیدائیشی ادیب تھے۔ طالب علمی کے زمانے میں وہ ''بچوں کے سب رس'' کے مدیر رہے اردو زبان وادب سے شغف انہیں زندگی بھر رہا۔ اپنے غیر ادبی پیشے کی مصروفیات نے انہیں اجازت نہیں دی کہ وہ اپنی تخلیقی اور فنکارانہ صلاحیتوں کو پوری طرح بروئے کار لائیں۔ اس کے باوجود انہوں نے شاعری اور بالخصوص نثر میں جو کارنامے پیش کئے ہیں وہ ہمیشہ اردو ادب کی تاریخ کا حصہ بن کر رہیں گے''۔

ضیاءالدین شکیب

حبیبؔ حیدر آبادی صاحب کو ویسے تو میں نے حیدر آباد میں پولیس ایکشن کے کچھ بعد کے زمانے میں دیکھا تھا۔ وہ مجھ سے سینیر تھے۔ اُن سے کوئی رسمی تعارف نہ تھا۔ البتہ ۱۹۸۰ء میں جب میں اسکول آف اورینٹل اینڈ افریکن اسٹڈیز کی دعوت پر انگلستان پہونچا اور اس ادارے میں کام کرنے لگا۔ اسی زمانے میں حیدر آباد سے ڈاکٹر حسن الدین صاحب کی یہ خواہش اور ارادہ تھا کہ برطانیہ میں امیر خسرو سوسائٹی قائم کی جائے اور اس سلسلے میں ایک میٹنگ طلب کی جائے۔ لندن میں عظیم حسین صاحب مستقل قیام پذیر تھے۔ یہ پنڈت نہرو کے زمانے میں ہندوستان کے چیف آف پروٹوکول تھے۔ اور ہندوستان کے سفیر برائے برطانیہ بھی رہ چکے تھے۔ کافی بااثر اور ممتاز شخصیت کے حامل تھے۔ اور ہیں۔ ڈاکٹر حسن الدین صاحب کے اُن سے بھی بڑے اچھے مراسم تھے۔ اور یہ طے پایا کہ امیر خسرو سوسائٹی کی تشکیل کے لئے جو میٹنگ بلائی جائے۔ اس میں عظیم حسین صاحب کو بھی زحمت دی جائے۔ خیال یہ تھا کہ میٹنگ اسکول آف اورینٹل اینڈ افریکن اسٹڈیز ہی میں منعقد کی جائے۔ لیکن جب عظیم حسین صاحب کو فون کیا گیا تو انہوں نے نہ صرف تجویز کی تائید کی بلکہ یہ فرمایا کہ میٹنگ نیوزی لینڈ ہاؤز میں اُن ہی کے دفتر میں ہو۔ اس زمانے میں برطانیہ کے احباب سے مجھ سے زیادہ ڈاکٹر حسن الدین صاحب بھی واقف تھے۔ میں جن کو جانتا تھا وہ صرف افتخار عارف تھے اور ہیں۔ بہر حال حسن الدین صاحب' افتخار عارف اور عظیم حسن صاحب کی ایما پر اس میٹنگ میں جو لوگ آئے ان میں عباس زیدی' حبیبؔ حیدر آبادی اور میرے بچپن کے دوست نقی تنویر' افتخار عارف' ڈاکٹر حسن الدین احمد صاحب اور عظیم حسن

صاحب شامل تھے۔امیر خسرو کی حیات اور کارناموں پر میری تقریر سے اس اجلاس کا آغاز ہوا۔ اس کے بعد ڈاکٹر حسن الدین احمد صاحب نے اس اجلاس کے اغراض ومقاصد کی وضاحت کی۔ اور بعد میں اس وقت کے حاضرین پر مشتمل امیر خسرو سوسائٹی کی مجلس عاملہ تشکیل پائی۔امیر خسرو سوسائٹی کے تحت کیا کام ہوا یہ علحدہ گفتگو ہے۔تاہم یہ سوسائٹی آج بھی انگلستان میں قائم ہے۔ اور اس وقت غالباً ایوب اولیاء اس کے صدر یا معتمد ہیں۔اس اجلاس میں حبیب حیدرآبادی میرے لئے کئی لحاظ سے ایک انکشاف تھے۔پہلے تو یہ معلوم ہوا کہ آپ حیدرآبادی ہیں۔دو سرے یہ کہ مغنی تبسم صاحب کے بہنوائی ہیں۔ان دونوں باتوں نے بہت جلد ایک دوسرے کو قریب کردیا۔پھر یہ کہ خسرو سوسائٹی کے اجلاس میں جو عہدے تقسیم ہورہے تھے۔اس میں حبیبؔ صاحب کا رول بہت اہم تھا۔تقریباً تمام عہدوں کے لئے انہوں نے ہی اشخاص کو نامزد کیا تھا۔ اور عظیم حسین صاحب کا یہ حال تھا کہ جو حبیبؔ حیدرآبادی کہتے ہیں وہ اسی کو مانتے اور درمیان میں کوئی اور کچھ کہتا تو اسے ٹال جاتے تھے۔اس سے اندازہ ہوتا تھا کہ تنظیمی معاملات میں حبیبؔ حیدرآبادی کی سوجھ بوجھ پر سنئیر شخصیتیں اس قدر اعتماد کرتی تھیں۔

پہلی ہی ملاقات میں جو بات غیر معمولی طور پر محسوس ہوئی وہ حبیبؔ حیدرآبادی کی حس مزاح ہے۔ان کی طبعیت میں بلا کا چلبلا پن تھا۔کیسی ہی سنجیدہ محفل ہو۔کیسی ہی شخصیت ہو وہ فقرہ چست کرنے میں چوکتے نہیں تھے۔اس طرح ساری محفل کو ہنسا دیتے تھے۔اس سے بڑھ کر یہ کہ خود بے تحاشہ ہنستے۔اتنا ہنستے کہ ان کی ہچکیاں بندھ جاتی تھیں اور اگر کوئی نیا دیکھنے والا ہو تو وہ ان کی یہ حالت دیکھ کر پریشان ہوجاتا تھا۔اس اجلاس کے بعد حبیبؔ حیدرآبادی مجھ سے گرمجوشی سے ملے۔اور مجھے ایک گوشے میں لے جاکہ دو باتیں کیں۔ایک تو یہ کہا کہ آپ نئے آئے ہیں۔ اگر کسی وقت پیسے کم پڑ جائیں اور ضرورت پڑے تو صرف مجھ سے کہنا اور کسی سے نہ کہنا اور پھر بے تحاشہ ہنسنے لگے۔پھر پوچھا کہ کتنے دن کے لئے آئے ہو۔میں نے کہا فی الوقت ایک سال کے لئے۔کہنے لگے ایک سال مزے اڑالو۔اور اس کے بعد پھر وہی ان کی معمول کی ہنسی۔اس کے بعد حبیبؔ حیدرآبادی نے مجھے کئی دفعہ اپنے ہاں بلایا۔اچھے کھانے پکانے میں ان کی بیگم صدیقہ کو بڑی دست گاہ حاصل ہے۔حالانکہ وہ خود بڑی اچھی شاعرہ ہیں۔اور ان دونوں کو کھلانے

کا بھی بڑا ذوق رہا ہے۔ چونکہ مغنی صاحب سے میرے خاندانی مراسم رہے ہیں اس لئے جب بھی میں حبیبؔ حیدرآبادی کے ہاں گیا ہوں ایسا لگتا تھا کہ اپنے گھر میں ہوں۔ اس زمانے میں حبیب حیدرآبادی لندن کے نواحی مقام Dart ford (ڈارٹ فورڈ) میں رہا کرتے تھے۔ ریل کے ذریعہ وہاں جانا ہوتا۔ جب بھی میں وہاں جاتا رات وہیں رہتا اور رات دیر گئے تک ان لوگوں سے بات چیت ہوتی۔ جن میں علمی و ادبی باتیں، مذہبی مسائل سے لے کر غیبتوں تک سبھی شامل ہوتا۔ بات کوئی ہو۔ موضوع کوئی ہو وہ وقفے وقفے سے حبیبؔ صاحب کے قہقہوں کے آبشار کے درمیان ہوتی تھی۔ رہن سہن کے معاملے میں حبیبؔ حیدرآبادی اور صدیقہ دونوں نہایت خوش ذوق رہے ہیں۔ مکان حد درجہ صاف ستھرا، آرائش میں نہایت اعلیٰ ذوق حتیٰ کہ گھر کا پائیں باغ بھی گوشۂ فردوس بنا رہتا تھا۔ ۱۹۸۳ء کے لگ بھگ حبیبؔ حیدرآبادی ڈارٹ فورڈ سے سنٹرل لندن منتقل ہو گئے اور ارلس کورٹ (Earl'sCourt) کے قریب لکزم گارڈن (Lexham Garden) کے قریب ایک فلیٹ لے لیا۔ اُس زمانے میں میں بھی اُن سے بہت قریب گلوسٹر گارڈن (Gloucester Garden) پر رہا کرتا تھا۔ اور میرا آنا جانا بڑھ گیا تھا۔ اس کی ایک وجہ یہ بھی تھی کہ ایک تو جب کوئی نمایاں شخصیت انگلستان آتی تو یا تو وہ حبیبؔ صاحب کے پاس ٹھہرتی یا حبیبؔ صاحب کے ہاں ان کی ضیافت کا اہتمام ہوتا۔ حبیبؔ صاحب کے ہاں مہمانوں کے اعزاز میں ہوئی جن ضیافتوں میں میں شریک رہا ان میں فیض احمد فیضؔ، علی سردار جعفری، گوپی چند نارنگ، شہریار احمد فراز کی ضیافتیں قابل ذکر ہیں۔ اس کے علاوہ ہر ہفتہ حبیبؔ حیدرآبادی کے مکان پر ایک ادبی محفل ہوتی جس کے بعد نہایت پر تکلف کھانے کا انتظام ہوتا۔ ان محفلوں میں جو لوگ پابندی سے شریک ہوتے تھے ان میں مشتاق احمد یوسفی اور بیگم یوسفی، افتخار عارف، اور ان کی بیگم ریحانہ، رضا علی عابدی اور ان کی بیگم ماہ طلعت، شاہدہ اور ان کے میاں عزیز تو تقریباً ہر محفل میں ہوتے ان کے علاوہ ایک عرصے تک ان محفلوں میں شہرت بخاری بھی شریک ہوتے رہے۔ اور بھی دیگر لوگ ان محفلوں میں شریک ہوتے۔ اس سے اندازہ لگایا جا سکتا ہے کہ لندن کی ادبی اور تہذیبی زندگی میں حبیبؔ حیدرآبادی کی شخصیت مرکزی حیثیت اختیار کر گئی تھی۔

حبیب حیدر آبادی نظم و نثر دونوں لکھتے تھے۔ لیکن ان کو اپنے ادیب ہونے کا کوئی ادعا نہیں تھا۔ اس معاملے میں وہ نہایت منکسر المزاج تھے۔ شعر وہ مزاحیہ کہا کرتے تھے محفلوں کے اختتام پر ان کی مزاحیہ شاعری سے محفل زعفران زار بن جاتی تھی۔ ان کا ایک شعر ہے جو انگلستان کی معاشرت کی تصویر بھی ہے اور اس پر طنز بھی۔

مقام کبریا پر غور کرنے ہی والا تھا

میری بیوی نے چپکے سے کہا برتن تو دھو دیجیے

بے سبب لکھنے کی ان کو عادت نہیں تھی۔ انہوں نے جو کچھ لکھا وہ ان کے ذاتی تجربے اور مشاہدے میں تھا۔ اس میں آٹے دال کے بھاؤ سے لے کر برطانیہ کی پارلیمانی سیاست، معاصرین کا تذکرہ اور اپنے پیش رووں سے عقیدت سبھی شامل ہے۔ حضرت خواجہ حسن نظامی سے حبیبؔ صاحب کو بڑی عقیدت تھی۔ وہ غالباً ان کے مرید بھی تھے۔ ان کا تذکرہ بڑے والہانہ انداز میں کیا کرتے تھے۔ حبیبؔ صاحب کے نام خواجہ صاحب کے کچھ خطوط بھی ہیں۔ جو غالباً ان کی کتاب '' انگلستان میں شامل ہیں۔ اسی طرح آصف سابع میر عثمان علی خان کی عظیم خدمات کے بھی وہ بڑے مداح اور ان کی شخصیت کے بڑے گرویدہ تھے۔ حبیب جہاں جلد ہنس پڑتے تھے۔ بعض باتوں پر اسی طرح جلد رو بھی پڑتے تھے۔ خواجہ حسن نظامی، میر عثمان علی خان اور شہیدان کربلا کا جب بھی ذکر آتا فوراً ان کی آواز گلوگیر اور آنکھیں غمناک ہی نہیں بلکہ اشک بار ہو جاتی تھیں، ایسی حالت میں بھی وہ فقرے چست کرنے سے نہیں چوکتے تھے۔ ایک دفعہ میں حیدر آباد سے لندن واپس ہوا حبیبؔ صاحب کو فون کیا سخت تعجب ہو کہ میری حیدر آباد کی سرگرمیوں کا ان کو رتی رتی علم تھا۔ میں نے تعجب سے پوچھا کہ آپ کو ان سب باتوں کا پتہ کیسے چلا تو فوراً جواب دیا کہ جب کوئی مشتبہ کردار ہمارے وطن جاتا ہے تو ہم اس کی نقل و حرکت کی پوری پوری خبر رکھتے ہیں۔ اور پھر ایک زوردار قہقہہ لگایا۔

حبیبؔ حیدر آبادی اچھے نثر نگار تھے۔ مزاحیہ نثر اور شاعری سے ان کی طبعیت کو فطری لگاؤ تھا۔ ''رہ و رسم آشنائی'' کے مضامین ان کی صلاحیت کے نمائندہ ہیں جس زمانے میں وہ یہ مضامین لکھ رہے تھے۔ کینسر کے موذی مرض میں مبتلا تھے۔ اور ریڈیم تھیراپی سے ان کا علاج ہو

رہا تھا۔اس قدر اذیت ناک مرض میں مبتلا رہنے کے باوجود کاغذ وقلم بستر پر ہوتا اور وہ ایسی شگفتہ تحریریں لکھتے رہے۔دوستوں کے خطوط کے جواب بھی اسی بستر بیماری سے دیتے تھے۔اور ان خطوط کا انداز اس قدر دلکش وشاداب ہوتا کہ کوئی یہ تصور بھی نہیں کرسکتا تھا کہ یہ خط کینسر کا تڑپتا ہوا ایک مریض لکھ رہا ہے۔ایک دفعہ میں ان کی مزاج پرسی کے لئے دواخانے گیا تو اسی وقت درد کو مارنے والی شدید دوا کا انجکشن لے کر بستر پر کسی قدر سکون سے بیٹھے تھے۔مجھے احمد ندیم قاسمی صاحب کا ایک خط دکھلایا۔جو خاصا طویل تھا۔اور اپنے درد کی ایک ایک کسک کو انہوں نے لطیفہ اور چٹکلا بنا کر پیش کیا تھا۔جہاں تک ان کی کتاب ''برطانیہ کی سیاسی جماعتیں اور پارلیمنٹ'' کا تعلق ہے۔اس کی اہمیت یہ نہیں کہ اُنہوں نے اس پر لٹریچر پڑھ کر تحقیق کے بعد کچھ لکھا ہو۔برطانیہ کی سیاسی پارٹیوں پر بیسیوں معیاری کتابیں موجود تھیں۔ان میں سے چند کو انہوں نے پڑھا بھی تھا۔لیکن اس کتاب کی اہمیت یہ نہیں ہے کہ یہ ایک نیا نقطہ نظر پیش کرتی ہے۔بلکہ یہ کہ ایک ہندوستانی تارک وطن نے وہاں کی سیاسی پارٹیوں کے کردار اور کارکردگی کو کیسے دیکھا' کیسے محسوس کیا اور اس پر ان کا ردعمل کیا ہو۔انتقال سے چند دن قبل ان کے مرض نے شدت اختیار کر لی تھی وہ اس وقت Laxham Garden کے مکان ہی میں مقیم تھے۔لوگوں سے ملنا جلنا بہت کم کردیا تھا۔ میں تقریباً ہر دوسرے روز جایا کرتا تھا۔درد کو مارنے والی دوائیں بھی بے اثر ہونے لگی تھیں۔اور چہرے پر کرب کے غیر معمولی آثار نمایاں تھے۔اس کے باوجود دیکھتے ہی مسکرانے کی کوشش کرتے تھے۔بالآخر ۷/مارچ ۱۹۸۹ء کو ان کا انتقال ہوگیا۔حبیب کے انتقال سے ان کے خاندان اور انگلستان کی اردو سوسائٹی کو جو نقصان ہوا وہ تو ہوا لیکن ذاتی طور پر میں نے ایک ایسے عزیز اور دوست کو کھویا جس کا سا دوسرا پھر نہ ملا۔

اکبر حیدرآبادی۔آکسفورڈ

میرے احباب کی فہرست روایتی محبوب کے گیسوئے پرخم کی طرح طولانی نہیں۔اور اس کی کئی وجوہات ہیں۔ایک تو یہ کہ میں طبعاً کچھ کم آمیز واقع ہوا ہوں۔دوسری یہ کہ میری دنیا شعروادب کی دنیا ہے۔اور میں ان علاقوں سے بہت دور رہتا ہوں جو ادبی سرگرمیوں کے مثالی مرکز ہیں۔تیسری وجہ یہ ہے کہ:

دل مگر کم کسی سے ملتا ہے　　　　آدمی آدمی سے ملتا ہے

کے مصداق میں کم ہی لوگوں سے وہ ذہنی اور قلبی قربت محسوس کرتا ہوں جو مجھے اپنے ایک سچے' بے لوث' ہم خیال اور ہم احساس رفیق دیرینہ کے قرب سے حاصل ہوتی ہے۔ اور یہ رفیق دیرینہ (اسم با مسمّٰی) حبیبؔ حیدرآبادی تھے۔ اور ایسے ہم وطن تھے جنہیں وطن نے نہیں غریب الوطنی نے یکجا کیا۔ ہماری پہلی ملاقات کی تفصیل حبیبؔ نے اپنی اولین کتاب (انگلستان میں) میں سپرد قلم کی ہے۔ اور وہ بھی اس دلکش اور دلپذیر انداز میں کہ وہ حقیت ہوتے ہوئے فسانہ لگتی ہے یہ غالباً (۱۹۶۷ء) کی بات ہے جب وہ ناٹنگھم میں سکونت پذیر تھے۔ انہوں نے کل برطانیہ قسم کا مشاعرہ منعقد کیا تھا۔ مشاعرہ تو ایک بہانہ تھا (گو کہ بہت خوبصورت بہانہ) جس نے ناٹنگھم اور آکسفورڈ کے نو وارد ہم وطنوں کے درمیان شناسائی کے رشتے قائم کردیئے۔ اور یوں دو گھرانوں کی باہمی اجنبیت آپس کے روز افزوں تعلقات سے تقویت حاصل کرتی ہوئی ایک مکمل اور دیرپا رفاقت میں ڈھلتی چلی گئی۔ بلکہ ہمارے اہل وعیال کو بھی ایک دوسرے سے بہت قریب کردیا۔ اور پچھلے عرصہ میں یہ تعلقات دوستی کے دائرؤں سے گزر کر قرابت داری کے دائرے میں پہنچ گئے۔ تعلقات میں اس فروغ واستقامت کے پیدا کرنے کا سہرا بھی صحیح معنوں میں حبیب ہی کے سر جاتا ہے۔ ان کی ذات میں خدائے تعالی نے ایسی ہمہ اقسام خوبیاں بھردی ہیں کہ وہ اپنے ہر ملنے والے کو اولین ملاقات ہی میں اپنا گرویدہ بنالیتے تھے۔

وہ پہلی بار ہی مجھ سے ملا تو پل بھر میں

میرے وجود کو پہچان میں سمیٹ لیا۔

کہتے ہیں کہ خدا اپنے نیک بندوں کو ہی آزماتا ہے۔ شائد اس لئے کہ اسے ان کی مکمل وفاداری پر پورا یقین ہوتا ہے تبھی تو ایسے بندوں پر زندگی کا بوجھ کچھ زیادہ ہی بھاری کردیا جاتا ہے۔ کینسر کے موذی مرض میں مبتلا ہونے کے بعد حبیبؔ دو سخت قسم کی جراحی کے مرحلوں سے گزر رہے۔ اور اس دوران ہونے والے جسمانی کرب واذیت اور اس صبر آزما امتحان کے باوجود وہ جس طرح بشاش' توانا' مطمئن وقانع نظر آتے تھے کہ ان کی یہ خصوصیات انہیں مجھ جیسے عام انسانوں سے بہت اوپر اٹھالے جاتی ہیں۔ حبیبؔ کو جتنا قریب سے میں نے دیکھا ہے۔ انگلستان میں شائد ہی کسی اور

نے دیکھا ہو۔تاہم کسی نے دیکھا بھی ہوتو وہ ان کے مزاج کی ساری پرتوں میں جھانک کر نہ دیکھ سکا ہوگا۔بعض انسانی کمزوریوں کے باوجود وہ خوبیوں کا مجسمہ تھے۔کمزوریوں سے تو صرف اللہ کی ذات مبرا ہے۔جب کہ ہر انسان میں کوئی نہ کوئی عیب یا نقص ہونا اس کے انسان ہونے کی دلیل ہے۔مگر برائیوں کے مقابلے میں اچھائیوں کا تناسب کیا ہے۔یہی مسئلہ انسان شناسی کا بنیادی اصول ہے۔اگر میں حبیبؔ کی زندگی کے اعمال نیک و بد کا گراف بناؤں اور اعمال کے گراف سے اسکا موازنہ کروں تو اس کا نتیجہ سوائے خجالت وندامت اور احساس تہی دامنی کے کچھ نہ ہوگا۔حبیبؔ کی حد درجہ مقبولیت کا راز صرف ان کی حد درجہ بڑھی ہوئی انکساری' بے پناہ ایثار و خلوص وغیرہ ہی نہیں بلکہ ان کے مزاج میں مزاح کا عنصر اوران کا ملائم وشائستہ انداز گفتگو بھی ہے ۔خوش قسمتی سے انہیں اوائل عمری ہی سے ایسا ماحول میسر آیا۔جس میں علوم وفنون' اخلاقیات' مذہبیات اور ادبیات سے بہرہ ور ہونے کے پورے مواقع حاصل ہوئے۔حبیبؔ کو اسکول کے زمانے سے ہی شعروادب سے شغف رہا۔تعلیم کے فیض اور موزوں تربیت کے اثرات نے ان کی خداداد صلاحیتوں کو نکھارنا شروع کیا۔اور کبھی کالج میگزین کے مدیر ہوگئے تو کبھی تقریری مقابلے میں جیت گئے۔کبھی ادبی انجمنیں اور تقاریب ترتیب دینے لگے تو کبھی تحریر وتقریر کے جوہر دکھانے لگے۔یہی نہیں بلکہ انہیں اس وقت کے بلند مرتبت مذہبی رہنماؤں' سیاسی قائدین اور علما کی صحبتیں بھی نصیب ہوئیں۔اور تجربات وحوادث کی اس نیرنگی نے انہیں ایک ہمہ جہت شخصیت کا مالک بنادیا۔وہ صاحب حیثیت تھے۔اور معاشرے میں عزت وہ احترام کی نظر سے دیکھے جاتے تھے۔جسٹس آف پیس ہونے کے علاوہ ہر اعتبار سے خود مکتفی اور صاحب ثروت تھے۔تاہم ان سے ملاقات کرنے پر معلوم ہوتا کہ ہم ایک سیدھے سادھے خدا ترس' انسان دوست' منکسرالمزاج آدمی سے مل رہے ہیں۔جو فرشتہ ہوتے ہوتے (کسی ناکردہ گناہ کی پاداش میں) انسان ہوگیا۔

چادرگھاٹ کالج سے نظام کالج اپنا تعلیمی سفر طے کرتے ہوئے انہوں نے کامرس کی ڈگری حاصل کرنے بعد حیدرآباد کو خیرباد کہا۔ اور کراچی کی سرزمین کو اپنی سکونت گاہ بنالیا۔اور وہاں سے چلے تو برطانیہ آکر دم لیا۔ایک چکر ہے میرے پاؤں میں زنجیر نہیں!

فارسی کا مشہور شعر ہے:

دو چیز آدمی را کشد زور زور یکی آب و دانہ دگر خاک گور

فکر معاش۔ اور مسئلہ رزق نے بے شمار لوگوں کو ہجرت پر مجبور کر دیا۔ حبیبؔ بھی ان ہی میں سے ایک ہیں۔ انگلستان میں پہلے پہل وہ ناٹنگھم میں ''براجمان'' ہوئے۔ جہاں ان کا قیام لگ بھگ پندرہ سال رہا۔ اور وہیں ان کی ادبی اور افادی سرگرمیوں کا آغاز ہوا۔ یہاں قیام کے دوران انہوں نے مقامی انگریزوں اور ایشیائی بچوں کے لئے اردو جماعتوں کا انتظام کیا۔ اور پھر ہندو پاک سے کثیر تعداد میں کتابیں حاصل کر کے اردو لائبریری کی داغ بیل ڈالی۔ جس کا افتتاح بڑی دھوم دھام سے ناٹنگھم کے میئر نے کیا۔ اور اسے ٹیلی ویژن پر بھی دکھایا گیا۔ حبیبؔ کی اس جدو جہد نے نام آوری اور سستی شہرت کے بھوکے لوگوں کو اتنا خوش کیا کہ ان کے خلاف اچھے خاصے پر وپگنڈے کی مہم شروع ہوگئی۔ مگر کیا مجال کہ یہ سب کچھ دیکھتے ہوئے حبیب کی تیوری پر ذرا سا بل بھی آتا۔ وہ خندہ پیشانی سے اپنے خلاف باتیں سنتے تھے۔ لیکن ان کی زبان پر کبھی کسی کے تعلق سے حرف نہیں نکلا۔ دشمن کو درگزر کر دینے کا حوصلہ حبیبؔ کا طرہ امتیاز رہا۔ آخر جب انہوں نے محسوس کیا کہ ان کے جذبہ کارکردگی کو نئی راہیں درکار ہیں۔ انہوں نے پھر سے نقل مکان کر کے ۷۲ء میں کینٹ کا رخ کیا تا کہ لندن کے قرب وجوار میں پہنچ جائیں کیوں کہ یہی سارے ادبی وثقافتی ہنگاموں کا مرکز تھا۔ وہاں انہوں نے اکیڈمی آف اردو اسٹڈیز قائم کی اور رالف رسل کے تعاون واشتراک سے لندن یونیورسٹی میں اردو اے لیول اور او لیول کے مرکز قائم کئے۔ اس کے علاوہ نئی نسل میں زبان وثقافت کا ذوق وشوق پیدا کرنے کی غرض سے اردو میں تحریری وتقریری مقابلے رکھے۔ اور کامیاب طلبہ وطالبات کو کتابی صورت میں انعامات پیش کئے۔ کینٹ کے دوران قیام میں انہوں نے گلب پاشا کی ضخیم کتاب (The Life and Times of Mohammed) کا اردو میں ترجمہ کیا۔ اس کے بعد ۸۰ء میں حبیب لندن منتقل ہوگئے۔ جہاں انہوں نے اپنی پہلی کتاب ''انگلستان میں'' لکھی۔ جو اتنی مقبول ہوئی کہ اس کے پہلے ایڈیشن کی ہزار جلدیں ہاتھوں ہاتھ نکل گئیں۔ اس سال انکی دو اور کتابیں انشائیوں کا مجموعہ ''رہ و رسم وآشنائی'' اور ''برطانیہ کی سیاسی جماعتیں اور پارلیمنٹ'' ایک ساتھ شائع ہوئیں اور ان کی

مشترکہ رسم اجراء ۱۶ر ڈسمبر ۸۸ء کو لندن یونیورسٹی میں مقصود الٰہی شیخ کہ زیر صدارت اردو مرکز کی جانب سے منعقد کی گئی ۔ یہ تھا حبیب حیدرآبادی کی شخصیت اور کارناموں کا ایک اجمالی خاکہ جسے میں اس دعا پر ختم کرنا چاہوں گا کہ خداوند انہیں اپنی جوار رحمت میں گھیر لے ۔

شہریار

حبیبؔ حیدرآبادی کو مرحوم کہتے ہوئے عجیب سا لگ رہا ہے ۔ نہ جانے کیوں ان سے مل کر ان سے بات کر کے کبھی یہ احساس دل میں پیدا نہیں ہوا کہ وہ مرحوم بھی ہو سکتے ہیں ۔ میں جب لندن میں ان سے ملا تھا اس وقت انکا سرطان کا علاج ہو رہا تھا ۔لیکن دور دور تک یہ گمان نہیں ہوتا تھا کہ یہ موذی مرض ان کو ہوا دے گا ۔ میری ان سے پہلی ملاقات حیدرآباد میں ہوئی تھی ۔ ان کی سادگی اور دھیمے پن نے میرے اوپر نہایت ہی خوشگوار اثر چھوڑا ۔ ان کی پہلی کتاب کے گرد پوش کے لئے میں نے رائے نما ایک تحریر بھی لکھی ۔ لندن میں انہوں نے اور صدیقہ بہن نے مغنی تبسم کی طرح میری آؤ بھگت کی ۔ یہ الگ بات ہے کہ میں اس آؤ بھگت کا اپنے کو مستحق ثابت نہیں کر سکا ۔ ان کے گھر پر میں پہلی محفل میں تھوڑا بے ذائقہ ہو گیا تھا جو عام طور سے نہیں ہوتا ۔ صدیقہ بہن ۔ حبیب صاحب صرف شاہد تھے ان کا اس میں کوئی رول نہیں تھا ۔ میں نے اگلی ملاقات میں اس کی تلافی کر دی ۔لیکن ندامت کے احساس سے چھٹکارا نہیں ملا ۔ لندن میں انہوں نے اس کی بجا شکایت کی کہ میں اپنے دوست سریندر پال کے یہاں کیوں ٹھہرا ۔لیکن جب میں نے کہا کہ میں سریندر پال کے یہاں نہیں ٹھہرتا بلکہ ساقی فاروقی کے یہاں ٹھہرتا ہوں تو وہ بہت خوش اور متاثر ہوئے ۔ لندن کے دوران قیام میں حبیبؔ صاحب نہیں کسی اور کی زبانی مجھے علم ہو کہ حبیبؔ صاحب کی کتاب کی رسم اجرا کی تعریف میں ساقی نے حسب عادت صاف گوئی کا مظاہرہ کیا تو میں نے ساقی کو نجی صحبت میں سخت سست کہا ۔ جس پر وہ پہلے بینا اور پھر نادم ہوا ۔ خدا ار اس کو خوش اور صحت مند رکھے ۔ چند سال قبل جب وہ دہلی آئے ہوئے تھے ۔ ان سے ملاقات ہوئی وہ علی گڈھ آنا چاہتے تھے اور مجھے ان دنوں کہیں باہر جانا تھا ۔ میں نے علی گڈھ میں ان کے قیام کا معقول بندو بست کر دیا ۔لیکن جب انہیں علم ہوا کہ میں علی گڈھ میں نہیں ہوں تو انہوں نے اپنا پروگرام بدل دیا

۔ان کا یہ کہنا کہ علی گڈھ صرف تمہاری وجہ اور نسبت سے میرے معنی رکھتا ہے۔ مجھے آج تک نہیں بھولا۔ کچھ دنوں بعد مغنی کی زبانی یہ علم ہوا کہ ان کی بہت بڑی خواہش ہے کہ ''برطانیہ کی سیاسی جماعتیں اور پارلیمنٹ'' کے عنوان سے ان کی جو کتاب شائع ہو رہی ہے۔اس پر ہندوستان کے نامور مورخ پروفیسر عرفان حبیب کچھ لکھ دیں۔ میں نے جھونک میں وعدہ کرلیا۔عرفان صاحب اگرچہ میرے استاد ہیں لیکن نہ جانے کیوں مجھ پر خصوصی کرم کرتے ہیں۔ میری گذارش پر راضی ہوگئے۔اور رائے لکھ دی۔ عرفان صاحب کو قریب سے جاننے والوں کا کہنا ہے کہ تاریخ کی چند اہم کتابوں کو چھوڑ کر انہوں نے آج تک کسی کتاب پر رائے نہیں لکھی۔حبیبؔ حیدر آبادی میرے اس کارنامے سے بہت متاثر تھے۔ پچھلے سال میری بیماری کی خبر ان تک پہنچی تو انہوں نے بہت تفصیلی خط لکھا۔میری ڈھارس بندھائی اور پیشکش کی کہ علاج کے سلسلے میں جو بھی اور جتنی بھی مدد و مصارف درکار ہو' میں تکلیف نہ کروں' ساتھ ہی عرفان حبیب صاحب کی رائے لکھوانے پر خوشی کا اظہار کیا۔ میں نے اردو کے عاشق کم اور گداگر نت نئے روپ اور بہروپ میں دیکھے ہیں۔ کم لوگ ایسے ملے ہیں جن کو عاشق کہا جاسکے۔ اپنی تمام تر جدیدیت کے باوجود میں عشق میں اعلان کو ہوس کے مترادف سمجھتا ہوں۔ حبیبؔ مرحوم نے لندن میں اردو سے اپنے عشق کا آغاز اس وقت کیا جب اردو ایثار' وفا اور قربانی کی ضرورت مند تھی۔ اردو بولنے پڑھنے اور سمجھنے والوں کے لئے کتابوں کی فراہمی اور ان کے ذوق کی آبیاری کے لئے حبیبؔ حیدر آبادی مرحوم نے جو کچھ اور جتنا کچھ کیا ہے۔اس سے کم لوگ واقف ہیں۔ یہ ان کے موقف کے عین مطابق تھا۔ان کے اس دنیا میں نہ رہنے سے یہ دنیا کچھ کم مایہ ہوگئی ہے۔کم سے کم مغنی تبسم اور میرے لئے۔صدیقہ بہن تم پر کیا گذر رہی ہوگی۔

عوض سعید

زیست کا عذاب سہتے سہتے حبیب صاحب نے شاید سوچا ہو کہ اب موت کا مزا بھی چکھنا چاہیئے۔اس لئے انہوں نے اپنے لئے ۷؍مارچ ۸۹ء کی اولین ساعتوں کو چن لیا۔ یہ ان کا آخری سفر تھا۔جنوری ۸۸ء میں میری ان سے آخری ملاقات ہوئی تھی۔ دھڑکا مجھے اسی دن سے لگا تھا۔جب میں نے ان کے قہقہوں میں موت کی کڑواہٹ محسوس کی تھی۔ کینسر کے زہر سے کون بچا

ہے جو حبیب صاحب بچتے۔ رخت سفر تو سبھی کو باندھنا ہے کوئی آگے تو کوئی پیچھے پھر ہم موت سے کیوں گھبراتے ہیں۔ یہ سوال اکثر میرے ذہن میں آتا ہے۔ کینسر اور حبیب حیدرآبادی دو متضاد کیفتیں۔ وہ بہ یک وقت ہنستے بھی تھی اور گریہ بھی کرتے تھے۔ اس (Paradox) کے ہالے میں جب میں نے حبیب صاحب کے چہرے کو ڈھونڈنے اور ٹٹولنے کی کوشش کی تو میرے ہاتھ کچھ نہ لگا۔

انہوں نے اپنی ادبی زندگی کا آغاز گو بہت دیر میں کیا۔ لیکن انہیں شہرت کے لئے کچھ دوڑ دھوپ کرنی نہیں پڑی۔ انہیں عزت بھی ملی اور شہرت بھی۔ ویسے کہنے کو تو وہ بچپن ہی سے ادب کی مختلف تحریکوں سے وابستہ رہے۔ اچھی بری سب ہی محبتیں ملیں۔ مگر جہاں انہیں دامن جھٹک کر آگے بڑھنا تھا وہ آگے بڑھتے گئے۔ ایک طرح سے وہ توانائی کا سرچشمہ تھے۔ جس کی مثال ڈھونڈنے پر ہی مل سکتی ہے۔ وہ اپنے سب ہی عزیزوں، دوستوں کو ٹوٹ کر چاہتے تھے۔ خاص طور پر مغنی تبسم، عوض سعید اور راشد آزر کو.... دوستی کا ایک رشتہ یا رخ سرگوشی کا بھی ہوتا ہے لگتا ہے جیسے وہ مقدس رشتہ اب ٹوٹ چکا ہے۔ لیکن رشتے کہیں ٹوٹتے بھی ہیں۔

صدیقہ اور حبیب۔ یہ میرے نزدیک ایک ہی نام کے دو جز ہیں۔ صدیقہ نے جس جی داری سے یہ صدمہ برداشت کیا ہوگا۔ اس کے تصور ہی سے میں کانپ اُٹھتا ہوں۔

حبیب صاحب کی ہمہ صفت شخصیت کے میں کن گوشوں کا احاطہ کروں۔ اور کن خانوں میں رنگ بھروں۔ میری سمجھ میں کچھ نہیں آرہا ہے ویسے میں نے کبھی ان پر ایک طویل خاکہ بھی لکھا تھا۔ جو میری کتاب ''خاکے'' میں شامل ہے۔ انہوں نے اردو ادب کو بالخصوص طنز و مزاح کو کیا دیا اور کیا نہیں دیا.... وہ نقاد جانیں میرے نزدیک ان کی تازہ تصنیف ''رہ رسم و آشنائی'' ہی انہیں زندہ رکھنے کے لئے کافی ہے ویسے ان کی دو اور کتابیں ''انگلستان میں'' اور ''برطانیہ کی سیاسی جماعتیں اور پارلیمنٹ'' کچھ کم اہم نہیں۔۔ ایذرا پاؤنڈ نے کہیں لکھا تھا کہ نقاد کو سب سے پہلے اپنے پسندیدہ ادب پاروں کے انتخاب کا اعلان کرنا چاہئے۔ تاکہ یہ معلوم ہو سکے کہ اس کا معیار کیا ہے اور وہ خود کتنے پانی میں ہے''۔ ادب سے ہٹ کر فنون لطیفہ پر بھی یہ بات صادق آتی ہے۔ کبھی کبھی میں سوچتا ہوں، یہ سفر واقعی کتنا کٹھن اور دشوار ہے اور لوگ کس آسانی سے اس میں صراط کو پار کر

جاتے ہیں۔ برادرم مغنی صاحب نے چٹھی بھجوائی ہے کہ میں حبیب صاحب کی شخصیت پر اپنے تاثرات یا خاکہ لکھ بھیجوں۔ تاکہ وہ سب رس کے گوشہ حبیبؔ میں شامل ہو سکے۔ مگر حبیب صاحب نے جاتے جاتے کچھ ایسی ضرب لگائی ہے کہ ان کے بارے میں تفصیل سے کچھ لکھنا فی الحال مشکل ہے۔

حبیبؔ حیدر آبادی ان معنوں میں خوش بخت تھے کہ انہیں ایک فعال اور بھرپور زندگی گذارنے کا موقع ملا۔ پردیس میں بھی مرتے دم تک انہوں نے اپنی تہذیبی شناخت کو باقی رکھا۔ یہ کچھ اہم بات نہیں ہے۔ کون جانے حبیب صاحب نیلگوں آسمان کی کس سیڑھی پر کھڑے ہماری آمد کے منتظر ہوں!

یوسف ناظم

حبیبؔ حیدر آبادی ایک ایسا شخص تھا جو دور ہوتے ہوئے بھی قریب رہا اور دوست ہوتے ہوئے بھی حبیبؔ رہا۔ کچھ لوگ بلکہ اکثر لوگ ایسے ہوتے ہیں۔ جو اپنا وطن چھوڑتے ہیں تو دامن جھٹک کر اٹھ کھڑے ہوتے ہیں۔ اور اس طرح اپنا دامن جھٹکتے ہیں گویا اپنے دامن پر لگی گرد صاف کر رہے ہوں۔ روم پہنچ کر ایک رومن کی طرح رہنے بسنے لگتے ہیں۔ کیوں کہ انہوں نے کسی سے سن رکھا تھا کہ جب روم جاؤ تو رومن ہی بن کر اُٹھ بیٹھو۔ لباس بھی رومنوں کی طرح کا پہنو۔ خط بھی لکھو تو رومن رسم الخط میں لکھو اور کسی رومن خاتون سے ملو تو فوراً ایک گھٹنا زمین پر ٹیک کر دست بوسی کے سر خم کر دو۔ یہ وہ لوگ ہوتے ہیں جو اپنے آگے کلسیا تو دیکھ لیتے ہیں۔ مگر یہ بھول جاتے ہیں کہ کعبہ بھی تو پیچھے ہے۔ ان کا ایمان انہیں روکتا نہیں۔ حبیبؔ حیدر آبادی ان حیدر آبادیوں میں سے تھے جنہوں نے رشتوں کے احترام کو اپنا وطیرہ بنایا۔ اپنی زبان، تہذیب اور روایات کو فراموش نہیں کیا۔ وطن سے نقل مقام تو کیا۔ لیکن قلی قطب شاہ کے بسائے ہوئے نگر کی خوشبو اپنے ساتھ لے گئے۔ ترک وطن کیلئے انہیں برسوں ہو گئے۔ بچے بڑے ہو کر ان کے ہمسر

ہو گئے۔لیکن ان کی حیدر آبادیت جوان کے رگ و ریشے میں رچ بس گئی تھی۔ویسی ہی تر و تازہ رہی جیسے کوئی ان چھوٹی تتلی ہو۔مجھے ٹھیک سے یاد نہیں کہ حیدر آباد میں کبھی ان سے ملاقات ہوئی تھی یا نہیں۔لیکن جب بھی مشترک دوستوں سے اور ملاقاتیوں سے حبیبؔ حیدر آبادی کا ذکر سنتا ایسا محسوس ہوتا کہ یہ تو کوئی جانا بوجھا نہیں بلکہ کوئی اپنا شخص ہے۔جس نے بھی حبیبؔ حیدر آبادی کا ذکر کیا محبت سے کیا دوستوں کی بات اور ہے لیکن حبیبؔ حیدر آبادی نے تو لندن میں ہر اس شخص کی میز بانی کی جس نے ہندوستان سے لندن کا سفر کیا۔بس شرط یہ تھی کہ وہ اردو جانتا ہو۔اور اگر ان کا مہمان اردو کا شاعر یا ادیب ہو تو وہ بچھ بچھ جاتے تھے۔

حبیبؔ حیدر آبادی تیز اور آنکھوں کو چوندھیا دینے والی روشنیوں کے شہر میں رہے۔لیکن انہوں نے اپنی دکنی شمع کو بجھنے نہیں دیا۔شیکسپیئر، ملٹن سب کو پڑھا اور سمجھا۔لیکن اس زبان کا چٹخارہ وہ نہیں بھولے جس نے انہیں بولنا اور بعد میں لکھنا سکھایا تھا۔اچھے خاصے مزاح نگار تھے۔اور صاف معلوم ہوتا تھا کہ ان کا اردو کا مطالعہ بے قرار ہے۔افسوس ہوتا ہے کہ ان سے ملاقات کیوں نہیں ہوئی۔خط و کتابت سے جو رابط قائم ہوتا ہے۔وہ بھی تو نہیں تھا۔یہ امید تھی کہ کبھی نہ کبھی، کہیں نہ کہیں تو آمنا سامنا ہو جائے گا۔تاہم ان کی تحریریں جو کچھ بھی پڑھنے کو ملیں نصف نہ سہی ایک تہائی ملاقات بھی ایک دہائی کی ملاقات سے کم نہیں ہوتی۔اور میں نے ہمیشہ یہ محسوس کیا کہ اگر کسی بڑے آدمی یا ادارے سے کوئی غلطی سرزد ہو گئی اور میں بھی کسی گروہ کا رکن بن کر کبھی لندن جا پہنچا تو میرا قیام معہ طعام حبیبؔ حیدر آبادی ہی کے گھر ہو گا۔پتہ نہیں ان میں عربوں کی خصوصیت کیسے پیدا ہو گئی تھی کہ کسی مسافر کو دیکھو تو فوراً گرفتار کر کے گھر لے آو۔انہوں نے اپنے نام اور وطنیت کا پورا پورا فائدہ اُٹھایا۔سنا ہے انگلستان میں اردو داں تارکان وطن کی تعداد دس لاکھ سے زیادہ ہے اور خود لندن میں ان کا ہجوم پانچ لاکھ سے کم نہیں۔(اتنے انگریز تو ہندوستان نہیں آئے تھے۔ضرورت بھی نہیں تھی۔جتنے آئے تھے وہ کیا کم تھے) پانچ لاکھ لوگوں میں خود کو ممتاز اور مفتخر بنایا۔آپ سمجھ گئے ہیں۔میں کیا کہنا چاہتا ہوں...حبیبؔ حیدر آبادی نے اپنی تصنیف ''رہ و رسم و آشنائی'' میں اسی کیفیت کو الفاظ کا لباس دیا ہے۔جو اس مصرع میں ہے

ع کبھی ہم میں تم میں بھی راہ تھی تمہیں یاد ہو کہ نہ یاد ہو

ان کے انشائیے اشاریہ ہیں اس محبت کا جو انہیں اپنے وطن مالوف سے تھی۔اسی وطن مالوف کے واسطے وہ معروف ہوئے۔ ان کی بیماری کا سلسلہ دکھ بھرا اور طویل تھا۔اور آخر میں جو ہوا یا جو ہونے والا تھا۔اس کی خبر خود انہیں بھی تھی۔ یہ آگاہی خود کسی عقوبت سے کم نہیں ہوتی۔ وہ لوگ خوش قسمت ہیں۔جنہوں نے حبیبؔ حیدرآبادی کی محبت پائی۔ان کی رفاقت میں دن گذارے ۔ان خوش گوار لمحوں کی یاد خود ایک نعمت ہے۔ کہتے کہ تمہاری یاد سے شیریں ہے تلخئی ایام!

محمد یوسف الدین خاں

آپ نے بارہا سنا ہوگا کہ فلاں کی شخصیت ایک کھلی ہوئی کتاب ہے۔حبیبؔ کے بارے میں شائد اس کا برعکس اظہار زیادہ درست ہوگا۔ان کی تصانیف ان کی شخصیت کی بھرپور آئینہ دار ہیں۔ان کی تحریر کے ہر ہر لفظ اور فقرے سے ان کی شخصیت عیاں ہے۔ان کی تصانیف کا جب ذکر ہو تو ان کی پہلی تصنیف ''انگلستان میں'' کو نظر انداز کرنا مناسب نہ ہوگا۔

اس میں ان کا مضمون ''اپنے بارے میں'' ملاحظہ فرمائیے۔کس بے باکی وجراءت کے ساتھ انہوں نے صاف گوئی سے کام لیا ہے۔نہ شرم نہ خفت اور نہ کوئی ذہنی تحفظ اپنے بارے میں سب کچھ کس مزے سے کہہ ڈالا۔ہم لوگوں میں کتنے ہی ایسے ہیں۔جنہوں نے دنیا بھر کی تکلیفیں اٹھائیں۔مصیبتیں جھیلیں اور محنت مزدوریاں کیں۔لیکن یا تو اپنے اس ماضی پر خفیف ہیں۔یا پھر اپنے حال کی سنہری گود میں اس کو چھپا دیا۔حبیبؔ نے صرف ایک ہی بات راز میں رکھی' اور میں وہ راز کی بات بتانے کی بے ادبی کر رہا ہوں۔انہوں نے جب ناٹنگھم چھوڑنے کا فیصلہ کیا تو اس مسکین طبع حبیبؔ نے تلاش بسیار کے بعد ایک ایسی جگہ ڈھونڈ نکالی۔جو ان کے مزاج اور طبیعت سے مناسبت رکھتی تھی۔اس جگہ کا نام مسکین روڈ تھا۔اس ملک میں اردو کی بقا کے لئے حبیبؔ نے جو کارنامے انجام دیتے ہیں وہ ایک ضخیم کتاب کا موضوع بن سکتے ہیں یہ بات اکثر لوگوں کے لئے باعث حیرت ہوگی کہ ان کی ایسی تمام خدمات کے دستاویزی ثبوت موجود ہیں۔وہ اپنی ذات میں ایک وسیع انجمن تھے۔اردو کی تعلیم وترویج کے لئے خاموشی سے جتنی ٹھوس خدمات انجام دی

ہیں وہ شائد انجمنوں کے بھی بس کا روگ نہیں۔ انہوں نے برسہا برس ہر سال مختلف عمر کے طالب علموں میں ان کی عمر اور تعلیمی لیاقت کے مطابق تحریری مقابلے کروائے۔ اور اپنے ہی خرچ سے ان مقابلوں کی ملکی سطح پر تشہیر بھی کروائی۔ اور انعامات بھی دیئے۔ یہ بات میں وثوق سے اس لئے کہہ رہا ہوں کہ کئی سال تک میں نے ان مقابلوں میں حکم کا رول ادا کیا ہے۔ اردو مرکز' اردو مجلس' انجمن ترقی اردو برطانیہ' بزم فیض اور نہ جانے کتنی ایسی انجمنیں ہیں جو اردو کے ادیبوں اور دانشوروں کے مراکز کے طور پر کام کررہی ہیں۔ لیکن تمام انجمنیں تو حال کی قائم کردہ ہیں۔ اردو کے ہر بڑے ادیب و دانشور کے اعزاز میں ان ہی کی قیام گاہ پر تقریبیں ہوتی تھیں۔ محفلیں ہوتی تھیں۔ ان تمام محفلوں اور تقریبوں کے پیچھے نہ تو آرگنائزیشن کا ہاتھ ہوتا تھا۔ اور نہ ہی عطیات وصول کئے جاتے تھے۔ اپنی زبان اور ادب سے ان کی وابستگی اس وقت بھی بہت گہری تھی۔ جس وقت وہ شب و روز سخت مشقت کیا کرتے تھے۔ حالات کا بھی ہمیشہ ثابت قدمی سے مقابلہ کیا۔ اور اپنی وضع داری میں کبھی فرق آنے نہ دیا۔ اردو کی اس قدر لاجواب لائبریری بنائی کہ انجمنیں تک رشک کرتی ہیں۔ اس لائبریری میں ادب' فلفسہ' تاریخ اور مذہب پر اس قدر ذخیرہ موجود ہے کہ پڑھنے والا برسوں گذارے۔ لیکن کتابیں ختم نہ ہوں۔ اپنی جدوجہد کا آغاز ایک مزدور کی حیثیت سے کیا اور کشاں کشاں اپنی زندگی کا سفر مکمل کیا۔ اس سفر میں کئی مقامات کو غبار راہ سے زیادہ اہمیت نہ دی۔ یا زیادہ سے زیادہ انہیں سنگ میل سمجھا۔ کسی ایک جگہ رک جانے کو وہ افلاس تخیل سمجھتے تھے۔ ان کی تمنا کے قدم ہمیشہ آگے کی طرف ہی بڑھتے رہے۔ اس ملک (برطانیہ) میں تارکین وطن کا بھرم اور وقار جن لوگوں نے اونچا کیا اور تارکین وطن کو معتبر بنایا ان میں حبیبؔ کا نام پیش پیش ہے۔ ان کی استقامت اور ثابت قدمی ہماری اور ہماری آنے والی نسل کے لئے مشعل راہ کا کام دے گی۔ حبیبؔ کے وہ احباب جو ان کی تصانیف سے بے خبر ہیں۔ اگر ''رہ و رسم و آشنائی'' کا مطالعہ کریں تو بے ساختہ کہہ دیں گے کہ یہ تحریر صرف حبیبؔ ہی کی ہو سکتی ہے۔ وہ طبعاً ظریف تھے۔ ان کی شخصیت کو ان کی ظرافت سے الگ کرکے دیکھنا ممکن نہیں ہے۔ جب وہ خاکے نہیں لکھتے تھے۔ تب بھی یہی کچھ باتیں کیا کرتے تھے۔ جو انہوں نے لکھا ہے۔ اس موقع پر ایک واقعہ بے محل نہ ہوگا اور آپ اندازہ کریں گے کہ ''رہ و رسم و آشنائی'' کے مصنف اور

روزمرہ کے حبیبؔ میں سرمو اختلاف نہیں ہے۔ کناڈا جاتے ہوئے میری ساس صاحبہ نے دو ماہ کے لئے میرے ہاں قیام کیا تھا۔ حبیبؔ ان سے ملنے کے لئے حاضر ہوئے عقیدت واحترام کے ساتھ آداب کیا۔ اور ان کی دعائیں لیں۔ میر ساس صاحبہ ایک خاموش مزاج سیدھی اور نیک خاتون ہیں۔ میری بیوی کے برعکس سینکڑوں خوبیوں کی مالک۔ بعد از سلام حبیبؔ نے سب سے پہلی بات جو کی وہ یہ کہ ''خالہ جان جہاں آپ قیام فرماتی تھیں اس مقام سے قریب کوئی باؤلی یا کنواں نہیں تھا؟'' انہوں نے جواب دیا ''کیوں بابا''۔ ایک باؤلی تو خود ہمارے گھر ہی میں تھی''۔ حبیب نے کہا ''پھر خالہ جان اپنی بیٹی کو اس میں ڈھکیل دیا ہوتا۔ اپنی بیٹی کو یوسف کے حوالے کرنے سے یہ تو بہتر ہوتا''۔ ایک سیدھی سادی نیک خاتون ایک اجنبی ملک میں پہلی بار اپنی بیٹی داماد کے گھر جائے اور وہاں داماد کے عزیز دوست اس طرح معروض ہوں تو اس خاتون پر کیا گزرے گی۔ آپ ہی ملاحظہ فرمائیے۔ کہتے ہیں

ع وہ کونسی زمیں ہے جہاں آسمان نہیں۔

حبیبؔ کے خاکہ ''انجمن انسداد بے رحمئ شوہران'' ''ہماری شاعرہ بیگم صدیقہ'' یا پھر کوئی اور خاکہ ایک عام قاری کے لئے ظرافت کا عمدہ نمونہ ہوسکتا ہے۔ لیکن حبیبؔ کے دوست جانتے ہیں کہ اُن خاکوں کے ایک ایک لفظ کے پیچھے خود حبیبؔ کی ہنستی ہوئی شخصیت موجود ہے۔ حبیبؔ فطرتاً ایک بے حد حساس اور ظریف انسان تھے۔ ظریف اور حساس ہونے کی وجہ سے زندگی اور اپنے ماحول کی بے ڈھنگیوں اور ناہمواریوں کا شعور رکھتے ہیں۔ وہ ہر حال میں خوش رہے اور وہ خوش رہنا جانتے تھے۔ یہی نہیں بلکہ دوسروں کو خوش رکھنا بھی ان کی زندگی کا نصب العین تھا۔ یہ اپنے کردہ گناہوں کو یاد کر کے خوش ہوتے تھے اور ناکردہ گناہوں پر بھی اتنے ہی مسرور ہوتے تھے۔ دوستوں کو خوش دیکھ کر خوش ہوتے۔ عزیزوں کا سکھ دکھ دیکھ کر خوش ہوتے۔ اچھی موسیقی سن کر خوش ہوتے۔ اچھا شعر سن کر خوش ہوتے۔ کھا کر خوش ہوتے کھلا کر خوش ہوتے۔ اچھی صورت اور ''ریکھا'' کے ناچ دیکھ کر کچھ زیادہ ہی خوشی محسوس کرتے۔ جہاں حسینوں کا جھرمٹ دیکھا ''چیز یم نیست ورنہ خریدار ہر ششم'' والی کیفیت میں مبتلا ہوجاتے۔ دنیا کی ہر بات میں ظرافت اور مزاح کا کوئی نہ کوئی پہلو نکال لیتے۔ حبیب طبعاً ایک صوفی مزاج' سادہ منش

اور مرنجان مرنج قسم کے انسان تھے۔ انہیں اصلاح اہل ہوش کا یارا نہیں تھا۔ یہی وجہ ہے کہ ان کے مزاح میں تلخی اور طنز کا زہر نہیں ہے۔ بلکہ اس کے برعکس شوخی اور ظرافت کی گل افشانی ہے۔ ان کی تحریروں میں بے شمار مقامات ایسے ملیں گے جہاں طنز کے نشتر دب کر مزاح و ظرافت کے نگینے بن گئے۔ حبیب نے اگر کہیں طنز کیا بھی ہے تو بہت ہلکا سا جو اکثر و بیشتر استہزاء سے آگے نہ بڑھ سکا۔ کلیجہ کاٹ کر رکھ دینا حبیبؔ کے مزاج کے خلاف ہے۔ لوگ ہمیشہ اس کھوج میں لگے رہتے ہیں کہ زندگی کو بڑے کاموں کے لئے کام میں لائیں۔ لیکن نہیں جانتے کہ یہاں سب سے بڑا کام خود زندگی ہے۔ یعنی زندگی کو ہنسی خوشی کاٹ دینا۔ یہی نہیں ایک فرانسیسی مفکر تو خوشی کو محض احتیاج ہی نہیں بلکہ ایک بڑی اخلاقی ذمہ داری قرار دیتا ہے۔ حبیب اپنی اس اخلاقی ذمہ داری کو کس طرح نبھاتے ہیں اس کی دو تین مثالیں ملاحظہ ہوں : ۱۹۷۴ء کی بات ہے حبیبؔ اپنا مکان فروخت کروا رہے تھے۔ اور میں بھی اس ادھیڑ پن میں تھا۔ ان دنوں مکانات کی فروخت نسبتاً کم آسان نہ تھی۔ تاخیر کے سبب ہم ایک دوسرے کو دلاسا دیا کرتے تھے۔ میرا اصرار تھا کہ وہ اپنے مکان کو تھوڑا بہت نقصان ہی سے سہی جلد فروخت کردیں انسان کو بے شک منکسر ہونا چاہیئے۔ اور طبیعت کا مسکین بھی۔ لیکن اس کے لئے مسکین روڈ میں جا کر رہنا کچھ ضروری نہیں۔ ایک دن فون پر کہا کہ ''یوسف امید کی کرن نظر آرہی ہے''۔ میں نے پوچھا کہ کیا کوئی خریدار ملا ہے۔ کہنے لگے ''نہیں میں نے چند مکانات پر sold کے بورڈ دیکھے ہیں''۔ اس سے کیا ہوتا ہے۔ کہنے لگے'' خوشی ہوتی ہے۔ چند دن پہلے تو sold کے بورڈ ہی نظر نہیں آتے تھے۔ اب کم از کم نظر تو آرہے ہیں۔ دوسروں کے گھروں پر ہی سہی sold کے بورڈ دیکھ کر خوشی ہوئی آج وہاں بورڈ لگا ہے کل اپنے ہاں بھی لگ جائے گا''۔ آج وہ کل ہماری باری ہے'' اور پھر ہنسنے لگے ان کی ہنسی میں شامل ہونے کے سوا میرے لئے کوئی اور راستہ نہ تھا۔

یعقوب صاحب حبیبؔ کے ہم سفر بلکہ ہم جہاز تھے۔ (بحری جہاز) جب یہ دونوں انگلستان آرہے تھے تو اس وقت دوران سفر سمندر میں زبردست ہلچل کی وجہ سے تقریباً تمام ہی مسافر بیمار ہوگئے۔ حبیبؔ کے خیال میں یہ اور یعقوب ہی دو ایسے مسافر تھے جن کا سفر حلال کی کمائی پر ہو رہا ہے۔ اس لئے اللہ تعالی نے انہیں اس بیماری سے محفوظ رکھا ایک موقع پر ڈائننگ

ہال میں شائد یہ دو ہی تھے۔ اور باقی ہال خالی تھا۔ حبیب کے خیال میں ڈائننگ ہال اس وقت نہائت ہی بارونق نظر آ رہا تھا۔ یہ دونوں خوب کھاتے تھے۔ اور لوگوں کی حالت زار کو دیکھ کر ہنس ہنس کے پاگل ہو جاتے تھے۔ یہی طرز حبیبؔ کا ''رہ و رسم و آشنائی'' میں بھی ہے۔ ہر بات میں ظرافت کا کوئی نہ کوئی پہلو ضرور نکال لیتے تھے۔ ہر موقع میں سے ہنسی کے لئے کچھ نہ کچھ صورت پیدا کر لیتے تھے۔ اپنے آپ کو کھلے عام غالبچی کہنے سے گبھراتے تھے۔ اس کے باوجوان کے ہاں غالبؔ کی ظرافت کی جھلکیاں مل جاتی ہیں۔

کیوں نہ فردوس میں دوزخ کو ملالیں یارب
سیر کے واسطے تھوڑی سی فضا اور سہی

حبیبؔ کو حبیب بنانے میں سب سے بڑا ہاتھ صدیقہ کا ہے۔ حبیبؔ جیسے اڑیل انسان کے ساتھ اس قدر کامیاب زندگی گذارنا صدیقہ کا کمال ہے ہر ہر موقع پر ہر ہر مقام پر صدیقہ نے حبیبؔ کو جس طرح سہارا دیا۔ ان کی پشت پناہی اور ہمت افزائی کی وہ لائق تحسین ہے یہ کہنا شائد درست ہوگا کہ حبیبؔ صدیقہ کا شاہکار ہیں۔

حبیب کی تحریروں میں ''ہماری بیگم'' کا ذکر بہت ملے گا۔ اس ذکر سے مزاح بھی کافی پیدا کیا گیا ہے۔ اعلیٰ درجہ کے مزاح نگاروں کا تو یہ وطیرہ رہا ہے کہ مزاح کی تخلیق کے لئے ایک خاص کردار کی تخلیق کر لیتے ہیں۔ ان کرداروں کا فرضی ہونا بھی کچھ ضروری نہیں۔ بلکہ اکثر تو یہ دیکھا گیا ہے کہ یہ کردار اصلی ہوتے ہیں اور مزاح نگاران کرداروں کو اپنے مقصد کے لئے بڑی فنکاری اور مہارت سے استعمال کرتے ہیں۔ اردو میں مرشد' مرزا' عبدالودود' شیطان اور حکومت آپا وغیرہ جیسے کرداروں کے علاوہ حبیب کا کردار ''ہماری بیگم'' ایک نہایت ہی خوشگوار اضافہ ہے۔

حبیبؔ حیدر آبادی نے اپنی کتابوں ''رہ و رسم آشنائی'' اور ''برطانیہ کی سیاسی جماعتیں اور پارلیمنٹ'' کے ذریعہ ہنسنے ہنسانے کے مواقع فراہم کئے اور ایک بڑی سماجی خدمت انجام دی

راشد آزر۔ ایک خط

بہت پیارے حبیب صاحب'

میں آج تک سمجھ نہ سکا کہ آپ کو کالج کے زمانے سے اپنے آخری خط تک حبیبؔ صاحب کیوں پکارتا رہا۔ جبکہ آپ کے ساتھیوں بلکہ آپ سے سینئر دوستوں کو مخاطب کرتے وقت کبھی صاحب کا لفظ استعمال نہیں کیا۔ اتنی قربت کے بعد فاصلہ کیوں رہا ہم دونوں میں؟

حیدرآباد میں بچوں کی کانفرنس میں ساتھ ساتھ کام کرنے' آپ کی دکان پر کولڈ ڈرنک پینے' نظام ادب کی ادارت میں آپ کا ہاتھ بٹانے اور کئی تہذیبی کاموں میں ساتھ رہنے کے باوجود آپ میرے لئے حبیبؔ صاحب سے حبیبؔ نہیں ہوئے' رفاقت' دوستی' خلوص اور بحث کے علاوہ ایک جذبہ تھا۔ جس نے ایک چھوٹا سا فاصلہ برقرار رکھا تھا۔ جس کے مٹ جانے سے بعض وقت قربتیں دوریوں میں بدل جاتی ہیں۔ اور وہ جذبہ باہمی توقیر تھا۔ جس کی وجہہ سے بے تکلفی میں بھی ایک ہلکا سا تکلف باقی رہا۔ انگلستان میں میرے رشتہ داروں کے ہوتے ہوئے میں آپ کے گھر کیوں ٹھیرا' اور حیدرآباد میں آپ کا گھر ہوتے ہوئے آپ' صدیقہ بھابی اور سلمی بیٹی چند روز میرے گھر کیوں رہے۔ یہ دوسروں کو سمجھانا مشکل ہے۔ کیوں کہ وہ نہیں سمجھ سکتے کہ اگر اتنی قربت تھی تو اس کا سبب یہی تھا کہ اس میں ایک چھوٹا سا فاصلہ تھا۔ اور اسی چھوٹے سے فاصلے نے وہ قربت پیدا کی تھی کہ جب آپ کی والدہ کو بھی ہسپتال میں شریک کروایا گیا تو آپ نے مجھے اس قابل سمجھا کہ آدھی رات کو مجھے بلوائیں کہ میں ہسپتال میں آپ کے ساتھ رہوں۔ آپ کے اسی خلوص نے مجھے ایک طرح سے مجبور کر دیا کہ میں بھی اس خلوص کا بھرم رہنے دوں اور اسی خلوص کے ساتھ پیش آؤں۔ آپ سے سنجیدہ گفتگو بھی رہی اور ہنسی مذاق کی باتیں بھی' لیکن تہذیب کے معیار سے گری ہوئی کوئی بات نہیں ہوئی۔ میرے قہقہے تو مشہور ہیں ہی۔ لیکن آپ کے قہقہے آپ اپنے وجود کی گہرائی سے اس طرح ہنستے تھے کہ دہرے ہوجاتے تھے۔ ہر جملے میں آپ کوئی نہ کوئی ہنسی کی بات کرتے اور خود ہنستے ہنستے دوہرے ہوجاتے تھے اور پھر یکا یک آپ کی ہنسی سے سرشار آنکھیں سنجیدہ ہوجاتیں' آپ پلک جھپکاتے' ہنسی کو یکا یک روکتے' ہونٹوں کو تھوڑا سا سکیڑتے

اور سنجیدہ گفتگو کرنے لگتے۔ کیا یہ ساری سنجیدگی، ساری بے محابہ ہنسی، اتنا سارا خلوص، اور اتنی ساری محبت اتنی جلدی ہم سے چھین جانے کے لئے تھی؟ آپ کے جملوں میں مزاح کا پہلو اکثر بچکانہ شرارت کی حدوں کو چھوتا دکھائی دیتا تھا۔ اور خصوصاً آپ کا عملی مذاق تو کئی بار غلط فہمیاں پیدا کرتے کرتے رہ جاتا تھا۔ کیوں کہ صرف آپ کی بچوں کی سی معصومانہ ہنسی آڑے آجاتی تھی۔ ورنہ اگر یہی مذاق کوئی اور کرتا تو اس کے نتیجے میں کسی کے قتل یا طلاق تک نوبت پہنچ سکتی تھی۔ اور پھر اس مزاح سے آپ نے اپنے آپ کو بھی بچنے نہیں دیا۔ اور اپنے آپ کو اپنے مزاح کا نشانہ بنانے کی انتہا کر دی۔ کس سلیقہ سے زندگی کا اتنا تکلیف دہ مذاق آپ ہنستے ہنستے سہہ گئے۔ اور تیوری پر بل تک پڑنے نہ دیا۔ لیکن حبیبؔ صاحب زندگی نے موت کا یہ عملی مذاق آپ کے ساتھ نہیں، ہمارے ساتھ کیا ہے۔ ہم جو آپ کی یادوں کو سینے سے لگائے مرنے کو زندہ رہ گئے۔

آپ اس خوش سلیقگی سے جگر خون کرتے رہے۔ اور میرے نام اپنے آخری خط کے سوا کسی وقت اس کا مجھ کو شائبہ تک ہونے نہ دیا۔ وہی قربت اور وہی چھوٹا سا فاصلہ آپ نے ہمیشہ کی طرح آخری وقت تک باقی رکھا۔ کیا ایسا نہیں ہوسکتا تھا کہ مذاق اور سنجیدگی کے درمیان ایک پل کے لئے آپ اس فاصلے کو پاٹ کر اس مرض کا ذکر کر دیتے جس پر قابو پانے کے لئے آپریشن کیا گیا تھا، آپریشن اور مرض کے ذکر کے درمیان فاصلہ تھا ہی کتنا، لیکن وہی ہمیشہ کی آپ کی وضع داری مانع اظہار ہوئی۔ اور آپ نے اپنے اور میرے درمیان وہی چھوٹا سا فاصلہ برقرار رکھا جو موت اور زندگی کے درمیان ہوتا ہے۔

عزیزہ محبوب۔ (بہن)

۷؍مارچ ۱۹۸۹ء دن کے ساڑھے بارہ بجے ٹیلیفون پر میرے بھتیجے نے اطلاع دی کہ بھائی جان ہم سے اس طرح روٹھ گئے ہیں کہ اب ہم ان سے کبھی نہیں مل سکیں گے۔ یہ جان لیوا خبر سن کر دیر تک مجھے اپنے حواس پر قابو نہیں رہا۔ اس کے بعد میرے ذہن کے پردے پر بچپن سے لے کر اب تک کی تصویریں یکے بعد دیگرے آتی رہیں۔ خصوصاً ان کی ہنسی۔

بھائی جان مدرسہ وسطانیہ ہی سے تقریری اور تحریری مقابلوں میں حصہ لے کر اپنی

قابلیت کے جوہر دکھاتے رہے۔ بچپن ہی سے انہیں علماء بزرگان دین اور مشائخین کا ماحول ملا۔ جن کی بہترین خصوصیات کو وہ اپناتے رہے۔ اسی زمانے سے قوالی کے شوقین تھے۔ کبھی وہ ابّا جان قبلہ کی شیروانی اور شملہ زیب تن کر لیتے اور ہم بچوں کو اپنا مرید تصور کرتے ہوئے قوالی کرواتے۔ ان کے ایک دوست صابر میاں قوال بنتے۔ انہیں قوالی کے مندرجہ ذیل اشعار بہت پسند تھے

اجی مورے لال کچھ ایسا رنگنا

جو دیکھے منہ تکنا تکنا

ہاتھ پکڑ کر بھول نہ جانا

لاج ہماری رکھنا رکھنا

ہمارے پیرومرشد کو وجد بھی آتا۔ جس کے ساتھ ہی وہ کھڑے ہو جاتے۔ تعظیماً ہم سب کو بھی کھڑا ہونا پڑتا۔ آخر میں نذرانے پیش کرنے کا حکم ہوتا جس کی تعمیل ضروری تھی۔

طالب علمی کے زمانے میں وہ بچوں کے رسالہ ''سب رس'' کے مدیر رہے۔ جو ڈاکٹر محی الدین قادری زور مرحوم بانی ادارہ ادبیات اردو کی سرپرستی میں شائع ہوا کرتا تھا۔ حبیب صاحب ان کے منظور نظر تھے۔ وہ اپنے اساتذہ کا حد درجہ ادب کرتے۔ اور اس کو اپنی سعادت سمجھتے۔

بھائی جان کو خواجہ حسن نظامی صاحب سے بھی گہرا لگاؤ رہا۔ ان کی زندگی اور خیالات سے بہت متاثر تھے۔ خواجہ صاحب کی بھی بھائی جان پر خاص نظر عنایت تھی۔ روزنامچہ لکھنے کا شوق خواجہ صاحب کی ہی دین ہے۔ ۱۹۵۵ء تک تقریباً دس سال پابندی سے روزنامچہ لکھتے رہے۔ جس میں روزمرہ کی مصروفیات کے علاوہ سیاسی' ادبی اور مذہبی معلومات بھی رہتیں۔

حبیبؔ صاحب حیدرآبادی رکھ رکھاؤ اور مشرقی تہذیب کا مکمل نمونہ رہے۔ چنانچہ ۱۹۸۴ء میں ان کی لڑکی کی شادی میں اس کا بطور خاص مظاہرہ کیا گیا۔ لباس اور کھانوں کے علاوہ تمام رسومات کی پابندی کی گئی۔ یہاں تک کے پھول وغیرہ بھی حیدرآباد سے منگوائے گئے۔ طبعیت میں بے حد انکساری اور ہمدردی تھی۔ چند طلباء کو تعلیمی وظائف بھی دیتے رہے۔ وہ نہائت خوش مزاج شائستہ اور پرکشش شخصیت کے مالک تھے۔ لبوں پر تبسم' آنکھوں میں بلا کی ذہانت تھی

۔وہ زبردست قوت ارادی کے مالک تھے۔باوجود ایک مہلک بیماری میں مبتلا ہونے کے وہ کبھی پست ہمت نہیں ہوئے۔مصائب اور مسائل سے ہار ماننا تو انہوں نے سیکھا ہی نہیں تھا۔مسلسل کام اور اپنے مقصد کے حصول کی کوشش ان کا ایمان تھا۔چنانچہ ان کی تازہ تصانیف ''برطانیہ کی سیاسی جماعتیں اور پارلیمنٹ'' اور ''رہ ورسم وآشنائی'' دونوں بیماری کے دوران لکھی گئیں۔جب کبھی بھائی جان سے موت کے بارے میں دریافت کیا جاتا تو فوراً بات کا موضوع بدل کر ٹال دیتے یا پھر کہتے کہ ابھی تو کھانے پینے اور بات چیت میں لطف آرہا ہے اور خدا کا شکر ادا کرتے۔فرماتے جب صحت مند تھے تو کونسا شکر ادا کیا۔جواب تھوڑی سی تکلیف میں شکایت یا واویلا کریں وہ تسلیم ورضا کی تصویر تھے۔ان کی طبیعت میں مزاح کوٹ کوٹ کر بھرا ہوا تھا۔ہمیشہ ہنستے ہنستے اور ہنساتے رہنا ان کی انفرادیت تھی۔ باوجود تکلیف کے صرف مسکراتے بلکہ قہقہے لگاتے۔وہ ہر محفل میں جان محفل بنے رہتے۔ان سے ایک بار ملنے والا بار بار ملنے کا خواہش مند رہتا۔انتقال سے چند ہفتے پہلے جبکہ بیماری سے کافی حد تک کمزور ہو چکے تھے۔ایک خط لکھا جس کی تحریر ان کی خوش مزاجی اور صبر وضبط کا نمونہ ہے وہ لکھتے ہیں:

''عزیزی عزیزہ سلمہا'

السلام علیکم!ہماری موجودہ صحت کے پیش نظر ہمارے ایک دوست نے مشورہ دیا ہے کہ اب تک جتنے ہندوستانی فلم بنے ہیں۔ان کے نام'ان میں کام کرنے والے ہیرو ہیروئین کے نام معہ معلومات کے یاد کرلیں۔معلوم نہیں مرنے کے بعد اللہ میاں عام معلومات یعنی (General knowledge) کے تحت کونسا سوال کرڈالیں۔ہوسکتا ہے ریکھا کے متعلق دریافت کریں کہ کب پیدا ہوئی۔پہلی فلم کونسی تھی۔اب تک کتنی فلموں میں کام کیا۔کونسی سب سے اچھی اور مقبول فلم تھی۔وغیرہ وغیرہ۔ریکھا کے بجائے کئی دیگر اداکاروں سے متعلق سوالات پوچھے جاسکتے ہیں۔اگر ان سوالوں کا جواب نہ دے سکیں تو خواہ مخواہ جہنم میں جانا پڑے گا۔اس عمر میں اتنا سب یاد کرنا ناممکن معلوم ہورہا ہے۔زندگی بھر ہم نے صرف چند ہی فلمیں دیکھی ہیں اور سوائے تین چار اداکاروں کے ہم کسی کے نام سے واقف اور نہ ہی ان کی فلموں سے۔ہم نے زندگی کس طرح ضائع کردی اس کا احساس اب ہورہا ہے۔خیر تمہارا کیا مشورہ ہے۔اور تم کس

طرح مدد کر سکتی ہو؟

''ایک اور خط میں اپنی بیوی کے متعلق لکھتے ہیں کہ میری بیماری میں اس نے اتنی خدمت کی کہ دل کھٹا ہو گیا ہے۔اور اتر گیا ہے۔اب خود مرنے سے پہلے میری موت کے منتظر ہیں ۔بہر حال بھائی جان کی کمی کو کوئی پورا نہیں کر سکتا۔ان کی ہزاروں باتیں یاد آتی رہیں گی۔کوئی ہنسائے گی اور کوئی رلائے گی''۔

علی سردار جعفری

جناب حبیبؔ حیدر آبادی اور ان کی خوش نوا بیگم صدیقہ شبنم دونوں شاعر ہیں۔اور حیدر آباد کی تہذیب کے روشن چراغ۔ جو لندن کی سرد ہواؤں میں بھی اپنی جوت جگا رہے ہیں مجھے ہمیشہ اس خیال سے خوشی ہوتی ہے کہ میرے حلقہ احباب میں یہ دونوں بھی شامل ہیں حبیب حیدر آبادی صرف شاعر نہیں ہیں بلکہ صاحب فکر و دانش بھی ہیں۔ ''انگلستان میں'' اور ''رہ و سم و آشنائی'' کے مصنف ہیں۔جن کی نثر سادہ و پرکار ہے جو بے جا آرائش سے پاک ہے۔لیکن ہر لفظ فکر و خیال کی روشنی سے جگمگا رہا ہے۔

(''راوی'' بریڈ فورڈ لندن۔حبیب حیدر آبادی نمبر) **گوپی چند نارنگ**

حبیب حیدر آبادی شاعر۔ادیب۔انشا پرداز۔مزاح نگار۔سب کچھ ہیں۔انہوں نے تاریخی‘ سماجی‘ سیاسی مسائل پر بھی کتابیں لکھی ہیں۔اردو سے محبت ان کا اوڑھنا بچھونا ہے۔زبان و ثقافت سے لگاؤ کے معنی کیا ہیں۔یہ کوئی حبیبؔ صاحب سے سیکھے۔نہائت مخلص‘ بے ریا اور بے لوث آدمی ہیں۔سینہ بے کینہ رکھتے ہیں۔خود بھی ہنستے ہیں۔دوسروں کو بھی ہنساتے ہیں۔اردو سے محبت کو انہوں نے لفظاً نہیں عملاً نبھایا ہے۔تارکین وطن کے لئے ان کا وجود ایک عملی مثال ہے۔کسی رکاوٹ کو انہوں نے رکاوٹ اور کسی وقت کو انہوں نے وقت نہیں سمجھا۔مسلسل اور بے تکان کام کرتے رہے ہیں دوسروں کی حوصلہ شکنی حالات کی نا مساوات‘ شدائد جسمانی کسی بھی چیز کی انہوں نے پرواہ نہیں کی۔اور برابر اردو کے آئینے میں اپنی تمناؤں کا وفور دیکھتے رہے۔وقت تو

گزراں ہے ہی جس نے بھی اس زندگی سے چند کلیاں چن لین سمجھئے اس نے زندگی سر کرلی۔ حبیبؔ صاحب کی اہمیت اسی میں ہے کہ وہ چند کلیوں پر قناعت کرنے والوں میں نہیں اور علاج تنگئی داماں کے قائل ہیں۔ (بحوالہ ہفت روزہ۔ راوی۔ بریڈفورڈ)

ڈاکٹر سدھیشور راج

لگ بھگ کوئی چالیس سال پہلے کی بات ہے کہ حبیبؔ اور میری ملاقات ایک خوشگوار حادثہ تھی۔ رام پوری ٹوپی پہنے ہوئے' شیروانی اور چوڑی دار پاجامہ میں ملبوس' جوتے پہنے یہ اپنے مخصوص انداز سے میری طرف آرہے تھے۔ اور ہم فی البدیہہ تقریری مقابلے میں اول آنے پر مبارکباد دے رہے تھے۔ اس کے بعد میرا ایک مضمون نظام کالج کے اردو سہ ماہی میں چھپا۔ حبیبؔ اس کے مدیر اعلیٰ تھے۔ کالج کی دوستی بڑھتے بڑھتے فیملی کی دوستی میں بدل گئی۔ ان کے والد مرحوم مولانا شیخ محبوب صاحب میرے بڑے بھائی جان جناب منوہر راج سکسینہ کے استادوں میں سے تھے۔ ان کے پاس اور ہمارے پاس شائد ہی کوئی ایسی محفل ہوگی جہاں یہ مجھے یا میں نے ان کو مدعو نہ کیا ہو۔ حبیبؔ کے والد اور بھائی۔ میرے والد اور بھائی بہن سے اس قدر مانوس ہو گئے کہ اگر آج ان باتوں کو دہرایا جائے تو لوگ اسے قصہ کہانی سمجھیں گے۔ روزہ رکھائی۔ روزہ کشائی۔ محرم' بقرعید اور رمضان کی عید میں' میں ہمیشہ موجود رہتا۔ یہ اس دور کی بات ہے جبکہ حیدر آباد میں پردہ کا کافی رواج تھا۔ لیکن حبیبؔ کی والدہ' بڑی آپا عزیزہ۔ غوثیہ اور رشیدہ نے مجھ سے کبھی پردہ نہ کیا۔ اگر حبیبؔ نماز کے وقت ہمارے گھر ہوتے تو مجھے خوب یاد ہے کہ میری والدہ اُن کے لئے جانماز دیوان خانے میں بچھایا کرتیں۔ نظام کالج میں ہر روز ہم دونوں مل کر توشہ کھایا کرتے۔ ہم دونوں نے مل کر ۱۹۵۰ء میں ایک مثالی بچوں کی کانفرنس کی جس میں شری راج گوپال چاری نے جو اس وقت ہندوستان کے گورنر تھے اپنا یہ پیغام روانہ کیا۔

" Presently we will have a govt of the children by the children and for the children. ۱۹۵۲ء سے ۱۹۵۷ء تک تقریباً ہفتے میں دو یا تین بار ہم لوگ حبیبؔ کی آئسکریم کی دکان میں توشے کھولتے اور ساتھ میں آئسکریم بھی کھاتے۔ کبھی شہران کے کباب پر اور کبھی ایرانی بریانی پر ہاتھ ہوتا۔ بہر کیف ہم لوگ آپس میں

شیر و شکر کی طرح رہتے۔ وہ جب انگلستان آئے مجھے یاد ہے کہ انہوں نے ہماری شادی پر ایک نہائت محبت بھرا خط لکھا۔ اور جب ۱۹۶۹ء میں ہم لندن آئے تو پھر یہاں اکثر و بیشتر ملاقاتوں کا سلسلہ جاری رہا۔ ان کی پہلی کتاب ''انگلستان میں'' کی رسم اجراء میں'' میں نے بھی تقریر کی تھی۔

حبیب کی بذلہ سنجی' ان کا پیار اور ان کی دیوانہ وار ہنسی ضرب المثل ہے۔ خصوصاً اپنے آپ پر ہنسنا۔ بڑے دل گردہ کی بات ہوتی ہے۔ لیکن ان کے قہقہے ہمیشہ کانوں میں گونجا کرتے ہیں۔ ہماری سلور ویڈنگ ۱۹۸۵ء میں ہوئی۔ اور حبیب نے بڑے ہی خلوص کے ساتھ تقریر کی۔ اور ہمارے لئے کہا کہ:

ہونی کو انہونی کر دیں انہونی کو ہونی
سکسینہ اور پربھا مل کر جگت بنائیں ہونی (حبیبؔ)
(بحوالہ۔ راوی۔ بریڈفورڈ)

حبیب حیدر آبادی کی یاد میں لکھے گئے تعزیتی خطوط و منظوم خراج عقیدت

حبیبؔ حیدر آبادی برطانیہ کی اردو محفلوں کے روح رواں تھے۔ ان کا انتقال ایک ایسا خلاء تھا جسے برطانیہ کے اردو والے بہت دیر تک پر نہیں کر سکے۔ ان کے دوست احباب نے ان کی یاد میں جو تعزیتی پیامات روانہ کئے تھے وہ برطانیہ سے شائع ہونے والے ہفتہ وار ''راوی'' بریڈ فورڈ'' میں شائع ہوئے جس کے اقتباسات ذیل میں دئے جاتے ہیں۔

بہت غم ہے حبیب حیدر آبادی کا۔

ہم ایک جشن مناتے ہیں شکستوں کا مذاق
لوگ اک کوشش ناکام سے جل جاتے ہیں۔

حبیبؔ حیدر آبادی کا متبسم چہرہ اس شعر کی تعبیر شگفتہ ہوا کرتا تھا۔ اس پیکر اخلاص کی مرگ حسرت آیات پر ہر اردو نواز گریاں ہے۔ اپنی جراحتوں کو چھپا کرنا کامیوں کا سینہ چاک

کرنے والا خندہ روٗ منوں مٹی تلے ابدی نیند سو گیا ہے۔ اے محبّ و محسن اردو!

بانو۔ لندن

ایک پھول اس چمن سے اور مرجھا گیا۔ حبیبؔ حیدر آبادی تو سراپا خلوص تھے۔ اس خبر کو یقین کرنے کو دل نہیں چاہتا ہے۔ کن الفاظ میں صدیقہ شبنم کے اس بیش بہا ہیرے کے کھونے پر تسلی دوں۔ اور کیسے ان کی دلجوئی کروں۔ یہ خبر آگ کی طرح منگل کو پھیل گئی۔ مگر سب بے بس ہیں۔ صدیقہ شبنم کو بھی راوی کے ذریعہ پیغام دوں گی۔ صدیقہ تمہارا ہی نہیں بلکہ ہم سب کا ایک قیمتی موتی موت کا ظالم ہاتھ چھین کر لے گیا ہے۔ یہ ایک خط ہے جس کو وقت بھی نہیں بھر سکتا۔

صدیقہ شبنم کی تنہائی میں حلقہ ارباب اردو ادب برابر کا شریک ہے۔ خدا حبیبؔ صاحب کو کروٹ کروٹ جنت نصیب کرے اور ان کے پسماندگان کو صبر جمیل عطا فرمائے۔ زندگی کی دوسری کروٹ ہے موت۔ حبیبؔ صاحب تو جسمانی طور پر سب سے الگ ہو گئے۔ مگر روحانی طور پر ہم سب کے ساتھ رہیں گے۔ اور انگلستان کا اردو حلقہ اُن کے احسانات کے زیر دبا ہوا ہے۔ جب بھی اردو کی تاریخ انگلستان کے سلسلہ میں لکھی جائے گی۔ حبیبؔ صاحب کا نام اس میں نمایاں ستارے کی طرح چمکے گا۔ ہم ان کی شگفتہ بیانی اور انشائیہ کو بھی فراموش نہیں کر سکیں گے۔

ع مرنے والے مرتے ہیں لیکن فنا نہیں ہوتے

اکبر حیدر آبادی۔ آکسفورڈ

سال نو سے سب امیدیں لگائے بیٹھے تھے کہ یہ پچھلے سال یعنی (۱۹۸۸ء) کی تمام تلخ یادوں کا حساب چکا دے گا۔ لیکن اس کمبخت سال نے آتے ہی نئے المیوں کا در کھول دیا۔۔۔۔ ۱۶ر فروری کو وقار لطیف کو ہم سے جدا کر دیا۔ تو اب ۷۔ مارچ کو ہمارے حبیبؔ کو ہم سے چھین لیا۔ ان کے اٹھ جانے سے رسم محبت اُٹھ گئی۔ اور جہانِ وفا تاریک ہو گیا۔

بقول آتشؔ

ے اُٹھ گئی ہے سامنے سے کیسی کیسی صورتیں
روئیے کس کے لئے کس کس کا ماتم کیجئے

حبیبؔ ہمارے معاشرے کی ایک جاندار، ہر دلعزیز پر خلوص اور یادگار شخصیت تھے۔ ایسا محسوس ہوتا ہے کہ وہ اپنی گمبھیر تنہائیوں سے صدا دے رہے ہیں کہ۔

ع شعلہ عشق سیہ پوش ہوا میرے بعد!

اور یہ حقیقت ہے کہ حبیبؔ جیسا نیک دل، نیک سیرت اور محبتی انسان اب یہاں ڈھونڈنے سے بھی نہیں ملے گا۔ خدا اُنہیں اپنی رحمتوں سے سرفراز کرے۔۔۔ حبیبؔ کی رحلت میرے لئے سگے بھائی کی موت سے کسی طرح کم نہیں۔

گوپی چند نارنگ

بہن صدیقہ شبنم صاحبہ! تسلیم!

یقین نہیں آتا کہ حبیبؔ صاحب اس دنیا میں نہیں رہے۔ سیاست میں یہ خبر پڑھی۔ آنکھوں کے آگے اندھیرا آ گیا۔ رات میں مغنی صاحب سے بات ہوئی تو تفصیل معلوم ہوئی۔ خدائے برتر انہیں اپنے جوار رحمت میں جگہ دے کہ وہ انتہائی نیک نفس انسان تھے۔ سب کا بھلا چاہنے والے۔ سب کو خوش رکھنے والے، ہنسنے ہنسانے والے، پاک باطن، پاک طینت پاک نہاد! بہن جانا سب کو ہے بس کوئی آگے جاتا ہے کوئی پیچھے خدا کی رضا یہی تھی۔ بندے کا یارا نہیں کے دم مارے۔ باری تعالیٰ آپ کو توفیق دے کہ آپ کی ذمہ داریاں بڑھ گئیں۔ رافع۔ واسع۔ سلمیٰ، عرفان سب کو ہماری طرف سے پرسہ دیں۔ منورما اور میں آپ کے غم میں برابر کے شریک ہیں۔ ہمارے لئے کوئی خدمت ہو تو ضرور لکھیں۔ دکھ کی گھڑی میں آپ کے ساتھ۔ سوگوار

گوپی چند نارنگ۔ منورما نارنگ

(۱۳/ مارچ ۱۹۸۹ء)

اکبرؔ حیدرآبادی

یادِ حبیب میں

عیال و آل، زر و مال اور مکاں نہ رہا
زمین بھی کرتی چلی ہے نئے ستم ایجاد

طلسم ہستی نا پائیدار ٹوٹ گیا
خزاں نصیب ہوا پیرہن بہاروں کا
کتاب زیست کا ہر باب ہو گیا سونا
نہ پوچھو درد والم کے حصار میں رہ کر
تھا چور چور مصائب سے شیشۂ اندام
نفس نفس میں تھا ہیجان سا پا جس سے
ہے غم کا بوجھ تو اک کوہسار کے مانند
جبیں جبیں پہ نمایاں عجب اداسی ہے
ملال ہجر سے ہیں نوحہ خواں در و دیوار
حبیبؔ سر تا قدم اسم با مسمّٰی تھے
جو بند ہو گئیں آنکھیں تو یہ جہاں نہ رہا
وگرنہ سر پہ ہمارے کب آسماں نہ رہا
بجز سراب کہیں آب کا نشاں نہ رہا
وہ قربتوں کی مہک اور وہ گلستاں نہ رہا
وہ حرف شوق کہ تھا زیب داستاں نہ رہا
وہ کیسے جی گیا، مرنا جسے گراں نہ رہا
جری تھا دل کہ کبھی مائل فغاں نہ رہا
اجل جب آئی تو وہ درد بیکراں نہ رہا
سہیں تو کیسے سہیں، دل بھی اب جواں نہ رہا
کہ اک خلوص و محبت کا آستاں نہ رہا
مکان رہ گیا اور صاحب مکان نہ رہا
وہ کیا گئے کہ محبت بھرا جہاں نہ رہا
وجود جس کا تھا وجہ نشاط جاں اکبرؔ

عذاب یہ ہے کہ اب وہ رفیق جاں نہ رہا!

حبیب حیدرآبادی کی تصنیف ''انگلستان میں'' پر مشاہیر کے چند تاثرات

''انگلستان میں'' تاریخی نقطۂ نظر سے ایک قیمتی دستاویز ہے

ڈاکٹر محمد حمید اللہ (پیرس)

حبیب حیدرآبادی کی کتاب ایک شگفتہ دل و دماغ کی تخلیق ہے۔

ہاشم علی اختر (وائس چانسلر علیگڈھ یونیورسٹی)

''انگلستان میں'' شگفتہ انداز نگارش کی ایک ستھری کتاب ہے۔

پدم شری عابد علی خاں۔ مدیر روزنامہ سیاست (حیدرآباد دکن)

''حبیبؔ حیدرآبادی کو لندن میں حیدرآباد کے ادبی اور تہذیبی سفیر کی حیثیت حاصل ہے۔ اپنے فرض کو انھوں نے ''انگلستان میں'' خوبصورتی سے نبھایا ہے۔

خواجہ عبدالغفور مرحوم (بمبئی)

حبیبؔ کی سادگی مزاج نے ان سے کھلی ہوئی نثر لکھوائی ہے۔

افتخار عارف۔ اردو مرکز (لندن)

اس کتاب کے ۳۰۴ صفحات، مشاہدات، تجربات اور محسوسات کا وہ صد رنگ ذخیر ہیں جن میں ڈائری کے راز بستہ اوراق کی سرگوشیاں خود کلامی کا دھیما دھیما سا لہجہ اور تاثرات کا ایک دلچسپ، وسیع اور معلومات آفریں دفتر بکھرا پڑا ہے۔ اس کتاب کو افراد شناسی کا انسائیکلو پیڈیا بھی کہا جاسکتا ہے۔

اکبرؔ حیدرآبادی (آکسفورڈ)

برطانیہ میں اردو پر کام کرنے والوں کے لئے یہ کتاب پُر از معلومات دستاویز کی حیثیت رکھتی ہے۔

عقیل دانشؔ بحوالہ اخبار جنگ (لندن)

جو لوگ اس کتاب کے مطالعے سے محروم رہیں گے وہ اپنے ساتھ زیادتی کریں گے۔

ہر تعلیم یافتہ شخص کی لائبریری اس کتاب کا ہونا ایک لازمی شے ہے۔ اخبار راوی ہفتہ وار (بریڈفورڈ ۔یوکے)

حبیبؔ صاحب کی کتاب اردو کے لئے فال نیک ہے۔

ڈاکٹر ڈیوڈ میتھوز

(اسکول آف اورنیٹل اینڈ آفریکن اسٹڈیز لندن یونیورسٹی)

حبیبؔ صاحب کی تصنیف ایک سادہ منش انسان کی سادہ سوچ کا نیتجہ ہے۔

ڈاکٹر ضیاء الدین شکیبؔ (لندن)

کتاب کا نام ''انگلستان میں'' رکھ کر حبیبؔ حیدرآبادی نے ہجرت اور وطن سے دوری کے احساس کی ہم سب کی طرف سے نمائندگی کی ہے۔ ڈاکٹر حسن عسکری (لندن)

برطانیہ میں اردو کی ترقی، ترویج اور اشاعت سے متعلق جاننے کے لئے اردو کے ہر محبّ کے پاس اس کتاب کی ایک جلد ہونا ضروری ہے۔

ڈاکٹر سدھیشوراج سکسینہ (لندن)

حبیبؔ صاحب کی ذات بڑی ہمہ جہت اور ہزار پہلو ہے۔ وسیع المشرب اور انسان دوست ہیں ۔اس مجموعے کی بیشتر تحریریں انگلستان سے متعلق اس لئے دلچسپ بھی ہیں اور معلومات افزا بھی۔

پروفیسر گیان چند۔ سنٹرل یونی ورسٹی آف حیدرآباد

انگلستان میں'' حبیبؔ حیدرآبادی کے ان رنگا رنگ تجربات ومشاہدات کا بہت ہی خوبصورت انداز میں آئینہ دار ہے جو پچھلے ۲۳، ۲۴ برس میں ان کی انگلستان میں سکونت کا حاصل ہے ۔حبیبؔ صاحب نے ''انگلستان میں'' جیسی کتاب کیا لکھی ہے انگلستان کے ''جنگل میں منگل'' منایا ہے۔ مشاعروں، ادبی محفلوں، دوستوں کی دعوتوں، قوالی اور موسیقی کی نشستوں کے رنگا رنگ ذکر سے انگلستان کے سرد اور مرطوب موسم میں گرمی اور رونق کا شائبہ پیدا کیا ہے اور سب سے بڑھ کر اپنے ہزاروں ہم جلاوطنوں کی صبح سے شام تک کی مصروفیتوں کو ریکارڈ کر کے ہندوپاک کی روحانی اور ثقافتی تاریخ میں ایک اہم باب کا اضافہ کیا ہے۔ وقار لطیف (لندن) بشکریہ صبح امید بمبئی

''انگلستان میں'' کچھ اس انداز سے لکھی گئی ہے کہ قاری دنیا و مافیہا سے بے خبر کتاب

کے اوراق میں کھو جاتا ہے۔شاید وہ لاشعور میں چھپی ہوئی اپنی ہی کہانی کو دہرا رہا ہوتا ہے۔

آغا سعید (لندن)

اس کتاب کے نثری حصّے کا ہر باب ایک منفرد حیثیت کا مالک ہے۔حبیب صاحب کی انسان دوستی اس بات کا سراغ دیتی ہے کہ انھوں نے اس حقیقت کو پالیا ہے جو اس شعر میں مضمر ہے:

جب سے سنا ہے یار لباسِ بشر میں ہے
اب آدمی کچھ اور ہماری نظر میں ہے

جسٹس خواجہ محمدؐ احمد صمدانی

اس کتاب کی تمام تحریروں پر مبارک باد دیتا ہوں ۔ پڑھ کر بے حد خوشی ہوی۔حیدرآباد اور اپنے تہذیب وتمدّن کے عروج کے دن یاد آئے۔کتاب بڑی خوبصورت ہے۔ہئیت اور مواد دونوں کے اعتبار سے۔مواد تو تیسری بار پڑھنے پر بھی دل چسپ لگا۔

راشد آذر (حیدرآباد)

ایک عمر تک پردیس میں رہنا اور جلاوطنی اور محنت ومشقت کی زندگی گزارنا اور پھر بھی ہنسنا ہنسانا نہ بھولنا' احباب اور صاحبِ کمال لوگوں کی قدر کرنا' انسانیت' تہذیب و مذہب سے نہ صرف رشتہ برقرار رکھنا بلکہ صدق دل سے اُن کی آبیاری کرنا' حبیبؔ حیدرآبادی جیسے شگفتہ مزاج اور روشن ضمیر انسان ہی کر سکتے ہیں۔''انگلستان میں'' نثر کے جتنے ٹکڑے شامل ہیں وہ کسی نہ کسی طرح اُن کی اسی خصوصیت کو اُجاگر کرتے ہیں۔

ڈاکٹر شہریار۔علی گڈھ یونی ورسٹی

آپ پر یہ الزام یہ بھی ہے کہ اس کتاب میں سب کا تذکرہ کیا گیا ہے اور سب کو خوش رکھنے کی کوشش کی گئی ہے تو بھئی اُس کا سیدھا سا جواب یہ ہے کہ بجنسہ یہی الزام مولانا محمد حسین آزاد پر بھی عائد ہوتا ہے کہ

آبِ حیات میں بھی یہی سب کچھ ہے۔ ''انگلستان میں'' لندن کی آبِ حیات ہے۔

حسن اجمل مسرت (آئرلینڈ)

''انگلستان میں'' مختلف زاویوں سے ایک خوب صورت اور پراز معلومات کتاب ہے۔

راجکماری اندرا دھن راج گیر جی۔حیدرآباد

حبیب حیدرآبادی کی کتاب پڑھ کر مجھے سمندر پار انگریزوں کے ملک میں آباد ایشائیوں کے احساسات۔ مسائل۔ تفریحی مشاغل اور شب و روز کی زندگی کے بارے میں بہت کچھ پتہ چلا۔ وہاں رہے بسے ایشیائی گھرانوں کی جو تصویریں اس کتاب کے مطالعے سے ذہن میں بنتی ہیں وہ بے حد خوش گوار ہیں محمد عبدالقادر حبیبؔ حیدرآبادی ربع صدی سے انگلستان میں رہتے ہیں۔ ان کے بچے وہاں پلے بڑھے اور جوان ہوئے۔ ان کو وہاں کی شہرت حاصل ہے۔ ایک برطانوی فرم میں چیف اکاونٹٹ ہیں۔ حکومت کی جانب سے جسٹس آف پیس کا اعزاز بھی انھیں ملا ہے۔ ''انگلستان میں'' ان کے مختلف مضامین' یادداشتوں' پڑھی ہوئی تقریروں اور ان کی اپنی کہی ہوئی نظموں کا مجموعہ ہے۔ یہ ایک قسم کا مہکتا ہوا گلدستہ ہے۔

محمد خالد اخترؔ ۔ ماہنامہ افکار کراچی۔ اکتوبر ۱۹۸۲ء

اختتامیہ

''حبیب حیدرآبادی حیات شخصیت اور کارنامے'' کے عنوان سے زیر نظر تحقیقی کتاب کے گذشتہ ابواب میں برطانیہ میں فروغ اردو میں نمایاں خدمات انجام دینے والے حبیبؔ حیدرآبادی کی شخصیت اور علمی وادبی خدمات کو مفصل انداز میں پیش کیا گیا۔ حبیبؔ حیدرآبادی کے حالات زندگی پر نظر ڈالنے سے اندازہ ہوتا ہے کہ حیدرآباد کے متوسط دینی گھرانے سے اپنی زندگی کا سفر شروع کرتے ہوئے اُنہوں نے جہد مسلسل کے ساتھ زندگی کی منزلیں طے کیں۔ والد صاحب کی دکان پر کام کیا۔ اپنے آپ کو زیو علم سے آراستہ کیا۔ ادبی ذوق پروان چڑھایا اور جب وطن میں حالات سازگار نہیں دکھائی دیے تو ترک وطن کیا۔ پاکستان میں کچھ عرصہ قیام کے بعد برطانیہ کا رُخ کیا۔ اور ابتدائی مشکلات کے بعد وہاں اپنے قدم جمالئے۔ بچوں کی اچھے انداز میں پرورش کی۔ اُنہیں زیور تعلیم سے آراستہ کیا۔ اور جب بچے عملی زندگی میں قدم رکھ چکے تو اپنی شاعرہ بیوی صدیقہ شبنم کے ہمراہ برطانیہ میں اپنی مادری زبان اردو کی آبیاری میں لگ گئے۔ ذاتی کوشش سے اُنہوں نے ایک ایسی لائبریری قائم کی جس میں اردو کی پانچ ہزار کتابیں تھیں۔

مقامی انگریزوں اور تارکین وطن ایشیائی لوگوں کے بچوں کی اردو تعلیم کا بیڑہ اُٹھایا۔ اُن کی اردو خدمات کی مقبولیت کے پیش نظر اُن کے اس کارنامے کو برطانوی ٹیلی ویژن پر بھی دکھایا گیا ۔ برطانیہ میں اردو کو مقبول بنانے میں مشاعروں اور ادبی انجمنوں نے اہم رول ادا کیا۔ حبیبؔ حیدرآبادی نے ہندوستان و پاکستان کے نامور شعراء کو مدعو کیا۔ صدیقہ شبنمؔ نے میزبانی کے فرائض انجام دئے ۔ اور حبیبؔ حیدرآبادی کی زندہ دلی، شگفتگی اور بات بات پر قہقہے چھوڑتی شخصیت نے برطانیہ کے مشاعروں اور ادبی اجلاسوں میں جان ڈال دی ۔ حبیبؔ حیدرآبادی کی کاوشوں سے ہندوستان اور پاکستان کے بعد برطانیہ اردو کا تیسرا بڑا مرکز بن گیا۔ اور وہاں سے یورپ وامریکہ میں اردو کی نئی بستیاں آباد ہونے لگیں ۔ اس طرح اُردو کو بین الاقوامی سطح پر روشناس کرانے والوں میں حبیبؔ حیدرآبادی ایک اہم نام بن گئے ۔

حبیبؔ حیدرآبادی کو تصنیف و تالیف کا شوق بچپن ہی سے تھا۔ ڈاکٹر زورؔ کے زیر تربیت رہتے ہوئے وہ ''بچوں کا سب رس'' میں لکھنے لگے تھے ۔ اپنے دوست منیر صفوی کے ساتھ ادبی تخلیقات پیش کرنے لگے ۔ حبیبؔ حیدرآبادی کا بچپن اپنے دور کی نامور شخصیات کے زیر سایہ گذرا۔ خواجہ حسن نظامی سے اُنہیں خاص ارادت تھی ۔ خواجہ صاحب جب بھی حیدرآباد آتے یہ اُن کی خدمت میں حاضری دیتے ۔ خواجہ صاحب بھی حبیبؔ حیدرآبادی سے شفقت کا اظہار کرتے ۔ خواجہ صاحب کے نقش قدم پر چلتے ہوئے حبیب حیدرآبادی بھی روزنامچہ لکھنے لگے تھے ۔ شادی تک یہ سلسلہ جاری رہا۔ اُن کے روزنامچے اب دستیاب نہیں ۔ لیکن اُن کے دوستوں کے بموجب ان روزنامچوں میں حیدرآباد کی ادبی، سیاسی، سماجی و ثقافتی زندگی کو بیان کیا گیا تھا۔ روزنامچہ لکھنے کی ان کی اسی عادت نے اُن کی انشا پردازی میں نکھار پیدا کیا۔ چنانچہ اُن کی پہلی تصنیف ''انگلستان میں'' میں روزنامچہ کی طرح جُدا جُدا موضوعات پر مختلف مضامین پائے جاتے ہیں ۔

حبیبؔ حیدرآبادی نے بحیثیت مضمون نگار انگلستان کی معاشی، معاشرتی اور سماجی زندگی کے احوال پیش کئے ۔ تارکین وطن کے مسائل کو اُجاگر کیا۔ اور اردو میں پہلی مرتبہ دوسری جنگ عظیم کے بعد کی برطانیہ کی زندگی کو بیان کیا۔ اپنے موضوع کے اعتبار سے اُن کے یہ مضامین اہمیت کے حامل ہیں ۔

حبیبؔ حیدرآبادی ایک مجلسی آدمی تھے۔ وہ یاروں کے یار تھے۔ چنانچہ اُردو کے ادیب اور شاعر ہونے کے ناطے اُنہوں نے برطانیہ میں ادبی انجمنیں قائم کیں۔ اور لوگوں کو بھی اپنے عمل سے انجمنوں کے قیام کی ترغیب دی۔ ان انجمنوں کے تحت اردو کے جو مشاعرے منعقد ہوا کرتے تھے۔ وہ بین الاقوامی معیار کے ہوتے۔ فیض احمد فیضؔ، ساقی فاروقی، مغنی تبسم اور دیگر سرکردہ ادبی شخصیتیں ان مشاعروں میں شرکت کرتی تھیں۔ اس طرح حبیبؔ حیدرآبادی نے مشاعروں اور ادبی انجمنوں اور مجلسوں کے ذریعہ برطانیہ میں گیسوئے اردو کو دراز کرنے میں نمایاں خدمات انجام دیں۔

حبیبؔ حیدرآبادی کو اُن کے پرلطف انشائیوں کی بناء کافی مقبولیت حاصل ہوئی۔ انشائیوں پر مبنی اُن کی کتاب ''رہ ورسم آشنائی'' ہے۔ اس کتاب میں شامل انشائیوں کی خاص بات یہ ہے کہ اُنہوں نے اپنی ذات کو محور بنایا۔ اور ہماری۔۔۔ کی اضافت سے مختلف موضوعات پر اپنی زندگی کے احوال شگفتہ اور پُرلطف انداز میں پیش کئے۔ اُن کے انشائیے اُن کی زندگی ہی میں مقبول ہو گئے تھے۔ اور وہ اردو کے نامور انشاء پردازوں میں شمار ہونے لگے تھے۔ اُن کے اسلوب پر مشتاق احمد یوسفی اور رشید احمد صدیقی کی چھاپ دکھائی دیتی ہے۔ برطانیہ میں رہتے ہوئے حبیبؔ حیدرآبادی نے وہاں کی سیاسی جماعتوں اور پارلیمانی نظام کا قریب سے مطالعہ کیا تھا۔ چنانچہ سیاسی جماعتوں کی تاریخ اور برطانیہ کی پارلیمنٹ کو متعارف کراتے اُن کے مضامین کتابی شکل میں ''برطانیہ کی سیاسی جماعتیں اور پارلیمنٹ'' کے عنوان سے شائع ہوئے۔ اردو میں یہ اپنی نوعیت کی منفرد کتاب ہے۔ اس لئے اسے مقبولیت حاصل ہوئی۔ اپنی شاعرہ بیگم صدیقہ کے ساتھ مشاعروں میں شرکت کرتے ہوئے حبیبؔ حیدرآبادی کو بھی شاعری کا ذوق پیدا ہو گیا تھا۔ چنانچہ مشاعروں میں وہ بھی کلام سنانے لگے۔ اُن کی شاعری کا انتخاب اُن کی کتاب ''انگلستان میں'' کے آخر میں شامل ہے۔ اُن کی شاعری جذبات واحساسات کی شاعری ہے۔ بچپن میں والد صاحب کے ساتھ فانیؔ کی صحبت بھی اُنہیں حاصل ہوئی تھی۔ اس لئے اُن کے کلام میں سوز و گداز پایا جاتا ہے۔ حبیبؔ حیدرآبادی نے اپنی تصانیف میں جن شخصیات کے حالات لکھے ہیں۔ اُن سے نہ صرف اردو کی ادبی شخصیتوں کے بارے میں مفید معلومات حاصل ہوتی ہیں بلکہ

اُن کے مخصوص انداز بیان سے شخصیتوں پر لکھے گئے مضامین ''خاکہ نگاری'' کی اچھی مثال بن جاتے ہیں۔ اپنے بارے میں' صدیقہ' صوفی صاحب' ماسٹر صاحب اُن کے کامیاب خاکہ نُما مضامین ہیں۔ حبیبؔ حیدرآبادی نے اپنے انشائیوں اور دیگر مضامین میں مزاح نگاری بھی کی ہے۔ اُن کی تحریروں میں مزاح کا عنصر پایا جاتا ہے لیکن ان کے مزاح میں طنز نہیں اور نہ ہی وہ کسی کے جذبات مجروح کرتے ہیں بلکہ موضوع سے متعلق کسی بات میں شگفتگی پیدا کر دیتے ہیں۔ اپنے دوست وممتاز مزاح نگار مشتاق احمد یوسفی کے طرز پر اُنہوں نے بھی اپنے اسلوب میں شگفتگی پیدا کی ہے۔ حبیبؔ حیدرآبادی کے دلچسپ اُسلوب کی وجہ سے اُن کی سیاسی تحریروں اور معلوماتی مضامین میں بھی دلچسپی پیدا ہوئی ہے۔ حبیبؔ حیدرآبادی بنیادی طور پر نقاد تو نہیں لیکن اپنی تصنیف ''انگلستان میں'' اُنہوں نے برطانیہ کے جن بے شمار شعرا کا تعارف کرایا ہے۔ اور اُن کے کلام کا انتخاب پیش کیا ہے۔ اس سے اُن کی تنقیدی بصیرت کا پتہ چلتا ہے۔ حبیبؔ حیدرآبادی کا برطانوی شعراء کا انتخاب ''مختصر تاریخ ادب برطانیہ'' کے طور پر ظاہر ہوتا ہے۔

حبیبؔ حیدرآبادی نے بحیثیت مترجم اپنی صلاحیتوں کا لوہا منوایا۔ گلب پاشا کی تصنیف کا اُنہوں نے بامحاورہ اردو زبان میں ترجمہ کیا۔ اور ایک انگریز مستشرق کے خیالات کو اردو میں پیش کرتے ہوئے مذہبی تراجم میں ایک اہم کتاب کا اضافہ کیا۔ اُن کا ترجمہ لوگوں کو انگریزی کی اہم کتابوں کے ترجمہ کی طرف راغب کراتا ہے۔ اور اردو میں مقصدی کتابوں کے ترجمے کی اہمیت واضح کرتا ہے۔ اس طرح حبیبؔ حیدرآبادی بہ حیثیت مضمون نگار' انشا پرداز' خاکہ نگار' مزاح نگار' مترجم شاعر وادیب اور محسن اردو کے طور پر ادب کی تاریخ میں ایک منفرد شخصیت بن کر اُبھرتے ہیں۔

اردو ادب میں حبیب حیدرآبادی کا مقام :- حبیبؔ حیدرآبادی کی انشا پردازی مضمون نگاری' خاکہ نگاری' مزاح نگاری' ترجمہ نگاری وشاعری کے معیار کو دیکھتے ہوئے کہا جا سکتا ہے کہ اردو ادب کی تاریخ میں اُن کا منفرد مقام ہوگا خاص طور سے برطانیہ کے شعر وادب کی تاریخ میں اُنہیں نمایاں مقام حاصل ہے۔ دیارِ غیر میں اُنہوں نے اردو زبان کو فروغ دیا۔ اردو زبان وادب پر اُن کا یہ احسان ہمیشہ یاد رکھا جائے گا۔ اُن کی تصانیف ''انگلستان میں'' اور ''رہ

ورسم آشنائی'' اردو ادب کی منتخبہ یادگار کتابوں میں شمار کی جائیں گی۔ حبیبؔ حیدر آبادی اپنی ذات میں انجمن تھے۔ اُن کی حیات برطانیہ میں فروغ اردو پر صرف ہوئی۔ ہندوستان میں اردو زبان کی بے لوث خدمت پر مولوی عبدالحق کو'' بابائے اردو'' کا لقب دیا گیا تھا۔ برطانیہ میں حبیبؔ حیدر آبادی کی اردو کی بے لوث اور بے پایاں خدمات پر اُنہیں'' برطانیہ کے بابائے اردو'' کہا جاسکتا ہے۔ برطانیہ میں حبیبؔ حیدر آبادی نے اردو زبان کا جو پودا لگایا تھا وہ اب تناور درخت بن چکا ہے۔ اور اُس کے گھنے سائے میں اُردو پھل پھول رہی ہے۔ آج اُردو اپنے جائے پیدائش کے مقام ہندوستان میں اپنی بقاء کی جد وجہد کر رہی ہے جیسے محسنوں کی یاد دلاتی ہے تو دوسری طرف اردو والوں کے لئے حوصلے وہمت کا پیام دیتی ہے۔ مورخ جب بھی برطانیہ اردو کی ترقی کا جائزہ لے گا تو اس میں فروغ اردو کے لئے کام کرنے والوں میں حبیبؔ حیدر آبادی کا نام سر فہرست ہوگا۔ آج حبیبؔ حیدر آبادی ہم میں نہیں لیکن اُن کی یادیں اُن کی حیات شخصیت اور خدمات ہمیں آگے بڑھنے کا حوصلہ دیتی ہیں۔

سُنا ہے زیست کے تیور بدلنے والے ہیں
نئے چراغ فضاؤں میں جلنے والے ہیں
(حبیبؔ)

حبیبؔ حیدر آبادی بہ یک نظر

نام	:	محمد عبدالقادر
تخلص	:	حبیبؔ (المعروف حبیبؔ حیدر آبادی)
ولادت	:	۱۶/اپریل ۱۹۲۹ء حیدر آباد
تعلیم	:	بی کام (عثمانیہ) اکاؤنٹنسی (لندن)
ملازمت	:	چیف اکاؤنٹنٹ
اعزاز	:	جسٹس آف دی پیس
شوق	:	آٹو گراف لینا۔ کتب بینی۔ شاعری۔
برطانیہ میں آمد	:	اکتوبر ۱۹۵۷ء
تصانیف	:	

۱) انگلستان میں ۱۹۸۱ء

۲) برطانیہ کی سیاسی جماعتیں اور پارلیمنٹ ۱۹۸۸ء

۳) رہ و رسم آشنائی ۱۹۸۸ء

۴) رسول اللہ صلی اللہ علیہ وصلعم کا زمانہ وزندگی۔ (ترجمہ) ۱۹۸۹ء

انتقال	:	۷/مارچ ۱۹۸۹ء
برطانیہ میں پتہ	:	۱۰۴۔ای لیکزم گارڈنز لندن ڈبلیو ۸۔ ۶ جے کیو۔ یوکے

کتابیات

سلسلہ	مصنف	تصنیف	مقام اشاعت	سنہ اشاعت
۱-	آدم شیخ (ڈاکٹر)	انشائیہ	ممبئی	۱۹۶۵ء
۲-	آل احمد سرور	تنقیدی اشارے	لکھنؤ	۱۹۶۴ء
۳-	احتشام حسین سید	تنقیدی نظریات	لکھنؤ	۱۹۷۴ء
۴-	اطہر پرویز	ادب کا مطالعہ	علی گڑھ	۱۹۶۴ء
۵-	اکبر علی بیگ (پروفیسر)	خوش نفساں	حیدرآباد	۱۹۸۳ء
۶-	الطاف حسین حالی	مقدمہ شعروشاعری	لکھنو	۱۹۸۸ء
۷-	انیسہ سلطانہ	حیدرآباد میں طنزومزاح کی نشونما	حیدرآباد	۱۹۸۶ء
۸-	جمیل جالبی (ڈاکٹر)	ارسطو سے ایلیٹ تک	دہلی	۱۹۸۲ء
۹-	حبیب حیدرآبادی	انگلستان میں	حیدرآبادی	۱۹۸۱ء
۱۰-	حبیب حیدرآبادی	رہ ورسم آشنائی	دہلی	۱۹۸۸ء
۱۱-	حبیب حیدرآبادی	برطانیہ کی سیاسی جماعتیں اور پارلیمنٹ	دہلی	۱۹۸۸ء
۱۲-	حبیب حیدرآبادی	محمد الرسول اللہ صلی اللہ علیہ وصلعم (ترجمہ)	کراچی	۱۹۸۹ء
۱۳-	سلطان محمود	برطانیہ میں اردو صحافت	لاہور	۱۹۷۸ء
۱۴-	سلیم اختر	انشائیہ کی بنیاد	دہلی	۱۹۸۸ء
۱۵-	سیدہ جعفر (پروفیسر)	اردو مضمون کا ارتقاء ۱۹۵۰ء تک	حیدرآباد	۱۹۷۲ء
۱۶-	سید حامد حسین (ڈاکٹر)	نثر اور انداز نثر	لکھنؤ	۱۹۸۴ء
۱۷-	سید عاشور کاظمی	بیسویں صدی کے اردو نثر نگار مغربی دنیا میں	دہلی	۲۰۰۲ء

۱۸۔ سید عاشور کاظمی بیسویں صدی کے اردو اخبارات و رسائل مغربی دنیا میں دہلی ۲۰۰۲ء

۱۹۔ شارب ردولوی جدید اردو تنقید اُصول و نظریات لکھنؤ ۱۹۸۱ء

۲۰۔ شمیم حنفی (پروفیسر) آزادی کے بعد دہلی میں اردو خاکہ دہلی ۱۹۹۳ء

۲۱۔ صابرہ سعید اردو میں خاکہ نگاری حیدرآباد

۲۲۔ صالحہ عابد حسین یادگارِ حالؔی دہلی ۱۹۸۶ء

۲۳۔ عبادت بریلوی اردو تنقید کا ارتقاء علی گڑھ ۱۹۹۵ء

۲۴۔ عبدالحق (ڈاکٹر) چند ہم عصر دہلی ۱۹۴۲ء

۲۵۔ عوض سعید خاکے حیدرآباد ۱۹۸۵ء

۲۶۔ قمر رئیس (ڈاکٹر) ترجمہ کا فن اور روایت دہلی ۱۹۷۶ء

۲۷۔ گوپی چند نارنگ ادبی تنقید اور اسلوبیات دہلی ۱۹۸۹ء

۲۸۔ گیان چند جین تحقیق کا فن لکھنؤ ۱۹۹۰ء

۲۹۔ لیڈی ایولن کبولڈ رحمت اللعالمین حیدرآباد ۱۹۶۴ء

۳۰۔ مجتبیٰ حسین مجتبیٰ حسین کے سفرنامے (مرتبہ) حسن چشتی دہلی ۲۰۰۳ء

۳۱۔ محمد احسن فاروقی (ڈاکٹر) اردو میں تنقید

۳۲۔ محمد ایوب فاروقی صابؔر آخر شب کے ہمنشین حیدرآباد ۱۹۸۴ء

۳۳۔ منوؔر رانا ماں لکھنؤ

۳۴۔ محمد اعظم خاں (مترجم) سید الانبیاء از کارلائل تھامسن ۔ ۔

۳۵۔ نصیر احمد خاں (ڈاکٹر) آزادی کے بعد دہلی میں اردو انشائیہ دہلی ۱۹۹۳ء

۳۶۔ نورالحسن نقوی فن تنقید اور اردو تنقید نگاری علی گڑھ ۱۹۸۱ء

انگریزی کتابیں

1) Glub John Bagot

" The Life and Times of Muhammed"

Via internet at www. Amazon.com

تحقیقی مقالے غیر مطبوعہ

۱۔ ڈاکٹر مغنی تبسم حیات اور کارنامے۔از۔شاہدہ تسنیم۔مخزونہ یونیورسٹی آف حیدرآباد

۲۔ پروفیسر مرزا اکبر علی بیگ شخصیت اور علمی و ادبی خدمات۔ابرار الباقی۔مخزونہ یونیورسٹی آف حیدرآباد

اخبارات

۱۔راوی۔حبیب حیدرآبادی نمبر۔بریڈفورڈ۔برطانیہ

۲۔سیاست حیدرآباد۔۲۹؍جون ۱۹۸۷ء

۳۔سیاست حیدرآباد۔۴؍مئی ۲۰۰۵ء

۴۔سیاست حیدرآباد۔۱۸؍مئی ۲۰۰۵ء

۵۔منصف قدیم طنز و مزاح انعامی مقابلہ سپلیمنٹ حیدرآباد۔

رسائل

۱۔ بچوں کا سب رس حیدرآباد جون ۱۹۴۹ء

۲۔ بچوں کا سب رس حیدرآباد جولائی ۱۹۴۹ء

۳۔ سب رس حیدرآباد نومبر ۲۰۰۵ء

۴۔ سب رس حیدرآباد دسمبر ۲۰۰۵ء

غیر مطبوعہ مضامین

۱۔افتخار عارف	یادِ حبیب دلنواز
۲۔راشد آذر	ایک خط
۳۔رضا علی عابدی	تا ثر ات

تعزیتی جلسہ کی روئداد

۴۔شاہ مصباح الدین شکیل	حبیب میرا دوست
۵۔شہریار	حبیب صاحب کچھ یادیں
۶۔عزیزہ محبوب	میرے بھائی جان حبیب حیدرآبادی
۷۔عوض سعید	حبیب صاحب
۸۔یوسف ناظم	حبیب حیدرآبادی

مکاتیب

۱۔ حبیب حیدرآبادی	بنام مغنی تبسم	لندن	۱۷رنومبر	۱۹۸۳ء
۲۔ حبیب حیدرآبادی	بنام مغنی تبسم	لندن	۱۷راکتوبر	۱۹۸۶ء
۳۔ حبیب حیدرآبادی	بنام مغنی تبسم	لندن	۳۱راکتوبر	۱۹۸۶ء
۴۔ حبیب حیدرآبادی	بنام مغنی تبسم	لندن	۳۰راپریل	۱۹۸۷ء
۵۔ گوپی چند نارنگ	بنام صدیقہ شبنم	دہلی	۱۳رمارچ	۱۹۸۹ء
۶۔ منیر صفوی	بنام صدیقہ شبنم	کراچی	۱۳رمارچ	۱۹۸۹ء

شخصی انٹرویو

۱۔ صدیقہ شبنم	مئی	۲۰۰۴ء	ذریعہ ٹیلفون
۲۔ صدیقہ شبنم	جولائی	۲۰۰۵ء	ذریعہ ٹیلفون
۳۔ صدیقہ شبنم	نومبر	۲۰۰۵ء	ذریعہ ٹیلفون
۴۔ ضیاء الدین شکیب	قادر باغ حیدرآباد	اپریل	۲۰۰۴ء

ڈاکٹر محمد اسلم فاروقی کا علمی سفر ماہ و سال کے آئینے میں

نام	:	حافظ ڈاکٹر محمد اسلم فاروقی
پیدائش	:	13 ڈسمبر 1969ء
وطن	:	نظام آباد۔ تلنگانہ
والد	:	محمد ایوب فاروقی صابر۔ (ایمپلائمنٹ آفیسر موظف)
پرائمری اسکول	:	آغا خان اسکول نظام آباد
ساتویں جماعت	:	1982ء
پرائمری اساتذہ	:	رشید صاحب' یعقوب صاحب' جبار صاحب' عزیز صاحب عسکری صاحب' میمونہ ٹیچر' اقبال ٹیچر' نکہت ٹیچر' حبیبہ ٹیچر
ہائی اسکول		قلعہ ہائی اسکول نظام آباد
ایس ایس سی	:	1985 (ضلع اردو میڈیم ٹاپر)
ہائی اسکول اساتذہ	:	قادر صاحب' معز صاحب' نجم الدین صاحب' افتخار صاحب
انٹرمیڈیٹ	:	1987ء۔ ناملی جونیر کالج
انٹر اساتذہ	:	رشید صاحب' فاطمہ یزدانی
حفظ قران	:	مدرسہ حفاظ نظام آباد۔ مدرسہ روضۃ العلوم حیدر آباد
حفظ کے اساتذہ		: حافظ عرفان احمد۔ مولانا جمال الرحمٰن مفتاحی
گرائجویشن	:	1991ء کالج آف لینگویجس۔ حیدر آباد۔
اساتذہ	:	ہاشم حسن سعید' عزیز ابرار' فاطمہ بیگم' سعیدہ بیگم
ایم اے	:	1994ء گولڈ میڈلسٹ' یونیورسٹی آف حیدر آباد'
ایم فل	:	1996ء۔ Distinction
موضوع	:	عزیز احمد کی ناول نگاری
پی ایچ ڈی	:	2007ء

موضوع : حبیب حیدرآبادی فن اور شخصیت

یونیورسٹی اساتذہ : ثمینہ شوکت، سیدہ جعفر، مجاور حسین رضوی، انورالدین، رحمت یوسف زئی، میر محبوب حسین

شادی : 15 نومبر 1996ء

خسر : سید اکرام علی اے او اگریکلچر

پہلی ملازمت : 1996ء لیڈنگ اسکول گولکنڈہ

سب ایڈیٹر سیاست : 1996-1998ء

سرکاری ملازمت : 1997ء۔ اردو پنڈت قلعہ ہائی اسکول

جونیئر لیکچرر : 20 اگسٹ 1998ء۔ گورنمنٹ جونیئر کالج ناگر کرنول

ناگر کرنول میں قیام : 1998ء۔تا۔2005ء

تبادلہ : 2005ء سنگاریڈی

ترقی : پرنسپل گورنمنٹ ڈگری کالج ظہیرآباد۔:21۔اپریل 2022ء۔

تبادلہ : گری راج گورنمنٹ کالج نظام آباد

بیسٹ لیکچرر ایوارڈ : انٹرمیڈیٹ بورڈ 2005ء

بیسٹ لیکچرر ایوارڈ : اردو اکیڈیمی 2012ء

بیسٹ لیکچرر ایوارڈ : کمشنر کالجیٹ ایجوکیشن اے پی۔ 2013ء۔2015ء

مضامین کے اشاعت : سیاست، منصف، رہنمائے دکن، آندھرا پردیش، قومی زبان، اردو دنیا

پہلی تصنیف : قوس قزح۔2005ء

تصنیف پر انعام : انعام دوم اردو اکیڈیمی اے پی

دوسری تصنیف : مضامین نو 2012ء

تصنیف پر انعام : انعام دوم اردو اکیڈیمی اے پی

تیسری تصنیف : سائنس نامہ 2013ء

چوتھی تصنیف : گلزار ادب برائے انٹر سال اول

پانچویں تصنیف : گلزار ادب برائے انٹر سال دوم

چھٹی تصنیف : عزیز احمد کی ناول نگاری۔2015۔انعام دوم اردو اکیڈیمی

رکنیت : رکن بورڈ آف اسٹڈیز عثمانیہ یونیورسٹی۔تلنگانہ یونیورسٹی

صدر نشین : بورڈ آف اسٹڈیز گری راج کالج

ریسرچ گائیڈ : اورینٹل اردو عثمانیہ یونیورسٹی

نصابی سرگرمیاں : گری راج کالج اردو نصاب کی تبدیلی' امبیڈکر یونیورسٹی سال اول نصاب میں مضمون کی شمولیت' یو جی سی کے لیے ویڈیو مضامین کی تیاری

فروغ تعلیم : سرپرست اردو اسکالرس اسوسی ایشن' نظام آباد۔جونیر لیکچررس اردو امتحان کے لئے ماڈل پیپرس کی تیاری

انٹرنیٹ پر موجودگی : فیس بک گروپ شمع فروزاں' فیس بک گروپ اردو ای نامہ یوٹیوب پر سمینار لیکچرس کی پیشکشی۔ ڈاکٹر اسلم فاروقی کا اردو بلاگ

مذہبی خدمات : عازمین حج کی رہبری کے لئے ''حج کا سفر'' اردو بلاگ کی تیاری hajjkasafar.blogspot.in

سفر : 2008ء سفر حج پر مکہ و مدینہ کی روانگی

ذوق : تصنیف و تالیف' مطالعہ

شوق : انٹرنیٹ پر اردو کو فروغ دینا' اردو میڈیم طلبا کی رہبری و رہنمائی' اردو ریسرچ اسکالروں کی رہنمائی

زندگی کا مطمع نظر: لوگوں کی مدد کرو اللہ آپ کی مدد کرے گا۔
تعلیم کو عام کرنا۔دین کی اشاعت

رابطہ : فون: 9247191548

ای میل:draslamfaroqui@gmail.com

☆☆☆☆☆☆☆☆☆☆☆